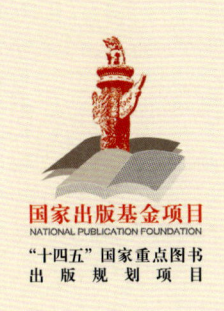

中国语言资源保护工程

中国濒危语言志　编委会

总主编

曹志耘

主　编

李大勤

委　员（音序）

丁石庆　刘　宾　冉启斌

本书执行编委　丁石庆

中国濒危语言志
少数民族语言系列

总主编 曹志耘
主编 李大勤

甘肃肃南东部裕固语

斯钦朝克图 著

商务印书馆
The Commercial Press
创于1897

图书在版编目（CIP）数据

甘肃肃南东部裕固语/斯钦朝克图著.--北京：商务印书馆，2024.--（中国濒危语言志）.--ISBN 978-7-100-24195-3

Ⅰ.H212

中国国家版本馆CIP数据核字第2024PU9330号

权利保留，侵权必究。

甘肃肃南东部裕固语

斯钦朝克图　著

出版发行：商务印书馆
地　　　址：北京王府井大街36号
邮政编码：100710
印　　　刷：北京雅昌艺术印刷有限公司
开　　　本：787×1092 1/16　　印　张：22¼
版　　　次：2024年11月第1版　　印　次：2024年11月北京第1次印刷
书　　　号：ISBN 978-7-100-24195-3
定　　　价：228.00元

甘肃肃南裕固族自治县地形地貌　康乐草原九排松 /2016.7.20/ 斯钦朝克图 摄

肃南裕固族自治县康乐镇大草滩村　康乐镇 2017.6.20/ 孟先忠 提供

康乐草原上的裕固族文化节　　肃南裕固族自治县 /2016.6.28/ 南丁　摄

裕固人家采访　　康乐镇 /2016.7.5/ 南丁　摄

语法标注缩略语对照表

缩略语	英文	汉义
2nd	Second person reflexive possession	第二人称反身领属
3rd	Third person reflexive possession	第三人称反身领属
ABL	Ablative	界限格
ACC	Accusative	宾格（用于代词）
AFF	Affirm	肯定语气词
APFV	Adjectivalizer perfective	动词形动形完成体
APR	Approximate numeral	概数词
AUX	Auxiliary	助动词
CAUS	Causative	动词使动态
CBT	Combinative	联合格
CMP	Comparative	形容词比较级
CND	Conditoional	动词副动形条件式
COL	Collective numeral	集合数词
COLL	Collective	动词同动态
COM	Comitative	随同格
CONC	Concessive	动词副动形让步式
CONT	Continuative	动词副动形延续式
CRD	Coordinative	动词副动形并列式
DEC	Declarative	客观陈述语气词

缩略语	英文	汉义
DIS	Distributive numeral	分配数词
DUR	Durative	动词形动形持续体
EFI	Evidentiality firsthand information	示证第一手信息
EMPH	Emphatic	强调语气词
ENFI	Evidentiality nonfirsthand information	示证非第一手信息
EXP	Expective	动词祈使形希望式
FEM	Feminine Gender	名词的阴性范畴
FOLW	Following	动词副动形相应式
GA	Genitive-Accusative	领宾格
GEN	Genitive	领格（用于代词）
HAB	Habitual	动词形动形经常体
IMPF	Adjectivalizer imperfective	动词形动形未完成体
IMPR	Imperfect	动词陈述形未完成过去时
IMPT	Imperative	动词祈使形命令式
INE	Inessive	内存格
INSTR	Instrumental	凭借格
INT	Interrogative mood	疑问语气词
LINK	Linking	动词副动形衔接式
LMT	Limitative	动词副动形界限式
LOC	Dative-locative	与位格
MAS	Masculine Gender	名词的阳性范畴
MOOD	Mood	语气词
NEG	Negative	否定词
NOM	Nominative	主格
NOML	Nominalizer	动词的名动形
NPST	Non-past	动词陈述形非过去时
OPT	Optative	动词祈使形志愿式

续 表

缩略语	英文	汉义
PASS	Passive	动词被动态
PFV	Perfective	动词完成体
PL	Plural	名词复数
PRD	Prudential	动词祈使形谨慎式
PRMS	Permissive	动词祈使形允许式
PROG	Present Progressive	动词正在进行时
PRP	Purposive	动词副动形目的式
PRQ	Adverbializer prerequisite	动词副动形先行式
PST	Past tense	动词陈述形过去时
REC	Reciprocal	动词互动态
REPOS	Reflexive possessive	反身领属
RPT	Repeated	动词副动形反复式
RPV	Reporting verb	转述动词
RQS	Requestive	动词祈使形恳求式
SG	Singular	名词单数
SPL	Superlative	形容词最高级
SQN	Sequence numral	序数词
SUB	Subject	动词形动形主体体
SUF	Suffix	构词附加成分
WIS	Wishing	动词祈使形祝愿式

序

2022年2月16日，智利火地岛上最后一位会说Yagán语的老人，93岁的Cristina Calderón去世了。她的女儿Lidia González Calderón说："随着她的离去，我们民族文化记忆的重要组成部分也消失了。"近几十年来，在全球范围内，语言濒危现象正日趋普遍和严重，语言保护也已成为世界性的课题。

中国是一个语言资源大国，在现代化的进程中，也同样面临少数民族语言和汉语方言逐渐衰亡、传统语言文化快速流失的问题。根据我们对《中国的语言》（孙宏开、胡增益、黄行主编，商务印书馆，2007年）一书的统计，在该书收录的129种语言当中，有64种使用人口在10000人以下，有24种使用人口在1000人以下，有11种使用人口不足百人。而根据"语保工程"的调查，近几年中至少又有3种语言降入使用人口不足百人语言之列。汉语方言尽管使用人数众多，但许多小方言、方言岛也在迅速衰亡。即使是那些还在使用的大方言，其语言结构和表达功能也已大大萎缩，或多或少都变成"残缺"的语言了。

冥冥之中，我们成了见证历史的人。

然而，作为语言学工作者，绝不应该坐观潮起潮落。事实上，联合国教科文组织早在1993年就确定当年为"抢救濒危语言年"，同时启动"世界濒危语言计划"，连续发布"全球濒危语言地图"。联合国则把2019年定为"国际土著语言年"，接着又把2022—2032年确定为"国际土著语言十年"，持续倡导开展语言保护全球行动。三十多年来，国际上先后成立了上百个抢救濒危语言的机构和基金会，各种规模和形式的濒危语言抢救保护项目在世界各地以及网络上展开。我国学者在20世纪90年代已开始关注濒危语言问题，自21世纪初以来，开展了多项濒危语言方言调查研究课题，出版了一系列重要成果，例如孙宏开先生主持的"中国新发现语言研究丛书"、张振兴先生等主持的"汉语濒危方言调查研究丛书"、鲍厚星先生主持的"濒危汉语方言研究丛书（湖南卷）"等。

自2011年以来，党和政府在多个重要文件中先后做出了"科学保护各民族语言文字"、

"保护传承方言文化"、"加强少数民族语言文字和经典文献的保护和传播"、"科学保护方言和少数民族语言文字"等指示。为了全面、及时抢救保存中国语言方言资源，教育部、国家语委于2015年启动了规模宏大的"中国语言资源保护工程"，专门设立了濒危语言方言调查项目，迄今已调查106个濒危语言点和138个濒危汉语方言点。对于濒危语言方言点，除了一般调查点的基本调查内容以外，还要求对该语言或方言进行全面系统的调查，并编写濒危语言志书稿。随着工程的实施，语保工作者奔赴全国各地，帕米尔高原、喜马拉雅山区、藏彝走廊、滇缅边境、黑龙江畔、海南丛林等地都留下了他们的足迹和身影。一批批鲜活的田野调查语料、音视频数据和口头文化资源汇聚到中国语言资源库，一些从未被记录过的语言、方言在即将消亡前留下了它们的声音。

　　为了更好地利用这些珍贵的语言文化遗产，在教育部语言文字信息管理司的领导下，商务印书馆和中国语言资源保护研究中心组织申报了国家出版基金项目"中国濒危语言志"，并有幸获得批准。该项目计划按统一规格、以EP同步的方式编写出版50卷志书，其中少数民族语言30卷，汉语方言20卷（第一批30卷已于2019年出版，并荣获第五届中国出版政府奖图书奖提名奖）。自项目启动以来，教育部语言文字信息管理司领导高度重视，亲自指导志书的编写出版工作，各位主编、执行编委以及北京语言大学、中国传媒大学的工作人员认真负责，严格把关，付出了大量心血，商务印书馆则配备了精兵强将以确保出版水准。这套丛书可以说是政府、学术界和出版社三方紧密合作的结果。在投入这么多资源、付出这么大努力之后，我们有理由期待一套传世精品的出现。

　　当然，艰辛和困难一言难尽，不足和遗憾也在所难免。让我们感到欣慰的是，在这些语言方言即将隐入历史深处的时候，我们赶到了它们身边，倾听它们的声音，记录它们的风采。我们已经尽了最大的努力，让时间去检验吧。

曹志耘

2024年3月11日

目录

第一章　导论　1

第一节　调查点概况　2
　一　肃南裕固族自治县地理环境　2
　二　肃南裕固族历史来源　2
　三　东部裕固人的风俗习惯　4
　四　裕固族的经济生活　4

第二节　东部裕固语的特点、系属及方言土语　5
　一　东部裕固语的特点　5
　二　东部裕固语的系属及方言土语差异　7

第三节　东部裕固语的濒危状况　9
　一　东部裕固语使用现状　9
　二　东部裕固语濒危程度　10

第四节　东部裕固语的研究概况　13

第五节　调查说明　16
　一　调查简况　16
　二　发音人简况　16

第二章　语音　19

第一节　元音系统　20
　一　短元音　20
　二　长元音　23
　三　复合元音　25
　四　带擦元音　28
　五　元音和谐律　28

第二节　辅音系统　31
　一　单辅音　32
　二　腭化辅音　39
　三　唇化辅音　39
　四　复辅音　40

第三节　音变　43
　一　词首辅音 h 及其变体　43
　二　其他音变规律及音变现象　46

第四节　音节与重音　49
　一　音节　49
　二　重音　50

第五节	拼写符号	52
一	裕固语拼写符号及使用现状	52
二	裕固语拼写符号的改进	53
三	拼写符号的改进建议	54

第三章	词汇	59
第一节	词汇特点	60
一	词汇的音节结构特点	60
二	词汇的文化特点	60
三	其他词汇特点	62
第二节	构词法	65
一	词的结构类型	65
二	构词附加成分	68
第三节	词汇的构成	76
一	共有词	76
二	蒙古语族同源词	77
三	借词及语言接触	89

第四节	民俗文化词	93
一	游牧文化	93
二	狩猎文化	96
三	服饰文化	97
四	饮食文化	99
五	居住及生产生活用品	100
六	宗教信仰礼俗文化	102
七	手工艺品及其他	103
八	红色文化	105
九	神奇的动植物	106

第四章	分类词表	107
第一节	《中国语言资源调查手册·民族语言（蒙古语族）》通用词	109
一	天文地理	109
二	时间方位	110

三　植物	112	
四　动物	113	
五　房舍器具	114	
六　服饰饮食	115	
七　身体医疗	117	
八　婚丧信仰	118	
九　人品称谓	119	
十　农工商文	121	
十一　动作行为	122	
十二　性质状态	125	
十三　数量	127	
十四　代副介连词	128	

第二节　《中国语言资源调查手册·民族语言（蒙古语族）》扩展词　130

一　天文地理	130
二　时间方位	131
三　植物	133

四　动物	134
五　房舍器具	136
六　服饰饮食	139
七　身体医疗	140
八　婚丧信仰	142
九　人品称谓	143
十　农工商文	145
十一　动作行为	149
十二　性质状态	156
十三　数量	158
十四　代副介连词	159

第三节　其他词　161

一　天文地理	161
二　时间方位	163
三　植物	163
四　动物	165
五　房舍器具	168
六　服饰饮食	171

七 身体医疗	172
八 婚丧信仰	174
九 人品称谓	175
十 农工商文	176
十一 动作行为	178
十二 性质状态	184
十三 数量	186
十四 代副介连词	187
十五 拟声词	187

第五章 语法 189

第一节 词类	190
一 名词	190
二 时位词	206
三 形容词	209
四 数量词	212
五 代词	217
六 动词	226
七 情态词	246
八 状词	247
九 副词	248
十 后置词	250
十一 语气词	251
十二 连接词	256

十三 感叹词	258
第二节 短语	262
一 限定关系短语	262
二 主谓关系短语	264
三 联合关系短语	266
第三节 句子	268
一 句子概说	268
二 句子成分	270
三 句类	275
四 句型	277
五 复合句	279

第六章 语料 283

第一节 语法例句	284
第二节 话语材料	295
一 谚语	295
二 谜语	299
三 歌谣	302
四 故事	310

参考文献 333

调查手记 336

后　记 339

第一章 导论

第一节

调查点概况

一　肃南裕固族自治县地理环境

东部裕固语是阿尔泰语系蒙古语族语言之一。我们的调查点设在甘肃省肃南裕固族自治县的康乐镇。

肃南裕固族自治县位于张掖市的南部，河西走廊中段，祁连山北麓，处于东经97°20′～102°13′、北纬37°28′～39°04′之间。东西长650多公里，南北宽120～200公里，总面积2.02万平方千米。整个区域横跨河西五市，同甘青两省的15个县市接壤，南界为青海省，西北部连酒泉市、嘉峪关市、北靠高台县、临泽县、民乐县和甘州区。

该县大部地区属于祁连山地，除了明花乡外，许多山峰高达5000米以上。海拔4700米以上的山地，终年积雪，有冰川分布，是河西农业灌溉的主要水源之一。

裕固族是我国人口较少的少数民族之一，总人口数约1.4万，包括操蒙古语族语言之一的东部裕固人和操突厥语族语言之一的西部裕固人。其中，东部裕固人6500多。东部裕固人主要居住在肃南裕固族自治县康乐镇、皇城镇、红湾镇和大河乡等地。

二　肃南裕固族历史来源

居住在肃南裕固族自治县及酒泉等地的裕固族有着悠久的历史和灿烂的文化。他们的祖先来源于河西回鹘，传说他们是从"西至哈至"（地名）东迁来的。元代蒙古幽王家族入居河西西端，与当地回鹘及河西回鹘融合后形成了现在的裕固族。裕固族自称 joɡor "尧呼尔"或"尧熬尔"，其族源词源都与回鹘有关。从东部裕固语中的西部裕固语借词和西部裕固语中的蒙古语借词来看，操两种不同语族语言的东部裕固人和西部裕固人在漫长的接触中相互认同为一个民族。

裕固族与古代回鹘在名称和族源上关系密切。据称裕固族祖先公元840年从漠北高原的鄂尔浑河流域迁徙到河西走廊一带，史称"河西回鹘"或"甘州回鹘"。元代以来，在史籍中记载为"撒里畏兀"（元代）、"撒里畏兀儿"（明代）、"锡喇伟古尔"（清代）等。从族称看，其族源与回鹘的一个分支部落一致。其语义为"黄回鹘"，即史籍中的"黄头回纥"。从元代汉文记载的"撒里畏兀"看，"黄头回鹘"系音译自突厥语族回鹘语。因为突厥语族语言的"黄色"为sarəɣ，而蒙古语族语言则为šira[ʃira/ʃra/ʃar]。

裕固族有从西至哈至迁来的传说。对西至哈至名称及所指有不同的说法。陈宗振先生在杨进智主编的《裕固族研究论文集》和钟进文《裕固族文化研究》的基础上从语言学角度论证了ʃidz̥-xadz̥ sidʑi-xadʑi为"西州火州"或"西州和州"（陈宗振 2004：10—11）。杨富学先生考证，所谓的"西至哈至"来自当时汉文记载的"沙州、瓜州"，在今莫高窟和榆林窟一带。最初东迁到达地点是肃州（今酒泉）。当时的沙州、瓜州和肃州三州都属元代蒙古豳王家族的统治管辖区域（杨富学 2015：1—10）。

另外，对操东部裕固语的裕固人的族源也有两种观点。一种观点认为，现在讲东部裕固语的裕固人，以前也是讲西部裕固语的，这部分裕固人因历史上长期与蒙古族居住在一起，后来逐渐地转用了蒙古语，即所谓蒙古化了。另一种观点认为，历史上有一部分讲古老的蒙古语（即东部裕固语）的蒙古部落，长期同裕固族的祖先撒里畏兀儿生活在一起，逐渐地融合成了今日的裕固族（裕固族简史编写组 1983：7—8）。从语言的角度看，东部裕固人保留了母语的主要特点，再考虑到在"同化"（外因）与"保留"（内因）较量中起重要作用的内在因素，学界更倾向于认同第二种观点①。总之，对于裕固族讲两种语言的合理解释有赖于历史学、语言学、民族学、体质人类学和分子人类学等多学科的综合研究。而对于语言学家来说，这就不仅要从语言入手研究其内部规律，还要重视对语言接触和民族融合的探讨。毫无疑问，较之古今蒙古语和蒙古语族其他语言，东部裕固语在语音、语法、词汇诸方面有许多特点，在蒙古语族语言研究中具有重要地位。

东部裕固语既有古今蒙古语的特点，也有蒙古语族西支诸语言的一些特点。此外，该语言还存在突厥语族语言的借词，尤其是源于西部裕固语的许多借词，以及较多的汉藏语借词和语法成分等。历史上，河西走廊属丝路通道，是众多民族和部落的生息之地，历史上曾先后有狄、戎、塞种、乌孙、月氏、匈奴等古代族群游牧于此。目前自治县境内除裕固族外，还生活有汉族、藏族和蒙古族、土族等族群。

---

① 呼和、梅花，东部裕固语带擦元音，《满语研究》2019（01）：62。

三 东部裕固人的风俗习惯

（一）东部裕固人的婚俗

东部裕固人的婚礼仪式繁多而隆重。其仪式有求婚、许亲、说亲、订婚、选人、戴头、送亲、打尖、踏房、让客、献羊背、道谢、交新娘、入新房、生新火、回门、串门、出牧、站娘家等诸多环节。在求婚环节，先请两位媒人带上哈达和一瓶系有红绳子的酒到女方家去说亲。女方家若同意这桩婚事就会接受哈达和酒。婚前女方家办的仪式称作"戴头"，一般于出嫁前一天下午开始筹办。第二天一大早，新郎家的人们便早早地和送亲团在半路上准备接亲，并在见面的地方茶歇，然后去新郎家举行婚宴。此外，"说唱沙特"是东部裕固人婚礼上的一种独特仪式。沙特里包含民族来源、宗教信仰、风俗习惯，关于家乡的赞辞和对新人的祝福，以及对他们的教育、嘱托等一系列内容。所以，裕固人自称"沙特"是他们的史诗。

（二）东部裕固人的葬礼

裕固人的丧葬方式有火葬、天葬、土葬三种。其中火葬是主要形式。按东部裕固人的传统习俗，家中长辈谢世后，葬礼有戴孝、点灯、净身、收殓、念经、煨桑、择日、出殡、安葬、超度、小祭、大祭等环节或程序。当然，不同部落和地区丧葬的仪式不尽相同。

四 裕固族的经济生活

裕固族曾长期过着"逐水草而居"的游牧生活，后逐渐发展为游牧、半游牧半定居和定居放牧三种生产方式并存状态。主要畜类有牦牛、绵羊、山羊、马，更早期还有骆驼。肃南牦牛是青藏牦牛的地方品种，是世界"三大高寒动物"之一。肃南的高山细毛羊以产毛量和净毛率高而闻名遐迩。近来还引进了适于高寒的体格高大、体质坚实、抗病力强、肉皮毛兼用的青海优良羊种欧拉。直到20世纪80年代初期，裕固族还保留着狩猎经济。所以，东部裕固语中有关畜牧业和狩猎的名词很丰富。裕固族的旅游业和传统体育文化也比较发达。这里不仅具有高山雪原的自然风景，还有名胜古迹及红色旅游基地。石窝和康隆寺就是1937年红西路军开会并战斗过的地方。冰沟丹霞、马蹄寺、祁连玉文化产业园、中华裕固风情走廊、文殊寺景区等都是4A级旅游景点。此外，每年举办的康乐草原风情节，都有传统特色的赛马比赛和商品交易会等丰富多彩的活动。

第二节

东部裕固语的特点、系属及方言土语

一 东部裕固语的特点

东部裕固语与蒙古语的共同点远多于差异。语音方面，东部裕固语保留词首辅音 h 及其自由变读形式；词中词尾元音发音清晰，名词词干的词尾辅音 n 也保留得比较多。词汇方面，不仅保留有较为丰富的古代蒙古语词，而且也有很多与现代蒙古语相同的词。例如，据20世纪50年代的调查，东部裕固语中固有词比例是69%，调查到的2093个词汇中固有词占50%，特有词占15%（陈乃雄 1995：586）；20世纪80年代的调查比例则是72.7%，调查的2660个词汇中有固有词1993个（保朝鲁、贾拉森 1991：342）；21世纪初的调查比例是54.7%，1108个词汇中有606个为固有词（乌兰图雅 2012：12）。

东部裕固语还有如下一些值得注意的特点。

1. 元音、辅音数量多且变化大。东部裕固语有 a（ɐ）、e、ə、i、ɔ、ʊ、o、ʉ、ø、y、ɚ 共11个短元音音位，还有 [ɵ]、[u] 2个主要变体；有 p、pʰ、t、tʰ、k、kʰ、q、qʰ、f、w、β、s、z、ʂ、ʐ、ts、tsʰ、tʂ、tʂʰ、tʃ、tʃʰ、tɕ、tɕʰ、ʃ、ɕ、ç、χ、h、m、n、ŋ、ɳ、l、ɫ、r、j 共36个辅音音位，还有 [ɣ]、[ʁ]、[x] 3个主要变体。元辅音加起来共47个音段音位。

2. 保留古代词首复辅音 h 及其变体 pʰ、f、χ、qʰ、ç、ʃ 等。如 harβan "十"、ʃəkʰə "大"、çiltʃʰə/həltʃʰə "巫师、萨满"、pʰɔtən/hɔtən "星星"、fokəi-/hokəi- "俯身、弯腰" 等。

3. 保留古代蒙古语词尾短元音及名词词干末辅音 n。例如：sara "月亮"、søːnə "夜"、naran "太阳"。与此同时，还保留古代蒙古语一些词语的原始形式，如 oltə/ʉltə "褐刀"、üldü/ildü "环刀、腰刀"（古蒙古语/现代蒙古语）、kʰøneːrke "酵奶、酵母"、könörge/köröngge "酵母、曲"（古蒙古语/现代蒙古语）。

4. 第一音节后的元音较清晰，保持音位特征。例如：aman "嘴"、amən "生命"等。

5. 有较为独特的带擦元音 aʰ、eʰ、əʰ、ɔʰ、ʊʰ、øʰ、ʉʰ、yʰ。主要在以 qʰ、kʰ 辅音为首的音节之前出现。虽然以 h[ʰ] 表示，但其实际读音为 qʰ、kʰ、q、k、χ。如 saiʰqʰan/saiqqʰan "美丽"、taʰqʰa/taχqʰa "鸡"、qaqʰqəin·jokʰkon "猪油"。

6. 固有词中出现较多的 [pʰ] 辅音。[pʰ] 在蒙古语族东支语中属于借词辅音，但在西支语的固有词中则有不同程度地出现。该辅音与蒙古语族东支语 p 对应，如 pʰaːsən/baɣasun~baːs~baːsə~basun~basoŋ（/后为蒙古语族东支语）。

7. 畜牧业词汇丰富多彩，并独具特色。例如：saqlaq "母绵羊"、səis "两岁公山羊"、jarqa "两岁牛"、omsə "犍牛"、ʃat "牛犊"、tʃʰisaq "两岁母绵羊"、palaŋ "黄牛"、orkʉ "犏牛"、tʃʰɔqtʃʰɔm "乳犏牛"、χara hkor "牦牛"。

8. 保留古蒙古语中的一些古老词汇或义项。例如：hnokon/nʉkʉn "山羊羔"、ʃeke "两岁山羊"、maran "皮肤"、kʰiː "风"、htʰɔq "部落、村庄"、χɔq- "打"、ʊrɔq/ɔrɔq tʰaraq "亲戚"、pɔrɔːn "风雪"、mør "路"、hɔntʊːl "马粪"、hərtʃʰiːsən "柳"。

9. 形态变化丰富。东部裕固语具有蒙古语较复杂的形态，不仅性、数、格、级、形式、态、体等各种形态较全，而且还有较多自身特点。另外，每种附加成分还以元音和谐形成2～5种变体。例如，联同格，其变体形式为 -la/-lə/-le/-lɔ-/-lø-。除八个格外还有内存格等。序数词的附加成分 -tʃaːr/-tʃeːr/-tʃɔːr~-rtʃaːr/-rtʃeːr/-rtʃɔːr 也比较独特。此外，第三人称代词尊称 erken "他、她"、反身领属 etʃen "自己"、动名词形式 -ma/-me，以及与位格的不同用法和领宾格、人称与示证的关系等更具有特点。如 pʉ ere-βe. "我来了。" tere eri-tʃβei. "他来了。" *pʉ eri-tʃβei. "我来了。"（一般不这样说）。

10. 年月日等数词有特殊顺序。例如，tʃʰqaːn sariːn nekən ʂine "正月初一"、tʃʰqaːn sariːn harβan tʰaːβan "正月十五、元宵节"、tʰaːβan sariːn tʰaːβan ʂine "五月五、端午节"。

11. 方位词独特并保留更古形式，与蒙古语族其他语言有显著区别。例如，ølmø、χɔitʰə 指 "东西"，而蒙古语 emüne、qoyitu 指 "南北"。

12. 有独具特色的示证范畴。一般分亲眼看见的第一手信息和非第一手信息。例如：

pʉ　　χɔq-pe.
我　　打-PST-EFI
我打了。（第一手信息）

erken　χɔq-pai.
他　　打-PST-ENFI
他打了。（非第一手信息）

13. 部分保留古老的性范畴[-tʃən/-tʃin、-ti:/-tɛi/-ti]等。例如：qʊna-tʃən "三岁母牛"、tønø-tʃən "四岁母牛"，tʃirkəltɛi/tʃirkəlti: "吉尔格勒狄"（男人姓名）、mʉrkəltɛi/mʉrkəlti: "木尔格勒狄"（男人名字）。

14. 保留古老的与位格附加成分 -a 及 -tʰər/-tʰɔr/-tʰʊr/-tʰør 等。例如：jaβ-tʃ jaβ-tʃ neke qatʃar-a kʰʉr-sən-t. "走着走着到了一个地方。" 此外，东部裕固语还有内存格。

15. 源自西部裕固语及突厥语族语言的借词相对多。例如：paqʰər "铜"、pʉlət "云、云彩"、χwa:tʃʰaq "提包、书包"、erle- "站立"、məla "孩子"、χanat "翅膀"、kʰəikʰə "不行的、不善于的"、kʰətʃəm "牛毛"、kʰøløkʰi "蝴蝶"、kʰølmek "青羊、岩羊"、gələd "锁子"、ʃat "牛犊"、tʃalən "霜"、tʃɔqqɔi- "坐，蹲"、jalaq "猪食、狗食"、jarqa "两岁牛"。

16. 语音、语法、词汇诸方面均受到汉藏语的深度影响。例如，汉语的 tʂ、tʂʰ、ʂ 和藏语的 ɬ 渗透到东部裕固语固有词的语音系统中，原来的宾动结构受汉语深度影响变为动宾结构，受藏语的影响出现特殊的反身领属 etʃen "自己，转述的第一人称代词"，等等。

东部裕固语尽管属于蒙古语族西语支，但却是西支中较有特点并与属于东语支的蒙古语较接近的一种语言。在语音方面，尤其是圆唇元音方面，东部裕固语与卡尔梅克语或卫拉特方言较近。东部裕固语保留词首辅音 h，有词首语音脱落现象，而且还有独特的词首辅音变化，这些都与土族语等西支语言相近。词汇方面，东部裕固语与蒙古语相同的固有词最多。此外，在语法范畴及语音和谐等诸多方面，东部裕固语也比较接近蒙古语。总之，东部裕固语保留了许多其他语言没有或少有的古代蒙古语现象，有的甚至是古代蒙古语文献没有记录但确实存在的现象。东部裕固语的这些特点能够为蒙古语族语言发展演变史研究提供重要的鲜活材料，其语言学地位及学术价值不言而喻。

就蒙古语族语言之间的关系而言，布里亚特语、现代蒙古语、卡尔梅克语之间的亲缘关系最近，分化最晚；其次为莫戈勒语；达斡尔语分化较早且独具特色；土族语、东乡语、保安语和康家语等土族语群关系最近，而东部裕固语相对较远且比较独立。如果说达斡尔语在阿尔泰语系中与满语及满-通古斯语族语言最近的话，那么东部裕固语则与西部裕固语及突厥语族语言的关系最近。这与东部裕固语和达斡尔语的语言环境及历史有关。历史上，达斡尔族和满族接触最多，同处一个地域，经济文化形态接近；东部裕固和西部裕固同属一个民族，也同处一个地域，经济文化形态基本一致，但东部裕固语和西部裕固语却是跨语族的两种语言。据此，我们认为蒙古语族语言的发展变化和亲疏远近是有层级的。

二　东部裕固语的系属及方言土语差异

东部裕固人称自己为 aŋqar "安格尔"或 eŋker "恩格尔"、ʃəra jɔqɔr "西拉尧熬尔"。上文已述，西拉尧熬尔意为黄尧熬尔、黄回鹘或黄裕固，但无论东部裕固还是西部裕固，均与古代回鹘有关。西部裕固人被称为"撒里裕固",东部裕固人被称为"西拉裕固",都是同一名称的不同叫法。西部裕固语称"黄色"为sarəq"撒里",东部裕固语则称作 ʃəra"西拉"。

目前,裕固族不分东部西部,都自称joʁor或joqur,汉文旧时音译为"尧熬尔""尧呼尔",现已规范为"裕固"。至于安格尔或恩格尔,虽有不同解释(陈宗振 2004:14),但本书作者更倾向于安格尔aŋqar。因为aŋqar音义与蒙古语angɣir [æŋkır]对应,词义是:①金叶黄色、淡橘黄色,②黄(忌讳),没有任何贬义,而angɣir uɣuraɣ"淡黄色的初乳"更具尊敬意味。东部裕固人尤其大河的东部裕固人至今称自己是安格尔人。而这一自称其实就是ʃəra joʁor的另一种称谓而已,不同于西部裕固语中的贬义词ɔŋɡar"恩格尔"。

东部裕固语属阿尔泰语系蒙古语族西语支语言。该语支的其他语言还有土族语、东乡语、保安语和康家语等。20世纪80年代,保朝鲁和贾拉森教授把东部裕固语分为康乐和青龙两个方言,二者的主要区别在语音和个别词汇上(保朝鲁、贾拉森 1992:8)。

根据我们的调查和分析,该语言确实还存在一些土语的差别。东部裕固语至少可以分为三个土语,即乃曼-杨哥土语、巴岳特土语、鄂金尼土语。乃曼-杨哥土语当中也可分出两个次土语,即乃曼土语、杨哥次土语。这些土语在语音、词汇、语法方面都有不同特点。譬如,乃曼-杨哥土语中的ʉ、yː、iː,巴岳特土语中一般发ø、øː、eː,巴岳特土语中保持的双唇辅音χaβar"鼻子"在乃曼-杨哥土语中变为唇化辅音χwaːr,而鄂金尼土语中发为双唇鼻音χamar等。操乃曼-杨哥土语的把"吃饭"叫作χʊla ʊː-,鄂金乃土语的人叫作pataːn ʊː-~χʊla ʊː-,而巴岳特土语的人叫作ʂɔŋken ʊː-。巴岳特土语中还有人称复数-rʊn/-rʊnːtʰa-rʊn"你们"等语法现象(斯钦朝克图 2019)。鄂金尼土语中把"袜子"叫作hɔməsən,而其他土语中均用汉语借词wazi。巴岳特土语中汉语借词相对多一些,而鄂金尼土语中藏语借词多一些。巴岳特土语和鄂金尼土语中保留蒙古语族语言的词语相对多一些。

第三节

东部裕固语的濒危状况

一 东部裕固语使用现状

由于居住环境不同,东部裕固语的使用情况也有所不同。有的村庄使用较好而有的村庄则不容乐观,有的甚至基本转用汉语。根据我们的实地调查,除了十来个已经转用汉语的村庄外,调查点其他村庄东部裕固语使用情况如表1-1所示:

表1-1 肃南东部裕固语使用情况表

最好村	康乐镇杨哥	康乐镇德合隆	康乐镇红石窝	康乐镇大草滩	皇城镇营盘			
较好村	康乐镇巴音	康乐镇康丰	皇城镇向阳	皇城镇大湖滩	皇城镇北极	皇城镇北峰	大河乡大滩	大河乡红湾
较差村	康乐镇赛鼎	康乐镇隆丰	康乐镇上游	大河乡大岔	皇城镇西城			

从生活区域看,有些村庄的裕固人与其他民族杂居,而有的村庄则是裕固人聚居。东、西部杂居的裕固人一般都懂东、西部裕固语,如大河乡大滩村和红湾村巴岳特·塔乌部落的人多数都能说东部裕固语和西部裕固语。有些东部裕固人与藏族杂居或毗邻而居,他们的藏语就比较好。事实上,东部裕固人中会藏语的人不少,甚至还曾有裕固族知识分子和喇嘛使用藏文书写,这都跟藏传佛教的宗教信仰有关。在有些村庄中,因与汉族杂居时间较长,村中的裕固人逐渐转用了汉语。由于学校、乡村等公共场所都使用汉语文,裕固人目前除母语外一般也都使用汉语文。从语言的社会功能看,东部裕固语为日常生活用语或

家庭语言，而汉语则属于日常公共交际用语。从年龄段分析，越来越多的年轻人其汉语比母语说得好，年纪大的人则是母语好，而老年人的藏语则较好。由于无传统文字，学校没有母语教育，东部裕固语已处于濒危状态。目前，在6000多东部裕固人中，仅有3000多人使用母语。东部裕固人的婚姻比较自由，既有与西部裕固人、蒙古族和藏族结婚的，也有跟汉族结婚的。尽管部族内部结婚的多，但也只有一半左右，另一半则与聚居区内或周边其他民族通婚。

二 东部裕固语濒危程度

根据阿拉腾苏布达（2012：151）的调查数据，认为东部裕固语很重要的东部裕固人占总人口的96.58%，认为汉语很重要的占97.26%；认为日常用东部裕固语方便的占17.81%，用汉语方便的占34.25%；兼用东部裕固语和汉语双语的占46.58%。通过调查，我们也看到，尽管东部裕固人对自己母语很重视但并不排斥使用汉语，尤其是绝大多数东部裕固人对在公共场合使用汉语进行交流的重视程度甚至超过母语。由于对母语和传统文化的重视，目前有些幼儿园和学校已经开展双语教育或民族语辅助教育，如红湾寺小学和肃南中学等。从当前实际情况看，汉语已成为族际间的交际通用语，汉语文已经成为东部裕固人学校的教学语言和文字。

联合国教科文组织关于"语言活力与语言濒危"制定了9项评估指标（范俊军 2006：55）。下面，我们将以这9项指标为依据，以阿拉腾苏布达（2012：172—177）的调查为基础，并结合自己调查所得材料对东部裕固语濒危状况展开初步评估。其中，多数指标是利用阿拉腾苏布达的调查成果加以描述的，但指标3、7、9是在我们自己调查和评估的基础上做出的。

1. 指标1：语言代际的传承

确有危险（3级）：儿童在家庭中不再将该语言作为母语习得，该语言最年轻的使用者为父辈一代。在这一阶段，父母可能仍对孩子使用该语言，但典型情况是，孩子并不用该语言作应答。东部裕固语处于3-4级之间。因为母语说得最好的那些牧区孩子虽能用母语与父母交流，但人数不是很多。

2. 指标2：语言使用者的绝对人数

在肃南，东部裕固语的使用人数不足3000人，其濒危程度属于"确有危险性"。

3. 指标3：语言使用人口占总人口的比例

语言使用人口占群体总人口比例是衡量语言活力的一项重要指标。根据县人民政府网站2021年末统计数据，肃南县户籍人口39 283人，其中少数民族人口22 590人，占人口总数的57.5%；少数民族中裕固族1万多人，占27.2%，而在全体东部裕固人当中约53%的人使用母语，危险度属于3级。

4. 指标4：语言使用域的走向

从使用场合、使用对象以及用该语言谈论的话题范围来考虑，东部裕固语目前在家庭内部的传承还可以，但在其他场合的使用却越来越少。所以，东部裕固语处在此一指标的3级，即语域正在收缩的阶段。

5. 指标5：对新语域和媒体的反应

东部裕固语只在肃南县广播电视节目和一些微信群里使用。该语言仅用于少数新语域，活力不足，属于1级。

6. 指标6：语言教材与读写材料

东部裕固语与西部裕固语有统一的拼写符号，并以此编写了一些小学课本辅导材料及《东部裕固语汉语词典》《尧熬尔文化》杂志等书刊。因此，东部裕固语该项等级为1，即"有可行的拼写符号为族群成员所了解，一些材料仍在编写之中"（范俊军 2006：43）。

7. 指标7：政府和机构的语言态度及语言政策

东部裕固语属于濒危的语言，目前未在学校和官方所有场所使用，只是在民族幼儿园和小学的低年级部分使用。所以，该评估指标等级为4-5之间，即"非强势语主要作为私人场所和部分公共场所的交际语言受到保护；非强势语的使用享有声望"（范俊军 2006：46）。在科学保护民族语言的政策指引下，微信群中用母语交流，讲民间故事、谚语格言，猜谜语，讨论新词术语以及传递正能量的信息逐渐多起来。微信交流群和人数也随之增多，跨越家庭社区，成为一个较大的新的语言运用场所。

8. 指标8：语言族群成员对母语的态度

根据抽样调查和采访，我们了解到东部裕固人对其母语的态度较认可，绝大多数裕固人支持和提倡使用母语，尤其是裕固族精英对本民族语言文化具有强烈的保护意识。所以，该项评估指标为4级，即"大多数成员都支持保持语言"（范俊军 2006：45）。

9. 指标9：语言记录材料的数量和质量

东部裕固语有专门研究、系统描写语法的著作，有一本词典和对照词汇手册，以及话语资料集，还有简单的幼儿、小学教科书或辅导材料。这些书籍对东部裕固语的语音、词汇、语法特点进行了不同程度的描写分析，书中还提供了部分词汇和句子样本。因此，本项评估指标等级处在2-3级之间。

综上，东部裕固语语言活力和濒危程度评估结果如表1-2所示：

表1-2 东部裕固语语言活力和濒危程度评估结果表

序号	评估指标	等级	各项评估结果
1	语言代际的传承	3-4之间	确有危险
2	语言使用者的绝对人数	3	濒危程度
3	语言使用人口占总人口的比例	3	确有危险
4	语言使用域的走向	3	语域正在收缩的阶段
5	对新语域和媒体的反应	1	活力不足
6	语言教材与读写材料	1	活力不足
7	政府和机构的语言态度及语言政策	4-5之间	区别性支持
8	语言族群成员对母语的态度	4	大多数成员都支持保持语言
9	语言记录材料的数量和质量	3-4之间	较好

第四节

东部裕固语的研究概况

东部裕固语的研究最早始于西方学者。早在19世纪末和20世纪初中期，西方就有一些学者整理发表了一些材料。例如，波塔宁（Г. Н. Потанин）1893年发表了《中国西藏唐古特边区和蒙古中部》，记录了200个词汇和一些语句。之后，曼内海姆（C. G. E. Mannerheim）1911年发表了《萨里畏兀尔及西喇伟古儿地区访问记》，其中记录和对照了有关东部裕固语、西部裕固语和蒙古语各300词。但上述两位均不是语言学家。阿尔泰语语言学家科特维奇（W. L. Kotwicz）1939年发表了描写东部裕固语的文章《甘州附近的黄维吾尔人所说的蒙古语》。此后，鲍培（N. N. Poppe）1955年在《蒙古语比较研究绪论》中也提到了该语言。但因受调查和资料的限制，他们只是把东部裕固语当作土族语或蒙古语西部方言的土语来加以研究。1956年，苏联卡尔梅克学者托达耶娃在田野调查基础上对东部裕固语展开了系统的描写研究，并于1966年与捷尼舍夫合作出版了"亚非各民族语言丛书"之一的《裕固语》一书。该书的第一部分是捷尼舍夫执笔的西部裕固语，第二部分是托达耶娃执笔的东部裕固语。这应该是目前我们所能见到的最早就东部裕固语的语音、语法展开系统、详细阐述的学术著作。此后，陆续有卡尔梅克大学教授来裕固族地区进行调查。2017年日本学者粟林均以布和等的《东乡语词汇》和保朝鲁的《新编东部裕固语词汇》为蓝本，编纂了《〈东乡语词汇〉〈新编东部裕固语词汇〉蒙古语文索引》（『東郷語詞彙』『新編東部裕固語詞彙』蒙古文語索引，東北大学東北アジア研究センター）。此外，还先后有一些相关调查资料和论文得以发表，如马罗夫（С. Е. Малов）、海尔曼（P. Matthias Hermanns）、罗纳塔石（A. Rona-tas）、诺格忒仁汉斯（Nugterem-Hans）、佐藤畅治（さとうのぶはる，Sato Nobuharu）等。

国内对东部裕固语的研究始于1956年我国开展的少数民族语言大调查。当时以清格尔泰为队长、苏联专家托达耶娃参与指导的中国科学院少数民族语言调查第五工作队，对该语言进行了比较系统的调查，在此基础上写出了调查报告。同时，负责调查突厥语族语言的第六工作队也对该语言进行过调查，并由陈宗振编写出《东部裕固语简志》初稿（未公开发表）。1957—1958年间，清格尔泰根据调查材料在《蒙古语文》杂志发文，连载了《中国境内蒙古语族语言和蒙古语方言概况》一文，其中专设一节详细介绍和论述了东部裕固语。

到目前为止，国内已出版的东部裕固语研究专著有两部，即照那斯图编著的《东部裕固语简志》（1981）和保朝鲁、贾拉森合著的《东部裕固语和蒙古语》（1992）。其中《东部裕固语简志》是在1956年参加大调查和20世纪70年代再次补充调查的基础上按照"中国少数民族语言简志丛书"的统一体例编写的。虽然篇幅较小，但内容相当丰富，首次较为充分地揭示了该语言的基本特点，是国内东部裕固语研究的开拓性著述，至今为学术界广泛引用。《东部裕固语和蒙古语》是在20世纪80年代多次调查的基础上，按照"蒙古语族语言方言研究丛书"的统一大纲编写的。该书篇幅较长，内容丰富，不仅较为深入地描写了东部裕固语语音、语法和词汇系统，而且还与蒙古语进行了对比分析，深化了学界对东部裕固语自身特点的认识，是迄今为止对东部裕固语研究最为全面、深入的一部著作，受到国内外学者的好评。

孙竹主编的《蒙古语族语言词典》（1990）中也包含了第一次调查的东部裕固语词汇。与此同时，保朝鲁等还在1985年出版了《东部裕固语词汇》一书。1988年保朝鲁、贾拉森合著的《东部裕固语话语材料》出版。其中，《东部裕固语词汇》收录词语4000余条，是迄今为止唯一一部东部裕固语辞书类对照词汇著作。在书中，作者还分析并注释了这些词的来源，为研究东部裕固语词汇提供了宝贵的资料。

《东部裕固语话语材料》也是迄今为止有关东部裕固语的唯一一部原始文本语料集，收录了很多民间故事、谚语、谜语、祝赞词以及会话资料等，不仅是研究东部裕固语语法重要而又可靠的资料，对研究民间文学等也有一定的价值。2015年，保朝鲁又在原来词汇的基础上做了一些补充，以《新编东部裕固语词汇》为名再行出版。该书共收录词汇4182条，并附2篇相关论文。

21世纪初以来，国内对东部裕固语的相关研究也取得较好的成绩。首先，萨仁高娃在肃南进行了为期一年的田野调查，并在此基础上撰写了博士学位论文《蒙古语和东部裕固语语音比较研究》（2008）。该文是首次就东部裕固语的语音展开专题研究的学位论文，文章不仅描写了东部裕固语的语音系统，还就东部裕固语和蒙古语的语音进行了比较，得出不少新的结论，体现出了较高的学术价值。2014年又有哈斯呼研究东部裕固语语音的博士学位论文《基于语音声学参数库的东部裕固语语音研究》面世。该文在提取每个音素的音高、音强、共振峰等参数的基础上，对东部裕固语的语音、音节、元音和谐、重音和语音变化等进行了深入细致的分析，提出了很多不同于以往描写研究的新观点，对深化东部裕固语研究产生了重要影响。2014年，阿拉腾苏布达完成了博士学位论文《东部裕固语生态语言学研究》。该文基于生态语言学的理论和方法，首次对东部裕固语的使用情况及语言生态环境进行了深入细致的考察分析，对东部裕固语语言生态研究乃至语言本体研究都具有重要的参考价值。2017年甘肃民族出版社出版了安玉冰主编的《东部裕固语汉语词典》，收录3530个词条，每个词条均附有例句。这是本民族学者编纂的第一部用裕固语记音符号和国际音标标注的东部裕固语词典。

此外，还有不少重要的学术论文值得重视。例如：保朝鲁的《关于西拉裕固语元音和谐和唇化元音》（1982）、《东部裕固语的领属语气词 inə/nə》（1996）；贾拉森的《东部裕固语的格和代词的一些特点》（1982）、《再论蒙古语和藏语某些格形式比较》（2002）；贾拉森、正月的《蒙古语和藏语某些格形式比较》（1999）；阿拉腾苏布达的《东部裕固语格研究》（2011）；高·照日格图、阿拉腾苏布达的《东部裕固语使用现状——以甘肃省肃南县城为例》（2013）；乌兰图雅硕士学位论文《东部裕固语与蒙古语词语的比较研究》（2012）；斯钦朝克图的《论东部裕固语在蒙古语族语言中的地位》（2019）、《关于东部裕固语人称代词的一种复数形式 -run/-rʉn 及其来源》（2019）、《关于语言的深度接触——以东部裕固语为例》（2019）、《关于东部裕固语辅音 p^h 及其蒙古语族语言的对应——兼论蒙古语族语言词首辅音 p^h 和 h 之关系》（2021），等等。

第五节

调查说明

一 调查简况

2015年，本书作者开始承担语保工程濒危语言东部裕固语的调查项目和语言志的编写任务。在2015年、2016年和2017年三个年度的6月末到7月末，我们对该语言进行了三次田野调查。2015年主要调查录制东部裕固语的康乐土语，2016年主要录制青龙土语，2017年主要为撰写东部裕固语语言志进行调查和补充调查，2018年8月3日到19日又进行了补充调查，录制了一千多条词汇和一些故事、祝赞词等，其中包括文化词等。2019年和2021年夏天又先后用了两周左右的时间补充调查了一些内容。

二 发音人简况

孟先忠，男，1957年3月生，裕固族，小学文化，康乐镇大草滩村牧民。父母及配偶均是裕固族，东部裕固语为其母语，兼通汉语文，是县级非遗传承人。孟先忠是民语发音人，在本课题里主要负责词汇、语法和话语部分的发音。他的母语好，也当过马背教师、村干部，理解能力强，对传统语言和文化了解充分、掌握较好，是当地裕固文化研究室专门推荐的语保工程发音人。

兰志厚，男，1941年生，裕固族，小学文化，康乐镇德合隆村牧民。父母及配偶均是裕固族，东部裕固语为其母语，兼通汉语文，为省级非遗传承人。其家庭三代都懂母语。兰志厚是口头文化发音人，在本课题里主要负责部分故事如《康隆寺的历史》的讲述，并配合民歌《蓝色的泽日格的百灵鸟》和谚语、谜语及祝赞词"擀毡子"的收集和录制工作。他的母语很好，也当过村干部，理解能力强，在传统语言和文化方面造诣较高。

安玉军（达隆东智），男，1965年9月生，裕固族，大专文化，康乐镇德合隆（原名寺大隆）村人，肃南裕固族自治县裕固文化研究室职工。其父母及配偶均是裕固族，东部裕固语为其母语，兼通汉语文，擅长写作文学作品。安玉军是当地裕固文化研究室专门推荐的口头文化发音人，在本课题里主要负责部分故事如《嘎孜罕汗和嘎拉木克汗的故事》的讲述，并配合民歌《金黄色的马》及谚语、谜语等搜集摄录工作。他的母语很好，理解能力强，在传统语言和文化方面造诣较高。

兰自雄，男，1963年3月生，裕固族，中学文化，康乐镇德合隆（原名寺大隆）村牧民；未婚，父母均是裕固族。东部裕固语为其母语，兼通汉语文。他在本课题里讲述了民间故事《哈拉木丹的故事》。

葛金明，男，1949年1月8日生，裕固族，小学文化，康乐镇赛鼎村牧民。父母为裕固族，配偶为汉族。东部裕固语为其母语，兼通汉语文。葛金明是民语兼部分口头文化发音人，唱诵了《剪马鬃之祝赞词》等。他是操青龙土语者，在本课题里主要负责青龙土语词汇、语法和话语部分的发音。他的母语好，也当过村干部，理解能力强，在传统语言和文化方面造诣较高。本课题在讨论东部裕固语方言土语特点时也引用和参考了他的发音。

黄金兰，女，1943年3月生，裕固族，康乐镇上游村牧民，无文化；其父母及配偶均为裕固族。东部裕固语为其母语，兼通汉语。在本课题里，黄金兰主要负责青龙土语话语发音和部分故事的讲述。

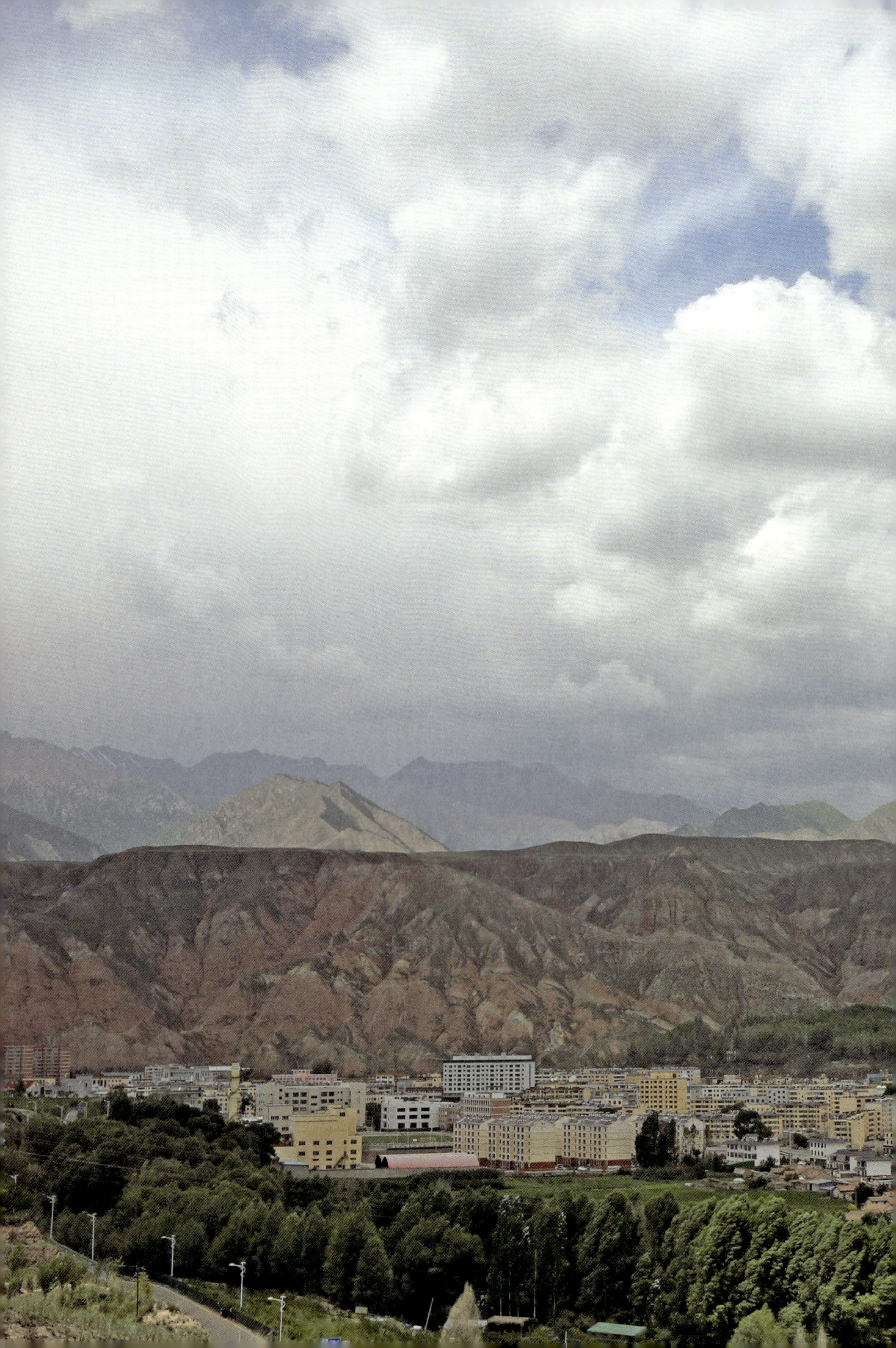

第二章 语音

第一节

元音系统

东部裕固语的元音系统有短元音、长元音和复合元音三类。

一　短元音

东部裕固语有a、e、ə、i、ɔ、ʊ、o、ʉ、ø、y10个固有的短元音音位。还有一个记录汉语借词的ɚ。这些短元音还有一些相应的变体。一般都可出现在词首、词中和词尾，而且第一音节以后的元音也跟第一音节元音一样比较清晰。其中ʊ与ʉ、o与ø虽然音位对立，但完全对立的词语非常少。圆唇元音ɔ、ʊ、o之间和ʊ、ʉ、ø之间交替的现象较多。

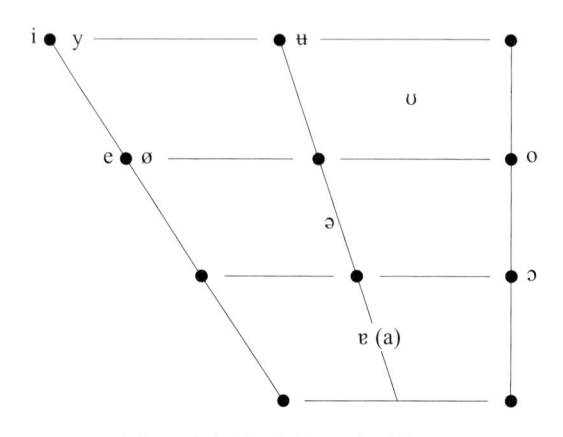

图1　东部裕固语短元音舌位图

表2-1　东部裕固语短元音表（基本元音）

舌位高低	舌位前后	前			央			后		
	唇状	展		圆	展		圆	展		圆
	阳阴中性	阳 阴 中	阳	阴 中	阳 阴 中	阳	阴 中	阳 阴 中	阳	阴 中
高		i		y		ʉ				
高半高之间									ʊ	
半高		e		ø						o
半高半低之间					ə					
半低										ɔ
半低低之间					a(ɐ)					
低										

1. a　央、低与半低之间、展唇、阳性元音，实际读音接近ɐ，考虑到记录方便，采用a来表示。但在元音舌位图中把国际音标的前a放在央ɐ的旁边加个括号（a）表示。央a还有变体[ɑ]，这个变体一般在舌根音或小舌音后偶尔出现，如：χɑk-"打"、χɑkəlt-"互打"、χɑrβa-"翻"。

a在词首、词中、词尾的分布举例如下：

词首	汉义	词中	汉义	词尾	汉义
aqa	兄	χarβəlataqa-	射	paqa	年轻
ʂa	纱	zampakləŋ	世界	jarqa	两岁牛

2. ə　央、半高与半低之间、展唇、中性元音。可以出现于词的任何位置，但出现在词首的情况较少。例如：

词首	汉义	词中	汉义	词尾	汉义
əŋkə-	这样做	ərβes	豹子	oldə	剑
ərtʃalqa	盘腿	ma:n-əβəŋ	羊绒	ərələ(em)	药丸

ə还有一个变体ɷ，主要是受前后音的影响而出现于后续音节，尤其是因为tʂ、tʂʰ、ʂ、z等的影响易发生变化。例如：ɲi:ʃek alta-"微笑"、parɷ-"完成"、wətʂɷ"奶角子"、ʃəthaqʊi"会"、te:kə:tʂɷ"媒人"、quantʂɷ ʉkʉi(tartaŋqʊi)"无能"、tʂatʂəlɯ:"杵"。

此外，还出现ə变读为a的现象。例如：əlqa-/alqa-"区分"、zəmpakləŋ/zampakləŋ"世界"。

3. e　前、半高、展唇、阴性元音。可以出现于词的任何位置。例如：

词首	汉义	词中	汉义	词尾	汉义
ene	这	helekeʂeke	亲热	tʰere	那
eməs	疖	kʰemerʃke	软骨	kʰerepʰi	蝴蝶

有变体ə和ø，如kʰʉitʰen/kʰʉitʰən "凉"、kʰerepʰi/kʰølepʰi: "蝴蝶"。

4. i　前、高、展唇、中性元音。可以出现于词的任何位置，但很少出现在词首，且其前一般都带有j。例如：

词首	汉义	词中	汉义	词尾	汉义
ima/jima	什么	eltʃiken	驴	bʉri	每
jilən(jɛləm)	淡	jarti·skalwa	远古	kølopʰi	影子

有变体e和i:。例如：ere-/ire-/eri- "来"、kʰerepʰi/kʰølepʰi: "蝴蝶"。

5. ɔ　后、半低、圆唇、阳性元音。可以出现于词的任何位置。例如：

词首	汉义	词中	汉义	词尾	汉义
ɔdɔ:	现在	tʃʰɔqmɔqlɔqtʰɔ	盘蜷	nɔmɔqɔtqɔ-	顺服
ɔŋlɔq	容易、便宜	nɔqɛŋ	寺庙	qʰɔcʰɔ	身体

有变体u(ʊ)。例如：mɔ:tan/mu:tan "木头"、zɔqoŋ/suqʊŋ "葱"、qɔtəsən/qutəsən "靴"。此外，有时与后[ɑ]变读。例如：χɔq-/χɑq- "打"、hɔrβa-/hɑrβa- "翻"。

6. ʊ　后、高与半高之间、圆唇、阳性元音。可以出现于词的任何位置。例如：

词首	汉义	词中	汉义	词尾	汉义
ʊda:n	慢	χulusən/χulusʊn	竹/芦苇	tʃʊlqʊ-	脱毛
ɔlʊ/ʊqlʊ	龙	suqʊŋ/zɔqoŋ	葱	metʊq/metɔq	花

u是ʊ的自由变体，有时几乎分不清。例如：ʊrta/urta "以前"、hʊrʊi/furui "往下"。

ɔ同样属于ʊ的自由变体。例如：ʊmpa-/ɔmpa- "游泳，渡"、suqʊŋ/zɔqoŋ "葱"。

ʊ还有变体ə。这种变化现象较少。试比较：qaqqʰi:n·qʰʊʃa "猪圈"、qʰəʃa: "圈"。

7. o　后、半高、圆唇、阴性元音。可以出现于词的任何位置。例如：

词首	汉义	词中	汉义	词尾	汉义
ontor/oŋtor	高	odorleke	整日	olko-	挂
orkʉ	犏牛			tʂʰəkpo	柳条

有时，o与ɔ变读，如χok-/χɔq- "打"。有学者将o和ɔ归纳为一个音位。但通过比较分析，我们认为它们的具体发音确有不同，且具有区别意义的作用，故将其处理为两个音位。例如：hɔtɔn "星星"与hoton "羽毛"等。

8. ʉ　央、高、圆唇、阴性元音。可以出现于词的任何位置。例如：

词首	汉义	词中	汉义	词尾	汉义
ʉkʉi	没有	pʉtʉrte-	绊倒、跌倒	tʃʰə jaβʉ-	你走
kʰʉkʰʉr	硫黄	kʉkəi	大嫂	kʰʉrkʰʉm	藏红花

ʉ与ʊ的音位对立例子不多，如sʉr-"跳"/sʊr-"学"、tʰʊrʊːn"蹄子"/hkʰø·tʰʉrʉːn"牛虻"。也常常出现语音交替的情况，如pʉrʉi/pʊrʊi"错"。也有变体ə，如hsʉn/hsən"头发"。

9. ø　前、半高、圆唇、阴性元音。可以出现于词的任何位置。例如：

词首	汉义	词中	汉义	词尾	汉义
ølmø	前、东	ødøkʃ	晚	øŋkø	颜色
tʃʰørme	干奶酪	søkølmøk	谷穗	kʰøløk	山羊毛

ø有变体y，如tʃʰøløː/tʃʰyløː/tʃʰyloː"空闲"。ø也有变体o，如hkøn/hkon"乳房"。

10. y　前、高、圆唇、中性元音。一般出现于词首，很少出现在词中、词尾。例如：

词首	汉义	词中	汉义	词尾	汉义
ykʰon	脂肪	tʃyrken	心脏	pytʰyː	鹅
tʃʰytʰɔq	法会	tʃyŋgər	水坑		

另，东部裕固语中还有一个非基本元音ɚ。

ɚ　前、高、圆唇、中性元音。该元音源于汉语借词，但东部裕固语中的音质与北京话的ɚ不同，而与汉语西北方言的ɣə近似。一般出现于词首，很少出现在词中、词尾。例如：

词首	汉义	词中	汉义	词尾	汉义
ʃiaɚ	馅儿	tṣiɚzi/tṣi ɣzi	侄子	ɕiɳtʃʰiɚ	星期二

二　长元音

东部裕固语有aː、əː、eː、iː、ɔː、ʊː、oː、ʉː、øː、yː 10个长元音音位。有一些长短元音有时发音时短时长。例如：hkor/koːr/kor"牛"、hkøn/køːn/køn"姑娘"。

1. aː分布举例如下：

词首	汉义	词中	汉义	词尾	汉义
aːr	后	tʰaraːltʃən	庄稼、农业	ʊraː	臼齿
aːχʉn	阿訇			htei paːpa	小叔

2. əː这种长元音很少出现。尽管可以出现于词的任何位置，但多见于词尾或词中。其中，有的可能源于短元音的长化。例如：

词首	汉义	词中	汉义	词尾	汉义
kʰəː-	做	teːkəːtṣə	媒人	çisəː	缝隙

| kə:pi | 隔壁 | kərβə:k | 眉毛 | tʉ:ɣə:- | 吐 |

此外，ə:的变体还有复合元音 əi 和长元音 i:。例如：pʉləi/pʉləi "磨石"、nəkʰə:/nəkʰi: "老羊皮"。

3. e:可以出现于词的任何位置。例如：

词首	汉义	词中	汉义	词尾	汉义
e:r-	找	øte:n·ølmø	上午	ʉre:	三至四岁公马
pe:rke:	嫂子	tʰele:n/tʰile:n	柴火	me:me:	妈妈

有时 e:与 i:变读，如 pe:rke:/pi:rke: "嫂子"。

4. i:可出现于词的任何位置。例如：

词首	汉义	词中	汉义	词尾	汉义
i:n	这样	a:rtʰi:nə	后面	χɔrmi:	下摆
li:xʋa	犁铧	po:tʃʰi:	簸箕	qʰɔqʰti:	壶

5. ɔ:可出现于词的任何位置。例如：

词首	汉义	词中	汉义	词尾	汉义
ɔ:l-	找	nɔqɔ:ra-	变绿	nɔqɔmɔ:	老实
mɔ:tɔ	立即，赶快	tʃʰɔqmɔqlɔqtʰɔ:	缠绕	hɔcʰɔ:-	缠绕

ɔ:有时变读为 u:，如 mɔ:tan/mu:tan "木头"；有时有长短变读，如 jɔ:s/jɔsə "礼"。

6. ʋ:可出现于词的任何位置。例如：

词首	汉义	词中	汉义	词尾	汉义
ʋ:la	山	qarqʋ:la-	弄出	qatʰʋ:	硬、贵
pʰʋ:	枪	tapʋ	衣兜	tʃʋ:/tʃu:	拉萨、昭

ʋ:有变体 u:，如 qalʋ:/qalu: "鹅"、tʋ:ta-/tu:ta- "请"。需要指出的是，变体 u:的实际读音接近 ʉ:。

7. o:可出现于词的任何位置。例如：

词首	汉义	词中	汉义	词尾	汉义
o:lei	表示称心	hko:k·jakʰəko:	虽然	ko:ko:	哥哥
po:kʉ	玉米	po:tʃʰi:	簸箕	mo:	墨

8. ʉ:可出现于词的任何位置。例如：

词首	汉义	词中	汉义	词尾	汉义
kʰʉ:n	人类	kʰʉrβʉ:lma	译员	tʂatʂəlʉ	杵
mʉ:sə	犍牛	lʉ:tʉ	漏斗	χətʉ:	傻瓜

ʉ:有短元音变体 ʉ，如 kʰʉ:n/kʰʉn "人"。

9. ø:可出现于词的任何位置。例如：

词首	汉义	词中	汉义	词尾	汉义
ø:r	债，黎明	sø:nə	夜	tʃʰøløː	空闲
ø:k	气	øtø:n	午饭	hørø:r	祝词

10. y:一般见于词首，词中、词尾很少出现。例如：

词首	汉义	词中	汉义	词尾	汉义
y:la-	哭	kʰy:sən	肚脐	pytʰy:	封闭的
y:san	雨伞	kʰy:lek	衬衣	køtʃy:/køtʃy:n	脖子

需要指出的是，y:与y作为长短元音可以自由变读。例如y:ten/yten"门"、kʰy:kʰen/kʰykʰen"男孩"、y:tʰan/ytʰan"窄"等。

东部裕固语有些长元音是后起的，而且方言土语之间甚至前后变化都可能不一样。例如：tʃɔβɔ->tʃɔː-"痛苦"、ɔβɔ>ɔː"敖包"、χaβar>χwaːr"鼻"、nijɔn>njɔːn"官儿"、hkʰor>koːr"牛"。

三 复合元音

东部裕固语里还有复合元音，包括二合元音和三合元音。其中，二合元音比三合元音多，三合元音只有1个。有时二合元音和三合元音相互交替。一般情况下复合元音的后续元音长，首元音短。

东部裕固语复合元音按其来源可分为基本复合元音和非基本复合元音两类。

基本复合元音比较多，大都出现于固有词之中；非基本复合元音出现较少，且多见于汉语借词。

（一）基本复合元音

基本复合元音有八个：ai、əi、ei、ɔi、ʋi、ʉi、ʋa、ʋai。

1. ai可出现于词的任何位置。例如：

词首	汉义	词中	汉义	词尾	汉义
ai-	怕	mʋ:sain	（不起眼的）东西	qaβtʰaqai	扁的
paiʃən	板房	pə:paila-	照料（孩子）	ʃa:χai	鞋

ai有变体ei，如pai-/βai~pei/βei"有"、βeːt-tʃʰ·βai/βei"病着呢"、ontor·pai/pei"高"、htai/htei~tai/tei"小"。此外，ai有时还变读为长元音i:，如qaʰqʰai/qaqqʰiː/qɑ̥χqʰei"猪"。

2. əi多出现于词尾。其分布举例如下：

词首	汉义	词中	汉义	词尾	汉义
pəi	有	qaqhqəin·ʃi:ra	猪蹄	tʰaŋləi	软腭

| sɛis | 两岁公山羊 | qɔrqəila | 钩 | ʃiafəi | 下水 |

əi有变体ie。位于tʂ、tʂʰ、ʂ、ʐ以及小舌音之后时易发生变化，如sɔlqəp/sɔlqep"左"。有时ie变读为i:，如χɔrməi/χɔrmi:"衣襟"。

3. ei可出现于词的任何位置。例如：

词首	汉义	词中	汉义	词尾	汉义
pei/βei	有	amaqein·tøkørøk	马嚼环	qaptʰaqei	扁的
keirə	碗	peikʰe	伯克（旧西域官称）	paɔwei	保卫

ei有时与ai变读，如sein/sain"好"、htei/htai"小"。

4. ɔi可出现于词的任何位置。例如：

词首	汉义	词中	汉义	词尾	汉义
ɔirə	近	tʰɔlqietʰə	有头的	tʰɔŋɛp-	撅屁股
		ɔrqɔisan	同样	tʃɔqqɛi	坐

处于词尾的ɔi，由于语流音变等原因偶尔变读为ie，如sɔlqɔi/sɔlqei"左"。此外，ɔi处于词尾时也会发生ɔi与ʊi的变读，如tʃɔqqɛʃ-/tʃɔqqʊi-/tʃɔqʊi-"坐"。

5. ʊi可出现于词的任何位置。例如：

词首	汉义	词中	汉义	词尾	汉义
χʊi	刀鞘，旋风	ɔrkʊisən	相同	qɔ:rʊp	不能
		qɔrqʊil-	钩	tʃɔqqʊi-/tʃɔqʊi-	坐

ʊi有变体ui，主要位于颤音后或舌尖塞音前时发生变读。例如：

词首	汉义	词中	汉义	词尾	汉义
uitʰata-	变窄	puruiʃa:-	斥责	ɔrui	晚
uitʰatatʃβai-	变窄	pʊrʊi/purui	错误	hʊrʊi/furui	往下

6. ʉi可出现于词的任何位置。例如：

词首	汉义	词中	汉义	词尾	汉义
kʉin	骒马	ʉrʉin	下颚	ʉkʉi	无
ʂʉini	水泥	xoʉxʉila-	后悔	fəiʂʉi	翡翠

有时，ʉi还与əi发生变读，如pʉlʉi/pʉləi"磨石"。

7. ʊa①可出现于词的任何位置。例如：

词首	汉义	词中	汉义	词尾	汉义
χʊa-/χwa:-	分	qaŋqʊalta-	沉睡，昏过去	χalqʊa/χalqwa:	羹匙（木制）
qʊa	瓜	qʊa quaq metɔq	蒲公英	tʃiχʊa	计划

---

① 需要说明的是，有学者认为没有ʊa这种复合元音。

8. ʊai这种类型的三合元音较少出现。在固有词中主要见于词尾，借词则一般出现在词首、词尾。例如：

词首	汉义	词中	汉义	词尾	汉义
qʊairəmtʃʰə	乞丐	zəkʊaikə-	责怪	øːk·ʉkʊai	咽气
kʊaitʃiɔ	拐角	kʊaikʊaizi	拐角	məŋkʰʊai	聪明

ʊai有时与ʊi可发生自由变读现象，如pɔlqʰʊai/pɔlqʰʊi"允许"。

（二）非基本复合元音

有 iɔ、ye、oʉ、iʉ、ʉo、ia 六个。这些复合元音主要出现在汉语借词中。

1. iɔ 可出现在词的任何位置。例如：

词首	汉义	词中	汉义	词尾	汉义
ʃiɔʃinla-	小心	tʂʰaŋtiɔʂoʉ	长调歌手	ʂoʉpiɔ	手表
tʃʰiɔ mian	荞面	tʃiɔmian	脚面	tajpiɔ	代表

2. ye 多位于 tɕ、tɕʰ、ɕ、j、ʃ 等舌面、塞擦音之后。例如：

词首	汉义	词中	汉义	词尾	汉义
ʃyenxʊa-	喧哗	ʃyjyenla-	许愿	wəŋʃye	文学
jyenlin	园林	jijyente	在医院	neke jye	一生

3. oʉ 可出现在词的任何位置。例如：

词首	汉义	词中	汉义	词尾	汉义
oʉ	藕	ʂaŋʂoʉk-	受伤	tʃʰijoʉ	汽油
ʂoʉtʃi	手机	wənxoʉla-	问候	tʂʰaŋtiɔʂoʉ	长调歌手

此外，oʉ 还有一个自由变体əʉ，如 kəzəʉ"跳蚤"、tʂəkʰəʉ"折扣"等。

4. iʉ 可出现在词的任何位置。例如：

词首	汉义	词中	汉义	词尾	汉义
tʃʰiʉ	球	ʃiɔtʃiʉzi	内弟，小舅子	lantʃʰiʉ	篮球
ʃiʉkai-	修改	jantʃiʉla-	研究	ʂiliʉ	石榴

5. ʉo 可出现在词首词尾，词中少见。例如：

词首	汉义	词中	汉义	词尾	汉义
tʰʉoxai	拖鞋	kuŋzʉothiː	有工作	ʃiɔʃʉo	小说
tʰʉolatʃi	拖拉机			pʰiŋkʉo	苹果

6. ia 可出现在词首词尾，词中少见。例如：

词首	汉义	词中	汉义	词尾	汉义
tʰiaq	拐棍	tʃiniankʊan	纪念馆	qɔliaŋ	高粱

| ɕiaŋʐikʰɥi | 向日葵 | jyen liaŋla- | 原谅 | zuotʃia | 作家 |

四　带擦元音

这是东部裕固语中比较特殊的语音现象，也可以看作是一种有条件的增音现象。对此，有学者认为是"紧喉元音"或"长辅音"等。东部裕固语有 aʰ、eʰ、əʰ、ɔʰ、ʊʰ、øʰ、ʉʰ、yʰ 等带擦元音，而且主要在以 qʰ、kʰ 辅音开头的音节之前出现，偶尔也在 q、k 以及 s、ʃ/ʂ 等辅音之前出现，无区别词义的作用。有时出现有时不出现。虽然以 h 表示，但其实际读音为 qʰ、kʰ、q、kʰ、χ，且目前有减少的趋势。照那斯图记录了18条（照那斯图 1981：66），哈斯呼记录到29条（哈斯呼 2014：66），呼和、梅花记录了33条（呼和、梅花，2019），据本人调查的情况分析这一现象只不过在百十来个词语中出现。在蒙古语族的保安语和康家语及蒙古语方言土语中也有不同程度的保留。斜杠后为实际读音或两种不同读音。例如：

东部裕固语	蒙古语	汉义	东部裕固语	蒙古语	汉义
tʰaʰqʰasən/tʰaqʰasən	taqa	马掌	nəʰkʰi:/nəkʰi:	nekei	熟羊皮
peʰkʰə/pekʰə	beki	结实	pʰʊʰqʰa/pʰəʰqʰa	buqa	公牛
nɔʰqʰɔi/nɔqqɔi	noqoi	狗	nɔʰqʰə-/nɔqqʰə-	nuqu-	揉
møʰkʰør-/mekʰər-	kömöri-	倒扣	yʰkʰon/y:ʰkʰon	ögekü	脂肪

此外，也偶尔出现带擦长元音和复合元音 a:ʰ、e:ʰ、i:ʰ、y:ʰ、aiʰ、eiʰ 等。例如：ta:ʰqʰə/ta:χqʰə "还"、ŋi:hkə "笑话"（照那斯图 1981：94）以及 saiʰqan/seiʰqan/saiχqan "美丽的"等。

这也是东部裕固语和西部裕固语的一个共同特点。而且西部裕固语明显更多。试比较如下：

东部裕固语	西部裕固语	古突厥语	汉义
paʰqʰər/paqʰər/paqʰər	bahɢər	baqïr①	铜
taʰqa/taqqʰa/taχqa	taɣɢyə/tahɢayə/taɣqayə		鸡

五　元音和谐律

东部裕固语有较强的元音和谐律，分阴阳或松紧和谐。东部裕固语的元音和谐有层次，即阴阳和谐是其核心，唇状和谐服从于阴阳和谐。

东部裕固语的元音分阳性、阴性和中性三类。

阳性：a、ɔ、ʊ、a:、ɔ:、ʊ:、ai、ɔi、ʊi、ʊai

---

① В. М. Наделяев, Д. М. Насилов, Э. Р. Тенишев, А.М. Щербак. 1968: 82.

阴性：e、o、ʉ、ø、e:、o:、ʉ:、ø:、ei、oi、ʉi、øi

中性：i、ə、y、i:、ə:、y:、əi

（一）阴阳和谐

1. 阳性元音与阳性元音的和谐。例如：

a/a:-a/a: lar 语言 >lar-la- 说话　lar>a:r 用语言　　　　antaqar 誓言　aman 嘴

a:r 后 >a:r-qʃ-a:n 向后　 a:r 后 >a:r-sa 以后，以来　　qʰʊtʰqʰalaqtʰa 摇摆，秋千

ʊ/ʊ:-a/a:　qʊtal 谎言 >qʊtal-tʃʰ-a:r 用谎言　　　　　　ʊ:lqa 粮食 >ʊ:lqa-a:r 用粮食

2. 阴性元音与阴性元音的和谐。例如：

e-/e:-e-/e: tere 枕头 >tereleme·ker 卧室　　tere 枕头 >tere-·e:r 用枕头　erle- 站起来

ø-/ø:-e-/e: øløkø 襁褓 >øløkø-te 包在襁褓里　 ølβektʰe- 准备　　　kørtʃʰøt 胸脯

ʉ-/ʉ:-e-/e: kʉr- 到 >kʉr-sen 到达　　　　　　sʉrʉin- 凉 >sʉrʉi-te- 乘凉

o-/o:-e-/e: otor 日 >otor-leke: 整天

3. 阳性元音与中性元音和谐。例如：

a/a:-ə/ə: 　　　　amən 米　　a:lə 哪里　　　　lar 语言 >lar-laltə- 说话

ɔ/ɔ:-ə/ə:/əi　　　χɔ:nə 绵羊　qɔrəm 灰尘桌面上的　qɔrqʰəi 缝儿　tɔqʃən 凶猛的

ʊ/ʊ:-ə/ə:/əi-/a/a:-i/i:　sʊnəra- 伸开　ʃʊrqu:ltʃin 蚂蚁

4. 阴性元音与中性元音和谐。例如：

ø-/ø:-ə/ə:　　　　sø:nə 夜

e-/e:-y-/y:-/i/i:　　peːtʃin 猴子　　　　　　kʰerepʰi: 蝴蝶

ʉ-/ʉ:-e-/e:　　　 kʰʉtʰe:- 拔~萝卜

e-/e:-ə-/ə:-y-/y: 　tʰempəly:r·kʰʉn 流浪者　　pelezək 手镯　　lep-y:r 扇子

o-o:-ə/ə:　　　　otə- 哄~小孩子

（二）唇状和谐

1. 阳性圆唇元音与阳性圆唇元音、中性圆唇元音和谐。例如：

ɔ-/ɔ:-ɔ-/ɔ:　 ɔrɔʃɔ- 被安装 >ɔrɔʃɔ-qɔ 安上（使动态）　 tʃʰɔqmɔqlɔqtʰɔ·hɔrɔ:缠绕

ɔrqɔqlɔ- 嚎叫 >ɔrqɔqlɔ-qʰɔ:y:la- 痛哭　　qɔqqɔlɔpɔ 爱训斥人

nɔmɔqɔn 老实 >nɔmɔqɔ-tʰɔ- 驯服　　　　 tʃɔqtʃɔq 堆 >tʃɔqtʃɔq-lɔ- 垒

ɔ-/ɔ:-ʊ-/ʊ:/ʊi　ɔrkʊisən 像、相似

2. 阴性圆唇元音与阴性圆唇元音、中性圆唇元音和谐。例如：

o-/o:-o-/o: 　ko:ko: 哥哥 >ko:ko:-ko:r 让哥哥……　　mo: 墨 >mo:-ko:r 用墨

ø-/ø:-ø-/ø:　 ø:r 黎明 >ø:r-ø:r 趁着黎明　　　　　　 øtø:n χɔla·ʊ:- 吃午饭

3. 阴性圆唇元音与中性圆唇元音和谐。例如：

ø-/ø:-y-/y:　　øly:r 健康　　　nøty:r 碓 整体

o-/o:-y-/y:　　ony:tə 这面　　　tʰory:tə 那边　　　holy:r 剩余的东西

（三）中性和谐

东部裕固语中，中性元音既可以参与阳性元音序列的和谐，也可以参与阴性元音序列的和谐。其中，ə/ə:、i/i:、y/y: 三组中性元音可以出现于所有阳性和阴性元音之后，而尤以 ə 为最多，i 次之，y 相对最少。例如：

1. 中性元音与中性元音和谐。例如：

ə-ə:　　　ərβəs 豹　　　　　əlpə- 抚摸　　　　qʰəɮəl- 变　　　　kərβə:k 眉毛
ə-i/i:　　　əltʃike 毛驴　　　　pi:sən 虱子　　　　kʰəri: 乌鸦　　　　tʃi:ltə- 欢笑
ə-y/y:　　　həpʰtʃʰy:n 前胸　　　tʃyŋɡər 水坑　　　sy:tʃə 胯　　　　tʃys:tən 梦
i/i:　　　　ʃiŋki:amə(＜ʃiŋken·amə) 稀饭　　　　　tʰaʃta-tʃiki:- 扔掉
i/i:-y/y:　　si:l-y:l- 镌刻
y/y:　　　pytʰy: 封闭的

2. 中性元音与阴性元音和谐。例如：

ə-e/e:　　　ərtem 学问　　　　　ʃəle:sən 猞猁　　　mør·eŋəs·βai 路窄
y/y:-e/e:　　kʰy:kʰen 男孩　　　tʃy:rle 削尖　　　tʃylen 软　　　tʃyrken 心脏　　　yten/y:ten 门
y/y:-ø-/ø:　　tʃʰyløː/tʃʰylo: 空闲　　　ykʰon 脂肪
i/i:-e/e:　　ti:re 上　　　　　　kələt·ni:me 钥匙　　ʃikʰe/ʃkʰe 大

3. 中性元音与阳性元音和谐。例如：

ə/ə:-a/a:　　əlqa- 区分　　　　məŋqan 千　　　　qʰaʃa: 圈　　　　hərtʃʰi:lasən 诞生
i/i:-a/a:　　ʃiniqsa 唢呐　　　qaqqʰi:n·tʃiltʃiqan 猪崽　　ʂinaqa 瓢　　　ʃi:ra 蹄

此外，原有的和谐情况已经出现不和谐的倾向，如 tʂʰatʂʰəlʉ: "杵"。中性和谐的增多及不和谐现象的出现说明东部裕固语的元音和谐律已不严谨。

第二节

辅音系统

东部裕固语的辅音系统可分为单辅音和复辅音两类。从来源上可分为基本辅音（固有词辅音）和借词辅音（非固有词辅音）两类。具体情况见表2-2。

表2-2　东部裕固语辅音表

发音方法			发音部位									
			双唇音	唇齿音	舌尖音	卷舌音	舌叶音	舌面前音	舌面中音	舌根音	小舌音	声门音
塞音	清	不送气	p		t					k	q	
		送气	pʰ		tʰ					kʰ	qʰ	
塞擦音	清	不送气			ts	tʂ	tʃ	tɕ				
		送气			tsʰ	tʂʰ	tʃʰ	tɕʰ				
擦音		清		f	s	ʂ	ʃ	ɕ	ç	(x)	χ	h
		浊	β		z	ʐ				(ɣ)	(ʁ)	
鼻音		清						ŋ̊				
		浊	m		n					ŋ		
边擦音		清			ɬ							
		浊			l							
颤音					r							
半元音			w						j			

一 单辅音

东部裕固语有36个辅音音位，即p、pʰ、t、tʰ、k、kʰ、q、qʰ、f、w、β、s、z、ş、ẓ、ts、tsʰ、tʂ、tʂʰ、tʃ、tʃʰ、tɕ、tɕʰ、ʃ、ɕ、ç、χ、h、m、n、ŋ、ņ、l、ɫ、r、j。这些辅音中还有k、χ、q的变体ɣ、x、ʁ三个。有些源于借词的外来辅音现已扩散到基本词或固有词里，我们称其为深度借用。例如，在tʃ、tʃʰ、ʃ, tʂ、tʂʰ、ʂ, tɕ、tɕʰ、ɕ三组辅音中，除tʃ、tʃʰ、ʃ外，其余两组均来自汉语，且有向固有词辅音系统扩散的趋势。例如，固有词tʃʰə"你"因辅音tʃ现已转化为tʂʰ而变读为tʂʰə"你"。辅音在词中出现的位置有所不同，可分为词首、词中、词尾和音节首、音节末以及词首音节首等。而且有的在固有词和非固有词中出现的位置也不同。例如，h、f在固有词里只出现在词首音节首，p、t、k、pʰ、tʰ、kʰ等不能够出现在汉语借词中的音节末。但在这里我们除个别辅音外均分词首、词中、词尾。

1. p　双唇、不送气、清、塞音。该辅音可出现于词的任何位置，但在音节首出现频率高。例如：

词首	汉义	词中	汉义	词尾	汉义
pai-	有、在	kərəpkə-	眨	ʊmpa-	游泳
parəs	老虎	χapazi	下巴	səp	水獭

p有两个变体：

（1）条件变体β　该变体一般不出现在音节首，而多见于音节末，分布于两个元音之间或辅音l、r、tʃ、tʃʰ之后。例如：

词首	汉义	词中	汉义	词尾	汉义
sɔlβə-	交错	tʰeβerle-	抱	tarəβ tarəβ	踏地声
pai-/βai	有、在	pa:n/βa:n	有、在（表示陈述语气）	jastʰ βei	姓氏

（2）变体pʰ　例如：pʊrsaq "馒头，点心" /pʰʊrsaq "点心"。这种变体可能与其来源有关。因为东部裕固语固有词部分pʰ与蒙古语族语言p对应。

2. pʰ　双唇、送气、清、塞音。该辅音有几个来源，只见于固有词词首，仅限于一两个特殊词，且与词首辅音h同源。这种词首辅音与古蒙古语有关，如pʰɔtɔn/hɔtɔn "星星"、pʰi:le- "吹"。另外一些与蒙古语族东支语言的p对应，如pʰa:sən/baɣasun~ba:s~ba:sə~basun~basoŋ（/后为蒙古语族东支语言）。这是东部裕固语的特点，而且这种辅音在音节首的出现频率高。还有一个只出现在音节尾的，如apʰ-/ap- "取"等。此外，还有一些是在蒙古语族语言模拟词中共有的，如pʰɔltʰ pʰɔltʰ "一颤一颤地"。除此以外，可出现于非固有词的词中、词首、词尾（斯钦朝克图 2021）。

（1）固有词　例如：

词首	汉义	词中	汉义	词尾	汉义
pʰɔtən/hɔtən	星星	ʃarpʰəra	嗡嗡响	na:tpʰa	开玩笑
pʰa:sən	粪便	arpʰəra·fərpʰəra	嗡嗡响	hɔr-pʰoŋ	蓬松、松软
pʰʉr pʰʉr	扑棱棱				

（2）非固有词　例如：

词首	汉义	词中	汉义	词尾	汉义
pʰʊ:tʂʰi	猎人	jaŋpʰifazi	筏子	liampʰi:	大麦
pʰijaq	奶皮子	tʃiaŋpʰola-	强迫	kʰerepʰi:/kʰølepʰo	蝴蝶

3. t 舌尖、不送气、清、塞音。该辅音可出现于词的任何位置。例如：

词首	汉义	词中	汉义	词尾	汉义
tere	枕头	ɔtɔ:	现在	qʊtalt-	卖
ti:re	上面	qatana	外面	tat	锈

4. tʰ 舌尖、送气、清、塞音。可出现于词的任何位置。例如：

词首	汉义	词中	汉义	词尾	汉义
tʰy:ne	大针	neptʰere-	穿透	sara·pʉtʰə-	满月
tʰiɔtan	连襟	tʃʰitʰɔk	庙会	jantʰai	砚台

需要说明的是，辅音 tʰ 通常可与 t 变读，如 htʰɔq/htɔq "部落、村"。

5. k 舌根、不送气、清、塞音。该辅音可出现于词的任何位置，可出现于音节首、音节末，通常与 q 构成互补。例如：

词首	汉义	词中	汉义	词尾	汉义
kotəl-	动	sʉkʰərkesən	拉肚子	jy:ske-	挪
kəkəkṣən	鸽子	pʰiŋkʉo	苹果	pokʉ:	玉米

辅音 k 有变体 ɣ，k 在元音之间和 β、w、l、r、tʃʰ、s 后变读为 ɣ。ɣ 可出现于词的任何位置，但音节首出现频率较高。例如：

词首	汉义	词中	汉义	词尾	汉义
ɣø:rsən	刺	ʂəŋɣɔtʃeɣʂ	小指头	serɣə-	醒悟
ɣələt	锁	ʉɣʉrŋ	群	mʉɣə	木耳

6. kʰ 舌根、送气、清、塞音。该辅音可出现于词的任何位置，但仅出现于音节首。在固有词中，该辅音出现于阴性词，但借词不受限制。例如：

词首	汉义	词中	汉义	词尾	汉义
kʰʉlə-	捆	kʰəskʰimel	酸	pʰʉkʰer	盖子

kʰatʂə 口水　　　xʉɔ·ʃʉkʰorme 走江湖　　　kʰølekʰi 影子

7. q 小舌、不送气、清、塞音。该辅音可出现于词的任何位置，而且可出现于音节首、音节末。另外，q在固有词的阳性词里出现频率高。例如：

词首　　　汉义　　　词中　　　汉义　　　词尾　　　汉义
qatʃar　　地　　　ʃʉrqu:ltʃin　　蚂蚁　　　tʰa:smaq　　谜语
qanla-　　撑　　　tʃaqtʰaqai　　面颊　　　qaraq/ʁaraʁ　眼珠

q有自由变体ʁ、χ、qʰ。该辅音多见于元音之间，通常可出现于词的任何位置，但音节首出现频率较高。例如：

词首　　　汉义　　　词中　　　汉义　　　词尾　　　汉义
ʁaraʁ　　眼珠　　　χara:ʁailaʁ　骂人话　　qaraq/ʁaraʁ　眼珠
qulər/χulər　面　　poʁɔnə　　低　　　ʉjʉʁ　　宝石
qaqqʰi:/qʰaqqʰi:　猪

8. qʰ 小舌、送气、清、塞音。可出现于词的任何位置，而且可出现于音节首、音节末。另外，qʰ在固有词的阳性词里出现频率高。例如：

词首　　　汉义　　　词中　　　汉义　　　词尾　　　汉义
qʰʋsʋn　　水　　　tɔqʰɔma χʉrʉ:n　食指　　　taχqʰa　　鸡
qʰʋtʃa-　　狗叫　　satʃa:qʰi　　喜鹊　　　χa:χqʰʋi　　盖

辅音qʰ有自由变体χ、kʰ。例如：qʰara/χara"黑"、qʰəmɔsən/kʰəmɔsən"指甲"等。

9. f 唇齿、清、擦音。该辅音一般出现在词首、词中和词尾，但不见于音节末。另外，f多见于汉语借词，固有词仅出现于词首且位于圆唇元音前，并与词首辅音h有关。

（1）固有词　例如：

词首　　　汉义　　　词首　　　汉义
fokəi-　　俯身　　　fʉri:/hʋri:　往下
fɔntʋ:l　　马粪　　　hoktəʂ/fʉktəʂ　尖嘴蚊子

（2）非固有词　例如：

词首　　　汉义　　　词中　　　汉义　　　词尾　　　汉义
fən　　　分钟　　　loʉfaŋ　　楼房　　　tʰʉfəi　　土匪
fanzən　　犯人　　　kʉfʉ　　　姑父　　　toʉfʉ　　豆腐

需要说明的是，f作为一个独立音位，在固有词中表现并不稳定。例如，在tʰəlqɔi·fokəi-/hokəi-"低头"、hʋrʋi/fʋri:"往下"、fɔntʋ:l/hɔntʋ:l"马粪"等词中，h和f可以自由变读。

10. w 双唇、浊音。具有半元音性质。w一般出现于词首和音节首，很少出现在音节末。该辅音主要源于借词，但随着固有词辅音 p 在后续音节里变化为 β，其前的语音脱落而出现在词首辅音后，逐渐与 w 中和。词首和音节首出现频率较高。例如：

词首	汉义	词中	汉义	词尾	汉义
wa:q wa:q	狐狸叫声	meteteŋwa-βai	懂事	nəŋwa	有的
wa:	瓦	zəŋwɨlaqa-	憎恶	tʰwɨ	特务

w 有语音变体 ɸ，如：wə:lə:tʃ·aβsan arasan/ɸə:lə:tʃ·aβsan arasan "熟牛皮"。

11. β　双唇、浊、擦音。在东部裕固语里，该辅音是从 p 演化而来，如 βetʃʰən（eβetʃʰən＜epetʃʰən＜ebečin）"疾病"。β 原为 p 的变体，后逐渐演变为独立的辅音音位。

（1）固有词　例如：

词首	汉义	词中	汉义	词尾	汉义
βe:t-/βet-	疼痛	tørβeltʃin	四方	taqa:βər	徒弟
hko βesən	菜	sarəβtʃʰə	眼镜	a:βa~aβa:	爷爷

（2）非固有词，如 kərβə:k "眉毛"。

12. s　舌尖前、清、擦音。该辅音可出现于词的任何位置。例如：

词首	汉义	词中	汉义	词尾	汉义
səmən	箭	ti:sən	绳子	tʃasən	雪
saqlaq	母绵羊	ɔrqɔsan	特征	sarəmsaq	蒜

辅音 s 与 ts 可自由变读，如 tʰa:smaq/tʰa:tsmaq "谜语"。

13. z　舌尖前、浊、擦音。该辅音可出现于词的任何位置。例如：

词首	汉义	词中	汉义	词尾	汉义
za:ma·ni:n	奶牛	təzəma	打猎用的扣子	χapazi	下巴
zeraitʃ·βai	发展	jwezəŋe	姐夫	jyenzi	院子

辅音 z 与 ts 自由变读，如 zuqəl-/tsuqəl- "掏"，zampəklən/tsampəklən "宇宙，自然界"。

14. ʂ　卷舌、清、擦音。该辅音源于汉语借词，但现已扩散到固有词中。例如：

词首	汉义	词中	汉义	词尾	汉义
ʂərɨ:	土	qʰaraʂqa·qu:ra-	癣	øtøkʂə	下午
ʂənpʰan	审判	jireŋ ʂəŋər-	擤鼻涕	kəkəkʂən	鸽子

辅音 ʂ 还可与 ʃ 构成自由变体，如 ʂərɨ:/ʃərɨ: "土"、ʂəre:/ʃere: "桌子"等。

15. ʐ　卷舌、浊、擦音。该辅音通常仅出现于汉语和藏语借词中。例如：

词首	汉义	词中	汉义	词尾	汉义
ʐəŋɔ	热闹	tʃʰiŋzən	情人	tɕiezi	节日
ʐaŋla-	让	məkzi-tikesən bai	虚伪	fanzən	犯人

16. ts　舌尖前、不送气、清、塞擦音。该辅音一般可出现于非固有词的任何位置。

词首	汉义	词中	汉义	词尾	汉义
tsʊqʊl-	抽出、拔出	kətsəraŋ	脆	pɔtsɔ	酸奶干、酸曲拉
tsampəkləŋ	世界	jetsne	姐夫		

ts 与 z 有时可自由变读，如 tsʊːna/zʊːna "苍蝇"、jetsne/jezne "姐夫"。

17. tsʰ　舌尖前、送气、清、塞擦音。该辅音一般可出现于非固有词的任何位置。例如：

词首	汉义	词中	汉义	词尾	汉义
tsʰeŋkeleŋ	流氓	joʉtsʰaiχʊa	油菜花	tsɔŋtsʰe	政策
tsʰɔlɔ-（sɔlɔ-）	关			joʉtsʰai	油菜

18. tʂ　卷舌、不送气、清、塞擦音。该辅音通常仅出现于汉语借词中，但由于受汉语语音系统的持续影响，有些固有词里也已出现 tʂ。例如：

词首	汉义	词中	汉义	词尾	汉义
tʂʊː-	咬	qantʂiqa	梢绳	teːkɔːtʂə	媒人
tʂəŋla-	蒸	nʉetʂila-	患疟疾	kʰatʂə	口水

19. tʂʰ　卷舌、送气、清、塞擦音。该辅音源于汉语借词，但现已扩散至部分固有词中。例如：

词首	汉义	词中	汉义	词尾	汉义
tʂʰəna-	煮	χaitʂʰəla-	剪	tʃuːrmartʂʰ	说媒的
tʂʰʊan	船	qʰamtʂʰətʰə	爱吵架的	qʰamtʂʰətʰə	爱吵架的

辅音 tʂʰ 还可与 tʃʰ 形成自由变读，如 tʂʰə/tʃʰə "你"、tʂʰa/tʃʰa "茶"。

20. tʃ　舌叶、不送气、清、塞擦音。该辅音可出现于词的任何位置。例如：

词首	汉义	词中	汉义	词尾	汉义
tʃiːltʃ-	欢笑	ʉtʃe-/etʃe-	看	htʃʰeːtʃ·hkʉtʃ	丢脸
tʃamta-	弹指	zʊɔtʃia	作家	tsʊantʃia	专家

21. tʃʰ　舌叶、送气、清、塞擦音。该辅音可出现于词的任何位置。例如：

词首	汉义	词中	汉义	词尾	汉义
tʃʰeβerte-	省	əyɑtʃʰətle-	观察	qaratʰtʃʰβai	穿透
tʃʰa	茶	tʃʰiaŋtʃʰiʉla-	强求	həmərtʃʰək	皱

22. tɕ　舌面前、不送气、清、塞擦音。该辅音可出现于词的任何位置。例如：

词首	汉义	词中	汉义	词尾	汉义
tɕaːn	缘分	semtɕana·tʃiltʃiqan	幼畜	piantɕi	编辑
tɕiantie	间谍	kʊantɕyn	冠军	zʉŋtɕie	总结

23. tɕʰ 舌面前、送气、清、塞擦音。该辅音可出现于词的任何位置，但一般不出现于固有词词首。例如：

词首	汉义	词中	汉义	词尾	汉义
tɕʰiezi	茄子	ʉrtɕʰaqqʰə	明天	tʃʰitɕʰək	花
tɕʰyenle-	劝	tʰa:rtɕʰaq	冰雹		

24. ʃ 舌叶、清、擦音。该辅音可出现于词的任何位置。例如：

词首	汉义	词中	汉义	词尾	汉义
ʃine	新	qʰʊʃʊ:pʰɯma	饺子	qʰuʃa	圈
ʃinli	阳历	tʰaʃta-tʃiki:-	扔掉	te:kəʃ	筷子

辅音ʃ还可与ʂ构成自由变读，如ʃira/ʂəra"黄"、ʃere:/ʂəre:"桌子"。

25. ç 舌面前、清、擦音。该辅音可出现于词的任何位置，但以汉语借词居多。例如：

词首	汉义	词尾	汉义
çiaŋzikʰʉi	向日葵	pʰaŋçie	螃蟹
çiaŋtsʰai	香菜	mençy	棉絮

26. ç 舌面中、清、擦音。该辅音仅出现于个别词词首和音节首，源于古蒙古语词首辅音h。有时与h交替出现。例如：

çi:-/hi:- 晒 ça:/ha: 拴 çisən 九 çiltʃʰə/həltʃʰə 巫师、萨满

27. χ 小舌、清、擦音。该辅音可出现于词的任何位置，但音节首出现频率较高。例如：

词首	汉义	词中	汉义	词尾	汉义
χa:	胳膊	kʰər·χar	垃圾	tʃʊ:χqan	枣
χapazi	下巴	laiχama	癞蛤蟆	χəχʊa	荷花

辅音χ有条件变体x，该辅音可出现于词的任何位置，但一般在借词和部分阴性词中出现。例如：

词首	汉义	词中	汉义	词尾	汉义
xəməsən	指甲	nøxken/nøʰken	窟窿	tʂʰoxax	绰号
xuŋtun	馄饨	wənxoʉla-	问候	ʃyenxʊa-	喧哗

28. h 声门音。该辅音一般仅出现于固有词词首，源于古蒙古语词首辅音h。这种保留古蒙古语特点的词首辅音h在东部裕固语里比较多。其变体更复杂，东部裕固语保留的各种变体也比较多。例如：

hkø:	吃奶	hkʰʉ	死	hʊrtʰʊ	长
hɔrɔ:ch	拧，卷	hqər	短	hemer	捻

有些词可能源于早期借词，其语源有待进一步研究，如 hərtʃʰa "柏树"等。鉴于东部裕固语词首辅音比较特殊，下节再作简要讨论。

29. m 双唇、浊、鼻音。该辅音可出现于词的任何位置。例如：

词首	汉义	词中	汉义	词尾	汉义
mal	牲畜	ølmøkṣi	前面	kʰerem	墙
mʉ	亩	tʃəlman	平坦的	tʃʰɔqtʃʰɔm	乳犏牛

30. n 舌尖中、浊、鼻音。可出现于词的任何位置，可以构成复辅音。例如：

词首	汉义	词中	汉义	词尾	汉义
naran	太阳	χɔnɔ-	住宿	mɔnɔːn	后年
neŋtan·nəŋwa·βai	顽皮	tʃeːntə	时间	zəṇɔ	热闹

n 可以与其后的 -t、-j 构成复辅音 nt-、nj- 出现于词首，如 nta- "同房"、ntara- "麻木"、ntaːn "酸奶"、njɔːn "官老爷"。

有时，辅音 n 与 ŋ 可以变读或交替，如 ontor/oŋtor "高"、kʰʉntə/kʰʉntə "重、颜色深"。

31. ŋ 舌根、浊、鼻音。该辅音出现于词中和词尾，以及音节末。在个别固有词中，ŋ 偶尔出现于词首。例如：

词首	汉义	词中	汉义	词尾	汉义
ŋqərtʃaq	牛鞍	mør·eŋəs	路窄	meŋ	痣
ŋɢʊara	孟（姓氏）	jireŋ ṣəŋər-	擤鼻涕	zampəkləŋ	宇宙

32. ṇ̊ 舌尖中、清、鼻音。仅出现在固有词 ṇ̊iː- "笑"及其派生词词首。例如：

ṇ̊iŋ- "笑"   ṇ̊iːtən "笑话"   ṇ̊iːʃək "微笑"

33. l 舌尖中、浊、边擦音。该辅音可出现于词的任何位置，但词首出现频率较低，尤其是固有词。例如：

词首	汉义	词中	汉义	词尾	汉义
lə	不	salaŋ-tʃβai	掉	ʃəqaqlʊːl-	泻肚
lar	语言	larlaltə-	交谈	kʉli	妯娌

34. ɬ 舌尖中、清、边擦音。该辅音通常仅出现于词首，仅出现于为数不多的几个词里。在藏语借词的影响和固有词的语音变化两种情况下产生。例如：

词首	汉义	词首	汉义	词首	汉义
ɬesən	灰	ɬapʰtʃʰeq/lapʰtʃʰeq	叶	ɬaːn	红
ɬapzɔ	画家,画佛像的人	ɬar	雪鸟	ɬat/lat	伤

35. r 舌尖、浊、颤音。该辅音通常仅出现于固有词的词中和词尾，但若出现于词首，则是词首元音脱落所致，且不固定。r 也可出现于藏语借词的音节首。例如：

词首	汉义	词中	汉义	词尾	汉义
rkøsən/kø:rsən	刺	kʰəmərkəme	包子	tʰørø-	生（牲畜）
rəmpʉtʃʰe	宝贝	nʊtʊrqa:/nuturqa:	拳头	qatʉra	脸盆

辅音 r 可与其后的 -t、-k、-q 构成复辅音 rt、rk 和 rq，位于词首。例如：rteβa "腹部"、rkam "箱子"、rqua "知觉"。

需要指出，有学者认为 r 的音质为 ɾ。由于实际存在颤音 r，我们一律记作 r，如 otor/ʉtər/tʉr "坟墓" 中的 r 就明显是颤音。

36. j   舌面中、浊。具有半元音性质。该辅音可出现于词的任何位置。例如：

词首	汉义	词中	汉义	词尾	汉义
jatara-	累	pijan	富	tel-teja	剪鬃
jitaq	小气	ʃijifən	洗衣粉	ʃiɳtʃʰiji	星期一

辅音 j 可与其前的 s- 构成腭化辅音，如 sjɔ: "芽"。

二 腭化辅音

这是东部裕固语的一个特点，是由音节中的元音脱落而形成的，仅出现于一些词语的词首。有时其原音节也同时共存，如 pja:n＜pijan＜bajan（蒙古语）"富、富裕"。

1. pj   pja:n/pijan 富、富裕   pjar/pja:r/pijar 高兴的
2. nj   njɔ:n/nijɔn 官、官老爷   nja:n/nijan/najan 八十
3. sj   sjɔ:/sijɔ:/sɔjɔ: 芽
4. tʰj   tʰjaq/tʰijaq/tʰiaq 拐杖、棍

三 唇化辅音

这也是东部裕固语的一个特点，发音时常常伴随双唇合拢凸出现象。该辅音主要由舌根或小舌辅音与 w(p) 辅音结合时中间的元音脱落而形成，如 χwa:r＜χəwa:r＜qabar（蒙古语）"鼻子"。这种现象相对多于上述腭化现象。由于东部裕固语不同方言土语之间存在差别，唇化程度在有些地方比较明显，在有些地方不太明显，甚至在有些地方已形成复合元音。例如：

1. χw   χwa:-/χəwa:/χʊa- 分、分开   χwa:r/χəwa:r/χawa:r＜χaβar（青龙）鼻子，前头
2. qw   ʊqwa:-/qwa:-/ʊqua- 洗   ŋqwa:sən/qwa:sən/ŋqua:sən/quasən 毛
          tʰarqwa:n/tʰarquan 旱獭   tʰarŋqwa:/tʰaŋua 图章、名章
          swaq/sʊaq 水渠   xalqwa:/χalqua 羹匙、小勺
          χarqwa:/χarqua 肋骨   xərqwaq/xərquaq 旁边

3. kw　　orkwe:sən/orkʉe:sən 刺儿　　neŋkwen/neŋkʉen 薄
4. ʃw　　ʃwe:-/βʃe:- 打哈欠
5. jw　　jwe: 代　　　　　　　　jwer/jyer 洪水

四　复辅音

东部裕固语有较多的复辅音，主要见于词首，词中和词尾不多。这种复辅音一般出现于固有词和部分藏语借词之中。固有词的复辅音主要是因词首音脱落、重音后移而形成的。蒙古语族西支语言的复辅音位于词首，而东支语言的复辅音位于词末。此外，由于有些复辅音还没有完全形成，因而存在复辅音和两个辅音中夹带元音这两种形式，如 pjan/pijan "富"、njɔ:n/nijɔn "官" 等。还有一些是由词首辅音不稳定所造成的。

复辅音按其组合还可以分为二合复辅音和三合复辅音，但三合复辅音较少，且稳定性不高。例如：hsra- "抚养"、hrtʃa "柏、香"、hski:/ski: "毡子" 等。复辅音按其分布位置可分词首和词中、词尾三类。例如：

词首	汉义	词中	汉义	词尾	汉义
ʃkʰən	起初，顶端	nta:stʃ·βai-/na:stʃ·βai-	渴	øtøkʃ	晚

复辅音所能出现的音节形式有 CCV、CCVC、CVCC、VCC、CCVCC、CCCV 六种（V 指元音，C 指辅音）。例如：

CCV:　　ski: 毡子　　　　ʃkʰe/ʃikʰe 大　　　skøl-/sykøl- 踢
　　　　kʃkʰə-/kəʃkʰə- 踩　　sra-/hsra- 抚养

CCVC:　ʃkʰən 起初、顶端　　ʋ:li:n·ʃkʰən 山峰　　paiʃəŋə·ʃkʰən 房顶
　　　　htɔr 里　　　　　　hqɔl- 掰开　　　　　hsʉrtʃʰə·βai- 跳舞

CVCC:　ment 平安、安康　　na:stʃ·βai- 渴　　a:rakʃ ja:β- 后退

VCC:　　apʰtʂʰ ere- 拿来

CCVCC: nta:stʃ·βai-/na:stʃ·βai- 渴（这种情况很少见，也可分析为 nta:səstʃ·βai-。）

CCCV:　hsra- 抚养　　　hrtʃa 柏、香

（这种类型的辅音重叠例子不多，且词首辅音 h 有逐渐脱落的趋势。）

按前后组合顺序，复辅音中的辅音可分前置辅音和后置辅音两类。

1. 前置辅音有 18 个：p、pʰ、m、t、tʰ、s、n、l、r、ɬ、tʃʰ、ʃ、ʂ、k、kʰ、ŋ、q、h。
2. 后置辅音有 17 个：p、pʰ、m、β、t、n、l、r、s、ʃ、ʂ、tʃ、tʃʰ、k、kʰ、q、qʰ。

（一）二合辅音

1. 词首　一般出现在词首或第一音节。例如：

ptʃʰ　　aptʃʰ ɔqɔr- 拿去

pʰtʃʰ	apʰtʃʰere- 拿来		
mp	mpa-/ʊmpa-/ɔmpa- 游	mpaq 面具	
mt	mtɔqɔŋ 经堂	mtarsi 拨浪鼓	
mtʃʰ	mtʃʰɔrten-/tʃʰɔrtʰian 塔		
nt	nta:stʃ·βai-/na:stʃ βai- 渴	ntaqar/antaqar 誓言	
	natʃʰʊ:r- 入睡/nta-tʃʰʊr- 睡觉		
ntʃ	ntʃəqla- 和气		
sr	sra-/hsra- 抚养		
st	sta:sən/ta:sən 线		
sk	skøl- 踢	ski: 毡子	
	skɔr 贵族	skalwa 时代	
skʰ	skʰimel 酸		
rp	rpai/spai/hrpai 青稞		
rt	rte/hərtʰe 早	rteβa 腹部	rtem/ərtem 知识
rtʃ	rtʃim 劲		
rtʃʰ	hrtʃʰi:sən/hərtʃʰi:sən 柳树		
rq	rqʊa 知觉	rqam 箱子	
ɬt	ɬte 白白地	ɬteɣe 相信	
htʃʰ	htʃʰʉrtə 原因		
tʃʰn	tʃʰna-/tʃʰəna- 煮		
tʃʰq	tʃʰqa:n/tʃʰəqa:n 白		
ʃn	ʃnaqa/ʂənaqa 瓢		
ʃp	ʃpar/ʃəpar/ʂəpar 獐（麝）		
ʃβ	ʃβar/ʂəβar 泥		
ʃq/ʃqʰ	ʃqa-/ʃiqa- 挤	ʃqai/ʃqʰai 踝骨	
ʂq	ʂqaq/ʃqʰaq 痢疾、稀屎	ʂqaqla:- 拉肚子	
ʂr	ʂra/ʃra/ʃira 黄		
ʂl	ʂlen/ʃelen 肉汤		
ŋq	ŋqərtʃaq 牛鞍	ŋqʊasən/wa:sən 毛	
ŋk	ŋqar/eŋkar 恩格尔（指东部裕固人的名称）		
hq	hqɔr/qʰɔr/qɔ:r 短		
hk	hko:n 乳房	hkʉ-/kʉ- 死	hkor/hko:r/ko:r 牛

	hko 蓝		
ht	htai/htei 小	hta:sən/ta:sən 线	htɔr 里面
htʰ	htʰɔq 部落	htʰɔr 内部	
	htʰaltʃʰa- 拉棍（双方拉着一根棍子比赛力气的体育运动）		
hl	hløk/hlek/øløk 尸首		
hʂ	hʂi/ʂi/ʃə 柄		
htʃʰ	htʃʰa:n 驮子	htʃʰə- 蛰	htʃʰʉr 缘故
	htʃʰy:r 羞耻		

2. 词中、词尾　一般出现在词中或词尾的后续音节。例如：

ptʃʰ	sarə-ptʃʰə 眼镜		
qʃ/kʃ	øtøkʃ/tø:kʃ 夜晚	a:raqʃ-ja:β- 后退	
	metekʃ-βai 不知道	tʰanaqʃ-βai 不认识	
ltʃ	ɔ:ltʃ·ap- 得到	kør-tʰaltʃ·βai 侮辱	
	qaltʃiqʊltʃ·ɔqɔr- 马虎	tʃʊn pɔltʃ βai 入夏	
ltʃʰ	aman·pʊlaltʃʰ- 争论		
lt	paralt- 结		
rtʃʰ	ty:rtʃʰ·pei 满	tʰaltʃ ɔqɔrtʃʰ-βai 任命	

（二）三合复辅音　例如：

hsr	hsra-/həsra- 抚养	
hrtʃʰ	hrtʃʰa/hərtʃʰa 柏、香	hrtʃʰi:sən/hərtʃʰi:sən 柳树

第三节

音变

东部裕固语的语音变化比较复杂，主要有古代蒙古语词首辅音 h 及其变体、减音、增音（插入）、同化、换位、长短元音转化等。

一 词首辅音 h 及其变体

东部裕固语中保留了古代蒙古语[①]词首辅音 h 及其变体 x(χ)、qʰ、ç、ʃ、pʰ（实际语音变化可能读为 pʰ＞f＞h＞Ø）。其多数与古代蒙古语文献一致或基本一致。另外，东部裕固语中的词首辅音 h 及其变体具有自己的特点，与古代蒙古语及蒙古语族其他语言相比也有所不同。

（一）词首辅音 h 一致的。例如：

东部裕固语	古代蒙古语	现代蒙古语	汉义
harβan	harban	arba	十
ʃkʰən	hekin	eki	顶端、起初
pʰɔdən/hɔdən	hodon	odo	星星
ça:-/ha:-	huya-	uya-	拴
qʰʊsʊn	usun	usu	水

（二）只有东部裕固语特有而古蒙古语文献没有记录的。例如：

东部裕固语	古代蒙古语	现代蒙古语	汉义
hqɔr	oqor	oqor	短
hurtu	urtu	urtu	长

---

① 引用的古代蒙古语和现代蒙古语一般用拉丁转写，蒙古语族其他语言的音标按其原来的音标。

pɔtɕʰ	otoɣ	otoɣ	部落、村子
hele	ile	ile	明显
hɔnə-	unu-	unu-	骑

（三）东部裕固语没有而古代蒙古语带有词首辅音的词语。例如：

东部裕固语	古代蒙古语	现代蒙古语	达斡尔语	土族语	东乡语	汉义
ʊːr	ha'ūr	aɣur	aur	hɔr	hɔr	怒气
oltə/ʉltə	hildü/üldü	ildü	-	-	-	大刀
ɔŋʃ	humši/ungši-	onʃ-	moɕə-	wanʂi-	ɵmtɕi-/məɕi	读

（四）近几十年的变化及发展趋势

与过去比较，东部裕固语词首辅音h及其变体近几十年发生了一些变化，即总体上向脱落的方向发展。值得注意的是，在词首辅音h脱落的同时，重音落在脱落后的音节上，致使脱落后的音节元音由短元音向长化发展。例如，20世纪50年代、80年代记音中的h现已脱落。据哈斯呼博士的调查，80年代材料中107条带词首辅音h的词汇里仅有54条或51条保留，其他词中的h均已脱落（哈斯呼 2014：142）。据我们调查，与以往相比，近两年脱落的情况有所增加，但脱落与不脱落并存情况依然存在。例如：

20世纪50年代	20世纪80年代	2015年	汉义
hokor	hkor	hkor/koːr	牛
χoɢor	hqɔr	hqɔr/qɔːr	短
hgu-	hkʉ-	kʰʉ-/hkʰʉ-	死
χdaː	hdaː	taː/htaː	烟

（五）词首辅音 p^h 的保留及其分布

有关词首 p^h 的演变，兰司铁提出了阿尔泰语言的 $p^h>f>h>\emptyset$ 定律（兰司铁 2004：25）。然而，在蒙古语族语言中这种形式比较罕见，尤其是蒙古语文献语言中几乎没有出现过。只有在八思巴文献里出现两处，如"p^hurqhan""佛"、"sup^{h}urqan""塔"。实际上，词首辅音 p^h 目前在满-通古斯语族的鄂温克语中有少量保留。蒙古语族语言中的例子如表2-3所示：

表2-3 词首辅音 p^h 的分布与对应表

东部裕固语	康家语	古代蒙古语	现代蒙古语	土族语	汉义
p^hɔtən/nɕtən	fʉtɔ/hʉtɔ	hodon	ɔd	foːdə	星
p^hiːle-	fʉli-	hülē-	ʉlɔː	piːle-	吹
ʉːt^{h}a	pʉda	hūta	ʊːt	fuːda	口袋
ht^{h}ʊ-	pʉta-	utu-	ʊt-	fudu-	熏

与词首辅音h对应的蒙古语族语言词首的pʰ目前发现4例，其中的"吹"应为拟声词。在蒙古语中只有科尔沁喀喇沁土语出现pɯlə:"吹"。东部裕固语的h、pʰ则同时存在，如pʰɔtən在康乐的红石窝地区出现，但偶尔还发成pɔtən，其他地方读hɔdən。这说明该词有两种读法，而且如果是变体的话，那么也应该是pʰ＞h。

（六）有些借词乃至一些来源不明的词语首辅音也带h。例如：

东部裕固语	古代蒙古语	现代蒙古语	达斡尔语	土族语	东乡语	保安语	汉义
hrpʰai	-	arbai	sbai	arpa	arpa	ɔrpˊʌ	青稞，大麦
hrtʃʰa	arča	arča	-	artʃa	-	-	柏，香

这些词语可能是借词，但究竟是源语言本来就带有词首辅音还是后来受影响而出现的，还有待进一步的研究。

有趣的是，唯独西部裕固语称"大麦"为harva/hərva，突厥语族其他语言几乎都称为arpa/arfa；西部裕固语中把东部裕固语的hrtʃa"柏，香"，叫作ahrdʒa/ahrṣdʒa。

（七）与古代蒙古语音特点不同的词首辅音现象

1. 古代蒙古语词首的个别y与东部裕固语词首辅音h的变体ʃ、ç对应，这种语音对应情况比较特殊。例如：

东部裕固语	古代蒙古语	现代蒙古语	汉义
ʃikʰe	yeke	yeke[ix]	大
çisən	yisün/yesün	yisü[jos~jis]	九

这里有一个比较重要的语音变化，即原来某些y[j]音也是从词首辅音h变化而来，但后来前化并因i的作用发生较大变化。现代蒙古语中，h和ʃ在i的影响下普遍发生音变，即h＞y及h＞š＞ç。例如：heke＞*hike＞*çike＞ʃike＞yeke"大"；*hesün＞*hüsen＞ysen"九"；*hisün＞çisən＞yisün"九"。或者，h等原来就是从y变化的。其演化过程可以推导如下：yeke＞*heke＞*hike＞*šike＞ʃike"大"；yisün＞*hisün＞çisən"九"。

以上语音变化在蒙古语族其他语言中均有所不同。例如：

东部裕固语	古代蒙古语	现代蒙古语	达斡尔语	土族语	东乡语	保安语	康家语	莫戈勒语	汉义
ʃikʰe	yeke	yeke	iɣ	ʂge	fugia	ʂgɵ/fguo	gʉ	kà/ika	大
çisən	yesün	yisü	is	ʂdzən	jəsuŋ	jirsən	jasuŋ	-	九

2. 与具有不同特点的词首辅音h及其变体tʰ、t、ʂ、s、tʃ的对应（表2-4）。这种词首辅音对应规律也比较特殊，其中有些与词首辅音h对应，而有些则与其变体ʂ、s对应。例如：

表2-4　东部裕固语词首辅音h与tʰ、t、ʂ、s、tʃ对应变化表

东部裕固语	古代蒙古语	现代蒙古语	达斡尔语	土族语	东乡语	保安语	康家语	莫戈勒语	卫拉特方言	巴尔虎－布里亚特方言	汉义
htʰa-/hta:-	tata-	tat-	tat-	təda-	sda-	ʂda-də-		sta-	tʌtʌ-	tat-	拉
htʰɔrɔ	doto-ra	dɔtɔr	dotor	turo	ʂudo-ro	dɔrə	tuʃile	dɔtʌ'-na	dɔtɔr	də-tɔr	里面
htʰa-/hatʰa	tuta-	dut-/tut-	duat-/dʷat-	tətaura-	tɕaji-	tɕagə	-	-	dut-	dut-	短缺
htʰʊrqan	tuturɣan	dutrag	-	tudorɢa	-	-	-	-	tʊtʊrɢʊ	-	稻

再如：

东部裕固语	古代蒙古语	现代蒙古语	卫拉特方言	巴尔虎－布里亚特方言	汉义
hɔntuːl/fɑntɯːl	junda'ul	xɔmːl	xɔmːl	tɔntuːl	马粪

孙竹先生基于20世纪50年代调查材料编纂的《蒙古语族语言词典》（1990）将东部裕固语的"马粪"记作fəndu:l（363页），我们的调查也发现不少词首f音有和h变读的现象，如hʊrʊi/fʊrʊi"向下"，而且f音一般是在圆唇元音前出现。

这里还要提及另外一个词首辅音的对应，即h、x、ʃ、ʂ与s的对应。因为x、s的交替或对应在现代蒙古语和巴尔虎－布里亚特方言中尤为明显。试比较"脉络"一词（表2-5）：

表2-5　"脉络"一词比较表

东部裕固语	古代蒙古语	现代蒙古语	达斡尔语	土族语	东乡语	保安语	康家语	莫戈勒语	卫拉特方言	巴尔虎－布里亚特方言
hta:sən/ʂta:-sən/sta:sən	sudasun	sʊdas	sʷa-dəl	ʂda:-sɔ	sda-suŋ	ɕɛmɛ	sda-sun	-	sʊd-tsʊn	xʊdas/hʊdhaŋ

二　其他音变规律及音变现象

（一）减音

减音是一个比较重要的语音变化，贯穿于整个语言发展变化的全过程。有些减音是历时性的，我们可通过与古代蒙古语、蒙古语族语言同源词以及东部裕固语方言土语的比较发现其变化轨迹；有些则是共时的，是语流中发音简化的结果。

1. 音节脱落。例如：

tʃɔβa-laŋ＞tʃɔ:-laŋ "苦难"（其中除了减音也包含了语音同化等变化）

qatəsən/qasən "拴橛子套绳法"、ɔwɔ/ɔ: "鄂博"（敖包）

2. 历时减音。这是一种历时音变，可以从与亲属语言的比较中看出端倪。例如：

古代蒙古语	东部裕固语	现代蒙古语	达斡尔语	土族语	汉义
ünügün	hnokon	unəg	unuk	nəgu	山羊羔
ešigen 羖䍽（公山羊）	ʃike 两岁山羊	iʃige	-	-	山羊羔
henesən/ɬesən(＜hünesün)灰（减 he 并 n 变为 ɬ）					

3. 共时减音。例如：

χampʊ:l-＞χamʊ:l-（减音 p）　　　　熄灭

sain-tʰ-qa-＞sai-tʰ-qa-（减音 n）　　治愈

kʰokʃən＞kʰokʃ-tʃe:r（减音 ən）　　　老的

tʰarqən-la＞tʰarqə-la（减音 n）　　　变胖

lə aŋlani＞laŋlani（减音 ə）　　　　不听

（二）增音现象。例如：

tʃə-t　　ta　ja:β　pʉ-t　ta　jaβ-ja.（增音 t）
你-增音　也　走　我-增音　也　走-OPT
你也走我也走。

çisən＞çissən 九（增音 s）

再如：

东部裕固语	蒙古语	汉义
ɬapʰtʃʰaq（增音 q）	nabči	叶子
hatʃək（增音 k）	ači	恩情
aqla/aqlaq（中间和末尾增音 q）	ala	裤裆

有的可能也与西部裕固语有关，如 hatʂɣ/hatʂəq "恩情"（陈宗振等 1990：321）。蒙古语的一些方言土语也有类似现象，如 sabqa（蒙古语）/sabxug（鄂尔多斯）"筷子"。

（三）同化

这种现象比较普遍，尤其是在语流音变中。例如：

tʃʰ＞s　ser-sβai-(＜ser-tʃʰβai)醒悟　　　t＞tʃ　na:t-tʃə（＜na:t-tʃə)玩着

s＞t　kʰy:tʰen　tu:tama(＜*tu:sama)冬至　　n＞ɬ　henesən/ɬesən(＜hünesün)灰

t＞s　na:t-ɨ-tʃə＞na:t-ɨ-sa＞na:s-sa 如果玩　　pʰ＞kʰ　kʰølepʰi/kʰølekʰi 影子（交替）

（四）长短元音的变化

这种语音现象比较普遍，尤其是词首辅音和词首音节脱落后，其后的单元音长化现象较多。例如：

hokor＞hkor＞ko:r~kor　牛　　　　hqɔr＞qɔ:r~qɔr　短

（五）复合元音变为长元音

这种语音现象更普遍，尤其是在词末。例如：

qaqqʰəi/qaqqʰi:"猪"　　　　mɔqɔi/mɔ:qi:"蛇"　　　　nəkʰəi/nəkʰi:"熟羊皮"

（六）二合元音有时变读为三合元音

如 pɔlqʰʊi/pɔlqʰʊai "行，成" 等。

（七）部分借词音位对固有词的渗透

这种情况我们称之为深度借用或深度影响，存在于东部裕固语语音、语法、词汇的各个层面，而在语音层面尤为突出。例如：

ʃ/ʂ　ʃra/ʂra 黄　　　ʃkʰe/ʂkʰe 大　　　tʃʰə/tʂʰə 你

l/ɬ　lapʰtʃʰaq/ɬapʰtʃʰaq 叶子　　　n＞ɬ　hünesün＞henesən＞hl̥esən＞ɬesən 灰

其中，"灰"一词的语音变化不一定是受藏语语音的影响，也可能是语音清化所致。

（八）语音换位现象　例如：

rkøsən/kørsən "刺"　　　　βʃe:-/ʃwe:-（其中包括 β/w 的交替）"打哈欠"

atla-/alta- "放牧"

第四节

音节与重音

一 音节

东部裕固语的音节结构主要有V、CV、CCV、VC、VCC、CVCC、CCVC、CVC、CCCV、CCVCC共10种类型。其中前7个为基本型，后3个为少见的非基本型。按照其结构类型可以归为开音节和闭音节两大类。

（一）开音节

有4种。如下：

1. V: a-qa 兄   ʊː- 喝   ai-ta-qai 胆小
2. CV: pʉ 我   sʊː- 居住   mai-la 咩咩叫
3. CCV: mpa- 游泳   ʃra/ʂra 黄   hkøn 乳房
4. CCCV: hsra-/sra- 抚养   hrpai 青稞

以上前两种最普遍，后两种较少。特别是第四种（三个辅音形成的音节）最少，只出现在hsra-这个音节中。不过，这个音节一般也会被读作hsəra-/həsra-"抚养"。

（二）闭音节

有6种。如下：

1. VC: ap-/aβ- 拿   jaːβ 走   ail 邻居   aŋ 关节   aŋ-la 听   ɔːl- 找到
2. CVC: qʊr-βan 三   tʰar-qan 胖   har-qal 干牛粪 qʊːr 二   a-tʃər-qan 儿马
3. VCC: aptʃʰ ɔqər- 拿去 ɔːltʃ ap- 找到
4. CVCC: tøːkʃ 夜晚 /øtøkʃ 晚   kʰokʃ-tʃeːr 老的   me-tekʃ 不懂
5. CCVC: ʃpar/ʃβar 泥   htʰʊr-qan 稻子   skalwa 时代   htʰor 内部   pjaːn 富

6. CCVCC: ʃtaqʃ/ʃɜtaqʃ 不会　　htʰɔpcʰ/ʃpcʰɜ̌/hɜ̌tʰɔpcʰ 往里面

二　重音

东部裕固语有词重音，但性质属于不区分语义的不稳定的自然重音。词重音一般落在多音节词的后续音节上，但长元音和复合元音的词重音一般落在长元音或复合元音上。如长元音在第一音节，而短元音在第二音节，那么，重音就在第一音节上。其基本情况如下：

（一）如果都是单元音组成的多音节词，其重音一般都落在最后一个音节上。例如：

na'ran	太阳	sa'ra	月亮	htʰur'qan	稻子
ho'kon	姑娘	par'tamtʃʰə	傲慢	xəmə'sən	指甲
tarqʰa'raŋ	傲慢、吹牛	hətʰʉ'ra:r	用秤	hətʰʉr'la-quai	用秤称

其中，hətʰʉ'ra:r、hətʰʉr'la-quai-的重音在后面，所以后面的元音变为阳元音。

这可以从另一方面得到证明：东部裕固语里原来有词首辅音 h，但现今有的词中已经脱落，或其中间的元音脱落后形成了复辅音。此外，还出现从短元音到长元音最终变为短元音的情况。例如：

*hø'køn > h'køn > 'kø:n/'køn 乳房　　　　*hɔ'qɔp > h'qɔp > 'qɔ:r/'qɔr 短

由于重音落在后续音节上，所以前面的词首辅音 h 甚至连同其后的元音也逐渐脱落。最终原有的两个音节就变成了一个长元音音节或一个短元音音节，词重音自然落在音节首。所以，东部裕固语有些词首辅音脱落后原来的短元音变为长元音，属于重音在后的元音。如 ho'kʰor/'ko:r "牛"。

（二）多音节词里如果出现长元音或复合元音，则重音落在长元音和复合元音上。例如：

'pa:tʰər	英雄	'pʰa:sən	屎	'pi:sən	虱子
'mɔ:rə	马	tʃa'qasən/tʃa'qa:sən	鱼	aβqa:'tʃa	大爷、姑妈
hə'tʃʰi:sən	柳	'paitasən	三岁骒马	nutur'qa:	拳头

（三）如果一个词里出现两个或两个以上长元音或复合元音时，重音一般落在最后一个长元音或复合元音音节上。例如：

tʰʊ:'li:、mʊ:'sain、χal'qua:	汤匙	qʰʊ'ʃʊ:·kʰəmərkə'me	包子
tʃa:'la:	非常	ta'ra:	着凉
tʃy:n tɕiʊ'lʊ:l-	打吊针	te:'kə:tʃi	媒人
øry: na:'qa:tʰtʃʰβai	死	me:'me:	妈妈
pa:'pa:、aβqa:'tʃa:	姑	ta:'qa:	舅舅
pi:r'ke:	嫂子	a:'qi:n·ko:'ko:	堂兄弟

naiˈtʰaː-	打喷嚏	mølkʰøʃtʰeˈkeːna	趴着睡
tʃʰəˈqaːn	白	χʊlaq·taːˈqaːttʃʰʊː	饭烧煳了
χʊːˈqaːtʰtʃʰ·βai	旱灾	aːˈrʊːr·jaβˈqaːtʰtʰa	从后面走了
jimaˈkiː·neke·larkista·laŋlani	不管怎么劝他都不听		

第五节

拼写符号

目前，裕固族在微信（含听说读写多种功能）等新媒体推动下，使用自创拼写符号拼写本民族语言，对于保护本民族语言资源具有一定的积极作用。

一　裕固语拼写符号及使用现状

目前使用的裕固语拼写符号属于拉丁字母转写，由属于不同语族的两种语言群体（即东、西部裕固人）共同使用。该拼写符号是由陈宗振、照那斯图两位先生于2003年8月制定的。陈宗振先生是西部裕固语专家，照那斯图先生是东部裕固语专家。他们在分别制定西部裕固语和东部裕固语拼写符号的基础上，通过进一步整合提出了一套通用的拼写符号系统。目前这套拼写符号已在辞书、刊物和小学辅导材料以及培训班上得到较为广泛的使用。该拼写符号具体见表2-6、2-7。

表2-6　裕固语记音符号与国际音标对照表（1）

裕固语记音符号	国际音标	裕固语记音符号	国际音标
a	a	ng	ŋ
ə	ə	hh	x
e	e	Gh	q
i	i	qh	qʰ
o	o	v	ɣ

裕固语记音符号	国际音标	裕固语记音符号	国际音标
u	u	h	h
ø	ø	j	tʃ
ü	y	q	tʃʰ
b	p	x	ʃ
P	pʰ	y	j
m	m	zh	tʂ
f	f	ch	tʂʰ
d	t	sh	ʂ
t	tʰ	rh	ʐ
n	n	w	v
l	l	s	s
G	k	z	z
k	kʰ	r	r
vh	ʁ	lh	ɬ

表2-7　用于西部裕固语的带擦元音

ah	ah	oh	oh
əh	əh	uh	uh
eh	eh	øh	øh

二　裕固语拼写符号的改进

两个不同的语言群体使用一套拼写符号，难免会有些互不适应。例如，存在过多地用双字母表示一个音位的拼写符号等。为此，2016年学界开了一个专门会议，讨论拼写符号的改进问题。笔者也应邀参会并提出了一些意见。其中主要是改动了几个拼写符号，并取消了仅用于西部裕固语的六个带擦元音。具体情况如表2-8所示。

表2-8 裕固语记音符号与国际音标对照表（2）

裕固语记音符号	国际音标	裕固语记音符号	国际音标
a	a	ğ	ɣ/ʁ
ə	ə	ng	ŋ
e	e	hh	x
i	i	Gh	q
o	o	kh	qʰ
u	u	h	h
ö	ø	j	tʃ
ü	y	q	tʃʰ
b	P	x	ʃ
P	pʰ	y	j
m	m	zh	tʂ
f	f	ch	tʂʰ
d	t	sh	ʂ
t	tʰ	v	v
n	n	s	s
l	l	z	z
G	k	r	r
k	kʰ		
带擦元音			
ah	ah	oh	oh
əh	əh	uh	uh
eh	eh	øh	øh

三 拼写符号的改进建议

我们认为，尽管已经对一直沿用的拼写符号进行了一定程度的改进，但还是不太理想，有进一步改进的必要。这主要体现在如下几个方面：

1. 两种语言音位有所不同。东部裕固语比西部裕固语相对复杂。

2. 在东部裕固语的音位归纳方面，学者们的意见还没有完全统一。例如，拿元音来说，学者们就有8个、9个和10个元音之争。

为先解决较复杂的东部裕固语的记音问题，应先标出东部裕固语严式、宽式两种符号。

3. 东、西部裕固语应有各自的拼写符号系统。

根据裕固语语言文化传承、传播的现实需要，我们认为改进裕固语拼写符号应考虑拼写符号和特殊记音符号两种。

1. 拼写符号

为广泛用于非物质文化遗产的记录、词典编纂、教学，以及刊物图书编辑、办报和广播电视，尤其是自然语言信息处理等领域，我们在原来拼写符号的基础上做了进一步的完善。新制定的拼写符号既简单又科学。其制定以音位为主，但考虑到一些具体情况，也有用一个符号记录个别音质相近的两个音位情况。具体修改建议如表2-9、2-10所示：

表2-9　东部裕固语元音记音符号与国际音标对照表

东部裕固语记音符号	国际音标	东部裕固语记音符号	国际音标
1	a	a	9	aa	aː
2	ə	ə	10	əə	əː
3	e	e	11	ee	eː
4	i	i	12	ii	iː
5	o	o/ɔ	13	oo	oː/ɔː
6	u	ʊ/ʉ	14	uu	ʊː/ʉː
7	ö	ø	15	öö	øː
8	ü	y	16	üü	yː

表2-10　东部裕固语辅音记音符号与国际音标对照表

东部裕固语记音符号	国际音标	东部裕固语记音符号	国际音标
1	b	p	4	f	f
2	P	pʰ	5	d	t
3	m	m	6	t	tʰ

续表

	东部裕固语记音符号	国际音标		东部裕固语记音符号	国际音标
7	n	n	18	z	tʃʰ/tɕʰ
8	nh	n̥	19	x	ʃ/ɕ
9	l	l	20	y	j
10	lh	ɬ	21	zh	tʂ
11	g	k	22	ch	tʂʰ
12	kh	kʰ	23	sh	ʂ
13	ng	ŋ	24	w	w/β
14	h	h/χ/x	25	s	s
15	G	q	26	z	z
16	Gh	qʰ	27	r	r/ʐ
17	j	tʃ/tɕ			

2. 特殊记音符号

如果上述记音符号适用于非遗记录、教学和新闻出版等领域，那么特殊记音符号则可广泛应用于手机微信等大众通信软件。我们以手机上现有的字母为基础编写了一套更简便的拼写符号，如用5个元音符号表示诸多的音位等。具体情况请参见表2-11、2-12。

表2-11 东部裕固语特殊元音记音符号与国际音标对照表①

东部裕固语记音符号	国际音标		东部裕固语记音符号	国际音标
1	a	a	6	o	o/ɔ/ø
2	e	e/ə	7	u	ʊ/ʉ/y
3	i	i	8	aa	a:
4	ee	ə:/e:	9	ii	i:
5	oo	o:/ɔ:/ø:	10	uu	ʊ:/ʉ:/y:

① 说明：该记音符号可使用于东部裕固语和西部裕固语，但长元音仅用于东部裕固语。

表2-12　东部裕固语特殊辅音记音符号与国际音标对照表

东部裕固语记音符号		国际音标	东部裕固语记音符号		国际音标
1	b	p	13	j	tʃ/tɕ
2	P	pʰ	14	q	tʃʰ/tɕʰ
3	m	m	15	x	ʃ/ɕ
4	f	f	16	y	j
5	d	t	17	zh	tʂ
6	t	tʰ	18	ch	tʂʰ
7	n	n/n̥	19	sh	ʂ
8	l	l/ɬ	20	w	w/β
9	g	k/q	21	s	s
10	kh	kʰ/qʰ	22	z	z
11	ng	ŋ	23	r	r/ʐ
12	h	h/χ/x			

特殊记音符号例句如下：

特殊记音：meni　　nered　　mengxianzhung　　gedeg　　be.
国际音标：mə-ni　　nere-t　　məŋʃiantʐʉŋ　　ke-tek　　pe.
注：　　　我-GEN　名字-LOC　孟先忠　　　　说道-HAB　有
汉译：我叫孟先忠。（东部裕固语）
特殊记音：mesler　　hosi　　maldzi kesi.
国际音标：məsler　　xosi　　maldzi̥ kəsi.
注：　　　我-PL　　都是　　牧民
汉译：我们都是牧民。（陈宗振 2004：319）（西部裕固语）

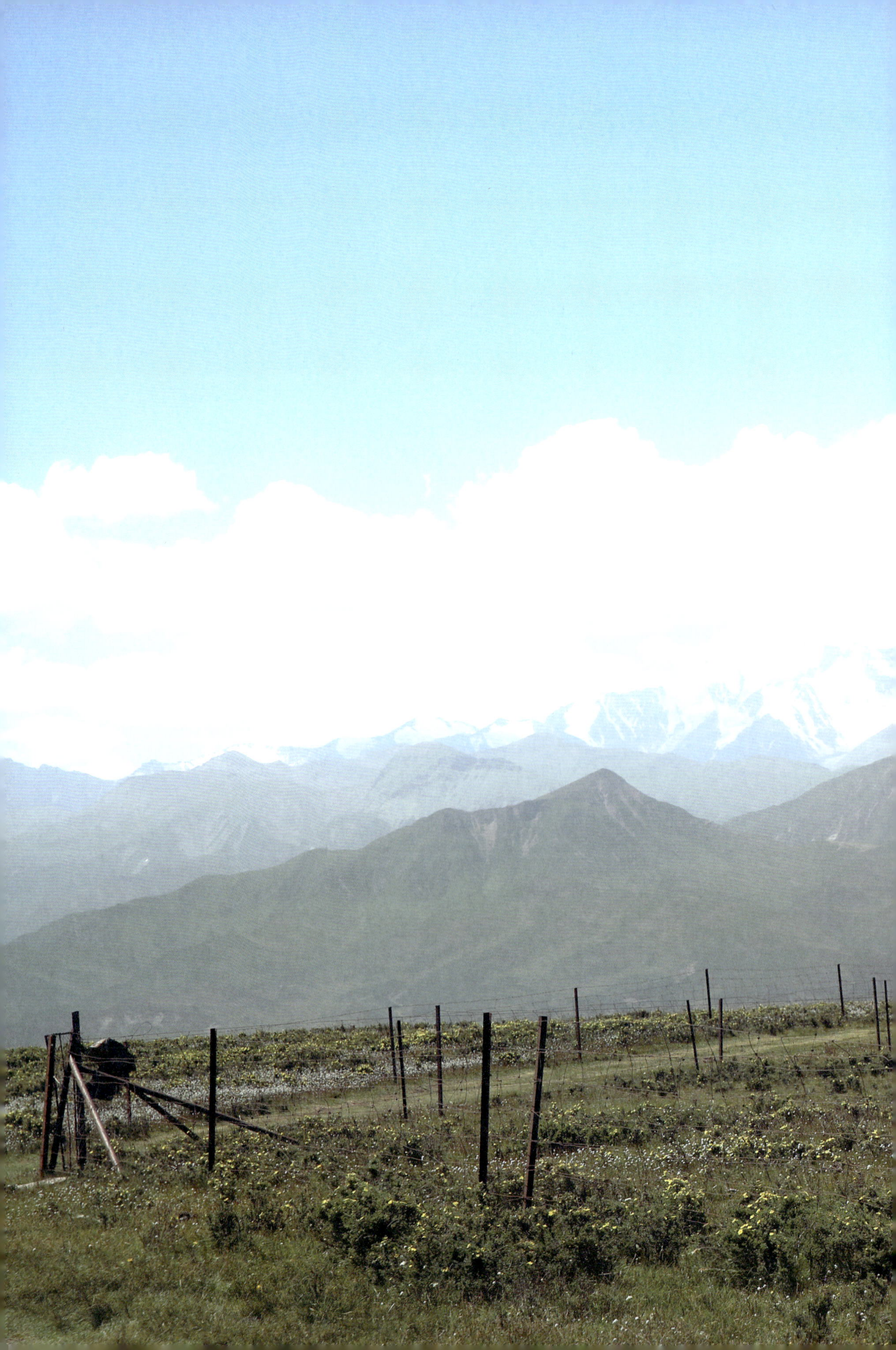

第三章 词汇

第一节

词汇特点

一 词汇的音节结构特点

东部裕固语的单纯词可分为单音节词、双音节词和多音节词三类。数量上以单音节词和双音节词为主,多音节词为辅。例如:

单音节的: aːr 后面　　　　　　 tʰa 你们　　　　　　 em 药
　　　　　 χaː- 盖　　　　　　　 nta- 同窗

双音节的: a-la- 杀　　　　　　 tʰa-la 平原　　　　　 lar-qə- 说
　　　　　 ʃaː-βə 喇嘛

三音节的: sa-tʃa-qəi 喜鹊　　　 ʃən-ta-sən 筋　　　　 ʃa-qar-taq 碎的,小粒儿的

四音节的: hə-tʰʉːr-la-quai 用秤称　　 sai-tʃʰi-lal-tʊː- 调和

五音节的: hə-tʰʉːr-la-qʊl-pa 用秤称了　　 sai-tʃʰi-lal-tʊːltʃ-βai 调和了

单音节词的增多是因为有些词首辅音或音节的脱落导致音节结构的萎缩。例如:

20世纪50年代	20世纪80年代	2015年	汉义
hokor	hkor	hkor/koːr	牛
pajaːn	pəjan	pjan/pjaːn	富

再如:antaqar/ntaqar "誓言"、ʊmpa-/mpa- "游,渡"(词首元音脱落)等。

二 词汇的文化特点

(一)丰富独特的畜牧业词汇

裕固族尤其是操东部裕固语者主要从事畜牧业,所以畜牧业方面的词汇丰富多彩。东

部裕固人目前虽然不再像原来那样经营五畜，但与五畜密切相关的词汇仍有不少。例如，尽管东部裕固人的生活中少了骆驼，但与骆驼相关的词汇依然在东部裕固语中保留着，而且有些词语还比较独特。就五畜名称而言，不仅相关词汇因年龄、性别、毛色及模拟牲畜发声的不同而分得非常详细，而且这些词汇基本上都是单纯词，很少用合成词。因为操东部裕固语的裕固族人一直从事畜牧业。直到今天，他们仍以畜牧业为主，基本保持着传统的四季游牧习惯。以牲畜命名的植物名称也很多，如 χɔːn tʰaːna "粗沙葱"（绵羊＋沙葱）、maːn·tʰaːna "青甘韭"（山羊＋沙葱）、maːn artʃa "沙地柏，侧柏"（山羊＋柏）等。

1. 牲畜粪便名称

仅以牲畜粪便为例，就有很多不同的词语。例如：hɔntuːl "马粪"、martʃə "驼粪"、harqal "干牛粪"、htøk，χɔrqɔl "驼粪、羊粪"、tʃəl "羊粪末"、hørtʰøkʰ/htøk/tøk "羊粪蛋、羊粪"、homekʰiː tʃəl "多年的臭羊粪"、pʰaːsən "粪"（总称）、kʰerβeʃ "羊粪砖"（古老词语，可能来源于古突厥语族语言）、tɔŋqɔrma "干牛粪、冻牛粪"（西部裕固语指冻牛粪）等。

2. 独特的牲畜名称

一些牲畜名称与蒙古语族语言中其他语言不同。例如：saqlaq "母绵羊"（同西部裕固语，蒙古语有些方言土语也有）、səis "两岁公山羊"、jarqa "两岁牛"（同西部裕固语）、omsə "犍牛"（专指犏牛，同西部裕固语，是古老词语）、ʃat "牛犊"（同西部裕固语）、hørtʉɣə/ʂtʰʉɣə "牛犊（乳犏牛与牦牛生的）"、tʃʰisaq "两岁母绵羊"（蒙古语 jusaɣ）、palaŋ "黄牛"、orkʉ/ərkʉ "犏牛"、tʃʰɔqtʃʰɔm "乳犏牛"、azman "黄犍牛"、χara hkor "牦牛"。

这些词语有些可能源于西部裕固语，甚至可能是借自突厥语族其他语言。

此外，东部裕固语还保留和扩展了古代蒙古语的词义。例如：

	山羊羔	两岁山羊	两岁公山羊	两岁母山羊	羯羊	种公山羊
东部裕固语	hnokon/nʉkʉn	ʃeke	səis	tʃʰisaq	serkʰe	tʰekʰe
蒙古语	ünügün/išige	šidülekü	šidülekü ere	imaɣa jusaɣ	serke	teke/uquna

	山羊
东部裕固语	maːn
蒙古语	imaɣan[①]

（二）丰富的狩猎词汇

凭借祁连山脉的有利条件，操东部裕固语的人直到20世纪80年代一直将狩猎作为其副业，其语言的词汇中有较多有关狩猎的术语，且至今还保留着有关打猎的谜语等（参见长

---

① 斯钦朝克图，蒙古语 išige "山羊羔" 一词的来源与演变，《满语研究》2018（02）。

篇语料）。例如：

kørøsən/køre:sən 猎物　　　　kørøsəle- 打猎　　　　　　kørøsətʃʰə/pʰʊ:tʂʰə 打猎者、猎人
nəmən 弓　　　　　　　　　　səmən 箭　　　　　　　　　　pʰʊ: 猎枪
tʃanɔ 夹子　　　　　　　　　təzma 打猎用的扣子　　　　　ta:rə 火药
t:arə qotʰ/qʰɔtʃʰə 火药桶　　　tʃaqərqam 圈塌石（用来捕猎物）　tʃaqərtɯŋ 狼匣
χaraŋ 狩猎用阻挡物　　　　　teŋqər/antərqa/tekter/ʊlatəkʰə/tʃʰqa:n.taqqʰa/ʊla taqqʰa 狼

三　其他词汇特点

（一）保留一些古蒙古语词汇

东部裕固语比较多地保留了古蒙古语词汇。这些词有的与蒙古语族其他语言相同，但有的仅保留于东部裕固语中。例如：

kʰi: 风　　　　　hnokon/nokon 羊羔　　　htʰɔq 部落，村庄　　aqsa- 借
χɔq- 打　　　　　ʊrɔq/ɔrɔq tʰaraq 亲戚　　qotɔsən 鞋靴　　　tʃarəm 半
pɔrɔ:n 风雪　　　mør 路　　　　　　　　qɔrəm/mɛrɔp 山上滚下来的大石头

下面是其他语言少见的词语：

东部裕固语	古代蒙古语	现代蒙古语	巴尔虎土语	康家语	汉义
hontʊ:l	junda'ul	qomol	tɔntʊ:l	-	马粪
hərtʃʰi:sən	hičesün/ice:sün	uda	ʊd	tʃasun[①]	柳
hløk/øløk	ölük	ölök	-	-	死尸
ɔrɔq tʰaraq	uruɣ tariɣ	uruɣ töröl	-	-	亲戚
tʃata tʃʰəlɯ:	jada	-	-	-	呼风唤雨的石头
tʃatala-	jadala-	-	-	-	呼风唤雨

（二）部分裕固语词保留了一些蒙古语的古老词义。例如：

东部裕固语	汉义	古代蒙古语	汉义	现代蒙古语	汉义
maran	皮肤	mariyan	皮肤	mariya(n)	胖、肥胖
sa:r	臀（牲畜的）	sa'ari	臀	saɣari(n)	粗面皮革，鞍、鞦
ketʃike	后脑勺	gejige	后援	gejige	辫子

此外，还有 maran βet- "心疼，同情"、tʃʰaq "一样的，那般"、tʃʰɔ:qə- "啄" 等。

[①] 康家语中 tʃasun 表示树，而不表示柳树，柳树叫作 tʃma 或 tʃma tʃasun。

（三）部分固有词的词义发生了变化。其中有些词义扩大了，有些则缩小了。例如：

东部裕固语	汉义	蒙古语	汉义	东部裕固语	汉义	蒙古语	汉义
oltə	褐刀	ildü/üldü	大刀	tʰørøl	娘家	törül	亲属
tʰur-	饿，饥	tura-	瘦	terele-	睡觉	derele-	枕枕头
urus-	漏	urus-	流	qataː-	烙	qataɣa-	烘干
pədaŋ χula	面片	budaɣa	粮、饭	pʉːrsaq	馒头	buɣursaɣ	点心
pɔqɔ	鹿棋（棋类）	buɣu	鹿	lama	活佛	lama	喇嘛
qaluː	鹅	ɣalaɣu	雁	paqtʰa-	团结，容纳	baɣta-	容纳
tʃyːlen	便宜，软	jöɣelen	软	paqa	年轻	baɣa	小
arasən	果皮等	arasun	皮肤	kʉŋtə	深色，重	kündü	重
alma	水果	alima	梨	naː-	睡，躺	una-	落
kenen	迟钝	genen	冒险	tʃalβar-	请求，祈祷	jalbari-	祈祷
ʃaːβə	喇嘛	šabi	徒弟	kerkan/keken	师傅	gegen	活佛
qatʰuː	贵、硬	qataɣu	硬	nta-	同房	unta-	睡觉
ʃaltʰaŋ	穷、白白	šaldang	赤裸				

（四）保留了古蒙古语词汇中的附加成分

有些词语中保留了在现代蒙古语中已不再使用的古蒙古语词汇中固有词的附加成分。例如：

东部裕固族	古代蒙古语	现代蒙古语	汉义	东部裕固语	古代蒙古语	现代蒙古语	汉义
qʊtʊ-sən 靴-SUF	qudusun 靴	ɣutal 靴	靴	taqʰa-sən 马掌-SUF	taqa 马掌	taqu 马掌	马掌

（五）存在着一些独具特色的复合词

东部裕固语中有一些根据自身语言特点创造的复合词。例如，"蘑菇（mögü）"一词是蒙古语借用汉语的，而东部裕固语则用复合词"地脐（qatʃar-iːn kʰyːsən）"来表示。再如：

东部裕固语	蒙古语	汉义
qal na- 火 落	ɣal alda- 火 失	失火
tʰuluq χara 熊 黑	nɔqai qara görögesü 狗 黑 野兽	狗熊
mʊlqa qʰʊsun 婴 水	nilqa keüked 婴 孩	婴儿

tʃəl	aman	oi		周年
年	口	周年		

pel	şitemek	telei		腰带
腰	拉带	腰带		

alaq	qarqa-ma	següder	tata-qu	mašin	相机
画	出-SUF	影子	拉-IMPF	机器	

tʃʰəqaːn	tʃʰʊsən	qodoɣadu		胃
白	血	胃		

第二节

构词法

东部裕固语中的词按其结构可分为单纯词和复合词两大类。在此基础上还可以各自划分出若干个小类。

一 词的结构类型

根据词的结构可分单纯词和复合词两类。

(一) 单纯词

只含有一个语素的词称为单纯词。例如：naran"太阳"、sara"月亮"、pʰɔtɔn/hɔtɔn"星星"、nere"名字"、pʉ"我"、tʃə"你"、ʊla"山"、qʰʊsʊn"水"、aqa"兄"、ty:"弟弟"、ɔrɔ-"进"、qar-"出"、qar"手"、kʰøl"足"、hkʰe"母亲"等。

有些借词在原语言中可能是复合词，但借入到东部裕固语后只能视为单纯词。例如：

| toʊfʉ | 豆腐 | tianjiɴ | 电影 | xuaŋkua | 黄瓜 | pʰʊ: | 炮 |
| tʃʰitʃʰe | 汽车 | namtʰar | 历史 | qʰataq | 哈达 | ʃyesən | 学生 |

(二) 复合词

复合词分派生词和合成词两类。

1. 派生词

派生词由词根和词缀两个部分组成。例如：

malaqai + -tʃʰə > malaqai-tʃʰə 狐狸
帽子 -SUF

tʃu:ra + -mar + -tʂʰə > tʃu:r-mar-tʂʰə 媒人
之间 -SUF

qʊtal + -tʂʰ > qʊtal-tʂʰ 商人
谎言 -SUF

ʂəβar + -tʂʰən > ʂəβar-tʂʰən 泥水匠
泥 -SUF

mɔːrə + -tʂʰə > mɔːrə-tʂʰə 牧马人 马 -SUF	hkor + -tʂʰə > hkor-tʂʰə 牧牛人 牛 -SUF
χɔnə + -tʂʰə > χɔnə-tʂʰə 牧羊人 绵羊 -SUF	pʰʊː + -tʂʰ-ə > pʰʊː-tʂʰə 猎手 枪 -SUF
øle + -tʃʰə > øle-tʃʰə 奴隶 活儿 -SUF	tʰʊr- + -ŋqʰʊi > tʰʊr-ŋqʰʊi 饿的 饿 -SUF
hətʰɯːr + -la + -qʊai- > hətʰɯːr-la-qʊai- 用秤称 掏 -SUF-SUF-NPST	tʰaː- + -smaq > tʰaː-smaq 谜语 猜 -SUF
ʃyr- + -kə > ʃyr-kə 笤帚 扫 -SUF	tʃarim + -taq > tʃarim-taq kʰɯːn 残疾人 半 -SUF

东部裕固语中的有些构词附加成分较之蒙古语族其他语言用法不同。例如：taqʰa-sən（东部裕固语）/taqu[tʰax]（蒙古语）"马掌"、χula ʊː-ma（东部裕固语）/qoɣolan ger（蒙古语）"饭馆"。

2. 合成词

东部裕固语复合词中名词性的词多，动词少。从结构关系看，名词性的合成词有的属于并列结构、主从结构，有的则属于修饰结构。此外还有紧缩复合词。

（1）并列结构

① 名词性结构　例如：

ɔir tʰal 亲戚 近 方面	ʊrɔq/ɔrɔq tʰaraq 亲戚 亲戚 种植
χəβɯ tɕaː 命运 份 运气	sanaː pɔtɔː 思想 愿望 想法

② 数词结构　例如：

taːβən tʃʊrqʊn 五六个 五 六	qʊrβan tørβen/tørβɔn 三五个 三 四
ɕisən qʊrβan 乱七八糟 九 三	tɔlɔːn neiman 七八个 七 八

③ 对偶词结构　例如：

mʊː sain 东西 好 坏	hkʰe tʃʰke 父母 父 母
altʰan møŋkø 金银 金 银	nəmən səmən 弓箭 弓 箭

（2）主从结构

① 主谓结构　例如：

pətʃʰək sʊrma qatʃar	学校	øry na:qa-/øry: na:qa:tʰtʃʰ βai	死，去世
nɔqtʰɔ qar-	害喜	lɔmɔq pɔl-	好不热闹，好容易
sara pɯtʰə-	满月	ø:r tɕʰai-	黎明
ɯrtɕʰaqqʰə	明天	tɔlɔqɔi herkektʰe-	头晕
tʰɔlqɔi qʰʊtʰəqa	摇头	su: hərɯr	胳肢窝
tʃəl tʰørøle:	年初	u:r kʰɯr-	生气

② 连动结构　例如：ɔ:ltʃ aβ- "获得，找到"、tʃy:ne tʰalqʊ:l- "针灸"

③ 宾动结构　例如：

qatʃar kotəl-	地震	mentə sʊra-	问候
arakʰə qʰataq tʰal-	订婚	lar larqə-	说话
alaq qar-qa-ma 花的 出-CAUS-SUF	照相机	alaq etʃ-ɯ:l-me 花的 看-CAUS-SUF	电视机
tʃʰeq etʃ-me 时间 看-SUF	钟表	tʰjaq tʃʰer-qa-qʰə 棍子 拽-CAUS-IMPF	懒汉

（3）修饰结构

① 形容词 + 名词　以颜色词充任修饰语的词为例：

| tʃʰəqa:n sara
白　　月 | 春节，正月 | χara araqʰə
黑　酒 | 白酒 | χara ker
黑　房 | 帐篷 |
| tʃʰəqa:n·tʃa:rə
白　　麝 | 幼麝 不到一周岁的 | tʃʰqa:n taqqʰa
白　　鸡 | 狼 | χara hkor
黑　牛 | 牦牛 |

② 名词 + 名词　例如：

| tʃʰa:sən ʃɯ:n
纸　　鸟 | 风筝 | tʰemer ʃɯ:n
铁　　鸟 | 飞机 | tʰemer mør
铁　　路 | 铁路 |
| pʰətʃʰək χwa:tʃʰaq
书　　包 | 书包 | qal tʰerke
火　车 | 火车 | tʰamakʰə χwa:tʃʰaq
烟　　包 | 烟荷包 |

③ 代词 + 名词　例如：

| ene tʃəl
这　年 | 今年 | ene dyke
这　时 | 这时 | tʰere dyke
那　时 | 那时 |

④ 形容词 + 名词　例如：

amətʰə　ørtʃø　动物　　　　　　　ørlø-kʰi　sara　半月
活　　物　　　　　　　　　　　半-SUF　月

⑤ 名词 + 形容词

qara-n　ʃikʰə　大方 不吝啬
手-3rd　大

（4）紧缩结构

实际上也属于复合词，只是结合紧密，类似于单纯词。例如：

ɥrtɕʰaqqʰə/ɥrtɕaq（ɥr/ø:r 黎明 tɕʰakqʰə/tɕʰaiqqʰə 亮）　明天，早晨
tʃʰa:qətor（tʃʰa:qə 那边的 otor 日）　　　　　　　　大后天
øtʃʰyktor（øtʃʰyk-过了的 otor 日）　　　　　　　　昨天
ʊrtʃitor（ʊrtʃi 前面的 otor 日）　　　　　　　　　前天
ʊrtʃi: ʊrtʃitor（ʊrtʃi: 前面的 ʊrtʃi 前面的 otor 日）　大前天

二　构词附加成分

（一）派生名词的构词附加成分

主要有三类：由静词构成名词的附加成分、由动词构成名词的附加成分和由不变词构成名词的附加成分等三类。

1. 由静词构成名词的附加成分

（1）名词 > 名词　例如：

附加成分	词干	汉义	派生词	汉义
-tʃʰə	malaqai	帽子	malaqai-tʃʰə	狐狸
	em	药	em-tʃʰə	医生
-ptʃʰə	sarə	月亮	sarə-ptʃʰə	眼镜
	χantʃɥ:n	袖子	χantʃɥ-ptʃʰə	套袖
-ptʃʰək	øløkø	挂	øløkø-ptʃʰək	裤带
-ltʃən	tʰara:-	（"庄稼"的词根）	tʰara:-ltʃən	农业、庄稼
-tʃəŋ	βəl	冬	βəl-tʃəŋ	冬营地
-kɥi	pʰəse	腰带	pʰɥsə-kɥi	女人，妻子
-qai/-kei	qʊta	亲家	qʊta-qai	亲家（指女的）
	pi:r-	媳妇	pi:r -kei	嫂子
-qar/-ker	nta-	（"誓言"的词根）	nta-qar	誓言

附加成分	词干	汉义	派生词	汉义
-tʰə	alpa-	（"百姓"的词根）	alpa-tʰə	百姓
-tʰan	amən	生命	am-tʰan	生灵
-tam	kʰi:	风	kʰi:-tam	避风处
-laŋ/-ləŋ	ʃtən	牙齿	ʃtən-ləŋ	两岁羯羊
-lət	qʊrβan	三	qʊrβa-lət	马绊
-ma/-me	qaŋqa	悬崖	qaŋqa-ma	陡峭的山崖
-kʃ	øte:	中午	øtø-kʃ	晚上
-sən	qai	灾祸	qai-sən	鬼
	amən	米	amə-sən	米饭，大米稠粥
-tʃʰaq/-tʃʰəq	tʰa:r	粗褐子	tʰa:r-tʃʰaq	袋子一类
	ɔrɔn	位置	ɔrɔn-tʃʰəq	家
-qə/-kə	htʰɔq	村、部落	htʰɔq-qə	属于村里的人和事物
	hkʰe	母亲	hkʰe-kə	母亲的东西和事物
-təkə/-tʰəqʰə	kʰøl	脚	kʰøl-təkə	脚穿物（鞋袜等）
(<-tə+-kə)	ʊ:la	山	ʊ:la-tʰəqʰə	野兽、猎物、狼
-sqa	qʊr-	羔羊的词根	qʊr-sqa	羔羊皮、熟羔皮
-səlqa(-sə-lqa)	ar-/a:r-	后部	arsəlqa	头饰后部

（2）由时位词及其词根构成名词的附加成分　例如：
-n/-nɔ:n/ʊ:n（＜ɔn 年）　χɔitʰə 后＞χɔitʰə-n 明年　ʊrtʃən（"前"的词根）＞ʊrtʃənɔ:n 前年
（3）形容词＞名词　例如：

附加成分	词干	汉义	派生词	汉义
-qalaq/-qɔlɔq	χara	黑	χar-qalaq	黑白花
	pɔrɔ	灰，驼色	pɔr-qɔlɔq	黄昏
-tʃʰə	χɔptɔq	馋的，贪婪的	χɔptɔq-tʃʰə	自私的人，贪婪的人

（4）数词＞名词

附加成分	词干	汉义	派生词	汉义
-lət	qʊrβa	三	qʊrβalət	三叉绊（绊住前两脚和后一脚的马绊）

（5）代词＞名词（代词＋领属格＋-qə/-kə）

附加成分	词干	汉义	派生词	汉义
-qə/-kə	mən-ə	我的	mən-ə-kə	我的东西
	pʉtas-ə	我们的	pʉtas-ə-kə	我们的人

2. 由动词构成名词的附加成分

附加成分	词干	汉义	派生词	汉义
-lqa/-lke	ʊː-	吃	ʊː-lqa	食物
	ere-	来	ere-lke	收入
-aː/-eː	sana-	想	san-aː	思想
	mete-	懂	meteː	常识
-aːn/-eːn	tʰele-	烧	tʰeleːn	柴火
	tawa-	（词根）	taw-aːn	大坂
	ete-	吃	eteːn	食物
-qan	ʃʊːr-	（词根）	ʃʊːr-qan	暴风雪

-ma/-me：东部裕固语使用频率很高，属能产词缀。例如：qʰurqʰur-ra-打呼噜＞qʰurqʰur-ra-ma 打呼噜的、alqa-擦＞alqa-ma 抹布等。

试与蒙古语比较：

东部裕固语		蒙古语	汉义
tʰeleːn	χɔq-me	tülege-čin	砍柴人
柴火	打-SUF	柴火-SUF	
tʰemər	par-ma	darqan	铁匠
铁	做-SUF	铁匠	

-ta-(χ)qi/-ta-(χ)qʰai：与蒙古语附加成分-taɣai同源，东部裕固语增加了一个χ（带擦元音）。试比较：

东部裕固语	蒙古语	汉义
ai-taχqi/ai-taχqʰai	ayu-ma-taɣai	爱怕的，胆小的
怕-SUF	怕-SUF	
-tən:	n̻iː-笑＞n̻iː-tən	笑话、笑柄
-tal/-tel	jaːβə-走＞jaːβ-tal	马的走法，事情
-taq	pʰʊː-包＞pʰʊː-/pʰʉː-taq	裹布、细绳子、鞋带子
-tasən	pʰʉː-/pʊː-包＞pʰʉː-tasən	挽绳
-q/-k	pʰətʃʰə-写＞pʰətʃʰə-k	书
-ker	teβəs-/tes-铺＞teβəsker/tes-ker	褥子
-βər/-βʊr/-βʉr	ɔːl-找到＞ɔːl-βʊr	获得物
-lβər	çiː-晒＞çiː-lβər	向阳的地方
-kəʃ	teː-/hte-掏＞teː-kəʃ/hte-kəʃ	筷子
-ktʃʰə	mete-懂＞mete-ktʃʰə	管理者

-l	tʰørø-（牲畜的）出生 > tʰørø-l		娘家
-lɔq	pɔrqɔ-（"黄昏"的词干，与颜色词 pɔrɔ"灰"有关）> pɔrqɔ-lɔq 黄昏		
-mel	eskə-/ske- 发酵 > eskə-mel/ske-mel 醋		
-tʃʰa/-tʃʰə/-tʃʰe	tʃar- 使用，花 > tʃar-tʃʰa		佣人，雇工，仆人
-mtʃ	orko- 背、举 > orko-mtʃ		奉献、尊贵
-ntʃ	hsra/asra- 养，照料 > hsra-/asra-ntʃ		喂养的幼畜
-rəmtʃʰə	quai-/qɔi- 乞讨 > quai-rəmtʃʰə		穷光蛋，乞丐
-ʊ:l	par- 拿、提、做 > par-ʊ:l		端锅的毡片
-a:r/-e:r	peltʃʰ-（"牧场"的词根，不能够单独使用）> peltʃʰ-e:r 牧场		
-sən/-sʉn	χala- 缝 > χala-sən		补丁
-smaq/-tsəmaq	tʰa:-（"谜语"的词根，蒙古语中有"猜测"的意思）> tʰa:-s-maq 谜语		
-qə/-kə/-qʰə/-kʰə	məs- 穿 > məs-kə 衣服	pʰa:- 大便 > pʰa:(q)-qʰə 肛门	
-laŋ/-leŋ/-lɔŋ	tʃərqa- 享福 > tʃərqa-laŋ 幸福	serkə- 复苏 > serkə-leŋ 聪明	
-a:s/-ə:s/-ɔ:s	χɔlβɔ- 串连，连接 > χɔlβɔ-ɔ:s 连接物		
-sən	χɔlβɔ- 串连，连接 > χɔlβɔ-sən 连接物	pʰa: 拉屎 > pʰa:-sən 屎、粪	
-maq	satʃərə- 散开，散落 > satʃərə-maq		洒下的东西
-m	parta-（"骄傲"的词根，不能够单独使用）> parta-m 骄傲的		
-maʂ	χʊ:r- 炒 > χʊ:r-maʂ 炒熟的青稞		
	harqa-（"酥油团"的词根）> harqamaʂ 酥油团		
-raŋ	pa:tə-（词根，不能够单独使用）> pa:tə-raŋ 屁股墩子、后腰		
-rɔq	tʰɔŋqɔi- 弯腰 > tʰɔŋ-cpɔ-rɔq 剃刀		
-n	na:t- 玩 > na:tə-n · 游戏	qʊtalt- 卖 > qʊtalt-ən 生意，商品	
-nɔ:n/-nɔn	ɔt-（"去"的词根）> ɔtɔnɔ:n/ɔtɔnɔn 去年		
-ŋ	tarqərə- 吹 > tarqərə-ŋ 吹牛的人		
-βər/-βʉr	taqa- 跟随 > taqa-βər 仆从	hele- 剩 > hele-βər 剩余	
-ʊ:r/-ʉ:r/-y:r	tʰɔptʃʰəla- 扣（扣子）> tʰɔptʃʰəl-ʊ:r 纽扣	hole- 剩 > hol-y:r 剩余	
-qa/-kə/-qɔ	tʊl-（"柱"的词根）> tʊl-qa 杆子		
-ʃək	n̪i:- 笑 > n̪i:-ʃək 微笑		

3. 由不变词构成名词的构词附加成分 例如：

-matʃʰə	tʃʊ:ra 之间 > tʃʊ:ra-matʃʰə 媒人

（二）派生形容词的构词附加成分

1. 由静词构成形容词的构词附加成分

（1）名词 > 形容词　例如：

-taq　　　　　　　ʃaqar-（"碎"的词根）> ʃaqar-taq 碎的

-tʃʰə　　　　　　χɔp 谗言 > χɔp-tʃʰə 爱挑拨的

-tʰə　　　　　　　amtʰa 味道 > amtʰa-tʰə 香的　　　　nere 名字 > nere-tʰə 有名的

-rqʰaq/-rkʰek　　　qʰʊsʊn 水 > qʰʊsʊ-rqʰaq 淡的　　　kʰe:tʃʰən 客人 > kʰe:tʃʰə-rkʰək 好客

-tʃaːr/-tʃeːr　　　　nasən 岁 > nas-tʃaːr 上年纪的　　　kokʃən 老年 > kokʃə-tʃeːr 壮年

-qʰə/-kʰə　　　　ɔtɔ 现在 > ɔtɔ-qʰə 现在的　　　　　ontor 今天 > ontor-kʰə 今天的

-lʊːr　　　　　　qʰɔpɔ 身体 > qʰɔpɔ-lʊːr 魁梧、个儿大的

-qai/-qei/-kəi/-qʰai　tʃʊːma 咬，叮 > tʃʊːma-qei 拴狗链颈项处的卡子

（2）时位词 > 形容词　例如：

-lɔq　　　　　　　htɔr 内 > htɔr-lɔq 容量大

（3）形容词 > 形容词

-laq/-lɔq　　　　　ʃərqa 银黄色（毛色）> ʃərqa-laq 黄色（动物毛色）

-qa　　　　　　　ʃərə 黄 > ʃər-qa 银黄色（动物毛色）

-qalaq/-qɔlɔq　　　χara 黑 > χara-qalaq 黑白花色（动物毛色）

-qan　　　　　　　sein 好 > sein-χqan 美丽的

-qʊi　　　　　　　χara 黑 > χara-qʊi 模糊、昏暗

-pər　　　　　　　pələm-（"温热"的词根）> pələm-pər/pʉlən-pər 温、温热

-tʃʰə　　　　　　parta-m 骄傲的 > parta-m-tʃʰə 骄傲的

-βir　　　　　　　heleŋ 阳山、阳坡 > heleŋ-βir 向阳处

-tʃʰaq/-tʃʰɔq/-tʃʰɔq　tɔqər 圆 > tɔqər-tʃʰɔq 球形的

-kʰi　　　　　　　ørlø/ørle 半 > ørlø-kʰi 半月形（ørlø-kʰi sara 半月）

-taq/-tek　　　　　tʃarim 半 > tʃarim-taq 残缺的、不全的

-lət　　　　　　　ørlø/ørle 半 > ørlø-lət 顺绊（绊住马前后各一脚）、绊绳

（4）数量词 > 形容词

-ltʃən　　　　　　qʊrβan 三 > qʊrβa-ltʃən 三角形　　　tørβən 四 > tørβø-ltʃən 四方形

2. 动词构成形容词的构词附加成分　例如：

-ɔː/-ʊː/-yː/-iː　　　qatʰ-（"变硬"的词根）> qatʰ-ʊː 硬的　　hele- 剩 > høl-yː/høl-iː 多余的

-qai/-kəi/-kei/-qʰai　qaptʰa- 肿 > qaptʰa-qai 肿了的

-qiː/-kiː/-kəi　　　taːra(χ)- 冷 > taːra(χ)-qi 易冷的

	meqte- 急躁 ＞meqte-ki 急躁的、繁忙的
-q/-k	hta- ① 差，② 短 ＞hta-q 缺少
	χɔmpɔ- 耳朵卷起 ＞χɔmpɔq 耳朵卷起状
-ŋ	ty:re- 满 ＞ty:re-ŋ 满的
	tɔqtʰ-（"稳住、老实"的词根）＞tɔqtʰ-ɔŋ 乖
-lβər	na:- 粘贴 ＞na:-lβər 传染的
-βɔsən	pɔl- "熟"的词根 ＞pɔl-βɔsən 熟的
-kər/-qɔr	sərtə-（"竖起"的词根）＞sərtəkər 竖起的
	sɔrβɔ-（"龅齿突出"的词根）＞sɔrβɔ-qɔr 龅齿突出状
-qʰə-laŋ/-qa-laŋ	tʃʰat- 吃饱 ＞tʃʰatqʰə-laŋ 饱的
	tʰʊn 沉淀 ＞tʰʊn-qa-laŋ 清澈的
-qʰə-mal	tʃʰat- 吃饱 ＞tʃʰatqʰə-mal 饱着
-qʰai/-qʰəi/-kʰei/-kʰəi/-qʰi:/-qʰəi	mʊra- 虚弱 ＞mʊ:ra-qʰəi 虚弱疲乏的样子、不怎么好
-laŋ	tʃirqa- 享福 ＞tʃirqa-laŋ 幸福
-maq/-mək	hɔrqə- 沸开 ＞hɔrqə-maq 滚热的、滚烫的

（三）派生动词的构词附加成分

1. 静词构成动词的构词附加成分

（1）名词 ＞ 动词　例如：

-l/-la/-le/-lɔ	at-（"牧"的词根）＞at-la- 放牧
	tʰerke 车 ＞tʰerkele- 运载 用车
	te:rme 强盗 ＞te:rmele- 抢走
	htɔr 里子 ＞htɔr-lɔ- 挂里子
-tʰ/-tʰa/-tʰə/-tʰɔ	nasən 年龄 ＞nas-tʰa- 长岁数，长到
-t/-ta/-te/-tɔ	kʰʉre 锯子 ＞kʰʉre:-te- 锯
	halaqan 手掌 ＞halaqa-ta- 拍，搓
-qa/-ke	ʊ:ʃəqəta-（"哮喘"的词干）＞ʊ:ʃəqəta-qa 患哮喘病
	herkektʰe- 转 ＞herkektʰeke- 昏、晕
-ʃa:/-ʃe:	heleken 肝 ＞helek-ʃe:- 热情关照
	ɬai 荤腥 ＞ɬai-ʃa:qa 想吃肉，嘴馋
-ʃə/-ʂə	χaβər 春 ＞χaβər-ʂə 回春

（2）形容词 > 动词

形容词构成动词的附加成分　例如：

-tʃʰa-	tʊlaːn 暖和 > tʊlaː-tʃʰa- 变暖	
	χalʊːn 热 > χalʊː-tʃʰa- 热起来	
-tʃa/-tʃə~-tʂa/-tʂə	pjan/pəjan 富 > pja-tʃa/pijatʂə 致富	
-ra-/-re/-rɔ/-rø	tʊlaːn 暖和 > tʊlaː-ra- 变暖	
	sain 好 > sai-ra- 好转	
-tʰ-/-t-	sain 好 > sai-tʰ- 好转	
	kʰøŋken 轻 > kʰøŋkøt- 分娩	
-qa-	sai-tʰ- 好转 > sai-tʰ-qa- 治好~病	
	mʊː-tʰ- 变坏 > mʊː-tʰ-qa- 恶化	
-ʊːl-/-yːl-	sai-ra- 好转 > sai-r-ʊːl- 改善	
	kʰørl- 冻 > kʰørl-yːl-tʃike 冻坏	
-ʃta-	qaqə- 喊叫、呼唤 > qaqə-ʃta- 哈哈大笑	
-la-	partam 骄傲的 > partam-la- 骄傲	
-ʃaː/-ʃeː	pʊrʊi 错误的 > pʊrʊi-ʃaː- 谴责	
	perke- ("偷懒"的词根) > perke-ʃeː- 偷懒	

（3）动词 > 动词

动词构成动词的附加成分　例如：

-l	tʃaqʰə- (tʃaqʰə-l、tʃaqqʰ-ʊr 火石的词根) > tʃaqʰə-l 闪光
-la/-le/-lɔ	qʰʊtʰqʊ- 甩 > qʰʊtʰqʊ-la 搅拌
-ta/-te	χaltʊːl- 看（使动态）> χaltʊːl-ta- 治疗
	pʉtʉr- 打前失（马往前绊）> pʉtʉr-te- 跌倒
-ʃø/-kʃø-	tʰørø- (牲畜) 生、下 > tʰørø-ʃø-/tʰørø-kʃø- 回娘家
-tʃʊr-/-tʃor-	naː- 睡觉 > na-tʃʊr-/natʃʰʊːr- 入睡　　nta- 同房 > nta-tʃʊr- 睡觉
-ʊːl-/-ʉːl（使动态固化）	ɔrqɔ- 相似 > ɔrqɔ-ʊːl- 仿照
-lqa-/-lke-（使动态固化）	naː- 粘 > naː-lqa- 粘贴
-qa-/-kə-/-ke/-qɔ（使动态固化）	kʰʉr- 到 > kʰʉr-ke 送
	ɔrɔʃ- 被安装 > ɔrɔʃ-qɔ 安上
-ltʃʰa-/-ltʃe（互动态和同动态固化）	parə- 拿，捉 > parə-ltʃʰa- 结婚，结亲
-lta-/-ltə-/-lt（互动态固化）	larla- 说 > larla-ltə- 交谈
	aβ- 要、拿、取 > aβə-lt- 摔跤

-qtʰa-/-ktʰə-/-ktʰe/-qtʰɔ-~-qta/-ktə/-qtɔ（被动态固化） qatʰqə-刺、插＞qatʰqə-qta扎进

　　ma:tʃə-挠＞ma:tʃə-qtʰa心急

　　tʰɔqmɔqlɔ-（"缠"的词根）＞tʰɔqmɔqlɔ-qtʰɔ-缠住

2. 不变词类构成动词

（1）拟声词＞动词　例如：

-ra/-re　　qʰʊrqʰʊr打呼噜声＞qʰʊrqʰʊr-ra-打呼噜

　　　　　kʰɨr kʰɨr隆隆声＞kʰɨrkʰə-re-隆隆响

-kʰəra　　fər fər飞虫嗡嗡声＞fər-kʰəra嗡嗡叫

-la/-lə　　mai mai咩咩叫声＞mai-la-咩咩叫（羊叫）

　　　　　ompɨk哞哞叫声＞ompɨk-lə-唤犏牛

-qa/-ke　　tʰʊr tʰʊr马打响鼻声＞tʰʊr-qə-马打响鼻

　　　　　tʃir tʃir唧唧叫（鸟叫）＞tʃirke-鸟叫

（2）状词＞动词　例如：

-le　　　　lək脉搏跳动状＞lək-le-心脏跳动

-l　　　　tasə-＞tasə-l-弄断　　　　nepʰe-＞nepʰe-l-穿透

　　　　　tsʊqʊ-（"抽"的词根）＞tsʊqʊ-l-抽出、拔出

-ra/-rə/-rɔ/-rø　tasə-（"断"的词根）＞tasə-ra-断

　　　　　nepʰe（"穿透"的词根）＞nepʰe-rə-穿过、透过

-ltʃʰe　　sertek-/serteke-(tʃʰqʰən)（"竖起"的词根）＞serteke-ltʃʰe-耳朵扇动（指牲畜）

（3）后置词＞动词　例如：

-tʃʰe　　tʃerke-/tʃirke-（"并排"的词根）＞tʃerke-tʃʰe-并列、并排

（四）构成副词的构词附加成分

1. 副词＞副词　例如：

-tɨ　　　　neŋ太，非常＞neŋ-tɨ太，过于

-ta/-tə　　kələŋ斜视状＞kələŋ-ta斜视

2. 动词＞副词　例如：

-ɔr/-ɔ:r　　tɔqtʰ-（"稳住、老实"的词根）＞tɔqtʰ-ɔr/tɔqtʰ-ɔ:r慢慢地，慢

第三节

词汇的构成

一 共有词

东部裕固语中有阿尔泰语系语言共有词,但共有词分布不均匀。在200核心词中,三个语族共有词占10.37%。其中,蒙古语族和突厥语族共有词占39.13%,蒙古语族和满-通古斯语族共有词占29.7%,突厥语族和满-通古斯语族共有词只占1.58%(孟达来 2001:83)。具体情况见表3-1。表中所比较的语言是:突厥语族语言13种,蒙古语族语言11种,满-通古斯语族语言6种。如(13/13)表示突厥语族的13种语言都相同,(12/13)表示13种语言中的12种一致;(11/11)表示蒙古语族11种语言一致,(10/11)表示蒙古语族语言的10种语言一致,一种语言不同或没有相近和相同的词;(6/6)表示满-通古斯语族语言都一致,(5/6)表示其中的一种语言不同。12个词条中最前面的第一个为东部裕固语。除了古蒙古语用传统的拉丁字母转写外,其余都用国际音标。

表3-1 东部裕固语词汇中的阿尔泰语共有词比较

汉义	蒙古语族	突厥语族	满-通古斯语族
我	pʉ/bi-n/biː/bu(11/11)	be-n/mɛn/men(13/13)	biː/bi(6/6)
你	tʃʰə/či/tʃiː/ʃi:/tɕə/tʂi/tɕi(11/11)	sen/sɛn~biz/sin(13/13)	ʂi/si/ɕi/ʃi(6/6)
绵羊	χʊːnə/qonin/xœn/xunə/xonə/xøn/xonj/xoːnə/ɢoni/ɢonə/χɔni/qɒn'in(11/11)	qon/kony/koyun/qoj/xoj/ɢoj/kuyɯn/qoyun(13/13)	honin/χonin/xɔnin/kʊnin/xʊniŋ(6/6)

续表

汉义	蒙古语族	突厥语族	满-通古斯语族
做、修	χsɑ-/jɑsɑ-/dʒɑs-/zɑs-/zɑh-/dzɑs-/dɑs-/sdzɑ-/dzɑsə-/dzɑr-/sɑ-/jɑsɑ-（10/11）	yɑsɑ/yas-/jɑsɑ-/dʒɑsɑ-/jɛsɛ-/jɑsɑ-/dʒɑzɑ-（12/13）	tʃɑsɑ-/tɑsɑ-/tɑsi-/tɑsə-/tɑʃɑ-（6/6）
身体	pij/bəj/buje/bəjə/bei（9/11）	boy/buy/boj/bod/boz/bot/bəje（13/13）	beye/bəjə/bəi/bəj（6/6）
万	tʰømen/tümen/tüm/tymn/tɯmən/təmen/tumun/tum/ajGə（保安）/ajiqa（康家）（7/11）	tümen/tymɛn/tymen/tumøn/ajaq（西裕）（5/8）	tumən/tumen/tumun/tuman/tumən/tumuŋ（6/6）
富	pjan/bayan/bajin/bai-jɑŋ/baj-ɑːn/baj-ɑŋ/baj-ɔ（10/11）	bay/baj/beyi/baj-in/baj-iŋ（9/13）	bai-jɑŋ/bay-an（6/6）
吸	ʃəmə-/šime-/ʃim-/ɕimu-/ʃəmə-/simi-/ʃimi-（10/11）	ʃymy-/ʃəmʃ-/ʃimir-/symyr-/symər-/sumə-r-/ʃymi-r-（6/8）	simi-/ɕimə-/ʃimə-/ʃimi-（5/6）
左	sɔlɔqɐi/soloɣai/solɣui/sɔlɔqɐi/sol-Gui/soʁi（9/11）	sol/hul/sōl（9/12）	ɕœl-xu/sɔl-ɔgʊ/ʂolho/solge（3/6）
胡子	saqal/saxal/sGal/haxal/sagəl/saqan/sʌʀʌl/χɯdzɯ/saGal"阴毛"（保安）（10/11）	saqal/sakal/sɛqal/sal/saqalu/saGal/saggal/hakal（13/13）	sal/salu/gʊggatta/gʊrgakta/solo/safala"阴毛"（赫哲）/撒（3/6）
兄长	aqa/ax/ag/aGa/aqa/aɣa（10/11）	aGa/aka/aqa/aɣa（12/13）	ahun/aha/axiŋ/akin/agə/aka（6/6）
奶、乳	hsʉn/sün/suː/sun/ysn/xʉː/hʉŋ（7/11）	su/syt/sut/syd（9/9）	sun/sʉːn/huhun/ukun/uxuŋ/əxʉŋ/məmə（4/6）

二 蒙古语族同源词

（一）200核心词比较

东部裕固语与蒙古语族其他语言具有很多同源词，且所占比重较高，尤其是200核心词在整个蒙古语族诸语言中的比例都比较高。具体见表3-2。

表3-2 200核心词中东部裕固语与蒙古语同源词比较

序号	汉义	东部裕固语	蒙古（口语）	古代蒙古语	英文
1	我	pʉ	piː	bi	I
2	你	tʃʰə	tʃʰiː	či	you
3	我们	pʉta	pit	bide/ba	we

续表

序号	汉义	东部裕固语	蒙古（口语）	古代蒙古语	英文
4	这	ene	ən	ene	this
5	那	tʰere	tʰər	tere	that
6	谁	kʰen	xən	ken	who
7	什么	ja:n/ima/jima	jamăr/ju:	yambar/ya'un	what
8	不	pʉʃi/pʉtʰə	piʃ/pu:/pʊs	buši/bü/busu	not
9	全部	pʉrən/pʉtən	purŏn/putʰŏn	bütün/bürin	all
10	多	ɔlɔn	ɔlŏn	olon	many
11	一	neke	nək	niken	one
12	二	qʊ:r	xɔjŏr/ixər"双生"	qoyar	two
13	大	ʃikʰe/pʰøty:n	ix/jix/putu:n/tʰɔm	yeke/büdü'ün	big
14	长	hʊrtʰʊ	ʊrtʰ	urtu	long
15	小	htei/tei/paqa	tʃitʃik/otʃʰxŏn/pak	üčü'üken	small
16	女人	eme	əm	eme	woman
17	男人	ere	ər	ere	man/male
18	人	kʰʉ:n/kʰʉn	xun	gü'ün	person
19	鱼	tʃaqasən	tʃakăs	jiqasun	fish
20	鸟	ʃʉ:n	ʃʊpʊ:	šiba'un	bird
21	狗	nɔχqɑi	nɔxœ:	noqai	dog
22	虱子	pi:sən	po:s	bö'esün	louse
23	树	mɔ:tən	mɔt	modon/	three
24	种子	hʉre	ur	hüre	sead
25	叶子	laβtʃʰaq	næptʃʰ	nabčin	leaf
26	根	jeltəs/rtʃok	untðs/ɪtʃkʊ:r	hündüsün/huja'ur	root
27	树皮	χaləsən"壳"	xæls	qalisun	bark
28	皮肤	arasən	ars	arasun	skin
29	肉	maqqʰan	max	miqan/miqa	meat
30	血	tʃʰʊsən	tʃʰʊs	čisun	blood

序号	汉义	东部裕固语	蒙古（口语）	古代蒙古语	英文
31	骨头	jasən	jas	yasun	bone
32	脂肪	jøkʰon	oːx	hö'egün	grease
33	蛋	pala	ontŏk	öndegen	egg
34	角	eper/eβer	əpǎr	eber	horn
35	尾巴	syːl	suːl	se'ül	tail
36	羽毛	høtøn/hotən	ot	hödön	feather
37	头发、毛	kʰokol/hsʉn	xoxŏl "额发"/us	kəgül/hüsün	hair
38	头	tʰɔlɔqɔi/ʃəkʰen	tʰɔlkœː/əx	toloqai/hekin	head
39	耳朵	tʃʰkʰən	tʃʰix	čikin	ear
40	眼睛	nʉdʉn	nut	nüdün	eye
41	鼻子	χaβar/χwaːr	xamǎr	qabar	nose
42	嘴	aman	am	aman	mouth
43	牙	ʃətən/ʃtən	ʃut	südün/šidün	tooth
44	舌头	kʰelen	xəl	kelen	tongue
45	爪子	sapar/tarmaq	sapǎr	ba'ul/sabar	law
46	脚	kʰøl	xol	köl	foot
47	膝	wʉtəkʰ/βətək	optŏk	ebüdük	knee
48	手	qar	kar	qar	hand
49	肚子	ketesən	kəts/xəpŏl/xəːl	gedesün/ke'eli	belly
50	脖子	køtʃyːn	xutʃuː	güjü'ün	neck
51	乳房	hkøn	xox	kökö	breasts
52	心脏	tʃyrken	tʃurǎx	jürüken	heart
53	肝	heleken	əlŏk	heligen	liver
54	喝	ʊː-/ʊːtʃʰə-	ʊː-/ɔːtʃʰ-	u-/u'u-	drink
55	吃	ete-	it-	ide-	eat
56	咬	qatʃə-/tʃʊː-	xatʃ-/tʃʊː-	qaǰa/ǰa'u-	bite
57	看	χalta-/etʃe-	xar-/utʃ-	qara-üǰe-	see

续 表

序号	汉义	东部裕固语	蒙古（口语）	古代蒙古语	英文
58	听	tʃʰikən tʰal/aŋla-	tʃʰɪŋnă-/sɔns-	čingna/-sonos-	hear
59	知道	mete-	mət-	mede-	know
60	睡	ntaː-/nta-	ʊntʰ-	unta-	sleep
61	死	hkʉ-	ux-	hükü-	die
62	杀	ala-	al-	ala-	kill
63	游水	mpa-	ʊmp-	humba-	swim
64	飞	hɔnəs-	nis-	nis-	fly
65	走	jaβə-/jawə-	jap-	yabu-	walk
66	来	ere-	ir-	ire-	come
67	躺	naː-/kepʰe-	xəptʰ-	kebte-	lie
68	坐	sʊː-/tʃɔqqʊi-	sʊː-	sa'u	sit
69	站	pai-/pʰɔsə-/erle-	tʃɔks-/pæː-"在"	bayi-/a-	stand
70	给	ok-	ok-	ög-	give
71	说	kele-/larqə-	xəl-	kele-	say
72	太阳	naran	nar	naran	sun
73	月亮	sara	sar	sara/saran	moon
74	星星	hɔtɔn/pʰɔtɔn	ɔt	hodon	star
75	水	qʰʊsʊn	ʊs	usun	water
76	雨	χʊra/pɔrɔːn	pɔrɔːn/χʊra	qura/boro'an	rain
77	石头	tʃʰəlʉ	tʃʰʊlʊ	čila'un/gürü	stone
78	沙子	χʊmaq	xʊmǎk	qumaq	sand
79	地	qatʃar	katʃɪr	qaǰar	earth
80	云	pʉlət	uːl	he'ülen	cloud
81	烟	hta/htaː	ʊtʰaː	hutu'a	smoke
82	火	qal	kal	qal	fire
83	灰烬	henesən/ɬesən	uns	hünüsün	ash
84	燃烧	ʃətarə-	ʃɪtʰ-/nɔtʃʰ-	šita-/nočo-	burn

续表

序号	汉义	东部裕固语	蒙古（口语）	古代蒙古语	英文
85	路、足迹	mʊr	tʃam/mor	mör/jam "站"	path
86	山	ʊːla	ʊːl	a'ulan	mountain
87	红	ɬaːn	ulaːn	hula'an	red
88	绿	nɔqɔːn	nɔkɔːn	noqo'an	green
89	黄	ʃəra/ʃra	ʃar	šira	yellow
90	白	tʃʰqaːn/tʃʰəqaːn	tʃʰakaːn	čaqa'an	white
91	黑	χara/qʰara	xar	qara	black
92	晚	øtøkʃə/ɔrʊi	utŏʃ/ɔrœː	üdeši/orai	night
93	热	χalʊːn	xalʊːn	qala' un	hot
94	冷	kʰyːtʰen/kʰytʰen	xuitʰŏn	küyiten	cold
95	满	tyːreŋ/tyːr-	tuːrŏŋ/tuːr-	dü'üreng-/dü'ür-	full
96	新	ʃənə	ʃin	šini	new
97	好	sein/sain	sæːn	sayin	good
98	圆	tʰøkørek/qorqi	tʰokrŏk/moxruː	tögörigei	round
99	干燥	χaq	xʊːræː/xak "干"	qa'urai/qaq	dry
100	名字	nere	nər	nere	name
101	和	wɔlɔ	pɔlŏn/pɔlɔːt	bīyū/bolon	and
102	动物	amthan	æmtʰăn	amitan	animal
103	后背	nʊrʊːn/aːr	nʊrʊː/ar	niru'un/aru	back
104	坏	mʊː	mʊː	maɣun/mawu	bad
105	因为	wɔlɔ/wɔlsɔ	pɔlxɔːr/tʰʊl	bolqor/tula	because
106	吹	pʰiːle-	ulə:-	üliye-	blow
107	呼吸	ʊːr ab-/øk ap-	æmskă-	amisqu-	breathe
108	孩子	məla	xu:xŏt	ke'üd	child
109	数	tʰʊːla-	tʰɔːl-	to'ala-	count
110	砍	tʃaptʃʰə-	tʃʰæptʃʰ-	čabči-	cut
111	天（日）	otor	otŏr	üdür	day

续表

序号	汉义	东部裕固语	蒙古（口语）	古代蒙古语	英文
112	挖掘	maltʰa-	maltʰ-/ʊx-	malta-/uqu-	dig
113	肮脏	kʰər/χarə ʃɑqa	pʊtʃɪr/xir	bujar/kir	dirty
114	愚笨	teme	pɪtʊː/tʰənək	buda'u	dull
115	尘土	tʃʰɔŋ/qɔrəm	tʰoːs/tʰɔrðn	to'osun/toron	dust
116	掉落	naː-/ʊna-	ʊn-	una-	fall
117	远	χɔlɔ	xɔl	qola	far
118	父亲	tʃʰke/atʃaː	ətʃʰik/aːp	ečige	father
119	害怕	ai-	æː-	ayu-	fear
120	少	tʃʰyːn	tʃʰoːn	čö'en	few
121	打架	kʰəreːltə-	xərðlt-	kereldü-	fight
122	五	tʰaːβən/tʰaːwən	tʰap	tabun	five
123	漂浮	qaila-	xop-/təkt-	köb-/degde-	float
124	流动	urus-	ʊrs-	urus-	flow
125	花朵	tʃʰitɕʰɔk/metɔq	tʃʰitʃʰik	čeček	flower
126	雾	manaŋ/pʊtaŋ	manǎn/pʊtaŋ	budaŋ/manan	fog
127	四	tørβen/tørβɔn	torŏp	dörben	four
128	结冰	kʰøltə-/kʰør-	xolt-/mosd	kölde-/körö-	freeze
129	水果	alma	tʃims/ælăm "梨"	jemiš/alima	fruit
130	草	weːsən/βesən	ops	ebesün	grass
131	肠子	ketesən	kətŏs	gedesün	belly
132	他	tʰere	tʰər	tere/an/in	he
133	这里	ente	ənt	ende	here
134	击打	χɔq-/χok-	tʃʰɔx-/kok-	čoqi-/gür-	hit
135	拿、持	ap-/par-	ap-/pær-	ab-/bari-	hold-/take
136	怎样	jaːkə-/jaːn/jimar	jaː-/jiː-/jamăr	yeki/yambar	how
137	打猎	kørøsəla-/kørøsəle-	aplă-/aŋnă-/koroːl-	abala-/angna-/görö'ele-	hunt

序号	汉义	东部裕固语	蒙古（口语）	古代蒙古语	英文
138	丈夫	ere/hqanar	ər	ere	husband
139	冰	møsən	mos	mölsün	ice
140	如果	-sa	xərŏp	kerber	if
141	在（格）	-tə/-tʰə	-t/-tʰ	-da/-de/-dur/-dür/-tur/-tür	in
142	湖	nʊ:r	nʊ:r	na'ur	lake
143	笑	n̪i:-	inə:-	ine'e-	laugh
144	左	tʃʉ:n/sɔlɔqɔi	tʃu:n/sɔlkœ:	ǰewün/soloγai	leftside
145	腿	qʊja	kʊj	qʊya	leg
146	活的	amtə	æmt	amidu	live
147	母亲	hke/meme	əx/ə:tʃ/mo:m	eke/eǰi	mother
148	窄	y:tʰan	ʊitʰăn/tʃʰʊxăl	uyi-tan/hi'utan	narrow
149	近、边	ɔirə/tʃaqa	œ:r/tʃax	oyira/jaqa "衣领"	near
150	老的	kʰøkʃən	xokʃin/otʰku:	kögšin/ötögü	old
151	玩	na:t-	na:t-	nādu-	play
152	拉	hta:-/htʰa-	tʰatʰ-	tata-	pull
153	推	tʰʉlkʰə-	tʰulŏx-	tülki-/tülke	push
154	右边	parʊn	parʊn	bara'un/baran	right side
155	对、正确	tʃɔqə-/tʃøp	tʃœx-/tʃop	ǰoki-/ǰöb	right
156	江河	qɔl/mʉren	kɔl/morŏn	qol/mören	river
157	绳	ti:sən	tə:s	de'esün	rope
158	腐烂	hy:-	u:-/ɪltʃɪr-	hü'ü-/ilǰara-	rotten
159	摩擦	ʃørke-	ʃorko:-	šörgü'e-	wipe
160	盐	ta:wsən	taps	dabusun	salt
161	抓（搔）	ma:tʃi-	ma:tʃ-	māǰi-/ma'aǰi-	scretch
162	海	tali:	tʰæŋkɪs/talæ:	dalai/tenggis	sea
163	缝纫	χala-	ɔj-/χal-	hoyu-/oyo-	sew

续表

序号	汉义	东部裕固语	蒙古（口语）	古代蒙古语	英文
164	尖、锋利	qʊrtʃʰa	xʊrtʃʰ	qurča	sharp
165	短	hqɔr	ɔxɔr/ɔxtʰɔr	oqor/oqodur	short
166	唱	tʊːla-	tʊːl-	da'ula-/dawula	sing
167	天空	tʰeŋker	tʰəŋkər	tenggeri	sky
168	气味、闻	honor/honosde-	unər/unərtʰ-	hünür/hünis-	smell
169	平	tepɕi/tʉβʃin	tʰəkʃ/tʰupʃin	tegši/tübšin	smooth
170	蛇	mɔqɔi	mɔkœː	moqay	snake
171	雪	tʃasən	tʃʰas	časun	snow
172	吐唾沫/唾沫	kʰaːtʃə tʰʉkə-/nʊləsən	nʊlăm-/nʊlmăs/ʃuls	nilbu-/nilbusun/šilüsün	spit
173	撕裂	tʃysə-/tasəl-	ʊr-	ura-	split/tear
174	压榨	ʃəqʰa-	ʃax	šiqa-	squeeze
175	刺、戳刺	qʰatqə-	tʃʰitʃʰ-/xatʰăk-	čiči-/qatqu-	stab
176	拐棍	tʰiaq/tʰijaq	tʰajɪk	tayaq/sorbi	stick
177	直	tʰoʃ	ʃʊlʊːn/ʃʊːt	šili'un	straight
178	吸吮	sorɔ-/ʃəmə-	sɔr-/ʃim-	soro-/šimi-	suck
179	肿	qaptʰa-/kʰyː-	xapt-/xɔː-	qabud-/köʼö-	swell
180	那里	tʰende	tʰənt	tende	there
181	他们	tʰa/tʰeres	tʰət	tede/an	they
182	厚	tʃʊtʃaːn	tʃʊtʃaːn	ǰuja'an	thick
183	薄	neŋkøn/neŋwen	nimkən	nimgen/ningen	thin
184	想	sana-/pɔtə-	san-/pɔt-	sana-/bodo-	think
185	三	qʊrβan	kʊrăp	qurban	three
186	扔/抛	qor-/ɔqɔr-	xaj-/ɔkɔːr-	o'or-/o'orki-	throw
187	拴、捆	ça:-/χaː-/kʰʉlə-	ʊj-/xul-	huya/küli-	tie
188	转	herkekt-/tʰɔrə-	ərək-/tʰœːr-	hergi-/to'ori-	turn
189	呕吐	pøltʃø-/oqʃə-	poːltʃ-/ɔkʃ-	böʼöːlǰe-/oqši-	vomit

续表

序号	汉义	东部裕固语	蒙古（口语）	古代蒙古语	英文
190	洗	qʊa-/ʊqwa:-	ʊka:-	ukiya-	wash
191	潮湿	nɔitʰɔn/tʃʰi:k	nœ:tʰɔ̌n/tʃʰi:k	noyitan	wet
192	哪里	χana	xa:	qami'a/qanaǰi	where
193	宽	ʊ:tʃim/eŋtʰə	orkŏn/ʊ:tʃim	örgen/a'uǰam	wide
194	妻子	eme	əm	eme	wife
195	风	kʰi:/salɣən	xi:"空气"/sælx	kei/salkin	wind
196	翅膀	χanat	talăptʃʰ/tʃu:r	dalabči/ǰigür	wing
197	沉重	kʉntə/kuŋtə	xunt	kündü	heavy
198	树林	χẓa:l	œ:/ʃʊkʊɪ	hoi/šikui	woods
199	虫	χɔrɔχɔi	xɔrxœ:	qoroqai	worm
200	年	hɔn/tʃəl	ɔn/tʃil	hon/ǰil	year

通过比较200核心词可知，东部裕固语固有词为192条，占总数的96%，居11个语种的第7位。在其200核心词中，pʉlət"云"、pala"蛋"、məla"孩子"、χanat"翅膀"、jiltas"根"5个均为西部裕固语借词或古突厥语族语言借词。汉语借词tʰʉkə-"唾沫"、tʃʰoŋ（上古：dǐen）"尘土"2个，藏语借词χẓa:l"树林"1个。如果pʉlət"云"在皇城的一些土语里用固有词pʊtaŋ来表达的话，比率则可达到96.5%。此外，htei"小"（独有词）与paqa"年轻、小"记为固有词。根据上述对前100核心词的比较，我们发现东部裕固语中只有一个突厥语族语言借词pʉlət，固有词则占99%。但后100核心词中就有6个借词，固有词占94%，明显低于前100核心词中的占比。

上述核心词中1%和6%的差距是不小的。若再放大核心词的范围，那么所占的比例就更高了，是几何级数式增长。因为核心词也是构词的核心，派生词比例也高。以此推断，东部裕固语的同源词的比率为前100核心词最高，在后100核心词占比也相对较高；在基本词汇（常用词）中的占比则比较高，在一般词汇中占比适中，而在整个词汇中比率较低；其中在新词术语中占比最低，即：

前100核心词＞后100核心词＞基本词汇＞一般词汇＞整个词汇＞新词术语

据此，笔者选择了古蒙古语、蒙古语、达斡尔语、东部裕固语、土族语、东乡语、保安语、康家语、莫戈勒语、卫拉特方言和巴尔虎-布里亚特方言11种语言或方言的200核心词进行比较，结果显示：11种语言或方言中的共有同源词有97条，占总数的48.5%；

在6种或以上语言或方言中共有的同源词共192条，约占总数的94%。

在11种语言或方言的200核心词中，同源词以外的借词和特殊词其具体分布情况如下：波斯语借词39个，汉语借词37个，藏语借词17个，古突厥语族语言借词6个，西部裕固语借词2个，满语借词3个；特殊词8个，空白的或未调查到的词22个。这样一来，在东部裕固语的200核心词中，总借词为104个，空缺22个，特殊词8个，总计134个。各个语言中具体借词的分布请参见表3-3。

表3-3　200个同源词中东部裕固语与蒙古语族语言固有词的分布情况

语种	东部裕固语	古代蒙古语	现代蒙古语	达斡尔语	土族语	东乡语	保安语	康家语	莫戈勒语	卫拉特方言	巴尔虎-布里亚特方言
核心	200	200	200	200	200	200	200	200	200	200	200
固有	192	200	200	194	195	182	180	177	143	200	200
比率	96%	100%	100%	97%	97.5%	91%	90%	88.5%	71.5%	100%	100%

（二）特殊词

所谓的特殊词是指词汇中除同源词、借词以外的词语。学者们对待这些特殊词的观点不一。例如，陈乃雄先生就认为这些很可能是借词，只是迄今尚未找到原语源而已。笔者同意他的观点。特殊词按其结构可分为单纯特殊词和复合特殊词两类。

1. 单纯特殊词　这种特殊词语比较多，几乎各个语言都有。这类词也可以分为两种：

（1）一种语言独有词（只有东部裕固语独有的一些特殊词）。例如：

① 与人类或动物体有关的：tʃʰaqtaqai "面颊"、hermektʃə "大拇指"、seilaq "嗓子"、ṣqaqla:- "痢疾、拉稀"、qa:qər- "吆喝"（卫拉特 xæ:ker 叫喊）、qaŋqualta- "沉睡，昏过去"、orkʉ "犏牛"、səβə "（动物身上的）毛"。

② 工具等：pʉr/tʰamәkә pʉr "装烟的袋子"、lepʰy:r "扇子"、tʃa:qas "火撑子"、møləŋ "鞍花，压钉（鞍座上的）"、tʰa:r "粗褐子（做帐篷用的）"、tɔrtɔqɔm "马鞁"。

③ 地理地貌等：køltʃør "山梁"、χat "山上小沟"、tɔmpər/tɔ:mpʉr "丘"、tʃʰaqlʊ:r "瀑布"、tap "冬营地、暖和的地方"。

④ 饮食：na:n "煮开的酸奶"、səβək "碎米，粗末"。

⑤ 其他

A. 某些名词：sɔlɔq "烟雾"、χalaŋ "彩礼"、tʰempekər "流浪者"、tɔltə "土族" 等。其中 sɔlɔq "烟雾" 还存在于蒙古语巴林土语，如 sɔlox "烟雾"，主要见于 ulaːn sɔlox tatuːlax "忙得不可开交" 这一成语里。

B. 某些副词：se:rkə"新近，才"、pɔrqɔlɔq"傍晚"、mɔnɔn"后年"、nele:n"到处"、nəŋwa"有的、某"、ortʰi"全部"、saqla-"嫁给"、ɔrqɔ"像、似"、ɔrɔ"极、很"、ked neke"多少"等。

C. 某些形容词：kʰeiman"软弱的、穷的"、hərtʃʰep"敏捷"、tɔqɔr"秃的"、ɔŋlɔq"容易"、kətʰəl"晚生的"等。

D. 某些动词：pøk-/pøkle-"自负、自信"、palta-"点（火、灯）"、tatla-"擦"（如"擦碗"等。这是较早的说法，现在知道的人已不多）、tarqʰara-"夸耀、吹牛、骄傲"、χanɔ-"去"、χampʉ-"灭"、qairla-"借给"、ʃaqardaq"碎片"、ɔŋqɔtɔ-"栽跟头"、-pərke-"掺和"等。

此外，还有一些语音相同但语义不同的特殊词。例如：χalqasən"阴毛"、paqa"青年，（牲口）幼畜"、tørø-"（牲口）出生，下"、ɔ:l-"（人）出生"等。

（2）几种语言共有的特殊词（与蒙古语族部分语言共有的特殊词）。这种情况在蒙古语族西支语的几个语言当中体现得比较明显。这与语言的区域趋同有关。例如：

东部裕固语	土族语	东乡语	保安语	康家语	汉义
lɔqlɔ-	lɵGla:-	-	lɵGla-	luGlu-	收集
erken	rgen/rgɜn	-	aGaŋ/ŋgaŋ	ŋgɔ	别人，他
zʉ:na	dzɔŋna	-	dzina	dzʉna	苍蝇

（3）派生的特殊词。根据词根、附加成分及派生词的情况可分为四种类型。

① 东部裕固语中仅有，而其他蒙古语族语言中没有的附加成分所派生出的特殊词。例如：tʰa:->tʰa:-smaq"谜语"。-smaq 是只有东部裕固语中才有的构词附加成分。其词根 tʰa:- 在东部裕固语中不能够独立使用，而在蒙古语族其他语言中则表示"猜测"意义。蒙古语中"谜语"叫作 onisuɣa/œnsɔg。

② 东部裕固语中有其词根，但不能够单独使用，只能在接构词附加成分后才能够表示相应意义的特殊词。例如：tʰara:-ltʃən"庄稼，农业"、qʰʊsʊn tʰara:-ltʃən"水田"。其中词根 tʰara: 在东部裕固语中无法单独使用，而在蒙古语族其他语言中可以独立使用并且均表示"地、庄稼"义，如 tariya tari"种地"等。

③ 东部裕固语中的词根和附加成分与蒙古语族其他语言都一样，但派生出来的词语的意思截然不同或是另一方几乎不使用的特殊词。试比较：

东部裕固语	汉义	蒙古语	汉义
ere-lke	收入	oro-lɣa	收
ite-k	可口（itek tʃʰørmø"可口的奶酪"）	itə-ŋ[①]	可口

---

① 相应的词蒙古语巴林土语中只有一个 itə-ŋ"可口"，ən pata: timi: itə-ŋ-tʰe: jim piʃe:."这个不是那么好吃的。"

| ʊː-lqa | 食粮、食物 | uuɣulɣa① （只用于复合词 idelge uuɣulɣa "饮食"）|

蒙古语中有 ere-lke 这样的词根和附加成分，但不能够构成新词。

④ 东部裕固语和蒙古语族其他语言都有相应的附加成分，但在不同的词干上接加不同的附加成分。试比较：

东部裕固语	汉义	蒙古语	汉义
tʰaraː-ltʃən	庄稼，农业	tariya/tariyalang	地、庄稼、农业
nɔqɔ-lɔŋ	春夏之交的游牧	-	

不过上述同一个词根加不同的附加成分所构成的特殊词，在蒙古语族东、西两支语言中偶尔也有出现。例如：

东部裕固语	现代蒙古语	达斡尔语	卫拉特方言	巴尔虎–布里亚特方言	汉义
βəl-teĜ	ebüljiye	uguldʒig	ybyl-zyn	ubəldʒəː	冬营地
nɔqɔ-laŋ	-	-	-	-	春夏之间

2. 复合特殊词

这种词不多，有的是源于本民族语言材料的创造，而有的则是将外来词意译过来。

（1）用本民族语言创造的。例如：

东部裕固语		现代蒙古语		汉义
tʰal-iːn	amtan	ogere	kümüm	别人
野外-GA	动物	其他	人	
ɔir	tʰal	oyira	töröl	亲戚
近	平原（方面）	近	亲戚	

（2）用本民族语言来意译外来词，这种现象比较多见。例如：

东部裕固语	现代蒙古语	达斡尔语	保安语	康家语	汉义
tʰamәkʰә sɔrɔ-	tæmax tat-	-	-	funi ide-	抽烟
salqʰəla-	urgəl/nud dar-	nʉr dari-	-	-	瞌睡
narən tʃɔːŋtʰə-/narəntə tʃɔːlɔŋ naː-	nar xirt-	nar idərd-	nara tɕiko-	-	日食
sara tʃɔːŋtʰə-/saratə tʃɔːlɔŋ naː-	sar xirt-	sar idərd-	-	-	月食
tʰəŋkeriːn tʃʰqaːn mør	təŋgriːn ɔjdəl/ təŋgriːn-gɔl	-	-	-	银河

---

① 蒙古语虽然有 ʊː-lag 一词但很少单独使用，仅以 idləg ʊː-lag 这种词组形式使用，而且意思为"饮食"，其中的 ʊː-lag 指"饮料"，这一点与东部裕固语不同。

| 饺子 | qʰʊʃu: pʰʊ:ma/quʃu: kʰø-mørkəme | baŋʃ | - | - | - |

还有一些特殊的文化词源于直接命名。例如：

东部裕固语	现代蒙古语	卫拉特方言	巴尔虎–布里亚特方言	汉义
χaβər nɔtʰɔq/qatʃər	xaβartʃa:	xaβarʒa:ŋ	xabar-tʃiŋ	春营地
na:mər nɔtʰɔq/qatʃər	namartʃa:	namar-tʃiŋ	namartʃa:	秋营地
tʃʊnə nɔtʰɔq/qatʃər	tʃʊslaŋ	zʊslaŋ	dzʊslaŋ	夏营地

三 借词及语言接触

历史上，河西走廊是古丝绸之路上多民族、多语种接触交往的地区。由于地域和环境因素，东部裕固语受汉藏语的影响比较深，因而来自汉藏语的借词也就比较多。

东部裕固语借词可分为一般借词和深层借词两类。深层借词主要指固有词与借词并用的情况，也有少量谐音联想转借词和语序借用（模式借用）的借词。另外，借词语音渗透到固有词以及语法成分中的情况也值得重视。

（一）西部裕固语借词

1. 一般借词

这些借词有的仅见于东部裕固语，有的可能是两种语言的共有词。例如：

东部裕固语	西部裕固语	汉义	东部裕固语	西部裕固语	汉义
lar	lar	话、语言	lɔmcq	lomaq	神话、故事
jirəŋ	jerəŋ	鼻涕	tʃɔcppɔi-	tzɔqe-	坐，蹲

再如：ʃat "牛犊"、erle- "站立"、χwatʃʰaq "提包、书包"、tʃʰyrtʃʰa "皮口袋"、kʰølpʰə "山羊毛"、kʰətʃəm "牛毛"、tʃalən "霜"、kʰølmek "青羊、岩羊"、teketʃʰə "伴娘"、kʉtʰkə "喉咙" 等。

2. 深层借词

这类借词与同义固有词并列。例如（斜杠后为借词）：etʃe-/χalta "看"（西部裕固语，借自藏语）、jaβə/χanə- "去"（西部裕固语）。这些词虽然与固有词同义，但使用范围和语义分工不同。例如，jaβə 表示 "回去"，而 χanə- 则表示广义的 "去"。

（二）突厥语族的借词

1. 源于古突厥语族语言并保留其特点。例如：

东部裕固语	西部裕固语	古突厥语	塔塔尔语	汉义
paqʰər	bahɢər	baqïr(наделяев. 1968：82)	baqor	紫铜
pʉlət	pələt	bulït(наделяев. 1968：123)	bulət	云、云彩

məla   mula   bala（幼崽）（наделяев. 1968：80） bala   小孩子

2. 源于突厥语族近现代诸语言的借词

这种词语比较多，而且在突厥语族诸语言里普遍存在。根据陈宗振《中国突厥语族语言词汇集》及相关文献资料，这里列出如下东部裕固语词语属于突厥语族语言的借词：

orkemtʃʰ 蜘蛛   pʰʉkərt- 喷   χanat 翅膀   χəjaqʰ 奶皮子   kʰøløkʰi 蝴蝶
kʰøløpʰi 影子   gələd 锁子   tat 锈   jɔqɔla- 收拾   qʊzaŋ 阴坡

（三）满－通古斯语族的借词

由于历史、地理环境等因素的制约，东部裕固语与满－通古斯语族的接触比其他两个语族的语言接触要少，因此借词也不多。例如：

东部裕固语	西部裕固语	满语	蒙古语	汉义
suːmal	sumal	sumala	sumal	口袋
tʃəkəi	-	zhaka（物）	-	玩具

关于suːmal"口袋"的语源，学者们也有源于西部裕固语的看法，但该词在满语中使用还较普遍，如sumala"口袋、小口袋、囊"、sumaltu"袋鼠"（胡增益 1994：697）。我们认为，满语的suma-ga"火罐儿"（胡增益 1994：697）也可能与sum-ala同根，其词根可构拟为*suma/suman。在蒙古语中，该词指以羊毛或驼毛织的"口袋"。因此，该词也有可能是阿尔泰语言早期固有词。除达斡尔语ʥak"东西，物品"（恩和巴图 1984：311）外，tʃəkəi"玩具"这个词在满－通古斯语族语言中也普遍使用，如zhaka"物、物品、东西、货物"（胡增益 1994：846），dʐaka（满语）、dʐak（锡伯语）、ʥaha（鄂温克语）、dʐaka（鄂伦春语）、dʐaka（赫哲语）"用具"（朝克 2014：214）等。

（四）汉语借词

东部裕固语与汉语的接触比较早而且层次较深，尤其近现代的汉语借词更多。

1. 一般借词

可分为早期借词和近现代借词。

（1）早期借词

早期借词中涉及民生方面的较多，具有使用面广、稳定性强等特点。例如：laː"蜡"、tʃʰɔŋzə"窗子"、təŋ"灯"、kaŋ"钢"、piːɣə"被儿"、tʃʰəŋ"秤"、ʃəŋ"升"、sʉn"寸"、lʊːsa"骡子"、laŋ"两"、ʃɔŋ"双"、kʰʉi"锤"、zɔːχo"炉灶"、jaŋzi"样子"、qaːməs"城市"（来源于甘州，现指"张掖"和"城市"两个义项）。

（2）近现代借词

这方面的借词包括政治、经济各领域。例如：tenjəŋ"电影"、kʉŋutʃʰaŋ"工厂"、kʉŋ"钟"、liʃi"利息"、kampʉ"干部"、kʊanjʉŋ"光荣"、tʃen/dʑian"间"、tɕiazi"部

落、村子"、tɕiɨla-"救"、tʃʉeɣɔ"角"、jaɔtʉŋ"窑洞"、jaŋχʉi"水泥"、jyəmøla-"约摸"、zaŋla-"让"、wa:"瓦"、wazi"袜子"、kʉːʃi"主席"。

2. 深层借词

（1）谐音联想转借词

这类借词是利用本民族语言与源语言的谐音来翻译源语言词语而形成的一种特殊借词。谐音联想转借词在东部裕固语中数量虽然不多，但很有代表性。下面略举几例加以说明。

ɬaːn qʰʊsʊn "洪水"：ɬaːn qʰʊsʊn实际上属于复合词，直译为"红水"。由于汉语洪水的"洪"与颜色词的"红"声韵调均相同，于是东部裕固语借用时按其谐音"红水"来命名洪水。由于东部裕固人的居住地也是红土层，因此洪水的颜色确实比一般地方红得多。两种原因的结合更加促使了这一深层借词的应用和普及。实际上，东部裕固语里还有固有词jwer/jyer表示"洪水"，但现在已很少使用，很多人甚至已经忘记了该固有词的存在。

ajqa "碗，万"：ajqa "碗"是一个固有词，蒙古语族各语言都有，但ajqa "万"是受汉语影响而新增的义项。ajqa的固有意义"碗"现仍在使用，但因汉语的"碗""万"谐音，于是东部裕固语根据当地汉语"万"字的谐音，增加了新的义项"万"。实际上，东部裕固语还在使用表示"万"的固有词tʰømen，但ajqa具有取代tʰømen "万"的趋势。

santʃaq "鬓角，角"：这是一个与货币有关的谐音转借词。"一角钱"叫作neke-santʃaq。但其中的santʃaq作为固有词其原义为"鬓角"，现在还在使用。只不过因东部裕固语没有专指货币的"角"，于是就按其谐音采用表示"鬓角"的固有词santʃaq来翻译汉语货币的"角"（十分或一毛）。

（2）与固有词语义相同的深层借词。例如（斜杠前面为固有词，后为深层借词）：

øle/kʉŋzuo　　工作（汉语）/　　　　teβəsker/zʐzi　褥子（汉语）
alpatʰə/zʐnmin　人民（汉语）/　　　　htʃʰɨr/jyanjin　原因、缘由（汉语）

（五）藏语借词

1. 一般借词

东部裕固语中的藏语借词也比较多，涉及到宗教信仰、生产生活的方方面面。例如：

东部裕固语	藏语	汉义	东部裕固语	藏语	汉义
tʰɔq	tog	雷	təl	tel	芝麻
tʃɔmʊ	jo mo	尼姑	zampəklən	dzam bu ling	赡部洲
jinta mənta	in da min da	一定、必须	rəmpʉtʃʰe	rin bu tʂʰe	宝贝
tʃʰɔːrten	mchor rden	天堂、塔	rkam/ərkam	sgam	箱子
kerkan	dge rgan	师傅、教师	naq	nags	森林、松树
tʃʰampa kʰɨr-	cham pa	感冒	tʃʰamra	kʰyms rwa	房檐

jitaq　　　yi dwags　　贪婪的　　tarla-　　tar　　兴盛

2. 深层借词　例如（斜杠前为固有词，后为深层借词）：

tʃʰətʃʰək/metɔq 花（藏语）　　　　　　　naqatʃʰə/taqa 舅，舅舅（藏语）

χara ker/tʃʰarwi ker 帐篷（藏语）　　　　orkome/tʃʰɔwa 白褐袍（藏语）

其中，固有词 tʃʰətʃʰək "花"仅保留于古老的沙特（裕固族婚礼中说唱的一种祝赞词）及婚礼祝词中，而藏语借词 metɔm 已有完全取代固有词的趋势。

第四节

民俗文化词

东部裕固语中有关历史、地理环境、经济的文化词非常丰富。本节将从游牧、狩猎、服饰、饮食等九个方面加以举例说明。

一 游牧文化

东部裕固人主要从事畜牧业，至今保持游牧经济。因此，该语言中的游牧文化词语非常丰富，且颇具特色。特别是反映畜牧文化的五畜及四季游牧甚至五季游牧（春夏之交的游牧叫作 nɔqɔlɔŋ）活动的，该语言都有不同称谓。如 wəltʃəŋ "冬营地"、χaβərə·nɔtʰɔq "春营地"、nɔqɔlɔŋ "春夏季间的营地"、tʃʊnə·nɔtɔq "夏营地"、naːmər·nɔtɔq "秋营地"。其中四季名称加词缀 -tʃəŋ/-laŋ 的派生词或加表示营地的词组合而成的词组也很多。其中 nɔqɔlɔŋ 更是 "刚长出来的绿草" 加词缀而成的东部裕固语独有的游牧词语，其词根为 nɔqɔːn "绿色"，加词缀 -lɔŋ 后成为春夏之交的营地。因为当地春夏之交光靠春营地的草还不够，所以这个季节需另找个草场，这样的草场叫作 nɔqɔlɔŋ。这个四季转场游牧的生产生活方式北方民族普遍存在过，甚至历史上北方民族按这一形式分建都城。东部裕固语中冬营地就有两个名称，除 wəltʃəŋ 外还以 tap "暖和的地方" 来表示，这说明冬营地的重要性。冬营地是四季营地中最重要的基地，以此为中心按季节转场游牧。而且冬营地必须是既暖和又挡风防雪的山阳地带。

（一）wəltʃəŋ/tap "冬营地"

图 1　祁连山深处的裕固族冬营地　肃南县康乐镇/2018.8.16/斯钦朝克图 摄

东部裕固人是马背民族，生产生活都离不开马及马具。快马加鞭赛马是他们的传统文化之一。每逢传统节假日他们都进行赛马活动。赛马有两个名称 mɔːr·tɔβtʰəlqa-、mɔːr·hɔnɔːqa:-marqa: tʰal-。现在有草原上举行的各种直线比赛和专门场地上举行的转圈比赛。不管哪一种比赛它们都是男女老少都喜欢观看的传统体育项目。此外，还有较有特色的仪式：mɔːr/taqan teltə-"剪马鬃"、mɔːr χaːrə-"骟马"、mɔːr nɔqɔmətqə-"训马"等。马到了两岁时就于农历四月十一日在草原上大家聚集在一起隆重举行剪马鬃仪式，并唱诵剪马鬃的祝赞词。例如："oː！ otoriːn sain tʃaq saint taːqən telteme jaŋ jɔːs kəse，sʉmər ʊːliːn wesənə etətʃ qaŋqa mʉrənə qʰʊsʊnə ʊːtʃ, themer ʃiŋke amətʰiː ła:n mɔriːn χʊlant pərəkəʃijətʃ sʊːqʰiːn pələk pəltʰʊ qai！"（哦！选好吉祥日子剪马鬃，是为祝福两岁马吃上须弥山的草，喝上恒河的水，像钢铁一样健壮，枣红马繁殖地像野驴一样漫山遍野！）

有关马的名称就更丰富多彩了，涉及到马的颜色、走法、马具等。马具名称更多，光马绊就至少有三种：一种 tʃʰøtør/qʊrβa-lət "三脚绊" 和两种两脚绊。两脚绊，一种为 tʰʊʃa "绊住前两条腿的两脚绊"，另一种为 ørlø-lət "绊住左方两条腿的两脚绊"，也叫"顺绊"。马鞍名称就更多了：emel "马鞍"、pyːrke "鞍桥"、toroː "马镫"、ɔlɔŋ "马肚带"、qantʂiqa "皮梢绳"、qatar "马嚼子"、tʃəlʉ/ tʃʰəlβʉːr "缰绳/偏缰"、nɔqtʰ "笼头"、manaː "鞭子"等。

（二）tʃʰəlβʉːr "缰绳"

图 2 中上部的绳子从左至右分别是：tʃəlʉː "缰绳"（从 amaqəi "马衔子"连接的）、

tʃʰəlβɯːr"偏缰"（从马笼头连接，用白色羊毛制作）、tʃʰəlβɯːr"偏缰"（从马笼头连接的，用黑色羊毛制作），绳子下是pɔqtʃʰɔ"褡裢"（专门搭在马鞍上装东西的口袋）。

图 2　缰绳、偏缰和褡裢　肃南裕固族自治县 /2017.06.20/ 斯钦朝克图 摄

（三）χɔm "驼鞍屉"

骆驼驮载货物时保护驼背和固定货物的工具。

尽管裕固人现今已不牧养骆驼，但有关骆驼的词汇仍比较丰富，包括各种区分骆驼年龄和性别的词。如tʰeme:"骆驼"、pøɣøn"驼峰"、pɔtʰɔqon"驼羔"等。图3的χɔm"驼鞍屉"是指驼背上驮货物的工具，至今仍保留在东部裕固语中。

图 3　驼鞍屉　肃南裕固族自治县 /2017.06.25/ 斯钦朝克图 摄

二 狩猎文化

东部裕固人的狩猎文化反映了更早期的经济文化类型。由于自然环境等因素的影响，他们一直保持着狩猎文化，直至20世纪60—70年代都有专门打猎的专业大队。狩猎是他们的一个副业。他们自制打猎工具，如nəmən səmən "弓箭"、pʰʊː "猎枪"、sənpe "土枪的弹条"、səmən "子弹"、elmekʰ "模子"、taːrə·tʃʰəlʉː "火药石"、maʂə syːl "火药用马尾团"、maʂə tʃʰəlʉː "火药用石头"、meltʰə "导火线"、tʃanɛ "夹子"、salma "套索"、təzəma "打猎用的扣子"、laqartʉŋ "陷阱"、tʃaqərtʉŋ "狼匣"、tʃaqərpam "圈塌石（用来捕狼）"、χaraŋ "阻挡物（狩猎时为阻挡猎物而设）"等。就火药匣而言有几种说法：qʰɔtʰə/taːrə·qɔtʰə/taːrə·χɔtʰə、elmekʰ等。相关狩猎名称还有kørøsən/køreːsən "猎物"、kørøsəle- "打猎"、kørøsɛtʃʰə、pʰʊːtʂʰə "打猎者、猎人"等。猎物就更多，如tʰʊlʊq qʰara、χara、χara·kørøːsən "熊、狗熊"、ərʂɛs "豹"、həleken "狐狸"、ʊlaːtʰəqʰə·qaχqʰɛi "野猪"、ʊlaːtəqʰə·taqqʰa "野鸡"/pɔtɔ 鹿、maral "母鹿"、ʃəpar "麝香"、tʃeːren "黄羊"、qʊltʃa "盘羊"、qʊra "狍"、pʊlaqan "貂"、səp "水獭"、tʰaraβqan "旱獭"等。其中狼就有七种不同的名称tʃʰena、teŋkər、antərqa、tekter、ʊlatəkʰə、tʃʰqaːn taqqʰa、ʊla taqqʰa，说明当地人们对狼的敬畏认知。此外，狐狸除固有词həleken外还有一个名称malaqaitʃi，其原意为"戴帽子的"。因为其民间故事中有狡猾的狐狸形象，于是逐渐使用后一个名称。东部裕固语言语中就多有生动地描述狩猎全过程的故事情节（见语料），因此，其词汇中有关狩猎的词语也比较丰富。

（一）nəmən səmən "弓箭"

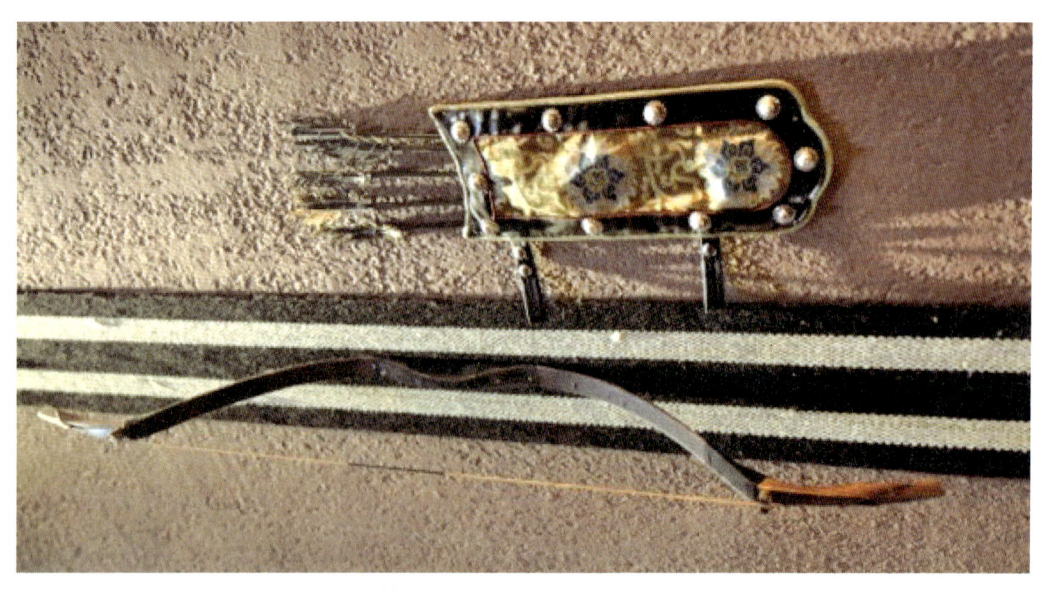

图4 弓箭　肃南裕固族自治县 /2017.06.20/ 南丁 摄

（二）taːrə qɔtʰə"用牛角制作的火药匣"、səmən"子弹"、elmekʰ"模子"（制作子弹的模具）

图 5　用牛角制作的火药匣、子弹和模子　肃南裕固族自治县 /2017.06.20/ 南丁 摄

（三）pʰʊ:tʂʰə"猎手"、pʰʊː"猎枪"、kørøsən"猎物"

图 6　裕固族猎人戴尼高　肃南裕固族自治县 /1969 年 摄，艾落贡布东智 提供

照片上的猎人叫"安老实"（姓安，"安老实"是他的外号，裕固名叫"戴尼高"。）他扛着猎枪，背着青羊。照片是一位记者拍摄的。根据提供者艾落贡布东智的讲述，照片是在他亲戚处看到的。

三　服饰文化

东部裕固族服饰文化更富民族特色，种类也较多，且东、西部裕固之间也有差异。帽子、袍子、长短皮袄、首饰等会因季节、男女结婚前后不同而有不同的名称。就皮制服饰而言，就有 arasən ti:l "皮袄"、nekʰi: ti:l "大毛皮袍"、tʃarqa "短皮袄"、kʰʉtʃə:/χʉtʂʰə "挂面皮袄、羔皮袄、皮大衣" 等多种不同的名称。拿妇女的头饰来说，则有 tʃy:lke: "首饰（总称）"、kʰømpeʂ "头饰前部"、arsəlqa "头饰后部"、kʰempeʂi:n pelezeq "头饰接环的上面部分"、kʰempeʂi:n qərqei "头饰顶端的环"、kʰempeʂi:n pʰəŋzi "头饰下面圆的部分"、kʰempeʂi:n·satʃiq "头饰底部的穗子" 等多种不同的种类或名称。

（一）malaqai "帽子"

图 7　帽子（东部裕固人男女式帽子）　肃南裕固族自治县/2017.06.20/斯钦朝克图 摄

（二）kʰømpeʂ "头饰前部"、arsəlqa "头饰后部"

图 8　妇女头饰　肃南裕固族自治县/2019.07.26/斯钦朝克图 摄

四　饮食文化

裕固族的传统食品主要是肉食品和奶食品。随着社会的发展有了米面和蔬菜等。肉食品名称也种类繁多，主要有 maχqʰan "肉食品"、χaq·maqqʰan "干肉"、kʰortʃʰorsən·maqqʰan "冻肉"、ʂilen "肉汤" 等。奶食品种类和制作方法更多，如 tʃʰəqɑːneteːn "奶食品"、hsʉn "奶子"、tʰaraq "酸奶"、naːn "煮开的酸奶"、tʃʰørme "奶酪"、χəjaq/pʰijaq "奶皮子"、tʰʊːsən "酥油"、ʂəra·tʰʊːsən "黄油"、hsʉtʰə tʃʰa "奶茶" 等。有关米面的词语也较多。如 ʊːlqa "粮食"、amən "米"、narən·aman "小米"、χulər/qulər "面"、kʰɔŋkʰɔɣ "烧壳子"、aməsən "米饭、大米稠粥"、pʊrsaq "点心（包括馒头、面包、馃子等面食）"、pʊtaːn·χula "汤面"、tʂʰa·χarʊːlma "面茶"、talqʰan "糌粑"、χʊrmaʂ "炒熟的青稞"、harqamaʂ "酥油团"、jatsmaq "酥油煎饼"（多用于招待尊贵的客人），以及饮食器具 qʰɔqʰti: "茶壶"、sɔm/paqatʃa "奶桶"、tʰʊqɔːn "锅"、ajqa "木碗"、keir/keːr "碗（统称）"、ʂənəɣa "瓢"、tʃʊmʃ ʃəmʊʃ "勺子"、teːkəʂ "筷子" 等。这些词有的是汉藏语借词，有的是西部裕固语或突厥语族语言借词，但多数是固有词。

裕固族奶茶的制作方法和味道既不同于蒙古族的传统奶茶，也不同于藏族的酥油茶，他们是把砖茶或茯茶弄碎后放入 qʰɔqʰti: "茶壶" 加水，熬开了以后兑奶子、加盐，再煮开而成的。裕固人几乎离不开奶茶，家家户户每天都喝。把准备好的 talqʰan "糌粑、炒面" 上放一些奶酪、黄油或酥油，再加上沙枣等调料与奶茶一起喝。有时还把糌粑与酥油用手拌着吃。这是裕固族典型的传统早茶。

（一）tʃʰørme χʊːlqattane "晒干奶酪"

图 9　晒干奶酪　肃南裕固族自治县 /2017.06.25/ 斯钦朝克图 摄

(二) ʂənəya/tʃʊːməʃ "勺子"、χalqwaː "羹匙"、keir "碗"、tʰalqan "炒面"、tʃʰa "奶茶" ʒemːuʃ/ayeneʃ

图 10　勺子、羹匙、碗、炒面、奶茶　肃南裕固族自治县 /2019.07.26/ 斯钦朝克图 摄

五　居住及生产生活用品

裕固族的传统居住设施主要是帐篷，其中分为 χara ker/jap ker "传统黑帐篷"、tʃʰarwi ker "藏式黑帐篷"、tʃʰqaːn ker "白帐篷" 等。其中 tʃʰarwi ker 是新中国成立后较晚使用的。这些都是用 tʰaːr "褐" 织的，其杆子叫作 tʰʊlqa，便于制作和游牧。目前各种帐篷虽已被砖瓦房屋所取代，但高原山区和旅游地偶尔使用，尤其是在夏营地。

(一) χara ker/jap ker "传统黑帐篷"

图 11　传统黑帐篷　肃南裕固族自治县 /2021.08.10/ 艾落贡布东智 提供

（二）ŋqwaːsən stasən tɔmɔtʃta βai "织羊毛"

图 12　织羊毛　肃南裕固族自治县 /2021.07.18/ 斯钦朝克图　摄

纺织是裕固人的传统手工，每个裕固人几乎都掌握这种技术，尤其是妇女，会用牛羊毛纺织很多生产生活用品，从烟荷包到帐篷的粗布以及各种绳子包括马笼头等。因此，裕固语中有关纺织的词汇也非常丰富，如 jik "纺车"、tʰaːr 做帐篷用的"粗褐子"、tʰaːr·ʉːtʰa "粗褐子口袋"、xʊatʃʰaq "袋子"、alaq "褐子"、orkome/tʃʰɔwa "白褐子、白色长袍"等。

（三）nøtyːr tʃʰatʃʰəlʉː "臼和杵"

图 13　臼和杵　肃南裕固族自治县 /2017.06.20/ 南丁　摄

臼是用石头或木头制成的舂米用的凹型器具；杵为捣米用的木棒。还可以用于捣碎砖茶等其他东西。

六　宗教信仰礼俗文化

裕固族最早信仰萨满教，后改奉佛教。新中国成立前还有萨满教的活动及诵词、咒语等。至今东部裕固语民间故事中还保留有həltʃʰe·/çiltʃʰə "萨满"一词，其本意为"使者、使臣"，符合萨满为"天人之间的使者"这一含义。oːtʰai-"祭鄂博"也是裕固人历史悠久的崇拜大自然的传统仪式。鄂博一般在山上居多。在康乐一带的ølmiːn ɬamtʃpcʰpç "东牛毛山"、χoitʃʰe·ɬamtʃpcʰticχ "西牛毛山"都有知名的大鄂博。一般每年都进行民间祭祀活动。

裕固族近乎全民信仰佛教，因此与佛教相关的词语也比较丰富，尤其是源于藏语的借词特别多。

（一）tartʃʰʊq "经幡"

图14　经幡　肃南裕固族自治县/2017.06.20/南丁　摄

经幡是藏传佛教的一种小方形旗子，一般有红、黄、绿、蓝、白五种颜色，上面有藏文六字大明咒（六字真言）和风马图案等，表示祈福祝愿、驱邪避灾等象征意义。主要用在寺院、村落、高山、鄂博等地。

（二）tɔlqɔi tʰarlama jɔsə "剃头仪式"

剃头仪式是一项重要的礼仪。小孩自出生到三岁（3个属年）时才第一次剃头。农历五月初或六月十三是为小孩举行剃头仪式的好日子。择好吉日后，孩子的父亲就去请亲戚朋友，招待宾客后就开始举行仪式。在主持人诵唱的剃头颂词中，母亲抱着孩子，父亲则端上放有炒面饼的盘子，去迎接客人。这时，孩子的舅舅首先双手捧起炒面饼放在孩子的头顶上，然后去掉饼子圆孔上的盖子，从孔内拉出一撮孩子的头发，接着把酥油抹在孩子的嘴、鼻尖、额头上，最后从盘子里拿出剪刀，边致词边剪下从炒面饼孔里拉出来的头发。其余客人也按同样的顺序陆续给孩子剃头。剪下的头发用白布包起来挂在帐篷的上方。礼毕后，炒面饼被分成若干个小三角形，每人一块。

图15　剃头仪式　甘肃省肃南县康乐杨哥村高新长子华尔甲 /2017.6.25/ 斯钦朝克图　摄

七　手工艺品及其他

裕固族的手工艺品比较丰富，相关词汇有很多，包括金银和珍珠玛瑙制作的首饰及其他各种工艺品，这些工艺品的制作很讲究。例如，有各种鹰隼骨头制作的χaŋsa "烟斗、烟袋及杆子"、hkʰyːr "玛瑙鼻烟壶"、pʉːr "装烟的皮袋子"和 qapʰtʰərqʰa "荷包"、χɔɕaːr "荷包"、χwaːtʃʰaq "绸缎制作的烟荷包"，以及 kʰete "火镰"（既是生活用品也是男人佩戴的装饰）、tʃaqqʰʊr "火石" 等。

（一）kʰete"火镰"

图 16　火镰　肃南裕固族自治县 /2021.07.18/ 斯钦朝克图 摄

（二）tʰamakʰə qapʰtʰərqʰa"烟荷包"

图 17　烟荷包　肃南裕固族自治县 /2017.06.25/ 斯钦朝克图 摄

此外，裕固文化中还有 ṣaːtʰ·tʃøkʰeme"说唱沙特"、aqʰa tʃʉtʰʉŋ lɔmɔq pɛmɔl"格萨尔故事"等史诗般的祝赞词和传说故事。其中 ṣaːtʰ·"沙特"更独特，其词源可能是梵语诗歌的段落，在东部裕固人婚礼上颂唱。由专门说唱沙特的艺人主唱，而参加婚礼的其他人也迎合着唱一两个祝福词。"沙特"中包含开天辟地、部落来源、宗教信仰、风俗习惯、养儿育女、婚礼婚俗，以及对新郎新娘的祝福等很多内容。格萨尔史诗虽然没有蒙藏史诗那样全面，但是以格萨尔的叔叔楚通的故事为中心展开的，具有独特之处。

八　红色文化

东部裕固语地区尤其石窝、康隆寺区域是红色资源极为丰富的地方，也是使用东部裕固语最为标准的地方。当年红军西路军血战到底的英雄事迹至今仍被当地牧民广为流传。石窝村东部裕固语叫作qɔrɔm/mɛrɔp"从高山滚下来的大石头、岩石"，是古老的蒙古语族语言同源词，现代蒙古语已消失，只在原来蒙古汗国首都qara qurum/xar xɔrin"哈拉和林"地名中被保留着。红石窝是后加的名称。康隆寺也曾经是当地宗教文化中心，它的故事也被广为流传。该地区有石窝村记忆馆、石窝会议纪念碑、石窝会议纪念馆等红色教育参观点。

（一）qɔrɔm ʊ:la "石窝山"

图18　红西路军英勇奋战过的红石窝　肃南裕固族自治县 /2021.07.19/ 斯钦朝克图 摄

（二）qɔrɔm-ə tʃʰʊ:lqan-ə tʃinianguan "石窝会议纪念馆"

图19　石窝会议纪念馆　肃南裕固族自治县 /2021.07.19/ 斯钦朝克图 摄

九　神奇的动植物

裕固族所处的祁连山中野生动植物非常丰富。其中有白唇鹿、雪豹、蓝马鸡、藏雪鸡等国家重点保护的野生动物；有多种高等植物和雪莲、冬虫夏草、大黄、锁阳等名贵药材。"白鹿"是他们的象征，动植物的裕固语名称中蕴含着他们的智慧和文化。

鸟类词语更多，鹰隼类就有 sar "鹰"、qartʃʰaqai "鹞"、pʉrkət "雕"、ʂəra ʃʉːn "猫头鹰"、jɔlɔ "狗鹰"、sqʰatʃər "秃鹫"等。图20的 man ɬar/χʊn ɬar "雪鸡"分布于海拔3000～6000米的高原上，是我国稀有鸟类。

图20　雪鸡　肃南裕固族自治县/2017.06.20/南丁 摄

第四章 分类词表

说明：

1. 本章第一、二两节收录《中国语言资源调查手册·民族语言（蒙古语族）》"调查表"中"叁 词汇"的词条（原表1200词），标记"（无）"的词条不收录。第一节为通用词，是语保工程调查中汉语方言与少数民族语言共有的调查词表。第二节为扩展词（原表1800词），是专家学者根据各个语族的实际情况制定的调查词表。这两节皆分为如下14类：

一 天文地理	六 服饰饮食	十一 动作行为
二 时间方位	七 身体医疗	十二 性质状态
三 植物	八 婚丧信仰	十三 数量
四 动物	九 人品称谓	十四 代副介连词
五 房舍器具	十 农工商文	

2. 第三节为其他词，收录天文地理、时间方位、植物、动物、房舍器具、服饰饮食、身体医疗、婚丧信仰、人品称谓、农工商文、动作行为、性质状态、数量、代副介连词、拟声词等方面的词语。

第一节

《中国语言资源调查手册·民族语言（蒙古语族）》通用词

一 天文地理

太阳~下山了 naran
月亮~出来了 sara
星星 pʰɔtɔn
　　 hɔtɔn
云 pʉlət
风 kʰi:
台风 χara·kʰi:
闪电 名词 qal·tʃaqʰəl-
雷 ʊlʊ
打雷 ʊlʊ tuŋqar-
雨 pɔrɔ:n
下雨 pɔrɔ:n·ɔrɔtʃ ßai
淋 衣服被雨~湿 tʃʰi:kt ʰə-
晒~粮食 çi:-
雪 tʃasan
冰 mesən

冰雹 tʰa:rtɕʰaq
霜 tʃalam
雾 manaŋ
露 χarqam
　　sʉtərən
虹 统称 sɔlɔŋqɔ
日食 naran-tə tʃɔ:laŋ na:-
月食 saratə·tʃɔ:laŋ na:-
天气 otər
晴天~ atʃʰəl-
阴天~ pɔrɔ:tʰə-
旱天~ χʊ:-
涝天~ tʰʊ:tʃitʰpa
天亮 ø:r·tʃʰai-
　　ørtɕʰai-
水田 qʰʊsʊn·tʰara:ltʃin
旱地 浇不上水的耕地 χaq·qatʃar
田埂 tʃʰɔrqʰɔ

路野外的 mər
山 ʊːla
山谷 qɔːl
　　tʃɔrqʰ
江大的河 møren
溪小的河 hteiˑqʰʊsʊn
水沟儿较小的水道 tʃilqa
湖 nʊːr
池塘 hərkesənˑqʰʊsʊn
水坑儿地面上有积水的小洼儿 qʰʊsʊnəˑtʃoŋkor
洪水 ɬaːnˑqʰʊsʊn
淹被水~了 tʰʊː-
河岸 qʰʊsʊnə qətʃaːr
坝拦河修筑拦水的 qʰʊsʊnəˑhørkyːlme
　　qʰaːma
地震 qatʃarˑkotəl-
窟窿小的 nøχken
缝儿统称 çisəq
石头统称 tʃʰəlʉː
土统称 ʂərʉː
泥湿的 paltʂəq
水泥旧称 ʂʉini
沙子 χɔmaq
砖整块的 tʃʊan
瓦整块的 waː
煤 χara ʂərʉː
煤油 məijoʉ
炭木炭 kʰømər
灰烧成的 ɬesən
灰尘桌面上的 qɔrəm
火 qal
烟烧火形成的 taː
　　htaː

失火 qal naː-
　　tʰyːmər paltaqa-
水 qʰʊsʊn
凉水 kʰʉitʰenˑqʰʊsʊn
热水如洗脸的热水，不是指喝的开水
　　χalʊːn qʰʊsʊn
开水喝的 tʃʰorkotʰ
磁铁 tsʰitʰie

二　时间方位

时候吃饭的~ tʃʰek
什么时候 jimaˑtʃʰeːntə
　　kʰetʃeː
现在 ɔtɔː
以前十年~ ʊrta
以后十年~ aːrsa
一辈子 nekenˑøˑeːn/jʉe
今年 ənəˑtʃəl
明年 χɔitʃʰ nɔ
　　χɔitʰən
后年 mɔnɔːn
去年 ɔnɔnɔːn
前年 ʊrtʃənɔːn
往年过去的年份 ʊrta
年初 tʃələ ʃkʰən
年底 tʃələˑsyːl
今天 ontor
明天 ʉrtçʰaqqə
后天 tʃʰiniːta
大后天 tʃʰaːqətor
昨天 øtʃʰyktor

前天 ʊrtʃitor

大前天 ʊrtʃiːʊrtʃitor

整天 nekeˑotor

每天 otorˑβɔlqɔn

早晨 ɯrtɕʰaqʰtʰə

上午 øtøːnˑølmø

中午 øteː

下午 øtøːnχɔinə

傍晚 øtøkʃ

白天 otor

夜晚 与白天相对，统称 søːnə

半夜 søniːnˑtʰieŋ

正月 农历 tʃʰaqaːn sara

大年初一 农历 tʃʰqaːnˑsariːn neken ʃine

元宵节 jyenʃiɔ
　　tʃʰqaːnˑsariːnˑharβanˑtʰaːβan

清明 tʃʰiŋmiŋ

端午 harβan tʰaːβən
　　tʰaːβanˑsariːnˑtʰaːβan ʂine

七月十五 农历，节日名 tɔlɔːnˑsariːnˑharβanˑ
　　tʰaːβan

中秋 tsʉŋtɕʰiʉ

冬至 kʰʉitʰenˑtʊːtama

腊月 农历十二月 lajyer

除夕 农历 tʃaβsar

历书 liʂʉ

阴历 lɔli

阳历 ʃinli

星期天 ʃiŋtʃʰitʰian

地方 qatʃar

什么地方 jimaˑqatʃar

家里 kertʰə

城里 tʂʰəŋʂitə

乡下 qatʃartʰ
　　hsar

上面 从~滚下来 tʃaqat

下面 从~爬上去 tʊːra

左边 sɔlɔpəi

右边 parʊːn

中间 排队排在~ tʊnta tʰərɔ

前面 排队排在~ ølmø

后面 排队排在~ aːrtʰə

末尾 排队排在~ syːl
　　aːrtʰiːnə

对面 tʰʉʃtʰə

面前 ølmø

背后 aːrtʰ

里面 躲在~ tɔrɔ

外面 衣服晒在~ qatana

旁边 χarqwaːtə

上 碗在桌子~ tiːre

下 凳子在桌子~ tʊːra

边儿 桌子的~ qətʃaːr

角儿 桌子的~ ʃeriːn kətʃaːr
　　tʃiɔ

上去 他~了 tiːʃ qaratʰ-

下来 他~了 fɯriːˑɔrɔ-

进去 他~了 ɔrɔ-

出来 他~了 qar-

出去 他~了 qatan χanə-
　　qar-

回来 他~了 ere-

起来 天冷~了 pʰɔstʃʰ ere-

三　植物

树 tʰʊːraq

木头 mɔːtən

松树 统称 naq

柏树 统称 hərtʃʰa

杉树 ʂanʂʉ

柳树 hərtʃʰisən

竹子 统称 χʊləsan

笋 tʂʉsʉn

叶子 łapʰtʃʰaq

花 metɔq

　　 tʃʰitʃʰək

花蕾 花骨朵 metɔq·qɔl

梅花 məiχʊa

牡丹 mʉtan

荷花 χɔχʊa

草 wesən

藤 tʰən

刺 名词 ɣøːrsən

水果 alma

苹果 pʰiŋkʉo

桃子 tʰaɔzi

梨 alma

李子 lizi

杏 kʰənzi

橘子 tɕyzi

柚子 joʉzi

柿子 ʂizi

石榴 ʂiliʉ

枣 tʃʊːχqan

　　 zʊːr

栗子 lizi

核桃 χətʰɔː

银杏 白果 jinʃiŋ

甘蔗 kantʂə

木耳 mʉɣə

蘑菇 野生的 tʃʰaːn mokʉ

香菇 ɕiaŋkʉ

稻 指植物 htʰʊrqan

稻谷 指子实（脱粒后是大米） htʰʊrqan

稻草 脱粒后的 tʰʊrqan·eβesən

大麦 指植物 qʰalaqʰ qʰan
　　　 liampʰiː

小麦 指植物 tʃʰqaːn

麦秸 脱粒后的 tʃʰqaːn·eβesən

谷子 指植物（子实脱粒后是小米） amən

高粱 指植物 qɔliaŋ

玉米 指成株的植物 pokʉː

棉花 指植物 menχʊa

油菜 油料作物，不是蔬菜 joʉtsʰai

芝麻 tzima

向日葵 指植物 ɕiaŋzikʰʉi

蚕豆 tsʰantʉ·pʰərtʃʰaq

豌豆 wantʉ·pʰərtʃʰaq

花生 指果实 χʊaʂəŋ

黄豆 ʂəra·pʰərtʃʰaq

绿豆 nʊqʊːn·pʰərtʃʰaq

豇豆 长条形的 pʰʊrtʃʰaq
　　　 tɕiaŋtʉ

大白菜 东北~ ta·piːtsʰai

包心菜 卷心菜，圆白菜，球形的 poʃintsʰai

菠菜 potsʰai

芹菜 tʃʰiŋtsʰai

莴笋 wosʉn
韭菜 tʰa:tna
　　tɕiʉtsʰai
香菜芫荽 ɕiaŋtsʰai
葱 sʉŋ
　　quɪtʃa zʊqʊŋ
蒜 sarəmsaq
姜 tɕiaŋ
洋葱 jaŋsʉŋ
辣椒统称 latɕiɔ
茄子统称 tɕʰiezi
西红柿 ʃixʉŋʂi
萝卜统称 lʉopʉ
胡萝卜 xʉ·lʉopʉ
　　ɬa:n·lʉopʉ
黄瓜 χʊaŋkʊa
丝瓜无棱的 tsʰikʊa
南瓜扁圆形或梨形，成熟时赤褐色 naŋkʊa
荸荠 pəitɕie
红薯统称 xʉŋʂʉ
马铃薯 maliŋʂʉ
芋头 jytʰoʉ
山药圆柱形的 ʂanjaɔ
藕 oʉ

四　动物

老虎 parəs
猴子 pe:tʃin
蛇统称 mɔqi:
老鼠家里的 χʊnlaq
蝙蝠 sarsən χanatʰ
鸟儿飞鸟，统称 ʃʉ:n

麻雀 htai ʃʉ:n
喜鹊 satʃa:qʰəi
乌鸦 kʰəri:
鸽子 kəkəkʂən
翅膀鸟的，统称 χanat
爪子鸟的，统称 tarmaq
尾巴 sy:l
窝鸟的 ʃʉnə wo
虫子统称 xɔrəqqʰəi
蝴蝶统称 kʰelepʰi:
蜻蜓统称 ʂəra zʊ:na
　　tʃiŋtʰiŋ
蜜蜂 pʰarqan zʊ:na
蜂蜜 pal
知了统称 tʃiliɔ
蚂蚁 ʃʊrqʊ:ltʃin
蚯蚓 tɕʰiʉjin
蚕 tsʰan
蜘蛛会结网的 ørkømøtʂʰ
蚊子统称 zʊ:na
苍蝇统称 χara zʊ:na
跳蚤咬人的 kəzʉ
虱子 pi:sən
鱼 tʃaqasən
鲤鱼 lijy
鳙鱼胖头鱼 pʰaŋtʰoʉjy
　　tʰarqən tʰɔlqɔitʰə tʃaqasən
鲫鱼 tɕijy
甲鱼 tɕiajy
鳞鱼的 tʃaqasənə qatər
　　lin
虾统称 ɕia

螃蟹 统称 pʰaɲɕie

青蛙 统称 paqʰa

癞蛤蟆 表皮多疙瘩 laiχama

马 mɔːrə

驴 əltʃiken

骡 lʊːsa

牛 hkor

公牛 统称 pʰʊqʰa

母牛 统称 niːn

放牛 hkor·atla-

羊 χɔːnə

猪 qaqqʰiː

种猪 配种用的公猪 pʰʊqʰa·qaqqʰiː

公猪 成年的，已阉 ere·qaqqʰiː

母猪 成年的，未阉 eme·qaqqʰiː

猪崽 qaqqʰiːn·tʃiltʃiqan

猪圈 qaqqʰiːn·qʰʊʃa

养猪 qaqqʰiː hsaraqa-

猫 miː

公猫 ere·miː

母猫 eme·miː

狗 统称 nɔqʰəi

公狗 ere nɔqʰəi

母狗 løktʃʰən

叫 狗~ nɔqʰəi qʰʊtʃʰa-

兔子 tʰʊːli

鸡 taχqʰa

公鸡 成年的，未阉 ere taχqʰa

母鸡 已下过蛋的 eme taχqʰa

叫 公鸡~（即打鸣儿）taχqʰa tʊŋqar-tʰanə

下 鸡~蛋 pala tøro-

孵 ~小鸡 taχqʰa pala tara-

鸭 jaːzi

鹅 pʰytʰyː tarmaqʰ

阉 ~公猪 erkele-

阉 ~母猪 emiːn tɕiɔla-

阉 ~鸡 jantɕi

喂 ~猪 wəila- jalqaː ok-

杀猪 统称 qaqqʰiː alaー

杀 ~鱼 tʃəqasən ala-

五　房舍器具

村庄 一个~ tsʰʉn

胡同 统称：一条~ kʰʉtʰʉŋ

街道 qaitɔ

盖房子 ker par- paiʃəŋ χaː-

房子 整座的，不包括院子 ker paiʃəŋ

屋子 房子里分隔而成的，统称 ker tʰɔrɔː

卧室 tereleme ker

茅屋 茅草等盖的 wesən ker

厨房 χʊla tʃʰəlqama ker

灶 统称 zaɔxʉə tʰaqʰʊa

锅 统称 tʰɔqɔːn

饭锅 煮饭的 χʊla tʰɔqɔːn

菜锅 炒菜的 tsʰai χʊːruma tʰɔqɔːn

厕所 旧式的，统称 kʰiːre qarma qatʃar

檩 左右方向的 qɔŋɕəŋ

柱子 tʰʊlqa

大门 ʂikʰe yːten

门槛儿 mənkʰan

窗旧式的 øRøke
梯子可移动的 ʃatʰ
扫帚统称 qatʃar ʃyːrme χarqana
扫地 qatʃar ʃyːrme
垃圾 kʰər χar
家具统称 ørtʃə
东西我的~ mʊːsain
炕土、砖砌的，睡觉用 ʂəʉː kʰaŋ
床木制的，睡觉用 mʊːtən tʃʰʊaŋ
枕头 tere
被子 χaːlqa
棉絮 menɕy
床单 tʃʰʊaŋtan
褥子 tesker
　tebəsker
席子 ʃizi
蚊帐 lelβe
桌子统称 ʃereː
柜子统称 kʉizi
抽屉桌子的 ʃereːn ʃʊrqʊːl
案子长条形的 anzi
椅子统称 jizi
凳子统称 təŋzi
菜刀 maqqʰan tʃaβtʃʰama
瓢舀水的 ʂinaqan
缸 kaŋ
坛子装酒的~ ʂəβar kʊanzi
瓶子装酒的~ lɔŋqʰɔ
盖子杯子的~ pʰʉkʰer
碗统称 keirə
筷子 teːkəʃ
汤匙 χalqwaː

柴火统称 tʰeleːn
火柴 jaŋxo
锁 kələt
钥匙 kələt niːme
暖水瓶 nʊaŋxo
洗脸水 nyːr ʊquama qʰʊsʊn
毛巾洗脸用 altʃʰʉːr
手绢 qarˑʃʉrkemeˑaltʃʰʉːr
肥皂洗衣服用 fəizɔ
梳子旧式的，不是篦子 sam
缝衣针 tʃyːn
剪子 χaitʂʰə
蜡烛 latʂʉ
手电筒 kərəlˑpalma
雨伞挡雨的，统称 yːsan
自行车 kʰølˑtʰerken

六　服饰饮食

衣服统称 məskə
穿~衣服 məs-
脱~衣服 məskəˑqarqa-
系~鞋带 χai teisənəˑpʰʉː
衬衫 kʰøløk
背心带两条杠的，内衣 pəiʃin
毛衣 waːsən(ʊasən)ˑkʰøløk
棉衣 mianji
袖子 χantʃuːn
口袋衣服上的 taːpʉ
裤子 mətən
短裤外穿的 hqʰɔrˑmətən
裤腿 mətənˑataq
帽子统称 malaqəi

鞋子 χai

袜子 wazi

围巾 køtʃyːn·hɔrɔːma

围裙 pel·htʰaːma

尿布 niɔpʉ

扣子 tʰɔptʃʰəlʊːr

扣~扣子 tʰɔptʃʰə tʰɔptʃʰəla-

戒指 χʊrʊːnə·pelezək

手镯 pelezək

理发 tʰɔlqɔi·hsən·χʊrqaːja

梳头 samla-

米饭 amasən

稀饭用米熬的，统称 ʃiŋken·amə

面粉麦子磨的，统称 χʊlər

面条统称 qʊlar·χʊla

面儿玉米~，辣椒~ poːkʉ·qʊlər

馒头无馅的，统称 pʊrsaq

包子 qʰʊʃʊː·kʰømərkəme pɔːzi

饺子 qʰʊʃʊːnpʰʊːma tʃiɔzi

馄饨 xʉŋtʉn

馅儿 ʃiaɚ

油条长条形的，旧称 joʉtʰiɔ

豆浆 toʉtʃiaŋ

豆腐脑 toʉfʉnɔ

元宵食品 jʊanʃiɔ

粽子 zʉŋzi

年糕用黏性大的米或米粉做的 nianqɔ

点心统称 amtʰatʰə·pʰʊrsaq

菜吃饭时吃的，统称 hkɔ·βesən

干菜统称 χaq·tsʰai

豆腐 toʉfʉ

猪血当菜的 qaqʰqəin·tʃʰʊsʊn

猪蹄当菜的 qaqʰqəin·ʃiːra

猪舌头当菜的 qaqʰqəin·kʰelen

猪肝当菜的 qaqʰqəin·heleken

下水猪牛羊的内脏 ʃiafəi

鸡蛋 taχqʰan·pala

松花蛋 sʉŋxʊatan

猪油 qaqʰqəin·jokʰkon

香油 χara·tʰʊːsʊn

酱油 tʃiaŋjoʉ

盐名词 taːpsən

醋注意婉称 kʰəskʰəmel

香烟 tʰamaqʰə

旱烟 ʃira·tʰamaqʰə

白酒 araʰqʰə

黄酒 χʊaŋtʃiʉ

江米酒酒酿，醪糟 tʃiaŋmitʃiʉ

茶叶 tʃʰa

沏~茶 tʃʰa·kʰiː-

冰棍儿 piŋkʉŋ

做饭统称 χʊla·htʃʰəlqa

炒菜统称，和做饭相对 tsʰai·χʊːr-

煮~带壳的鸡蛋 tʂʰəna-

煎~鸡蛋 χɔrqʊːl-

炸~油条 pʊrsaq tʃaːla-

蒸~鱼 tʂəŋla-

揉~面做馒头等 nɔqqʰə-

擀~面，~皮儿 qanla

吃早饭 hərtekətə·χʊla·ʊː-

吃午饭 øtøːn·χʊla·ʊː-

吃晚饭 øtøkʃi:n·χula·ʊ:-
吃~饭 χula·ʊ:-
　　puta: ete-
喝~酒 ʊ:-
喝~茶 tʃʰa·ʊ:-
抽~烟 tʰamaqʰə sɔrɔ-
盛~饭 χula·kʰi:-
夹用筷子~菜 qaβtʃʰə-
斟~酒 arəqʰə tʃiŋla-
渴口~ na:stʃ·βai-
饿肚子~ ketsən tʰʊra-
噎吃饭~着了 tʰɔrtʃʰɔr-

七　身体医疗

头人的，统称 tʰɔlɔqɔi
头发 tʰɔlɔqɔi·hsʉn
辫子 tʰɔlɔqɔi·hsʉn
　　kormel
旋 ʃyan
额头 maŋləi
相貌 øŋkø
脸洗~ ny:r
眼睛 nʉtʉn
　　χaiqʰə
眼珠统称 qara:
　　qaraq
眼泪哭的时候流出来的 nʊsən
　　nʊlʊsən
眉毛 kərβə:k
耳朵 tʃʰikʰən
鼻子 qʰaβar
　　χwa:r

鼻涕统称 jirəŋ
擤~鼻涕 jirəŋ·ʂəŋər-
嘴巴人的，统称 aman
嘴唇 qʰʊʃʊ:n
口水~流出来 kʰatʂə
舌头 kʰelen
牙齿 ʂətən
下巴 χapazi
　　ʉrʉin
胡子嘴周围的 saqal
脖子 køtʃy:n
喉咙 kʰʉtʰkə
肩膀 mørə
胳膊 χa:
手包括臂，他的~摔断了 qar
左手 sɔlqɔi·qar
右手 parʊ:n·qar
拳头 nʊtʊrqa
手指 χʊrʊ:n
大拇指 hermektʃʰə
食指 tɔqʰɔma·χʊrʊ:n
中指 tʊntaqə·χʊrʊ:n
无名指 htei·χʊrʊ:n
小拇指 ʂəŋkətʃək
指甲 qʰəməsən
腿 quja
脚他的~压断了 kʰøl
膝盖指部位 wʉtəkʰ
背名词 ʊ:tʃʰa
肚子腹部 ketesən
肚脐 kʰʉisən
乳房女性 hko:n

屁股 qɔŋqɔr

肛门 htɔr

阴茎成人的 hø:t

 tʃitʃi

女阴成人的 ʃi:kkʰə

 qaima

肏动词 hɔqɔ-

 ɔqɔ-

精液 qɔrtɔmaqʰ

来月经 ta:san jaβ-tʃβai

拉屎 pʰa:-

撒尿 ʃi:-

放屁 hɔŋqɔ-

病了 βe:t-

着凉 ta:ra-

咳嗽 χana:-

发烧 χalʊ:n·qar-

发抖 χaltʰala-

肚子疼 ketˈsən·βe:t-

拉肚子 ʂqaqla:-

患疟疾 nʉetʂila-

中暑 tʂʉŋʂʉ-

肿 χaβattʃʰ-

化脓 jirəŋlə-

疤好了的 tʃɔr

癣 hərʂqʰa·qʊ:ra-

痣凸起的 meŋ

疙瘩蚊子咬后形成的 kəta

狐臭 xʉtʂʰoʉ

看病 βetʃʰən·χaltʊ:l-

诊脉 ta:san·parʊ:l-

针灸 tʰy:ne·tʰalqʊ:l-

打针 tʃy:n·tʰalʊ:l-

打吊针 tʃy:n·tɕiʉlʉ:l-

吃药统称 em·ʊ:-

汤药 hɔrqʊ:san·em

病轻了 βetʃʰne·kʰøŋkøn-

八　婚丧信仰

说媒 tʃʊ:rmartʂʰ

媒人 te:kə:tʂi

相亲 χailtʃʰa-

 χailtə-

订婚 xʉn·tiŋla-

嫁妆 kʰempeʂi·mʊ:sain

结婚统称 xʉn·tʃiele-

娶妻子男子～，动宾 pi:r·aβqʰʊai

出嫁女子～ y:ten·qarqʰʊai

拜堂 tʰɔlqɔi·mʉrkə-

新郎 ʂinə·kʰʉrken

新娘子 ʂinə·pi:rə

孕妇 saratʰə·pʉsəkʉi

怀孕 saratʰi:

害喜妊娠反应 nɔqtʰɔ·qar-

分娩 kʰøŋkøt-

流产 kʰʉisən·teŋserketʃʰ·βei

双胞胎 ʃəkʰər·mʊla

坐月子 sara·tʃɔqqʊi-

吃奶 hkø:-

断奶 hkø:n·salʊ:l-

满月 sara·kytʃʰe-

生日统称 ʂəŋzi

做寿 zʉo·ʂoʉ

死统称 øryː naː-qaːtʰtʃʰ βai hkʰʉ-

死婉称，指老人：他～了 tʃantʂʰə tʰeil-

自杀 qʰɔqʰɔtjaːn qar-tʰal-

咽气 øːk·ʉkʊai

入殓 zʉlian

棺材 kʊantsʰei

出殡 altʰan·qarqaʊai

灵位 liŋwəi

坟墓单个的，老人的 otor/ʉtər/tʉr

上坟 otortʰə·jaːβʊi

纸钱 tʃʰaːsən·menekʰ

老天爷 tʰəŋkər·aːβa

菩萨统称 pʰərqʰan

观音 kʊanjin

灶神口头的叫法 zɔːʂən qal pʰərqʰan

寺庙 nɔqəŋ

祠堂 sitʰaŋ

和尚 ʂaːwə

尼姑 nikʉ

道士 taɔʂi

算命统称 nasən·etʃeme

运气 tɕaː χəβə

保佑 tʃalβərqa kə-

九　人品称谓

人一个～ kʰʉːn/kʉn

男人成年的，统称 qanar/hqanar

女人三四十岁已婚的，统称 pʰʉsəkʉi

单身汉 øryːnaːqaːtʰtʃʰ βai hkʰʉ-

老姑娘 kʰokʃøn·hkʰon

婴儿 məlqʰa·qʰʊsʊn

小孩三四岁的，统称 htei·mʊla

男孩统称：外面有个～在哭 kʰyːkʰen

女孩统称：外面有个～在哭 hkon

老人七八十岁的，统称 kʰokʃøn·kʰʉn

亲戚统称 ɔir·tʰal

朋友统称 χanə

邻居统称 ail aqʂʊːn

客人 kʰeːtʂʰən

农民 qatʃar·tʰarma

商人 qʊtaltətʃʰ

手艺人统称 sein øletʰə·kʰʉn

木匠 mʊtən·kʰelmeme

裁缝 məskəi·χalama

理发师 tʰɔlqɔi·χərqama

厨师 χʊla·htʃilqama

师傅 kerken/kerqan

徒弟 taqaːβər

乞丐统称，非贬称 qɔjɔlqa-tʃʰə

妓女 qɔŋqɔr·qʊtaltəma

流氓 tsʰeŋkeleŋ

贼 tʂʰomoktʂʰə

瞎子统称，非贬称 sɔqɔr

聋子统称，非贬称 tʰeːŋə

哑巴统称，非贬称 lar·larqə jitama

驼子统称，非贬称 χoktəkər

瘸子统称，非贬称 tɔqɔlɔŋ

疯子统称，非贬称qaltʃʊ:

傻子统称，非贬称χətʉ:

笨蛋蠢的人kenen

爷爷呼称，最通用的a:βa~aβa

奶奶呼称，最通用的aŋqa:

外祖父叙称a:βa~aβa

外祖母叙称aŋqa:

父母合称hkʰe·tʃʰike

父亲叙称tʃʰike

母亲叙称hkʰe

爸爸呼称，最通用的atʃa

妈妈呼称，最通用的me:me:

继父叙称a:r·tʃʰike

继母叙称a:r·hkʰe

岳父叙称pa:pa:

岳母叙称waimʉ

公公叙称qatəm·tʃʰike

婆婆叙称qatəm·hkʰe

伯父呼称，统称ʃikʰe·atʃa:

伯母呼称，统称ʃikʰe·emne
ʃikʰe hkʰe

叔父呼称，统称htei·atʃa:

排行最小的叔父呼称，如"幺叔" htei·pa-pa

叔母呼称，统称htei·eme
htei hkʰe

姑统称，呼称aβqa:tʃa:

姑父呼称，统称kʉje

舅舅呼称ta:qa:

舅妈呼称ta:qa:ni

姨统称，呼称htei·eme

姨父呼称，统称aβqa:

弟兄合称aqa·ty:

姊妹合称，注明是否可包括男性əkətʃʰi·ty:hkon

哥哥呼称，统称ko:ko:
aqa

嫂子呼称，统称pi:rke:
pe:rke:

弟弟叙称tyke:

弟媳叙称ty:·βi:r

姐姐呼称，统称əkətʃʰə

姐夫呼称jezene

妹妹叙称ty: hkon

妹夫叙称ty: hkon·kʉrken

堂兄弟叙称，统称aqi:n·ko:ko:

表兄弟叙称，统称tʃi:·aqa·ty:

妯娌弟兄妻子的合称kʉli

连襟姊妹丈夫的关系，叙称tʰiɔtan

儿子叙称：我的～kʰy:kʰen

儿媳妇叙称：我的～pi:r

女儿叙称：我的～hkon

女婿叙称：我的～kʰʉrken

孙子儿子之子sʉnzika

重孙子儿子之孙sʉnziki:n·kʰy:kʰen

侄子弟兄之子tʂiɚzi

外甥姐妹之子tʃi:

外孙女儿之子tʃi:·sʉnzi

夫妻合称neke·ker·kʰʉn

丈夫叙称，最通用的，非贬称：她的～qanar

妻子叙称，最通用的，非贬称：他的～pʰʉsəkəi

名字nere

绰号tʂʰʉoxaɔ

十　农工商文

干活儿 统称：在地里~ øle·par-
事情 一件~ øle
插秧 qʰʊsʊn·tʰɔr·tʰara:ltʃin·tʰaraqʊi
割稻 htʰʊrqa:n·qatə-
种菜 tsʰai·tʰar-
犁 名词 qatʃar·tʰaraqə·li:χʊa
锄头 qatʃar·maltʰma
镰刀 qatʊ:r
把儿 刀~ hʂi~ʂi
扁担 piantan
箩筐 kʰʊaŋ
筛子 统称 ʂaizi
簸箕 农具，有梁的 po:tʃʰi:
簸箕 簸米用 po:tʃʰi:
独轮车 qʰatʃʰa·kʰʉtetʰə·tʰerken
轮子 旧式的，如独轮车上的 kʰʉrte
碓 整体 nøty:r
臼 tʃʰatʃʰlʉ:
磨 名词 tʰermen
年成 tʃəl
走江湖 统称 xʉˈə·ʃʉkʰorme
打工 øle·par-
斧子 sʉke
钳子 tʰemer·qaβtʃʰʊ:r
螺丝刀 lɯosi·qʰʊtʰaqa
锤子 tsʉizi
钉子 tʰemer·qatasən
绳子 ti:sən
棍子 tʰjaq
　　tʰiaq

做买卖 qʊta:ltə-
商店 ʂaŋtian
饭馆 χʊla·tʃʰəlqama
旅馆 旧称 kʰʉ:n·sʊ:ma
贵 qatʰʊ:
便宜 tʃy:len
合算 tʰʊ:la-
折扣 tʂəkʰəʉ
亏本 qɔ:l·t·jaβ-qa:tʰpa
钱 统称 menek
零钱 ʃaqartaq·menek
硬币 tʃʰa:n·menek
本钱 etʃeni·menek
工钱 øle·parma·menek
路费 mør·jaβma·menek
花 ~钱 menek·tʃara-
赚 卖一斤能~一毛钱 menek·etʃeβei
挣 打工~了一千块钱 menek·tʃəŋlaqʊi
欠 ~他十块钱 ø:r
算盘 sʊampʰan
秤 统称 tʂʰəŋ
称 用杆秤~ tʂʰəŋla-
赶集 mʊ:sain·qʊtaltama·qatʃar
集市 qʊtaltama·qatʃar
庙会 tʃʰitʰɔk
学校 sʊrqa:ma·qatʃar
教室 øtʃøk·sʊrma·ker
上学 sʊrqa:ma·qatʃara·ja:βqʊi
放学 sʊrqa:l·tarqʰa-
考试 kʰɔ:ʂi
书包 pʰətʃʰək·χwa:tʃʰaq
本子 øtʃøk pʰətʃʰəme pʰətʃʰək

铅笔 tʃʰenpi:

钢笔 kaɲpi:

圆珠笔 jʉantʃʉpi:

毛笔 mɔ:pi:

墨 mo:

砚台 jantʰai

信 一封~ χarʊ:

连环画 lian·χʊan·χʊa

捉迷藏 qəre:·na:t-ja

跳绳 ti:sən·sʉr-

毽子 tʰeβək

风筝 tʃʰa:sən·ʃʉ:n

舞狮 arsəlan·tʃʰam

鞭炮 统称 pianpʰaɔ

唱歌 tʊ:n·tʊ:la-

演戏 na:tən·qarqa-

锣鼓 统称 kʉrəŋ

二胡 χʊ:r

笛子 ti:zi

划拳 χʊrʊ:n·qarqa-

下棋 ʃətʰəra tʰal- pɔqɔ·tʰal-

打扑克 pʰʉkʰə·χɔq-

打麻将 ma:tʃiaŋ·əlpə-

变魔术 mo:ʂʉ·qarqa-

讲故事 ləmɔq·larqə-

猜谜语 tʰa:smaq·tʰa:-

玩儿 游玩：到城里~ na:t-

串门儿 ʃʉkʰəla

走亲戚 ɔir tʰala·kertʰə·ja:β-

十一 动作行为

看~电视 χalta-

听 用耳朵~ tʃʰikʰən·tʰal-

闻 嗅：用鼻子~ ʉ:sta-/ʊstʰa-

吸~气 ʊ:tʃʰi-

睁~眼 nʉtənə·ni:-

闭~眼 nʉtənə·χamqə-

眨~眼 kʰərəpkə-

张~嘴 aŋqi:-

闭~嘴 χamqə-

咬 狗~人 tsʊ:-

嚼 把肉~碎 tʃatʃil-

咽~下去 tʃalqʰə-

舔 人用舌头~ tɔ:l-

含~在嘴里 ʃəmə-

亲嘴 pa:qə-

吮吸 用嘴唇聚拢吸取液体，如吃奶时 hkø:-

吐 上声，把果核儿~掉 tʰʉkɔ:-

吐 去声，呕吐：喝酒喝~了 ɔqʂə- pø:ltʃe-

打喷嚏 naitʰa:-

拿 用手把苹果~过来 apʰ-

给 他~我一个苹果 ok-

摸~头 əlβə-

伸~手 sʊnara-

挠~痒痒 ma:tʂi-

掐 用拇指和食指的指甲~皮肉 tʃʰɔ:qə-

拧~螺丝 hɔrɔ:-

拧~毛巾 altʃʊ:r ʃəqa-

捻 用拇指和食指来回~碎 hemer-

掰 把橘子~开，把馒头~开 χqol-

剥~花生 χʊːl-
撕把纸~了 tasəl-
折把树枝~断 kəːʂi-
拔~萝卜 kʰʉtʰeː-
摘~花 metɔq·kʰʉtʰeː-
站站立：~起来 ərle-
倚 ʃəqat-
蹲~下 tʃɔqʊi-
坐~下 tʃɔqʊi-
跳青蛙~起来 hsʉr-
迈跨过高物：从门槛上~过去 sɔlpə-
踩脚~在牛粪上 kʰeʃkə-
翘~腿 kʰøløːn·tiːʃ·tʰal-
弯~腰 χokiː-
挺~胸 tʰʉʃ·tʃɔqiː-
趴~着睡 mølkʰøʃtʰekeː
爬小孩在地上~ molkʰə-
走慢慢儿~ tɔktʰɔːr jaːβ-
跑慢慢儿走，别~ tɔktʰɔːr ʃokʰor-
逃逃跑：小偷~走了 ʃokʰore-
追追赶：~小偷 tʃəra-
抓~小偷 par-
抱把小孩~在怀里 tʰøːrle-
背~孩子 mʊla·orko-
搀~老人 tøŋkø-
推几个人一起~汽车 tʰʉkʰə-
摔跌：小孩~倒了 təkərkətʃʰ·βai
撞人~到电线杆上 nʊːltə-
　　morkəltə-
挡你~住我了，我看不见 qaː-
躲躲藏：他~在床底下 nʊː-
藏藏放，收藏：钱~在枕头下面 qərqa-

放把碗~在桌子上 tʰal-
摞把砖~起来 tʃʊmtʃʰʊqla-
埋~在地下 pʊla-
盖把茶杯~上 χaː-
压用石头~住 tar-
摁用手指按：~图钉 tar-
捅用棍子~鸟窝 qʰatʰqə-
插把香~到香炉里 qʰatʰqə-
　　χʊra-
戳~个洞 qʰatʰqʰəqə·nøχken·qarqa-
砍~树 tʃaβtʃʰə-
剁把肉~碎做馅儿 maqqʰan tʃaβtʃʰə-
削~苹果 qatar·alqa-
裂木板~开了 qaraqat-
皱皮~起来 həmər-
腐烂死鱼~了 hyːtʃʰɔr-
擦用毛巾~手 alqa-
倒把碗里的剩饭~掉 sqʰatʃi·keː-
扔丢弃：这个东西坏了，~了它 ɔqɔrtʃʰi keː-
扔投掷：比一比谁~得远 tʰaʃtatʃi kiː-
掉掉落，坠落：树上~下一个梨 salaŋ-tʃ·βai
滴水~下来 ʊrʊs-
丢丢失：钥匙~了 tʃiːlqatʃʰi keː-
找寻找：钥匙~到 χai-
捡~到十块钱 tʰyːtʃ apʰ
提用手把篮子~起来 tʰi-
挑~担 morəptʃʰilə-
扛 káng，把锄头~在肩上 morəptʃʰile-
抬~轿 tʰaila-
举~旗子 orkə-
撬把门~开 køʂi-
挑挑选，选择：你自己~一个 sɔŋə-

收拾~东西 ʂitɔːlɔ-
挽~袖子 χantʃun ʂəmal-
涮 把杯子~一下 tʃail-
洗~衣服 qʊa-
捞~鱼 ʃy:tʃ apʰ
拴~牛 ça:-
捆~起来 kʰʉlə-
解~绳子 tʰail-
挪~桌子 jy:ske-
端~碗 keːriːaq-
摔碗~碎了 keːriːn·tʰaʃtʰaqa: hqʊraqat-
掺~水 ʃeŋkeketʰtʃʰ·βai
烧~柴 tʰeleːn ʂətʰa-
拆~房子 paiʃəŋ jy:l-
转~圈儿 neke tʰɔrɔ-
捶 用拳头~ nʊtʊrqala-
打 统称：他~了我一下 χɔq-
打架 动手：两个人在~ χɔqəltə-
休息 amara-
打哈欠 βʃeː-
打瞌睡 nʉːr.χaːtʃ·βai
睡 他已经~了 natʃʰʊːrtʃʰ·βai
打呼噜 qʰʊrqʰəra-
做梦 tʃy:tle-
起床 pʰɔs-
刷牙 ʂitən·ʊqʊa-
洗澡 qʰɔqʰjaːn·ʊqʊa-
想 思索：让我~一下 pʉ neke ʃarla-
想 想念：我很~他 pɔtɔ-
打算 我~开个店 pɔtɔ-βa
记得 pʉ lə·martʰa-
忘记 martʰa-

怕 害怕：你别~ ai-
相信 我~你 ʃiaŋʃin-
发愁 sanaː·tʃɔβə-
小心 过马路要~ ʃiɔʃinlaqʊai
喜欢~看电视 ʃixʊan-
讨厌~这个人 pʉ·etʃese·mʊ: nəŋwa·βai
舒服 凉风吹来很~ sain· nəŋwa·βai
难受 生理的 mʊ: nəŋwa·ɔlə-
难过 心理的 setʰkeltʰɔr·mʊ: nəŋwa·ɔlə-
高兴 pijarla-/pjarla-
生气 ʊːrla-
责怪 zəkʊai-
后悔 xoʊxʉi
忌妒 htʰɔr·βeitʰtʃʰ·βai
害羞 htʃheːk əreke-
丢脸 htʃheːtʃ·hkʉtʃ·βai
欺负 kʰemətʃʰa-
装~病 arqala-
疼~小孩儿 mʊliːn·pɔtə-tʃ·βai
要 我~这个 aβ-
有 我~一个孩子 pai-
没有 他~孩子 ʉkʉi·βai
是 我~老师 men·pai
不是 他~老师 pʰʉʃə·βai
在 他~家 pai
不在 他~家 ʉβei
  ʉkʉi
知道 我~这件事 mete-
不知道 我~这件事 lə·mete-
懂 我~英语 metequi
不懂 我~英语 metekʃ·βai
会 我~开车 ʃətʰaqʊi
  metekʃ βai

不会我~开车 jitaqui
认识我~他 tʰanə-
不认识我~他 tʰanakʃ·βai
行应答语 pɔlqʰʊi
不行应答语 pɔlɔqʰʃ·βai
　　qɔːrquɪ
肯~来 pɔlqʰʊi
应该~去 tʃaːnə tʃʰiː fʉtʃi taŋlaqʊ
可以~去 pɔlqʰʊi
说~话 larqə-
话说~ lar larqə-
聊天儿 larlaltə-ja
叫~他一声儿 larqətʃ·ɔqər-
吆喝 大声喊 qaːqər-
哭 小孩~ yːla-
骂 当面~人 sʊqʰaː-
吵架 动嘴；两个人在~ kʰereːlt-
骗~人 arqala-
哄~小孩 məliː· arqala-
撒谎 qʊtal·kʰele-
吹牛 tartaːlan
拍马屁 tartalantʃʰə·nəŋwa·βai
开玩笑 naːtpʰa
告诉~他 pʉ tʃʰəmat larqəja
谢谢 致谢语 tʃɔːβaː
对不起 致歉语 pʊrʊi·βɔltʃ·βai
再见 告别语 aːr taqqʊːr·etʃija

十二　性质状态

大 苹果~ ʃikʰe
小 苹果~ htei-

粗 绳子~ pøtyːn
细 绳子~ narən
长 线~ hʊrtʰʊ
短 线~ hqɔr
长 时间~ ʊtatʃ·βai
宽 路~ mør əŋtʰə βai
宽敞 房子~ ʊːtʃam
窄 路~ mør·ʊitʰan
高 飞机飞得~ ontor
低 鸟飞得~ pɔqɔŋ
高 他比我~ nantasa ontor pai
矮 他比我~ pɔqɔn βai
远 路~ χɔlɔ
近 路~ ɔirɔ
深 水~ qʰʊsʊn ʂən·pai
浅 水~ qʰʊsʊn neŋkwen
清 水~ qʰʊsʊn tʰʊŋqalaŋ
浑 水~ qʰʊsʊn pɔrɔ
　　tɔqqɔm
圆 tʰøkørek
扁 qaβtʰaqiː
方 tørβeltʃin
尖 ʃɔrɔqo
平 tʉβʃin
肥 ~肉 tʰarqan
瘦 ~肉 jatʰaq
肥 形容猪等动物 tʰarqan
　　kʉtʃʰən·sain
胖 形容人 ʃikʰe tʰarqan·neke βai
瘦 形容人、动物 jatʰaq
　　qʰətʰaŋkər
黑 黑板的颜色 χara

白雪的颜色 tʃʰəqa:n
红国旗的主颜色，统称 ɬa:n
黄国旗上五星的颜色 ʂəra
蓝蓝天的颜色 hkø:
绿绿叶的颜色 nɔqɔ:n
紫紫药水的颜色 kʰoreŋ
灰草木灰的颜色 ʊʃqan
ɬesən·ɔrɔqsan
多东西~ ɔlɔn
少东西~ tʃʰy:n
重担子~ kʰʉntə
轻担子~ kʰøŋken
直线~ tʰʉʃ
陡坡~，楼梯~ tʰək
qaltʃi:r
弯弯曲：这条路是~的 qərqi:
歪帽子戴~了 kəltʃi:r
厚木板 tʃʊtʂa:n
薄木板 niŋken
稠稀饭~ hkø:n
稀稀饭~ ʃiŋken
密菜种得~ tʰaqʰaqʰ
稀稀疏：菜种得~ seleŋ
亮指光线，明亮 kəltəŋ
黑指光线，完全看不见 χara·nəŋwai
热天气 qaŋ pai
χalʊ:n
暖和天气 tʊla:n
凉天气 sərʉin
冷天气 tʰeŋkər kʰʉitʰenre-
热水 qʰʊsʊn χalʊ:n
凉水 qʰʊsʊn kʰʉitʰən

干干燥：衣服晒~了 χaq·pai
湿潮湿：衣服淋~了 tʃʰi:ktʰə
干净衣服~ arʊn·pai
脏肮脏，不干净，统称：衣服~ kʰər
快锋利：刀子~ qʰʊrtʃʰa
钝刀~ χʊtʰaqa mɔqqʰər
快坐车比走路~ tʰerken tʰʉrken
慢走路比坐车~ alqʰasa tɔqtʰɔr
早来得~ hərtʰe eri-
晚来~了 ɔrɔitɔqɔ-
晚天色~ tʰəŋker ɔrɔitɔ-
øtøkʃə
松捆得~ səla
紧捆得~ tʃʰiraq
容易这道题~ ɔŋi:·nəŋwɔi
难这道题~ itaq·nəŋ βai
新衣服~ ʂinə
旧衣服~ χʊ:tʃʰən
老人~ kʰokʃən kʰʉ:n
年轻人~ paqa
软糖~ tʃø:len
硬骨头~ qatʰʊ:
烂肉煮得~ zerekitʰtʃ·βai
煳饭烧~了 χʊlaq·ta:qa:ttʃʰʊ:
结实家具~ pekʰə
patʰə
破衣服~ zerəkətʰtʃʰ·βai
富他家很~ pijan
pjan
穷他家很~ ʃaltʰan
忙最近很~ mekte-
闲最近比较~ ʃian·po

乏，累 tʃʰila-jatara-

疼摔~了 βeːte-

痒皮肤~ tʃaqaː-tʃʰa-

热闹看戏的地方很~ zə̃nɕ

熟悉 metekʰʋai

陌生这个地方我很~ metekʃ·βai

味道尝尝~ honor

气味闻闻~ honor·ʋːsta-

咸菜~ sakə

淡菜~ jiləŋ

酸 kʰəskʰimel

甜 amtʰatʰə

苦 qaʃʋːn

辣 qaʃʋːn
　χalʋːn

鲜 ʂinə

香 amtʰatʰə

臭 hʉməkʰiː

馊饭~ səkiːtʰ-

腥鱼~ ʃiŋ·βəi

好人~ sein

坏人~ mʋː

差东西质量~ kʰeikʰ·ə

对账算~了 mon

错账算~了 pʋʋi

漂亮形容年轻女性的长相：她很~ saiqʰan

丑形容人的长相：猪八戒很~ mʋːqʰan

勤快 jasan·kʰoŋken·pai

懒 lan·nəŋwo

乖 tɔqtʰɔŋ
　nɔqɔmɔŋ

顽皮 neŋtan·nəŋwa·βai

老实 tɔqtʰɔː

傻痴呆 χətʉː

笨蠢 χətʉː

大方不吝啬 qarnə·ʃikʰe

小气吝啬 jitaq

直爽性格~ tʰʉʃ nəŋwɔi

犟脾气~ tʃɔriː

十三　数量

一~二三四五……，下同 neke

二 qʋːr

三 qʋrβan

四 tørβen/tørβon

五 tʰaːβən

六 tʃʋrqʋn

七 tɔlɔːn

八 naiman

九 çisən

十 harβan

二十 qʰɔrən

三十 qʰʋtʃʰən

一百 tʃʉːn

一千 məŋqan

一万 tʰemen

一百零五 tʃʉːn·tʰaːβən

一百五十 tʃʉːn·tʰaβən

第一~，第二 qʰwaːr-tiːn·qaratʰ-pa

二两重量 qʋːr·laŋ

几个你有~孩子？ kʰet

俩你们~ tʰa·qʋːrla

仨你们~ tʰa·qʋrβan

个把 tʃʰyːn

个~人 nekeˑkʰɯːn

匹~马 nekeˑmɔːrə

头~牛 nekeˑhkor

头~猪 nekeˑqaqʰɔi

只~狗 nekeˑnɔqqʰɔi

只~鸡 nekeˑtaχqa

只~蚊子 nekeˑzɯːna

条~鱼 nekeˑtʃaqasən

条~蛇 nekeˑmɔqɔi

张~嘴 nekeˑaman

张~桌子 nekeˑʃereː

床~被子 tsʊaŋ

领~席子 eŋker

双~鞋 ʂʊaŋ

把~刀 pa

把~锁 nekeˑkɔlət

根~绳子 nekeˑtiːsən

支~毛笔 nekeˑmɔpi

副~眼镜 nekeˑsarəβtʃʰə

面~镜子 nekeˑtʰɔːlə

块~香皂 nekeˑʃiaŋzaɔ

辆~车 nekeˑtʰerken

座~房子 nekeˑpaiʃaŋ

座~桥 nekeˑtʃʰiɔ

条~河 nekeˑqɔːlˑqʰʊsʊn

条~路 nekeˑmør

棵~树 nekeˑtʰʊːraq

朵~花 nekeˑmetɔq

颗~珠子 nekeˑherke

粒~米 nekeˑamən

顿~饭 nekeˑtɯnˑχʊla

剂 一~中药 nekeˑʊːqqʰəˑem

股 一~香味 nekeˑamtʰatʰəˑhonor

行 一~字 nekeˑxaŋ øtʃøk

块 一块钱 neke menek

毛角：一~钱 nekeˑtʃɥeəˑ(ɣə)ˑmenek

件 一~事情 nekeˑøle

点儿 一~东西 tʃɥˑnɯŋwa

些 一~东西 tʃʰyːn mʊːsain

下 打一~，动量，不是时量 χɔqtʃʰˑβai

会儿 坐了一~ htei·tʃɔqʰquitʃˑβai

顿 打一~ nekeˑtaqʰqʰʊrˑχɔqəlttʃʰˑβai

阵 下了一~雨 nekeˑtʂaŋˑtainˑpɔrɔːnˑɔrɔtʂˑβai

趟 去了一~ nekeˑtaqʰqʰʊrˑχanatʃˑβai

十四　代副介连词

我~姓王 pɥˑkəːrˑjastʰiː

你~也姓王 tʃʰətta kəːrˑjastʰiːˑβei

您 尊称 tʰaˑlarqə

他~姓张 tʰereˑʂiparˑjastʰˑβei

我们 不包括听话人：你们别去，~去 pɥtas

咱们 包括听话人：他们不去，~去吧 pɥtas

　　pɥta tʃʰɔq

你们~去 tʰatʃʰɔq

他们~去 tʰere tʃʰɔq

　　ene tʃʰɔq

大家~一起干 tʃʰɔqaːr

自己 我~做的 pɥtʃen

　　etʃen

别人 这是~的 kʰɯːnˑkʰɯːn

我爸~今年八十岁 mɯnəˑatʃaːˑənəˑtʃəlˑnijan

你爸~在家吗？tʃʰənəˑatʃaː

他爸~去世了 tʰɯːnəˑatʃaː

这个我要~，不要那个 ene

那个我要这个，不要~ tʰere

哪个你要~杯子？ aːlə

谁你找~？ kʰen

那里在这里，不在~ tʰente

哪里你到~去？ χana

这样事情是~的，不是那样的 əmən·neme·nəŋwa·βai

那样事情是这样的，不是~的 tʰəmen·neme·nəŋwa

怎样什么样：你要~的？ tsʰi·jaːmpa

这么~贵啊 əmən·nəŋwa·qatʊː

怎么这个字~写？ jima

什么这是~字？ ənə·jima·øtʃøk·pa

什么你找~？ tʃʰə jima χaittaβ

为什么你~不去？ jimɔlə

干什么你在~？ jima·kijaqʊi

多少这个村有~人？ kʰet·neke

很今天~热 tʰɔm

非常比上条程度深：今天~热 ʃikʰe tʊlaːn pai

更今天比昨天~热 tʃaːla

太这个东西~贵，买不起 neŋta

最弟兄三个中他~高 pʰʉtən

都大家~来了 tʃʰɔqaːr eritʃ βai

一共~多少钱？ tʃʰɔqnə kʰeːt neke menek pa

一起我和你~去 qʰamt

只我~去过一趟 qʰartʃʰa·taβqʰʊr

刚这双鞋我穿着~好 tʃiaŋ sein pai

刚我~到 tʃiaŋ eritʃ βai

才你怎么~来啊？ saiq

就我吃了饭~去 pʉ χʊlaː ʊ·tɕiʉ jaβtʃ·ɔqpɛqʰʊr

经常我~去 tʃanə

又他~来了 pʰəsa

还他~没回家 taːχqʰə

再你明天~来 pʰəsa

也你~去；我~是老师 tʃʰət·ta·jaːβ

反正不用急，~还来得及 jima·kʰəsta erekʉː

没有昨天我~去 lə/（la）：tʃʰoktor pʉ la χanaβa

不明天我~去 ʉrtɕaqʰtʰə·pʉ χanaqʃ·βai

别你~去 tʃʰə·pʰʉtʰə·χanə

甭不用，不必：你~客气 tʂʰi·pʰʉtʰə·kʰətʃʰila

快天~亮了 mɔːtɔ·øːr·tʃʰaila·βai

差点儿~摔倒了 htei·neke·ɔlsɔ（βɔlsɔ）
   təkerket·altaβa

宁可~买贵的 tʃanə·qatʊː nəŋwa qʊtaltəqʊː

故意~打破的 tʃortʃʰor

随便~弄一下 tʰaβaːr par-

白~跑一趟 ʃaltʰaŋ

肯定~是他干的 mənt·pɔlsɔn·piː

可能~是他干的 tʃanə tʰere ɔlsɔn βei

一边~走，~说 jaβsaːr·larqəttani

和我~他都姓王 qʊːrlanaːr keir jastʰə βei

和我昨天~他去城里了 pʉ·qʉːrla

对他~我很好 tʰere·nan-ta·ʃikʰe·sain nuŋwa·βe

往~东走 tʃʰə·naran·qarma·βiːte·jaːβ

向~他借一本书 pʉ·tʃʰam-aːsa·neke
   pʰətʃʰək·qaːrlaja

按~他的要求做 erkent·ɔrqʊila·parqʰʊi

替~他写信 tʃʰə·nanta neke·χarʊː·pʰətʃʰi

如果~忙你就别来了 tʃʰə·nəŋwʊlʊ
   mektese·pʉtʰe·ere

不管~怎么劝他都不听 jima·kiːneke
   larqəsta·lə·aŋlani/（jaqqʰə-koː）

第二节

《中国语言资源调查手册·民族语言（蒙古语族）》扩展词

一　天文地理

宇宙 zampəkləŋ

天 tʰeŋker

世界 ʂitʃie

启明星 tʃʰɔlβɔn

彗星 xʉiʃiŋ

阳光 naranə·tʃas

曙光 ʉrtɕʰaqtʰakʰiːn·naran

霞光 øtekʃikʰiːn·naran

光，光线 kerel tʃas

闪光 kerel tʃasta-qal·tʃaqʰəltʃa-

狂风 ʃʊːrqan

凉风 kʰʉitʰən·kʰiː

旋风 χʊiˑhɔrɔːlt-

银河 jinxə

流星 pɔtɔn·χarβəlataqa

暴雨 tɔqʃən·pɔrɔːn

毛毛雨 ʃaqartaq·pɔrɔːn

初雪 tʃələ·ʃikʰenə·tʃʰas

暴风雪 tʃasən·ʃʊːrqan

冻结的雪 kʰørtʃʰorsən·tʃasən

鬼火 qaisənə·qal

入夏 tʃʊn·pɔltʃ·βai

空气 ʊːr

气温 tʃʰiwən

气体 tʃʰitʰi

旱灾 χʊːqaːtʰtʃʰ·βai

涝灾 tʰʊːtʃatʰpa

寒潮 kʰʉitʰen·ʊːr

灾难 tʃɔːlɔŋ

地壳 qatʃarə·qatər

地形 qatʃar·mʊːsain
地 qatʃar
陆地 βesən·qatʃar
岛 tɔː
泥沼地 paltʃʰaq·qatʃar
草原 βesən·tʰala
野地 jerlək·qatʃar
原野 ʊːtʃim·qatʃar
山林地带 水草丰富的～ βesən·qʰʊsʊn·pjan·qatʃar
戈壁 kəːpi
沙漠 χʊmaq
沙丘 χʊmaq·tɔːmpar
山峰 ʊːliːn·ʃkʰən
山脊 qʰərqaq
山梁 qʰərqaq
山岭 tawaːn
矿山 kʰʊaŋʂan
岩石 qata
峡谷 kʰəsəl
丘陵 tʃʰiɯliŋ
崖 qatiːn·qʰʊr
深谷 ʂən·kʰəsəl
小径 tʊːliːn·tʃʰiːr
沟 qɔl
河 qʰʊsʊnə qɔl
海 ʃkʰeˑnʊːr
　　taliː
瀑布 tʃʰaqlʊːr
　　tʃʰʊqlʊːr
泉 pʊlaq
沼泽 paltʃʰaq

自然界 zampaqləŋ
材料 ørtʃø
堤 qʰʊsʊn·hørkyːl
红宝石 ɬaːn·ʊqjʊq
绿松石 nɔqɔːn·ʊqjʊq
珍珠 ʃoro
玛瑙 maːnɔː
琥珀 xʉpo
尘 qɔrəm
黏土 tʃøːlen·ʃərʉː
沙 χɔmaq
纱 ʂa
陶器 ʂəβar·səwa
翡翠 fəisʉi
水晶 ʂʉitʃiŋ
波浪 qʰʊsʊn·hʊrβatʃ·βai
温泉 χalʊːn·pʊlaq
烟雾 taːʃikʰe·βai
焰火 jaŋxʉo
野火 tʰyːmer·naː-
影子 kʰølekʰi

二　时间方位

成天 neke·otor
间隔 tʃaβsar
时期 jima·tyːke
过去 ʊrta
将来 χɔinə
一生 mənə neke·jye/jwe
暂时 ʃampa·pʉ·nəke·tʃarja
永久 jʉŋtʃiʉ
何时 kʰetʃeː

季度 tʃitʉ	世纪 tʃʰaq
季节 jimar tʃitʃie	空暇 tʃʰylo:paimʊ
春天 χaβər	繁忙 mekte-
夏天 tʃʊn	间断 tasarqatʃʰ·βai
秋天 na:mər	起始 pʉ·taisa ʃikʰe tʃarqaβa
冬天 wəl	始终 tʃa:nə
过冬 wəl·qarja	终最~ pʉ nəŋ kʰʉre: jaβqa:tʰ βa
月 sara	tøkøs
一月 neke·sara	星期 ʃiŋtʃʰi
二月 qʊːr·sara	星期一 ʃiŋtʃʰiji
三月 qʊrβan·sara	星期二 ʃiŋtʃʰiɚ
四月 tørβen·sara	星期三 ʃiŋtʃʰisan
五月 tʰa:βan·sara	星期四 ʃiŋtʃʰisi
六月 tʃirqʊ:n·sara	星期五 ʃiŋtʃʰiwʉ
七月 tɔlɔ:n·sara	星期六 ʃiŋtʃʰiliʉ
八月 naiman·sara	方向 ʃɔk
九月 çisən·sara	东 naran·qarma·ʃɔk
十月 harβan·sara	西 naran·tʃarqama·ʃɔk
十一月 harβan·nikən·sara	南 parʊ:n·ʃɔk
十二月 maŋ·lajyer	北 sɔlqɔi·ʃɔk
年 tʃəl	四方的 tørβøn·ʃɔk
年号 jima·tʃəl	位置 ɔrɔn
来年 a:r·tʃəl	中心 tʊnta
周年 tʃəl·aman kʰʉtʃʰə-	周围 hərkem·tʰʊ:rəm
日 otor	内部 htʰɔrɔ
日历 otor·χaltama	外部 qatana
晚上 øtøkʃ	彼此间 qʊlanə·tʃaβsartʰ
昼夜 otor·sø:nə	前边 ølmø
秒 miɔ	后边 a:rtʰ
分钟 ji fəntʂʉŋ	在里边 htʰɔrɔ·βai
时间 tʃʰek	从后面 a:rʊ:r·jaβqa:tʰtʰa
小时 neke tʃʰek	从这边 enekə:r·jaβqa:tʰtʰa

侧面 χarqʊːr jaβqaːtʰ-
拐角 kʊaitʃiɔ
跟前 tekete
附近 ɔirɔ
下摆 χɔrmiː
远处 χɔlɔ
向上 tiːʂi
向下 fʉriː
向内 tʰɔqʂi
向外 qataqʂi
向前 ølmøkʂi
向后踢 aːraqʂi·sykøl
向后仰 keter·qantə-
向里深入 tɔqʂi·jaːβ-
向阳地 naran·βiːta·qatʃar
连接处 tʃalqama·qatʃar
对内 介词+方位 htɔqʂi
对外 介词+方位 qataqʂi

三　植物

植物 tʃiwʉ
树林 tʰʊːraq
树皮 mʊːtənə·qatər
树枝 salaː
树墩 qɔːtʰər
枝杈 salaː
柳条 hərtʃʰiːsən
　　 tʃerəs
　　 tʃʰəkpo
絮 棉~，毛~ mianʃy
松林 naq·artʃʰa

杨树 tʃʰqaːn·tʊːraq
榆树 zəŋqan
白桦 qʰara·mɔːtən
白杨 tʰeːrek
灌木 qʰʊaq·χarqana
芨芨草 tʃʰək
苜蓿草 mʉɕy
芦苇 qʰʊləsən
麻 ma
荨麻 tɕʰianma
野葱 qʊltʃa·zʊqʊŋ
　　　qʊltʃa·sɔqɔŋ
葫芦 xʉlʉ
莲花 liaŋχʊa
玫瑰花 məikʉiχʊa
草莓 qɔrpiːre
葡萄 pʰʉtʰɔ
沙枣 ʃazao
葵花籽 kʰʉiχʊa·hʉre
穗儿 søkølmøk
芽 βesənə·sjɔː/sijɔː/sɔjɔː
种子 hʉre
黄米 ʂəra·amən
水稻 htʊrqan
蔬菜 nɔqɔːn·βesən
瓜 qʊa
甜瓜 amtətʰə·qʊa
西瓜 ʃiqʊa
菜籽 βesən·hʉre
豆子 pʰərtʃʰaq
胡麻 xʉma

四　动物

动物 amətʰə·ørtʃø
狩猎 ʊːlat·jaβja
猛兽 tɔqʃən·ʊraːtʰan
狮 arslan
熊 χara·kørøːsən
豹 ərβɔs
狼 tʃʰena
　　 antərqa
狐狸 həleken
　　 malqiːtʰə
野兽 ʊlaːtʰəqʰə
野猪 ʊlaːtʰəqʰə·qaχqʰəi
野鸡 ʊlaːtəqʰə·taqqʰa
鹿 pɔtɔ
母鹿 maral
麝香 tʃaːr
黄羊 tʃeːren
牦牛 χara·hkor
水獭 səp
旱獭 tʰaraβqan
龙 ʉlə
貂 pʊlaqan
刺猬 tʃaraː
鼠 χʊnlaq
蚂蚱 tʃaqtʃʰaqai
飞禽 ʃʉːn
雁 sʉrəːtʂʰi
鹰 sar
天鹅 qalʊː
鹞 qartʃʰaqʰiː

雕 pʉrkət
鹤 xə
巢 ɕwːnəʃ·wə
猫头鹰 ʂəraʃ·ʃʉːn
蜂 ʃara·zʉːna
昆虫 χɔrɔqʰqai
蛆 zʉːniːn·pʰaːsən
虮子 htʃiːsən
啄木鸟 naq tɔqtɔrɔm
　　　 tɔqtʰɔrna
畜生 mal
散放牲畜 tʰalʃa·mal
五岁牲畜 maŋkʰou
役畜 tʃarma·mal
幼畜 semtɕanə·tʃiltʃiqan
家畜 sɔlɔsən·mal
崽子 semtɕanə·htei
毛色 牲畜的~ øŋkø
公马 atʃərqan
母马 kʉin
儿马 atʃərqan
骟马 aqʰtʰa
骡马 kʉin
三岁骒马 paitasən
马驹 naqan
秃顶马~ tʃʰəβʉkʉi·mːr
马鬃 tel
马鞍 emel
马掌 matʂaŋ
马嘶 mɔːr·χaila-
马粪 mɔːrnə·pʰaːsən
蹄子 mɔːrnə·tʰʊrʊːn

牤蹶子 tʰyːlaː-
奶牛 zaːma·niːn
乳牛 niːn
乳房牲畜的~ teleŋ
　　hkøn
挤奶 niːn·saː-
种公牛 pʰʊqʰa
三岁母牛 qʊnatʃən
三岁公牛 qʊna
两岁牛 jarqa
牛犊 ʃat
　　ʃaːt
牛叫 miːre-
干牛粪 harqal
山羊 maːn
山羊羔 hnokon
　　nokon
绵羊 χɔːnə
绵羊羔 χʊrqan
公绵羊 qʰʊtʃʰa
种山羊 tʰeke
两岁羊 tʃʰʊsaq
　　tʃʰəsaq
母绵羊 saqlaq
去势绵羊 ərke
去势山羊 sərkʰe
羊叫 χɔːnə mailaltə-
羊绒 maːn·əβəŋ
　　jarqiː əβəŋ
羊毛 qwaːsən
秋羊毛 naːmər·qwaːsən
秋营地 naːmər·nʊtʰʊq

春营地 χaβər·nʊtʰʊq
牧场 mal·atlama·qatʃar
放牧 mal·atla-
钩住 tʰɔrqɔ-
奔驰 hɔnɔs-etʰpʰa
打猎 ʊːlaːt·jaβə-
打围 qəilatʃa·χarpija
骑 hɔnə-
牵 kʰøtʰel-
剪毛 qwaːsən·χɔrqa-
剪鬃 telteja
圈起 qʰʊʃaː·par-
喂草 βesən·ɔqɔrja
骆驼 tʰemeː
公驼 ere·tʰemeː
母驼 eme·tʰemeː
骟驼 ʂantʰʉo
驼峰 pøɣøn
　　tʃɔqtər
驼羔 pɔtʰɔqɔn
下驼羔 pɔtɔqɔn·tʰøre-
下乳 βəl-
繁殖 tʰørø-
未受胎的 qʰəsəraŋ
未驯服的 ɔrɔː
耕牛 qatʃar·tʰarama·hkor
水牛 qʰʊsʊn·hkor
犍牛 χainaq
　　omsə
脱毛 tʃɔlqə-
　　qwaːsən tʃɔlqə-
脱皮 ʂimal-
　　arasən ʂimal-

黄鼠狼 ʃəra·sɔlɔŋqɔ

鸡雏 taqqʰaːn·tʃiltʃiqan

五 房舍器具

建筑 tʃiantʂʉ

宫殿 kʉŋtian

楼房 loʉfaŋ

房屋 ker

　　paiʃəŋ

房顶 paiʃəŋə·ʃkʰən

　　ker ʃkʰən

上房盖 ker·ʃkʰənə·χaː-

屋檐 ker·qətʃaːr

蒙古包 mɔŋqɔl·ker

毡房 χara·ker

渣滓 ʂaːr

仓库 sɑŋkʰʉ

铺子 pʰʉzi

平房 paiʃəŋ

门楣 htei·ørøke

门把手 qar·parma

门闩 ʃiɔ

墙 kʰerem

墙皮 kʰeremə·qatar

围墙 qatanaqʰə·kʰerem

院子 jyenzi

牲畜圈 qʰʊʃaː

栅栏 tʃalan

圈 qʰʊʃaː

井 tʃiŋ

洞 nøkʰən

桥 tʃʰiɔ

塔 tʃʰɔrtʰian

碑 pəi

大街 qai

走廊 zoʉlaŋ

台阶 tərkʰe

楼梯 ʃaːtʰə

掩蔽物 qatanni

车站 tʰʂətʂan

公园 kʉŋjyen

园林 jyenlin

地毯 titʰan

铺盖 qʰaːlqa

毡子 skiː

板凳 pantəŋ

酒坛子 araqʰə·kiːme·ʂiβar·kʊanzi

工具 ørtʃø

器皿 saβa

箱子 ərqam

篮子 lanzi

摇篮 øløkeː

　　tʃʰiaŋpɔ

背筐 harqal·ʊːtʰa

桶 sɔm

奶桶 sɔm

　　paqatʃa

盘子 pʰanzi

盆儿 pʰən

杯子 pəizi

碟子 tiezi

托盘 tʰʉopʰan

大勺 ʂinaqa

　　ʂiqɔpi

勺子 χalqwa/χalqua

陶碗 ʂiβar·keːrə

缸子 kaŋ

叉子 tʂʰazi

刀 qʰʊtʰaqa

小刀 hteiˑqʰʊtʰaqa

切刀 tʃʰietaɔ

刀鞘 χʊi

刀刃 her

刀把子 qʰʊtʰaqan·hʂi

壶 qʰɔqʰtiː

茶壶 tʃʰa·qʰɔqʰtiː

刷子 ʂuazi

盒子 χəziˑ

木盒 mɔːtən·χairtʃʰaq

哺乳器 ʊːtʂi

针 tʃyːn

线 taːsən

针盒 tʃyːn·χairtʃʰaq

大针 ʃkʰe·tʃyːn

顶针 χərʉːptʃʰə

放血针 ʃiːˑχanme·tʃyːn

回形针 xʉiʃiŋ·tʃen
　　qaptʃʰʊːr tʃyːn

袋子 ʊːtʰa

麻袋 maːtai

车轮 tʰerken·kʰʉrte

车辕 tʰerkenə·jaɲʃian

车轮头 kʰʉrtiːn·tɔlɔqɔi

扯手 tʃalama·tiːsən

缰绳 qatar
　　tʃəlʉː
　　tʃʰəlβʉːr

梢绳 qantʂiqa

小绳 穿驼鼻的~ χʊar/χwaːr·tiːsən

鞭子 mʊnaː

锁链 sʉolian

车 tʰerken

马车 mɔːr·tʰerken

马嚼环 amaqəin·tøkørøk

马嚼子 amaqəi
　　qatar

马笼头 nɔqtʰɔ

马绊 两腿的~ tʰʊʃa

马被 tɔrtɔqɔm

绊 tʃʰøtør

三脚绊 tʃʰøtør

熟牛皮 wəːləːtʃ·aβsan·arasan

脚镣 kʰølt·tʰalma·tʰemer·tʃʰentar

踏镫 toreː

镫带 toreːn·sʊr

套索 salmaˑɔqɔrma·tiːsən

铁盒 tʰemer·χairtʃʰaq

铁链 tʰemer·tʃʰentar

镢头 qatʃar·maltʰama

底儿 hərʉːr

弓 nəmən

箭 səmən

剑 tʃemsek

箭袋 səmən·χwaːtʃʰaq
　　χʊatʃʰaq

钩儿 qɔrqʊi

夹子 qaβtʃʰʊːr

环子 qʰʊanzi

扣环 kʰoʉχuan

冰钻 piŋzʋan
柄（qʰʊtʰaqi:n）hṣi
　　ṣi
火钳 qal·qaβtʃʰʊ:r
机枪 tʃitʃʰiaŋ
枪 pʰʉ:
炮 pʰaɔ
子弹 səmən
拨火棍 qal·tʰjaq/tʰijaq
铲子 qal·tʰe:me·tṣʰanzi
铁锹 ṣam
烙铁 lʉotʰie
犁杖 liχʋa
锯 kʰore:
楔子 qasən
锥子 ṣʉke:
镊子 niezi
槌子 tṣʰʉizi
杵 tʃʰatʃʰəlʉ:
榔头 laŋtʰʉ
磨石 pʉlʉi
砧 tṣənzi
旋钮 horki:lme
瓷器 sitʃʰi
锉子 χʋ:ri:
铜器 qʋlʋ·saβa
担架 tantʃia
手杖 tʰijaq
　　tʰjaq
船 tṣʰʋan
　　sal
筏子 jaŋpʰifazi
　　sal

桨 tʃiaŋ
帐篷 ker
雨衣 orkome
洗衣粉 ʃijifən
香皂 jizi
镜子 tʰɔ:lə
行李 qʰa:qʰa·mʋ:sain
电话 tienxʋa
电线 tienə·ta:sən
电池 tientṣʰi
手机 ṣoʉtʃi
照相机 tṣaɔʃiaɳtʃi
　　alaq qarqa ma
钟表 tʃʰeq·etʃeme
手表 ṣoʉpiɔ
　　qartʰ tʃy:me tʃʰek etʃəme
扇子 kʰi:·leppʰəme
　　lepʰy:r
牙签 ṣitən·zʋqləma
灯 təŋ
　　kerel parma
灯笼 təŋlʉŋ
风箱 kʰʉrke:
纺车 jik
　　tʃəqar
飞机 tʰemer·ʃʉ:n
火车 qal·tʰerken
汽车 tʃʰi:tṣʰə
盔 kʰʉi
喇叭 la:pa
钹 tʃʰiaŋ
鼓 kʉŋara

铃 χɔŋqɔ

木瓢 ʂinaqa

锅盖 pʰʉkeːr

茶碗 tʃʰa·keːrə

碗柜 wantʃiazi

案板 ampan

漏斗 lʉːtʉː

书架 pʰətʃək·tʰalma

凉席 lianʃi

粉笔 fenpi

电灯 tiantəŋ

花瓶 metɔk·lɔŋqʰɔ

电视 tianʂi

　　alaq øtʃʉːlme

电脑 tiannaɔ

收音机 ʂoʉjintʃi

炉子 lʉzi

六　服饰饮食

装饰品 emsək

耳环 tʃkənt·tʃyːme

拖鞋 tʰʉoχai

手帕 qar·altʃʰʊːr

包 χwaːtʃʰaq/χʊatʃʰaq

布 pʰes

缎子 maŋlaq

绸子 tʰɔrqɔ

丝绸 tʰɔrqɔ·maŋlaq

刺绣 metɔk·χalama

肚带 ɔlɔŋ

短上衣 kʰolik

坎肩 kʰantʃian

哈达 qʰataq

袈裟 tʃiaʃa

衣领 eŋker

襟 χɔrməi

补丁 χalaːsən

簪子 zanzi

　　qatʰqʊːr

幔子 jɔlβɔ

斗篷 toʉfəŋ

皮大衣含挂面羔皮袄 kʰʉtʃɔː

　　χʉtʂʰə

皮坎肩 arasən·maːtʃia

皮袄 nəkʰiːːtiːl

皮裤 arsan·mətən

皮袋 arsan·χwaːtʃʰaq/χʊatʃʰaq

皮帽 arsan·malqai

皮条 sʊr

皮鞋 arsan·qɔtɔsən

　　ʃaːχei

裙子 tʃʰynzi

手套 qartə·tʃyːme

头巾 tʰɔlqɔi·altʃʰʊːr

鞋底 qɔtɔsənə·ʊla

鞋帮 qɔtɔsənə·tʰoreː

腰带 jaɔtai

　　pel ʂtemekʰ

食品 eteːkə

粮食 ʊːlqa

凉粉 lianʃfən

汤面 pʊtaːn·χʊla

面茶 tʂʰa·χarʊːlma

面包 pʊːrsaq

白面 tʃʰqaːn·qʊlər

荞面 tʃʰiɔ·mian

小米面 narən·aman·qʊlər

糖 ʂikʰər

冰糖 mesøn·ʂikʰər

砂糖 tʃʰəqaːn·ʂikʰər

方块糖 tørβəltʃin·ʂikʰər

饼干 piŋqan

麻花 hɔrɔːmɔq·pʰʊrsaq

饮料 ʊːχqə

茶 tʂʰa

奶 hsʉn

奶茶 hsʉn·tʂʰa

奶酪 tʃʰørme

奶皮子 χajaq/ʂaːq pʰijaq

奶食 tʃʰqaːn·teːn

酸奶 tʰaraq

酸奶疙瘩 tʃʰørme·kətə

煮开的酸奶 naːn

酥油 tʰʊːsən

黄油 ʂəra·tʰʊːsən

油 tʰʊːsən

油饼 ʂira·pʊːrsaq

油馃子 ʂira·pʊːrsaq

粥 tʂoʉ

馕 naŋ

肉 maqqʰan

干肉 χaq·maqqʰan

冻肉 kʰortʃʰorsən·maqqʰan

肉汤 ʂilen

煮肉 tʃʰənasən·maqqʰan

烤 ʃəra-

蛋 pala

酱 tʃiaŋ

酒 araqʰə

酒 尊称 araqʰə

糠 kʰaŋ

炒米 χʊːrsan·amən

七 身体医疗

身体 qʰɔqɔ

头顶 hɔriː

头盖骨 hɔriː jasən

鬓角 santʃəq

头皮 tʰɔlqɛp·arasən

面颊 tʃaqtʰaqai

眼角 nʉtʉnə·qətʃaːr

睫毛 kərβək

视力 nʉtʉn·kʰeikʰə

听觉 aŋlalqa·kʰeikʰə

耳垢 tʃʰəkənə·qaŋlaq

鼻翅 χɔʃɔːr

上腭 tʰaŋləi

下颚 ʉrʉin

小舌 htei·kʰelen

气管 pəqərtɔq

嘴角 χʊlər

腮帮 qʰapazi

脊椎骨 nʊrʊːn

脖根 ʂilə

肩胛骨 talə

胳肢窝 sʊː·hərʉːr

胳膊肘 qʰarə
手掌 halaqan
胸脯 kørtʃʰøt
前胸 həpʰtʃʰyːn
胆囊 søsən/søːsən
腰 pel
腰侧 syːtʃə
肢 qʰaː·kʰøl·tørβon
脂肪 jøkʰon
后背 ʊːtʃʰa
膝盖骨 βʉːtək
臀部 paːtʰraŋ
脚面 tʃiɔmian
肾脏 pʰiːre
脾脏 tøleːn
器官 heleke·ʊːʃqan
脑 mənjiː
心房 setʰkəl
　 ʃinfaŋ
胃 tʃʰəqaːn·tʃʰʊsən
肺 ʊːʃqʰan
肝 heleken
肠 kesən
大肠 htɔr
盲肠 maŋtʂʰaŋ
膀胱 taβasaq
筋 ʂəltasən
胯 syːtʃə
肋骨 χaraβqa
　 χarqwaː
软骨 kʰemerʃke

骨髓 nɔrqɔsən
骨头 jasən
肌肉 maqqʰan
脉 htʰaːsən
血 tʃʰʊsən
血统 qʰartʃʰa·naqsa·qarsən·salaːβai
胆汁 søːsən
痰 jirəŋ·tʰʉkə
唾液 qʰatʂʰi·tʰʉkə
汗 kʰʉlesən
尿 ʃiːsən
屁 hɔŋqɔsən
屎 pʰaːsən
掌纹 halqanə·mør
指纹 χʊrʊːnə·mør
疾病 βetʃʰən
生病 βete-
伤 ʂaŋ
受伤 ʂaŋʂoʉla-
伤口 ʂaŋkʰoʉ
感冒 tʃʰampaː·kʰʉr-
发炎 fajan
头昏 tʰɔlqɔi·herkektʰeke-
干呕 ɔqʂi-
呻吟 tʃyteːttani
出血 tʃʰʊsʊn·qar-
泻 hʂiqʰaqla-
开刀 kesənə·niː-
坏血病 tʃʰʊsʊn·mʊː·βetʃʰən
疥疮 kəta qartʃʰ βai
鞍伤 也叫迎鞍疮 taːrə

141

跛行 tɔqɔlɔŋ
畜病 ma:lə·βetʃʰən
毒疮 ja:ra
麻疹 ma:tʂən
脓 jirən
浮肿 χaβət-
瘟疫 na:ma·βetʃən
药方 jʉefaŋ
医院 jijyen
医治 βetʃʰən·saitʰqa-
感染 zereket-
针刺 tʃy:ne:r·qatʰqa-
放血 tʃʰʊsʊn·qarqa-
治理 tʂili
治疗 χaltʊ:lta-
治愈 saitta-
看护 χalta-
侍候 sa:qə-
救 aməni:nə·tʰarlʊ:l
营养 ʂəme
睡眠 nʊ:r/nu:r
聋 tʃʰəkʰən tʉŋkəkʰ

八　婚丧信仰

婚礼 χɔrəm
寿命 naseri-
生育 ɔ:l-
　　tʰore
生长 ʃikʰetʰ-
诞生 hərtʃʰi:lasən
受孕 saratʰi:
　　htʰɔrtʰi:

失恋 ʂilian
感情 sain·nəŋwa·βai
夫家 qatəm·ker
　　qanar ker
娘家 tʰørel
　　tʰørøl
埋葬 pʊla-
土葬 otor·qarqaja
逝世 ʉko·βɔl-
病故 βete:ʉko·βɔl-
遗体 altʰan
　　olok
遗嘱 a:ra:n·ta:lqa-
送终 otortʰʉ·kʰʉrke-
陵墓 otor
虔诚 søtʃøk
传统 tʃʰʋantʰʉŋ
　　tʃalqa-
宗教 lɔm
信仰 søtʃøk·par-
习惯 sʊra:tʰ-
神 qatʃar·qʰusʊn
神祇 niptaq·taqqʰʋai
守护神 niptaq
缘分 tɕa:n
礼拜 morkə-
礼仪 jɔsə
祭 taqʰə
信奉 søtʃəkle-
喇嘛 lama
佛 pʰʊrqʰan

佛龛 lɔm·tʃiazi
僧侣 aqʰa
念珠 ma:ni·herke
咒文 ma:ni
经书 lɔ:mə·pətʃʰək
跳神 tʃʰam
巫术 wʉʃʉ
阎王 erləŋ
还愿 qʰarʊ:l
巫婆 wʉpʰo
妖精 qaisən
鬼 qaisən
魂 sʉnesən
福气 tɕa:
化身 sʉnesən
命运 tɕa:
　　χəβə
天堂 tʰeŋkeri:n·ker
地狱 qatʃarə·mənji:r
生命 amən
誓言 antaqar
理想 kʰʉse-
圆梦 tʃy:ten·pʉtʰe-
愿望 sana:
灾祸 tʃɔ:lɔŋ
幸运 tɕa:

九　人品称谓

成年人 nasəntə·kʰʉrsən
青年人 paqa·kʰʉ:n
小伙子 tʃalʊ:
　paqa·kʰʉ:n

姑娘 hkon
女婴 mʊlqʰa·qʰʊsʊn
男婴 mʊlqʰa·qʰʊsʊn
孩子 mʊla
孤儿 nøtʃʰən
妇女 pʰʉsəkʉi
寡妇 qana:r·ʉkʉi
老太婆 kʰøkʃən
老头 aβaqa
人民 alβatʰə
群众 kʰʉ:s
人类 kʰʉ:n
人物 nere·qarsan
贵族 sqɔr
平民 kʰaiman·kʰʉn
管家 tʰɔlqɔi·parma
管理者 tʰɔlqɔi·parma
画匠 画佛像的匠人 alaq·qarqama
　　ɬapzɔ
顾客 kʰe:tʃʰən
旅客 kʰe:tʃʰən
皇帝 χa:n
皇后 qatʰən
汗王 χanwaŋ
伯克 peikʰe
军队 tʃʰerək
将军 tʃʰerəkə·njɔn/nɔjɔn
士兵 tʃʰerek
哨兵 qʰarʊ:l·parma
骑兵 mɔ:rtʰ·tʃʰerək
步兵 jaβqan·tʃʰerək
保卫者 paɔwei

官员 njɔn/nijɔn/nɔjɔn
差役 kʰøltɨ·qarkʰə·kʰɨn
打工者 øle·parma
秃子 qaltʃaqqʊr
主人 etʃenə·kʰɨn
仆人 tʃarma·kʰɨn
病人 βetʃʰətʰə·kʰɨn
残疾人 ørlotʰə·kʰɨn
富翁 pjan·kʰɨn
穷人 ʃaltʰaŋ·kʰɨn
领导 qɔqɔ
领袖 χa:n
首脑 njɔn/nijɔn
冠军 kʊantɕyn
亚军 ja:tɕyn
摔跤手 aβaltəma·kʰɨn
模范 sɔ:ntʂi
代表 taipiɔ
成员 kʰɨ:s
好汉 kʰɨtʃʰy:·kʰɨn
红人 nere·qarsan·kʰɨn
亲信 χanə
使者 ʂitzə
随从 仆从 taqa:βər
劳动者 øletʃʰə
清洁工 qatʃar·ʃy:rme
胡琴手 χʊ:rtʃʰə
教师 øtʃøk·tʃa:ma
警察 tʃiŋtʂʰa
司机 tʰerken·tɔqrʊ:lma
记者 tʃitzə
口译者 lar·hərɨ:lma

介绍人 tʃʊ:rmatʃʰə
推荐人 larqətʃʰə
酒鬼 arqʰə·ʊ:ma·qaisən
懒汉 laŋχan
滑头 arqatʰə
吝啬鬼 jitaq·nəŋwai
流浪者 tʰempəly:r·kʰɨn
慢性子的人 mekterkɨi·kʰɨn
陌生人 lə·tʰanaqə·kʰɨn
牧民 maltʃə
牧马人 mɔ:rtʂə
牧牛人 hkortʂə
牧羊人 χɔ:ntʂʰi
猎手 pʰʊ:tʂʰi
奴隶 χanatʂʰi
俘虏 partʃ·ersən·kʰɨn
特务 tʰəwɨ
叛徒 pʰantʰɨ:
骗子 arqalatʃ·ɔqɔr-
间谍 tɕiantie
强盗 pələma
罪犯 pɨrɨit·ɔrɔsən·kʰɨn
土匪 tʰɨfəi
二流子 kʰɨ:nə·lə·ɔrkʊisən·nəŋwa·βai
犯人 fanzən
情人 tʃʰiŋzən
俗人 əmən·nəŋwa·kʰɨn
说谎的人 qʊtaltʂə
积极分子 χʊartʰ·jaβma·kʰɨn
落后分子 a:rtʰ·jaβma·kʰɨn
巫师 wuʂi

敌人 mʊːkʰʉn
仇人 tʂʰouʐən
体贴的人 χalʊːetʃekʰtʰesənkʰʉn
同事 χamtøleparsənkʰʉn
同学 χamtpətʃʰəkɔŋʃsankʰʉn
同志 χanə
伙伴 ɔrɔq
　　χanə
作家 zʉɔtʃia
诗人 ʃaːtʰətʃə
天才 hərtʃʰiːlasan
专家 tsʊantʃia
贤者 ʃiantsə
英雄 paːtʰər
向导 mørtʊqʊlmə
导师 taɔʂi
长调歌手 tʂʰaŋtiɔʂou
演奏家 χʊːrtʃə
医生 emtʃʰə
兽医 malemtʃʰə
演员 janjyen
舞蹈家 sʉrtʃʰə
邮递员 χarʊːkʰʉrkeme
学生 øtʃøksʊrmamʊla
学者 øtʃøkmetektʂʰə
译员 hərβʉːlma
画家 alaqqarqama
渔民 tʃaqasətʃʰə
运动员 jʉŋtʉnjyen
战友 χanə
侦探 semeːrχaltəmakʰʉn
知识分子 øtʃøktʂʰə

职工 tʂikʉŋ
挚友 sainχanə
主席 kʉʃi
族人 tɔqkʰʉn
祖先 ʊrta
长者 aqa
前辈 ʊrta
晚辈 aːrsa
同龄人 nastʰəkʰʉn
亲属 ɔirtʰal
祖父 χaraaβa
祖母 χaraaŋqaː
姑表亲 kʉjeːaqatyː
姨表亲 naqatʂʰiaqatyː
家眷 kerkʰʉːs
孙女 sʉnzika
亲家 ɔrɔq/ʊraq
岳家 qatəm
媳妇 peːr
妻哥 koːkoː
妻弟 tyːke
内弟 ʃiɔtʃiʉzi
大伯子 ʃkʰeatʃaː
小叔子 tyːkeː
表姑夫 kʉfʉ
干爹 χaqhtʃʰike
干妈 χaqhke

十　农工商文

农业 lʉŋje
田地 qatʃar
庄稼 tʰaraːltʃin

农具 ørtʃø	交易 araltʃaːn
农药 em	货物 ørtʃø
天棚 tʰianpʰəŋ	活动 jima kəttane
大渠 swaq/sʊaq	行市 xaŋʂi
渠沟 tʃɔrqʰɔ	价格 øne
凿子 zʉəzi	样品 χaltʊːlma·ørtʃø
镐 jaŋkaɔ	成品 ørtʃø
坎土曼—种铁质的农具，多用于锄地 kʰantʰʉman	买 aβja
耙子 pʰaːzi	卖 qʊtalt-
扇镰 qatʊːr	还～回去 χarʊːl-
肥料 fəiliɔ	借 aqʰsə-
收割机 ʂoukətʃi	债务 øːr
拖拉机 tʰʉolatʃi	赔偿 tʰølø-
工厂 kʉŋtʂʰaŋ	利益 menek·etʃe-
工人 kʉŋzən	战利品 tʃanlipʰin
øle·parma	贷款 menek·aqsə-
工资 øle·parma·menek	借贷 qaːrla-
工作 øle	出售 qʊtaltə-
生活 otor	生意 qʊtaltən
保险 paɔʃian	事业 øle
生产 øle·parma	银子 menek
公务 alpatʰiːn·øle	赚头 ʃətʰaqʊi·jitaqʊi
企业 tʃʰije	租金 zʉtʃin
机构 tʃikʉː	账 tʂaŋ
国家 kʉotʃia	掌管 tʂaŋkʊan
国境 kʉotʃiŋ	财产 ørtʃø
国旗 tartʃʰɔq	财物 mʊːsain
国徽 kʉoxʉi	产品 jima·ørtʃø
专制 tsʊantʂi	管理 ətaq·pɔlɔχʰʊi etʃe pɔlɔχʰʊi
公路 mør	
铁路 tʰemer·mør	克扣 tʰɔq·ʃəŋβai
过滤 ʃyː-	锡 ʃi

金 altʰan
银 meŋkə
水银 meŋkə·qʰʊsʊn
金属 tʰemer·mʊ:sain
钢 kaŋ
铁 tʰemər
生铁 tʰy:kʰei·tʰemer
铜 paqʰar
青铜 χara·paqʰar
铅 tʃʰian
锈 tatʰtʰaqatʃʰ·βai
钻石 zʊanʂi
玉石 χaʃ
白矾 paifan
燃料 ʂitʰa:ma
汽油 tʃʰijoʉ
石油 ʂijoʉ
柴油 tʂʰaijoʉ
染料 pʊtaq
颜料 pʊtaq
油漆 joʉtʃʰi
油垢 joʉkʉ
胶 tʃiɔ
溶化 kʰes-
焊 χanlaqʊi
磷 lin
火药 ta:rə
钢筋 kaŋtʃin
玻璃 poli ʃel
模子 mʉzi
工地 øle·parma·qatʃar

车间 tʂʰətɕian
音乐 jinjʉe
绘画 alaq·tʃirma
艺术 jiʂʉ
体育 tʰijy
文书 øtʃøktʃʰə
棋 pɔqɔ
象棋 ʃiaŋtʃʰi
歌曲 tʊ:n
歌词 tʊ:nə·lar
歌手 tʊ:tʃʰə
舞蹈 hsʉrtʃʰə
戏剧 ʃitʃy
电影 tianjiŋ
肖像 ʃiɔʃiaŋ
照片 kʰolekʰi
摔跤 aβa:ltə
体操 tʰitsʰɔ:
球 tʃʰiʉ
篮球 lantʃʰiʉ
排球 pʰaitʃʰiʉ
足球 zʉtʃʰiʉ
曲棍球 tʃʰykʉŋtʃʰiʉ
黑板 xəipan
笔 pi:
蜡 la:
拳击 nʊtʊrqala-
射箭 nəmən·səmən·χarβə-
赛马 mɔ:r·tɔβtʰəlqa-
拔河 ti:sən·tʰa:lt-
旅行 ʃʉkʰʉla-
表演 na:tən·qarqa-

拉棍 传统体育项目，双方抢拉一支棍子比赛力气 htʰaltʃʰa-
游戏 naːtən
游泳 ʊmpa-
打秋千，摇摆 qʰʊtʰqʰalaqtʰa
登山 ʊːlaˑtaːqəl-
滑雪 tʃasənˑyːs-
滑冰 mesənˑyːs-
祝贺 tsʉxə-
褒奖 tʃiaŋli
教育 tʃaː-
纪律 tʃilyː
常识 meteː
文化 wəŋχʊa
文学 weŋʃye
文章 wentʂaŋ
文字 øtʃøk
学问 metektʃʰə
学习 sʊr-
阅读 ɔŋʂi-
语言 lar
知识 meteː
研究 jantʃiʉ
书籍 pʰətʃʰək
思想 sanaːpɔtoː
诗 ʃaːtʰə
选集 ʃyantɕi
传记 namtʰar
小说 ʃiɔʃʉo
故事 ləmɔp
封面 qatar
内容 nəirʉŋ
结论 tɕielʉŋ

总结 zʉŋtɕie
通知 tʰʉŋtʂi
广告 kʊaŋkaɔ
信件 χarʊː
文件 pʰʉtʂʰək
便条 piantʰiɔ
信封 χarʊːnˑqatar
报纸 paɔtʂi
杂志 zatʂi
抄写 χaltaqaːˑpʰətʃʰə-
采访 larˑsʊra-
编辑 piantɕi
修改 ʃiʉkai
背诵 pəisʉŋ
　　tʃʰiːtʃəˑɔŋʂi-
比赛 marqaːlˑtʰal-
　　piːsai
纸 tʃʰaːs
印刷 jinʂʊa
谚语 janjy/kʰep
格言 sʊrqatʂʰi
字母 zimʉ
风俗 jɔːs
节日 tɕiezi
神话 ləmɔq
经典 tɕiŋtian
声调 jasqal
音调 tʃʰiːtʃə
　　jintiɔ
旋律 ʃyanly
赞美词 saiqqʰanˑlar

法律 faːlyː

诉讼 tʃaːlqaːn

审判 ʂənpʰan

戒律 tɕiely

禁忌 tɕintɕi

访问 lar·sʊrala·eritʃ·βai

会议 tʃʰʊːlqan·tʃʰʊːl-

翻译 lar·hərβʉːlma

特征 ɔrqɔsan

标志 tʰemtək

旗帜 tʰɔq

图章 tʰaŋqʊa

机关 tʃiqʊan

团体 kətalaqtʰama

联谊会 lianjixʉi

学会 ʃyexʉi

牢狱 χara·ker

罪孽 niekʉo

衙门 jamən

战争 tai

章程 tʂaŋtʂʰəŋ

政策 tʂəntsʰe

政治 tʂəntʂi

制度 tʂitʉ

装备 tʂʊaŋpəi

装封 tʂʊaŋfəŋla-

信号 ʃinχɔ

号码 χɔma

十一 动作行为

摇头 tʰɔlqɔi·qʰʊtʰəqa

点头 pokəi-

低头 pɔqɔt-

叩头 morkə-

瞪眼 qələŋta-

挂 ʉlkə·-

尝 amsa-

抿 ʂimə-

叮 tʃʊː-

呕 ɔqʂi pøːltʃe-

啃 kʰelme-

舐 tɔːl-

嚷 tɔqʰəltʰan-

吐唾沫 tʰʉkə-

顶 mørkø-

摇 qʰʊtʰqə-

捕捉 par-

敲 χɔq-

揍 htʰa-

捏 tʃʰɔqə-

伸开腿~ sʊnəra-

缝 χala-

补 χalaːsla-

打嗝 keːkərʉːl-

吹~气 pʰiːle-

吹口哨 hiːsqar-

胡说 χʉ·larqitta-

欢笑 tʃʰiːltə-/tʰiːltə-

微笑 ɲiːʃək·alta-

握 par-

握手 qar·parə-

问 sʊra-

回答 χarʉːl-ja

叹气 ʊːrˑalta-
答应 pɔlqʰʊi-
劝说 tɕʰyenle-
商量 aŋlalt-
包 tʰørlølt-
缠 hɔrɔː-
卷 hɔrɔː-
穿绳 tiːsənˑtʃyː-（nepthel-）
打结儿 tʃaŋqəttʃʰˑapʰ-
织 nekʰe-
编 kʉr-
裁剪 χaitʃʰəla-
雕刻 qʰala-tʃˑβai
碰 nʊːltə-tʃˑβai
搓 hʉŋkə-
揪 kʰʉteː-
撮 nekeˑpaq-
捣 tʃantʃi-
抖 koβə-
颤抖 χaltʰəla-
抽缩 χaltʰəlaŋ-
起立 pʰɔs-
掏 tʃʰkənˑzʊqlʊ-
戴 malaqiː məs-
　　metʊq tʃyː-
指 tʃyːl-
弹指 tʃʰamta-
鼓掌 halqanˑχɔq-
抬腿 kʰøːlˑorkə-
收 ketala-
跺脚 kʰøløːnˑχɔq-
撅屁股 tɔŋɔpˑ-

后退 aːraqʃˑjaːβ-
进 ɔrɔ-
出 qar-
开 niː-
关 tsʰɔlɔ-
急步走 tʰʉrkenˑjaːβ-
挤 ʃiqa-
拖 htʰa-
拉 tʃʰerqa-
攥 ʉːʂta-
渡 ɔmpa-
沉 ɔrɔqɔtʃʰˑβai
变 qʰəβəl-
流 jaːβtnai-
　　jyːstanai
浇 qʰʊsʊnˑtʰal-
灌 qatʃarˑqʰʊsəla-
喷 tsʰɔqlə-
漏 ʊrʊs-
溢 taβaqatʃʰˑβai
洒 satʃə-
搅拌 tɔqqʰə-
分 χwaː-/χʊa-
分别 χwaː-/χʊa-
背负 orkə-
拽 htʰa-
划 tʃirta-
刮 olə-
切 kʰʉskʰele-
割 qatə-
取 apʰ-
拍 pʰai-

交 sɔlβə-

交叉 sɔlβuːr-

交互 neken·nekenteːn

计算 tʰɔːla-

起皱 χəmərtʃʰək·qartʃʰ·βai

快走 mɔːtə·jaːβ-

捋起 maqər-

举起 qaraːn orke-

拱起 kɯŋla-

翘起 orkə-

堆积 kətala-

倒塌 jyːrekət-

颠倒 hɔrβaqtaqa-

翻滚 hɔrβaqtaqa-

滚动 tekerket-

跌跤 tʰekere-

躲开 pʰiːla-

赶 tʰʊː-

过夜 χɔnɔ-

入睡 natʃʰʊr-

渗入 ʂəŋla-

集合 kətala-qtʰa-

接上 tʃalqa-

搬运 nyː-jyːtʰke-

揭开 niː-

截住 qʰaːtʃ apʰ

更换 araːltʃə-

保存 qʰʊraːqaː sʊː-

保护 qaː-

保证 antaqar-

返回 jaːβqaː·ere-

观察 əqətʃʰətle-

瞄准 χarʊːlta-

区分 qaːlqa-

相遇 tʰʊqlaltə-

举行 kəqʊai-

设法 arqala-

传递 χarʊːtʃalqa-

传话 lar·tʃalqa-

排列 ərle-

排队 ərle-

敬礼 tʃiŋli-

没收 apʰa-

漂浮 qailqa-

飞 hɔnɔs-

飘舞 kʰiːs-

乞讨 qɔjɔlqɔ-

赏给 par-

搜查 χai-

帮助 χanaqar-

打电话 tianχua·taːla-

发脾气 pʊːʃike·βai

发呆 sarla-

沉思 ʃarla-

道歉 pʊrʊi·etʃe-

改正 kaila-

承认 pʊrʊi·etʃe-

澄清 alqatʃ ɔqɔr-alqa·qarqa-

混合 nyːləkət-

混淆 tɔpʰɔlqa-

传播 χarʊːtʃalqa-

跟随 taqa-

斗殴 χɔqəlt-
盗窃 tʃʰəmək-
抢劫 pʊlə-
逮捕 par-
控告 tʃaː-
冲突 χɔqəltqʊi-
破坏 ʉkʉi·naːqaː-
损坏 ʉkʉi·kətʃɔqɔr-
潜伏 qər-tʃiqiː-
点灯 təŋ·paltʊːl-
放火 qal·naːlqa-
居住 sʊː-
劳动 øle·par-
量测~ tʰyːle-
搂 βerle-
披上 nelme-
外出 qatana·jaːβ-
　　kʰeːrə jaːβ-
倒扣 mekʰər-
爬行 molkʰə-
盘腿坐 tʃalqaː·apʰ-
疲倦 mʊːta-
前进 ølmøkʃə-
踉跄 tʰeltʰək-
倾斜 qəltʃiːr-
取暖 χalʊː·apʰ-
撒娇 helekʃeː-
散开 tarqʰa-
扫 ʃyːr-
拾 tʰyː-
绑 kʰʉlə-
集中 kətalaqtʰa-

射击 χarβə-
占领 pələ-tʃ
伸展 sʊnara-
转动 herkəktʰe-
省 tʃʰeβerte-
剩出来 həletʃ·βai
实行 par-
使用 tʃar-
试探 ʂitʰanla-
竖起 tʃɔqʊilqa-
数~一下有多少人 kʉile-
耍脾气 ʊːr·qarqa-
睡觉 terele-
　　naː-
　　keptʰe-
撕破 tasəltʃɔqɔr-
踏 kəʃkʰə-
踢 hsʉkel-/sʉkel-
折腾 søːkə-
剥掉 χʊːl-
替换 araltʃa-
交换 araltʃa-
挑衅 ʃəltaq·χai-
区别 əlqa-
调和 saitʃʰila-
尾随 aːrsaːtaqa-
统计 tʰɔːn·apʰ-
拨弄 kʰʉtelke-
穿透 qaratʰtʃ·βai
　　neptʰel-
涂 sʉkʰə-
团结 paqtʰalt-

团聚 kətalaqtʰalt-
挖 maltʰa-
铲 tʂʰanla-
完成 para-
违法 pʊrʊit·ɔrə-
纵火 qal·na:lqa-
熄灭 χamʊ:l-
上来 qartʃʰ·ere-
下去 hʊrʊi·ɔrə-
上升 ti:ʃ·qar-
降落 pʊ:-
塌陷 jy:rəke-
陷下去 ɔrɔ:qɔtʰtʃ·pai
写信 χarʊ:·pʰətʃʰə-
修理 ʂoʊʂila-
悬挂 ʉlkə-
旋转 hərkəktʰe-
学走路 alqʰa-
熏 ta:hʊtʰʊqa-
寻找 χai-
巡逻 χarʊ:l-tʃʰa-
准备 ølβektʰe-
联络 χarʊ:·ok-
练习 lianʃi-
轮流 araltʃiqtʰa-
遵守 ɔrqʊ:lqʰʊai
受冻 ta:ra-
腌 jantsʰai-
扬起 tʃʰaŋ·pʰʊtʰara-
摇摆 tʰeltʰək
动摇 køtel-
动荡 tɯŋtaŋ-

整理 saqla-
移动 alma-
拥抱 tʰørle-
流亡 tʰempeletʃ eresəŋ βai
允许 pɔlqʰʊai
殴打 tɔqʃən·χɔq-
赠送 mʊ:sain·kʰʉrke-
展示 otʃy:l-
招待 ʊ:lqa-
招募 χaitʃi·ere-
招手 qʰʊtʰqa-
招魂 sɯnesɯn·χai-
找到 ɔ:l-pa-
召唤 qəqə-
召集 tʂʰɔqla-
照顾 sa:qə-
照耀 kerel·tʃasta-
遮盖 χa:tʃ apʰ
折叠 tieletʃ apʰ
折断 qɔltʃ apʰ
    hqɔl-
争论 aman·pəlaltʃʰ-
支撑 ta:-tʃ·βai
支持 a:rtʰ·qarja-
玩耍 na:t-
耍把戏 arqala-
抢婚 pi:r·pʊla-
做新娘 ʃinə·pi:r·pɔlqʰʊi
坚持 tʃʰi:rat-
懂事 mete-teŋwa·βai
理解 mete-βai
不满 pijar·ʉɣʊai

愤怒 ʋːrtʰə·kʰʉre-
怀疑 χʋaijila-
犹豫 lə·naqtʰala-
害怕 ai-
忍耐 taːlβertʰiː-
舍得 ʂəːlətʃːɔqɔrja
敢 aiχʃ·βai
着急（pʉtʰə）mekte-
哀悼 sanaː·tʃɔːβa-
悲伤 sanaː·tʃɔːtʃ·βai
满意 pɔlqʰʋai
安心 kʰontʃen
放心 amər-
关心 kʋanʃiŋla-
感动 setkeltə·kʰʉrtʃʰ·βai
激动 pjarla-/pijarla-
兴奋 sətkʰelt·pjarla-/pijarla-
惊奇 ʉrʉsta-
崇拜 sʉtʃəkle-
认为 etʃekse
猜测 tʰaː-
推测 tʰaː-qqʰʋai
思考 pɔtɔ-
了解 metekqʰʋai
原谅 jyenliaŋla-
祈祷 tʃalparqa-
渴望 kʰʉse-
希望 kʰʉse-
愿意 pɔlqʰʋai
感兴趣 tʰʉŋwa·əqəqə·ereqe-
傲慢 partantʃʰə
厌烦 tʃʰiːtə kʉre-

怨恨 jyanxənla-
恼怒 ʋːrtʉ kʰʉre-
憎恶 zəŋwʉlaqa-
抱怨 pɔjyanle-
拒绝 qɔːr·ʉkʋi-
反对 jitaːqʋai
斥责 ʋːsqa-
强求 tʃʰiaŋtʃʰiʉla-
强迫 tʃʰiaŋpʰola-
耻笑 sɔːntʂi-
怒叱 neŋtaˑtɔqʂən·pai
打击 taːtɕiː-
委屈 søːkəβai·ʃo
诬蔑 kør-
侮辱 kør tʰaltʃ·βai
受辱 kør kʰeleke-
欺骗 arqala-
诽谤 kør·tʰal-
伤害 mʋːqarqa-
施舍 oktʃʰ·βai
放逐 tʰal-
革命 kəmiŋ-
革新 kəʃiŋ-
叛变 pʰanpian-
醒悟 serɤə-
苏醒 sere-
提倡 tʰitʂaŋ
提醒 sərkeː-
公布 metʉːl-
选举 qar·qarqa-
投入 ɔrɔltʃʋːl-
发生 qar-

发展 zeraitʃ·βai
创造 tʂʰʋaŋzaɔ-
担保 taː-tʂi-
处理 əlqaβər·qarqa-
防御 ʂɔːʂəŋla-
失败 jitatʃ·βai
胜利 χʋartʰ·qaratʰ-
耽误 tanwʉlatʃɔqɔr-
斗争 toʉtʂəŋ-
推广 tʰʉikʋaŋla-
腐蚀 hyːkət-
管事 kʋaṉʂila-
号召 χɔtʃɔ-
合作 pərək-
增强 kʰøtʃyːtʰ-
回忆 ʂarla-
会面 tʃʰʋqlalt-
计划 tʃiχʋa-
计较 pɔtɔ-
继承 tʃalqa-
监查 χaltʋːl-
奖励 tʃiaɲli-
交战 χarβəltə-qʋi
节约 tʃʰeβerte-
解脱 qara-
履行 ɔrqʋːl-
违反 mørtʰe·lə·eretʃ·βai
救济 tɕiʉtɕila-
下决心 tʃiːratʰ-
麻木 maːlaqtʰa-
冒险 mɔːʃianla-
任命 tʰaltʃ·ɔqɔrtʃ·βai

消失 tʃiliːqatʃʰ·βai
失礼 jɔsə·alta-
失言 lar·alta-
损耗 sʉŋxɔla-
看不上 χaltatʃ·jitaqʋai
嫌少 tʃʰyːn·pai
嫌弃 lə·χaltatʃ·βai
相中 χaltatʃ·aβtʃ βai
协力 χanəqar-tʃʰ·βai
斜瞪眼 kələŋta-
拖延 ʋtaːlqa-
要求 kʰele- tʃʰiʉle-
依赖 kʰʉːntə·etʃeltʃʰe-
迎接 qʰwaːrsiːn/qʰʋarsiːn·qar-
拥护 jʉŋxʉ
冤 kør
终结 para-
重叠 tieletʃ apʰ
重视 setʰkelt·tʰalqʰʋai
注视 pʰaltʰiːtʃʰɔrtʰ·βai
组织 tʋqʋːl-
同意 pɔlqʰʋi
宣传 amtʰant·larqə-
尊敬 orkomtʃile-
尊重 orkomtʃileqʋai
请安 sein sʋːβ ʉ· ment·sʋra-
唉嘿 赞叹词 aijaː
陈述 larqə-
pʉ setkeltəkʰə laraːr larqə-ja
低声私语 pɔqɔnə·larqə-

告别 tʃʰə·sain·jaβ

好嘛~，不得了呀！pɔlqʰʊai

吵闹 ʊŋwa:·tʊŋqarsan

介绍 tʃieʂɔ-

唠叨 tɔqqɔlqa-

请 tʊːta-

是啊 表示惊叹 tʃa:βsa

小声说 semeːr·larqə-

天哪 哎呀呀，~ tʰəŋkər·aβa:

问候 wənχoʉlatʃɔqɔr-

我说嘛 表示领悟到某事情的原因 pʉ·etʃese

笑话 ɲiːtən

喧哗 ʃyenxʊa-

询问 sʊra-

预言 jyjanla-

赞美 saiqʰan·pai

咒骂 ʊːsqa-

唉哟 累得叹气 oːʃʃ

哎哟哟 表示痛苦 ajjɔː

十二　性质状态

清澈的 tʰʊŋqalaŋ

晴朗的 tʰəŋkər·tʰʊŋqalaŋ

模糊的 moxʉ

脆的 kʰeβerekʰ

人工的 kʰʉːn·hsasan

容易的 ʃətʰaŋʊai

平坦的 tʃəlman

偏斜 kəltʃiːr

皱 həmərtʃʰək

圆形 tʰokərok

瘦的 jatʰaq

油腻 pekʰek

发白 tʃʰai-

黑白花 χarqalaq

灰白色 pɔrqɔlɔq

金黄色 altʰan·ʃra

淡黄色 ʃra

天蓝色 tʰəŋkeriːn·hkøː

海骝色 tʃʰqaːn·ʃərqa

枣红色 kʰoreŋ

枣骝色 kʰeːr

棕色 pɔrɔ

杂色 alaq

乌黑 kələŋ·qʰara

空怀的 该怀胎的母畜未怀胎的牲畜 qʰʊsaraŋ

空 χʊːsən

暗 qʰara·nʊŋwa·βai

单 qʰətʃʰa

乱 tɔqʰəl

满 tyːrəŋ

雌 eme

雄 ere

生 tʰyːkʰə

熟 pɔlsɔn

拥挤 ʃəqa-

中 tʊnta

温 pələmpər

安静 semeːr

孤单 qʰətʃʰa

锋利 qʰʊrtʃʰa

光滑 kəltəŋ

艰苦 tʃʰiːrat

简陋 jimata·ʉkʉi kʰeikʰə

健康 amar·ment

快乐 pjartʰi:

明亮 tʃʰqa:n·nʊŋwa·βai

粗壮 patʰə

清楚 naqtʰa

完整 pʉtʰən

稳定 tɔqtʰɔrɔ-tʃ·βai

幸福 tʃirqalaŋ

整齐 tʂəɳtʃʰi

复杂 tɔqʰɔla-

伟大 ʃikʰe

仁慈 sain·sana:tʰə

稳重 tɔqtʰɔ:

著名 neretʰi:

尊贵 orkomtʃə

博学 ʃikʰe·mete:

卓越 kʰʉtʃʰy:

优秀 kʰʉtʃy:·ʃo

诚实 arqa·ʉkʉi

聪明 məŋkʰʊai

可爱 tʃiki·ʃəŋwa

灵活 lə·kʰʉrətʃʰi:sən·nəŋβai

机警 serkek

谨慎 tɔqtʰɔ:

谦虚 partan·ʉkʉi

认真 rəɳtʂən

善良 setʰkəl·sain

特别 neŋ

有趣 sai·na:tən

能干 kʰʉtʃʰir

老练 kʰʉtʃʰy:

孝顺 sain

可靠 nailβərtʰi:

进步 kʰʉtʃʰy:tʰtʃʰ·βai

丰富 pjan/pijan

公开 kʉŋkʰai

严格 neŋta

光荣 kʊaŋrʉŋ

合法 mertʰʉ·βai

和睦 saitʃʰilaqa·βai

和平 saitʃʰila-

固定 ɔrɔqʃə

积极 kʰøtʃy: ʃo

消极 kʰaikʰə

有用 kerektʰi:

普通 tʰʉŋwa·ʃo

秘密 nʊ:tʃʰalqa-

耐心 tɔqtɔrəŋ

恰当 ɔrɔŋtɔ:n

寂寞 aqla:ʂi

奇异 qaiqqʰan·nəŋwai

狡猾 arqatʰə

鬼祟 qaisən·ɔrɔqsaŋʊi

可怜 mara·βettʃʰə

可笑 ɲi:tʃ·ʉkʰʉtʃ·βai

放荡 seŋkeleŋ

齐嵩 jitʰaq·neŋwa

马虎 qaltʃi qʊltʃ·ɔqɔr-

凶恶 tɔqʃən

虚伪 məkẓitisən

贪婪 setʰkel·mʊ:ʃo

愚蠢 χətʉ:χara

自大 partantʃʰə
无能 qʋantʂiɤkʉi
现成的 pʉlen
驯熟的 nɔqɔmɔn
真 ɔrqɔsan·βa
假 lə·ʋsəŋ·βa
　　χʋ:rmaq
正常 tʂəntʂʰaŋ
幼稚 məlβəri
自私 etʃen·nəŋwa·βɔlsɔn
无私 kʰɤn·nəŋwa·βɔlsɔn

十三　数量

零 ɤkʉi·βai
　　ʃaltʰi:tʃ βai
半 orle
一个 qatʃʰa
　　nike
两个 qʋ:r
三个 qʋrβan
第二 qʋ:rtʃʰa:r
第三 qʋrβatʃʰa:r
第十 harβatʃʰa:r
第十五 harβan·tʰa:βantʃʰa:r
四十 tøtʃən
五十 tʰaβən
六十 tʃiran
七十 talan
八十 najan/nja:n/nijan
九十 jeren
三分之一 qʋrβan·χwami:n/χʋami:n·neke
四分之一 tørβen·χwami:n/χʋami:n·neke

七十左右 talanə·ølmə·a:rtʰ
百分之八十 tʃɤ:nə·naja/nja:n
约一百 tʃɤ:ntɤ·kʰɤrle
千 məŋqan
万 tʰømen
　　ajqa
亿 tɤŋʂɤ:r
成千 məŋqant·qartʃʰ·βai
百万 tʃɤ:n·tʰømen
　　tʃɤ:n ajqa
群人~ kʰɤn·ɤkɤr
群马~ mɔ:rnə:ɔm·ɤkɤr
群牛~ hkor·ɤkɤr
群羊~ qʰɔ:ni:·ɤkɤr
克 kʰə
两 laŋ
斤 tʰɤ:r
　　htʰɤ:r
公斤 kɤŋtʃiŋ
升 ʂəŋ
袋 ʋ:tʰa
拃 tʰy:
串 tʂʰʋan
米 mi
厘米 limi
平方米 pʰiŋfaŋmi
里 li
公里 qɤŋli
间 tʃian
刻 kʰe
片 kʰesek
亩 mɤ

元 menek

次 taβqʰʊr

十四　代副介连词

我自己 pʉtʃen

您几位 tʰa·kʰetən

哪 alə

某 tʰere

某人 tʰere·kʰʉːn

某个东西 tʰere·ørtʃø

任何人 kʰʉːn·pɔlqɔn

任何时候 jima·tʃʰeːntə

任何地方 jima·qatʃar

什么样的 jimarpa

这些 enes

那些 tʰəres

怎么做 jima·kəɣo

这样做 əŋkə-tʃ·par-

那样做 tʰəŋkə-tʃ·par-

那么多 tʰəmiːnə·ɔlɔn·pai

十分 neŋ

一贯地 jiquan

根本 kənpən

已经 jitʃiŋ

差一点 htatʃ·βai

绝对 tʃaːnə·jitaːqui

甚 neŋ

几乎 tʃixʉ

必须 jima·kəseta

到底 jimaβa

当然 tɕaːnə

比较 tʃʰene-

间接 taːqalaqə-

突然 htʰɔrqʰə

随意 jima·kəse

霎时 htʰɔrqʰə

不知不觉地 meteːkʉi

马上 ɔtɔː

尽量 əlpe

通常 tɕaːnə

稍微 htei nəŋwa

偶尔 nəŋwa·tʃʰaqtʰ

有时 nəŋwa·tʃʰaqtʰ

能 ʃtaːquai

其实 tʃʰiːʂi

确实 neŋ pai

　　　 mən·pai

相当 quai·neŋwa·βai

慢慢地 tɔqtʰɔːr

　　　 jarəŋkʉi

逐渐 tɔqtɔːr

勉强 qunlaqa-

完全 pʉtʰən

恰好 tʃiaŋ·sain·pai

千万 jima·kəse

一定 jima·kəse

亲自 pʉtʃen

直接 tʉʃ

终于 neŋ·tʰəŋkə·sʊːtʃa

首先 χwaːrtʰiːnə/χʊartʰiːnə

特意 tʰəji

最近 ɔirɔ

一向 tɕaːnə

丝毫地 jimata

一直 jitʂi

向来 tɯtʰiː·tʰʉŋwa

幸亏 hatʃatʰiː·βai

根据 kəntʃyː

或者 pijʉ
　　 tʰəŋkəse

但是 tanʂi-

否则 tɕaːnə·əŋkəse

假如 tɕaːnə·əŋkəse

原先 ʊrta

起初 χwaːrsa/χʊarsa

其次 aːrsa

经过 qar-

即 tʃi

关于 kʊanjy

同样 ɔrqɔisan

因为 jimɔlɔ

为了 wəilə

虽然 sʉizan

与其 χɔːnə·atlaqiːnə·hkor·atlasaːsain

第三节

其他词

一　天文地理

世界、宇宙 zampəkləŋ

雷击 tʰɔq puː-

风暴 ɬaːn kʰiː
　　ɬaːn χara

大风 χara·salqʰan

天阴 pɔrɔtʰəqa-

黄昏 pɔrqɔlɔq

云雾 pʊtaŋ
　　mʊnaŋ

月晕 sara χɔrɔltʃβai

日食 narəntə·tʃɔːlɔŋ·naː-
　　narən tʃɔːlɔŋtʰə-

日落 naran tʃarqaqa

挂霜 tʃalən χɔχ

山阴 阴坡、阴凉处 qʊzaŋ

阳面 阳坡 heləŋ·pijnə

阴坡 qʊzaŋ·pijnə

回音 tʃaŋləq

较暖和的地方，冬场 tap

七星 tɔlɔːn pʰərqʰan

雷阵雨 tyːk

洪水 jwer/jyer
　　ɬaːn qʰʊsʊn

时代、世界 əsqalwa
　　sqalwa

雪峰 qaŋ

山坳 qaŋ·ɔilɔq

草山上的平台 qaŋ·əʉ

牛郎星 hkɔrtʃʰə hɔtən

三星 hərtʰaːltʃin

浪花 tʃʰalβər

毛毛雨 ʃaqartaq·pɔrɔːn
　　zəmpər·pɔrɔːn

暴雨，大雨 χara·χʊra

中雨 tʃʰəqaːn χʊra

冰雨浮起来 ʃyrmaq(a) qaila(qalija)

犁铧星 metʃʰət

全天下 χamaq·pərtʃə

四面八方 tørβen pərtʃə·naiman·qətʃaːr

山间小沟，隙 χat

峡谷 χəsəl

山嘴，喙 qʰʊʂʊːn

  qʰʊʂʊːn

沿、边 kʰerβəi

积雪 山梁背上常年堆积的 kʰør

  tʃʰasən kʰør

  meŋkʰø

山巅、达坂 tawaːn

洼地，坑 tʃʉŋkər

小径，便路 kʰertʃʰe

珠子 kʰeβəɣ

泡透 tʃʊlʊm

宝瓶河 地名 həkteːrə·qɔl

北极星 χɔinətʃʰ pʰɔtən

家乡，故乡，营盘 ʊrta·sʊːma·qatʃar

原住地，地址，家乡 nɔtʰɔq

天空 ɔqtʰɔrqəi

火种 lɔqsəi

  qal hkʰe

  tʃʰɔq

热火灰 qɔrqʰɔq

灰尘 房顶下掉的 qɔrɔm/qʊrəm

整天 otorleke

东牛毛 地名、山名 ølmiːn ɬamtʃʰʊq

  ølmøtʰ ɬamtʃʰʊq

西牛毛 地名、山名 χɔitʰə·ɬamtʃʰʊq

石窝 地名 merɔq

红石窝 地名 ɬaːn qɔrəm

尔藏河 ərəzaŋ qɔl

拉萨 地名 tʃʉː

沼泽地 øløŋ

苔草 øløŋ wesən

汇合处 三岔路口、河谷岔口盆地 peltʃʰerken

半边月亮 ørløkʰi sara

生灵 别人 amtʰan

  semtɕan/semtʃan

生灵、万物 amtʰan semtʃan

寺大隆河 staqləŋə qɔl

沟类 小沟 sʊtal

山梁、鼻梁 山鼻梁 køltʃør

灾难，苦难 qʊaq

  ərkamʉː

干枯的泉水 sɔqɔr pʊlaq

须弥山 sʉmər ʊla

恒河 qaŋqa mørən

崖缝间滴落下来的泉水 təkəs pʊlaq

旱井 χaŋ

山丘 qəta

尖山的凹处 qətʃŋ

土崖 ermek

崖壁 qatiːn·χʊr

平滩 pələŋ

薄冰 harqəm

红铜 paqʰqʰər

黄铜 qɔlɔ

宝，宝贝 eːrtənə

  ertən

白水 纯净水 χara·qʰusʊn
冬天不结冰的泉 χara pʊlaq
不结冰的泉水和河水 χaralaŋ
深水洞 χaraŋqə
石截子 陡壁流瀑布之地 tʃaŋqərləq
大缝隙 冰河中的~ tʃenekʰei
洲沚 tʃenekʰei qʰusʊnə tʊnta
水中的草地 tʰɔrqʰə·qatʃar
湖滩里的空地、坑坑洼洼地 tʃerkʰen
　　ølʊŋə·tʃerkʰen
陷阱 laqartʉŋ
起浪 tʃe:ləktʰa-：nʊːr tʃe:ləktʰa-
起雾、弥漫 sɔlɔq·htʰa-/sɔlɔqtʰtʃʰ·βai
下雾 sɔlɔq-
烟雾 sɔlɔq
沼泽地里的草地 ølʊŋə tʃenekʰei
煤 χara·ʃərʉː
　　kʰømør
硫黄 kʰʉkʰʉr
避风处 kʰiːtam
小石峰 pas
山上滚下来的石头、岩石 qɔrəm·pas
土堆 ʃərʉː tɔːmpər
堆 tylɔq
纹 har
刮旋风 χʊi hɔrqaltaqa
烟油子 烟垢 patʰqʰan
他乡 异地 χariːn qatʃar
浑水 tɔχqʰəm/tɔqqɔm

二　时间方位

次年 χɔitʰ·ɔn
　　aːr tʃəl

时候 tøke
　　tyke
半夜 søːniːn tʃarəm
　　søːniːn tʰiən
下面的 tʉːtə/tɔːtə
上面的 tiːtə
从……上面 tʃaqasa
横竖 pərqa tʰuʃ
屋内右侧 tiːtʃək
屋内左侧 tʉːtʃək
下边那个 tʉːtʰere
上面那个 tiːːtʰere
北方 下面 ataq·ʂɔq
南方 上面 tʃaqa·ʂɔq
那面 衬托词 naːːtʰere
这面 onyːtə
那边 tʰoryːtə
中间的 tʊntaqʰə
往西 西面 χɔiqʂ
过后、从前 指时间 ʊrta·tʃʰeq
西 χɔitʰə
沟顶 qɔːlə ʂəkʰən
跟前 身边 tekete
暗处 背后 talta

三　植物

大黄 ʂəratʃʰə
水母雪莲 pʰʊqʰa·χʉːn
草莓 nərsʉn
狗爪子 狗爪子花 nɔqqʰəin·tarmaq
针茅 狗尾巴草 nɔqqʰəin·syːl·wesən
狗食盆 nɔqqʰəpʰ

nɔqqʰɔqi:n·ʊqʋɑ
青海杜鹃_{冬青} ɔtʃɔ
蓝苞葱 øløŋ·sɔqɔŋ
青艽花_{入药，开白蓝花} pʰarsəŋ·metɔq
秦艽 pʰarsəŋ
星状风毛菊_{星状雪兔子、苏尔公玛保}honzi
    pʰənrə·metɔq
华丽风毛菊 tʃa:rə wesən
松针 pʰərtʃʰik
落松叶_{能烧火} ʋqʋjyq
小叶金露梅 χarqana
棒条子 saβa·tʃʰəkpə
高山黄花 pʰʊrtʃʰaq·wesən
白杨 tʃʰqa:n·tʰʊ:raq
麻黄草 tʃyrkene
野草穗子 ɣəβər
庄稼穗子 søɣølmøɣ
马兰 kʉkʉk·metɔq
莲花 patəm
艾蒿 tʃʰəqa:n·χəʉ
枯柴 laŋtʃʰen
大黄秆 ʂəratʃʰ·qɔβəl
空心草 qaŋqʊ:l
麦子 tʃʰqa:n·ʉʂɔ̃
芨芨草秆 tʃʰik
芨芨草的叶子、穗子 tʃʰiqtʰa:lan
沙棘 tʃʰətʃʰərqana
肋果沙棘 tʃʰəqa:n·tʃʰətʃʰərqana
钻天柳 tʃʰəqa:n hərtʃʰi:sən
火绒草 tʃʰəqa:n χəʉ
白蘑菇 tʃʰəqa:n·mokʉ
河柳 tʃʰitpʰʉ

狼毒 talan·ta:qan
耳朵艾蒿 tʃʰkʰənə·χəʉ
珠芽蓼_{也叫山高粱} əranpa
    rampa
穗子 satʃəq
百合，山丹花 sarʊna
野茶 sertʃʰa
黄花_{一种草本植物} sertʃʰi:n łapʰtʃʰəq
    sertʃʰi metɔq
龙胆花 sesəŋ(søsən) metɔq
树梢尖，梢，头 tʃy:r
镰形棘豆_{九头草} hərtʰaqʃa
草疙瘩_{湖滩中鼓起的} sɔqɔ
红柳 pa:lqən
密花柽柳 sʊqə
一种灌木_{用来做箭杆} sytʃə
酥油草 ʂarəq we:sən
石莲_{矮大黄，戈壁大黄} tʰeme:n·tʰaβaq
地木耳_{地见皮} tʰeŋkeri:n·ʃarə
毒草 tʰɔm
    tʰɔmtʰə we:sən
被毒草麻醉_{牲畜吃毒草全身发麻} tʰɔmtʰə-
野草莓_{泡泡莓} palaŋ
    qʰatʃi
松树上的苔藓_{巴音、康丰土语} naq·səkʰi:
    χom·ʂəra
    jɔrmɵŋ
山杨 terekʰ
悬钩子_{山莓} tərsən
做酥油灯捻子的一种草 tərwa
红麦子_{草名} əranpʉ
    ranpə

黄芪 qaqəʂəkʰən·tʃyrkene

草菇 扁麻菇 χarqana·mokʉ

土蘑菇 htʃəl·mokʉ

　　tʃʰəqa:n·mokʉ

黄蘑菇 ʂəra mokʉ

松蘑菇 naq mokʉ

黑蘑菇 χara mokʉ

兰花青椒 药材 hkø·pʰarsəŋ

白花青椒 tʃʰəqa:n·pʰarsəŋ

花椒 alaq·pʰarsəŋ

细沙葱 紫红色花 hkø·tʰa:na

茯茶 hɔrpʰɔŋ·tʃʰa

燕麦 halaqʰan

黑青稞 χara arpʰi:

黑柳 皇城柳 χara·hərtʃʰi:sən

黑紫披碱草 χara qəβər

山柳树 柳柴 χaβaq/qʰaβaq

冰草 χʊjaq·wesən

白桦 χʊltasən

桦木 χʊltasən

马莲 malian

山丹 sarʊ:n/sarʊna

荨麻 毛果荨麻，蛰蛰草 tʃʊ:taq·wesən

冬虫夏草 pətʃʰi øβør·tsʰʉntsʰaɔ

苗 ʊqʊləŋ

柏树，圆柏 hərtʃʰa/ərtʃʰa

　　artʃʰa

大柏树 苍树 ʃikʰe·hərtʃʰa

黄檗，小檗 ʂəra mʊ:tən

灌木 patʰ·tʃʰəqa:n

　　tʃʰəqa:n·patʰ

植物 tʃawən

　　pʊtərqan

鼠掌老鹳草 hʊnlaq·tarmaq

马柳 qʰʊaq

　　χaβaq

蒲公英 qaq·qʊaq·wesən

樱桃的果子 野樱桃 qaraməq

土薯铃 一种植物 ma:n·mɔqʰɔr

桝子 χara·mʊ:tən

兔儿条、细枝绣线菊 patli:

鬼箭锦鸡儿、狼麻 kʰømok

酸草 χʊrqan·tʃʰəqʰən

沙地柏，侧柏 ma:nə artʃʰa

　　ma:n artʃʰa

枣 zʉ:r

　　tʃʊqʰan

薤白，野蒜 kʰərən·sarəmsaq

五蕊柳 ɬa:n hərtʃʰi:sən

粗沙葱 兰花 χɔ:nə tʰa:na

　　χɔ:n tʰa:na

青甘韭 ma:n·tʰa:na

花柴草，草柴 tʃawən

　　tʃawəŋ

四　动物

熊，狗熊 tʰʊlʊq qʰara/χara

盘羊 qʊltʃa

狍 qʊra

鹅 pytʰy: tarmaqʰ

猪崽 qʰaqqʰi:n htei

　　qʰaqqʰi:n tʃəltʃəqan

鼠兔 石兔子 taʂərqana

麻雀 pɔqʂərqa

蝗虫 tektelkʰi:

大蝗虫 tʃaqtʃaqʰiː

蚂蚱一种蝗虫 tʰektemi/tekteki:

小蚂蚱，小蝗虫 tʰekty:lme/tekte:lme

黑甲壳虫 tɔŋəs

蚊子 hoktek

  hʉtək

尖嘴蚊子 hoktəʂ

  fʉktəʂ

黄蜂 ʃra zʉna

牛虻 hkʰø·tʰʉrʉːn

大蜜蜂 harqan·zʉna

  farqan·zʉna

  pʰarqan·zʉna

红蚂蚁 ʃra·ʃʊrqʊltʃən

飞蛾 qal kʰelepʰiː

虫子 鄂金乃土语 høːtʰ

狼 teŋɣər

  ʊlatəkʰə

  tʃʰqaːn·taqqʰa

  antərqa

  tekter

四岁乳牛 tønøtʃən

牛犊骟乳牛与牦牛生的 hərtʉmə

  hərtʉɣə/ʂtʰʉqa

犏牛 ərkʉ

  orkʉ

黄牛 palaŋ

羯绵羊 erke

羯山羊 serkʰe

狗崽子狼、狐狸、猎豹等崽子的统称 kətək

  kətʃʰək

小崽 htei

沙狐 kərsa

野牦牛 kørøːsən hkor

狗鹰 jɔlɔ

秃鹫 sqʰatʃər

布谷鸟 kʉkʉk

孔雀 mawrwa

胡鸠 χara·nemerke

白尾海雕 qʰʊsən·pʉrkət

戴胜鸟 liwala

黄鸭鸿雁 χɔŋqər qalʊː

  ʃra qalʊː

红嘴山鸦 tʃəŋlʉːr

凤凰 tʃʰʉn·ʂʉːn

苍鹰黄鹰 sar qərtʃʰaqʰəi

草原雕老鹰，短趾雕 saːr

雄鹰，雕 pʉrkət

老鼠鹰 ʃratalə

雉鸡松鸡 aβʉ·tiβʉ

  χara·ʃʉːn

寒鸦 alaq pɔqɔrtɔq

雪鸽 qaŋ køkøkʂən

藏雪鸡 man ɫar

  mal ɫar

雪雀 qaŋ ʃʉːn

雨燕 qarlaqəʂ

燕 χara·pøltʃər

  wøltʃər

燕子乃曼－杨哥方言 tʃala ʃyːrme

  qaqlaqəʂ

鹌鹑 tʃəl kekələk

石鸡，疙瘩鸡 χɔːnə kekələk

白鹁鸽 tʃʉŋzə lama

  htei·ʂʉːn

嘎嘎叫乌鸦~qa:qla
年内第二次产的羊羔 χaβər·χʊrqan
　　tʃʊn·qatʰəl
狗豆子羊身上的一种小寄生虫 altʰaqa
大狗豆子 qatʰʊqa
狼老鸦 qɔŋ·kʰərəi
青鹿，马鹿 hkø·pɔtɔ
青羊，岩羊 kʰølmek
白唇鹿 ʂəra·pɔtɔ
黄鹿 ərəŋas·pɔtɔ
狍鹿 qʊra·pɔtɔ
梅花鹿 tʃʰʊːɹeqʰər·pɔtɔ
鹿茸 hkø eβer
大麝成熟的 ʂəra·tʃaːrə
幼麝不到一周岁的 tʃʰəqaːn·tʃaːrə
周岁麝 hkø ʂətən tʃaːrə
公牦牛腹部特留下的毛穗，马胸前挂的红穗 χantaqəi
牲畜的胸岔 kerseŋ
　　həpʰtʃyːn
嗓子 seilaq
动物身上的毛 səβəs
马掌 tʰaqʰ
　　tʰaqʰqʰasen
　　tʃaŋ
牲畜的骨盆 χɔqˑjasen
牛毛 kʰølβə
　　kʰetʃem
　　zɯŋ
驼峰 pøɣøn
　　peqʰen
　　tʃɔqtɔr

羊肚肥厚部分 ərzem
动物身上的毛 səβəs
鳞 qɔnzɔr
牛鼻桊儿 qasqan
骏马、乘骑 kʰølke
　　kʰelke
两岁山羊 ʃike
兔崽 peːtʃin
青牛 tʃʰenkər hkor
两岁母山羊 tʃʰəsaq·maːn
两岁母绵羊 tʃʰəsaq
马的明鬃马额头上的鬃毛 tʃʰewek
犏乳牛 tʃʰɔqtʃʰəm
母绵羊 saqləq
羊虱子 saqarqʰə
七寸蛇 səmən·mɔqəi
田牛 səkʰʊa·ranza
无羔母羊产羔后羔死了但接其他羔的母羊 tʰøkøm
无奶乳房雌畜的 χara·teleŋ
鹿羔 ʃeː
大畜 ʃikʰe mal
小畜 ʃaqartaq·mal
蝎虎蜥蜴 keserkʰi
獐子 ʂipar
　　kʉter
野驴 χʊlan
乏的牲畜 tʃenkə mal
公犏牛，犍牛 omsə
　　mɯːsə
大象 tʃaːn hkor
两岁羯绵羊 ʃtəlen
疙瘩鸡 kekələk

早产的 hərtʰe tʰeresən
春天的羊羔 χaβar χurqan
夏天的羊羔 tʃʊn χurqan
秋天的羊羔 na:mər χurqan
冬天的羊羔 βəl χurqan
黑蚯 kʰʉret
当年的骟马 azəman
犍黄牛 azəman palaŋ
骟黄犏牛 palaŋ·azəman
家鼠 χʊnʊqlaq
　　χunəlaq
臭鼬 jez·qeqərəŋ
旱獭幼崽 qɔzqɔ
幼畜吃奶引起母畜下奶 wəlkə-
牲口出生 tʰørø-
蹦马~跳 lɔŋqəlaqa
　　lɔŋqəlaŋ·mɔ:rə
牲畜认养 一只幼畜吃双母畜的奶或死去母畜的幼畜吃其他母畜的奶 tʰel-/tʰele-
马打响鼻子 tʰʊrqə-
惊闪 牲口 tørβe-
冬眠 动物 hətʃʰe-
　　hətʃʰeket-
扇动翅膀 鸟类 ʃarpʰʊra-
鸟鸣 tʊ:ŋqar-
旱獭嗥 tʰarβəqan pʰɔqʰla-
羊毛等自动脱落 tʃʊlqə
　　tʃʊlqʊma
性交 qatal
交配牛 kʰəl aptʂʰβai
　　herkekt-

五　房舍器具

小帐篷 姑娘到婚龄时单独居住的 sʊrma ker
大帐篷 过去王爷住的用皮革和褐子做的帐篷 sari: ker
庙宇 nɔqɔŋ
轿子 tʃiaɔ
厕所 kʰi:re·qarma·qatʃar
　　tʰy:ne
背架子 orketʃʰə
盔 ɔrmɔq
笸子 用来篦虱子用的 ʃy:r
盘子 həɣtʰərma
脸盆 qatʊra
板凳 tʃɔqqɔima
拐杖 支撑物 tøŋkewər
车辕 jaŋʃen
绳结 拴牛的拉绳上的绳口 mɔntʃɔq
钵 装酥油用的木制器具 ma:rsəi
拴牛犊的拉绳 tʃelə
墨 墨汁 pekʰe
唢呐 ʃiniqsa
吹口琴，吹笛子 哄母畜亲幼畜 χʊ:r·ʂtʰa-
鹿棋 裕固族和蒙古族玩的一种棋类游戏 pɔqɔ
桶，挤奶桶 paqatsa
畜兽皮口袋 整体剥皮制作 tʰʊlʊm
羊皮袋 tʃʰyrtʃʰa
圆形坨结 用香牛皮做的圆形纺织部件 arsəlqi:n·halqan
打奶的工具 tʊlən
　　hsʉn·sɔm
纺锤托 a:rtʃʰaq
织褐子的经线 ərəʂ
织褐子的纬线 hərqʰaq

锅垫布 parʊ:l

鞍鞒鞍子的前后两个半圆型木板 py:rke

　　pi:rke

小天窗前后 χɔʂ ørøke

天窗 ørøke

钥匙 tʰykʰy:r

　　kələt

野外灶 qʰɔʂ

鞍垫马鞍坐垫 tepse

装满酥油的皮袋 tʰʊ:sən tektʰer

褥子，铺垫 teβəskʰe

铺的毡铺的褥子、垫子 teβəsme

打猎用的扣子 təzəma

钩子 qɔrqi:

扯肚马鞍上的一个部件 tʃərəm

攀胸马鞍上的一个部件 kʰømølterke

小车 htei·tʰerken

台子台阶 terkʰe

　　ʂat

火枪的捻子 meltʰe

弓箭袋 sa:taq

火药袋 qɔtʰ

狼匣 tʃaqərtʉŋ

阻挡物狩猎时为阻挡猎物而设 χaraŋ

扫帚 χarqana·ʃy:r

　　ʃy:rme

白帐篷提边 qʊtʃa:sən

铁锨一类 ʂam·kʰʉsei

圈塌石用来捕狼 tʃaqərqam

大绳，长绳 lantʰaq

蛇、蚂蚁的穴、窝 hy:r

鸟窝、巢 saŋ

动物的窝 keptʰetʃʰe

饭馆、食堂 χula·ʊ:ma·qatʃar

套索套牲畜的 ma:rtʃʰaq

火铲子 qal·tʰe:me·tʂʰanzi

柄 tʃytente:n

薄毡 tʃetəm

筐 kʰoŋ

碗框搁置碗盘的木框 ke:r·kʰoŋ

粪筐 halqar·kʰoŋ

背篓 pəitʉ:

土布拉当地汉语土话，指袋子 tʰʉpʉla

粗褐子口袋 tʰa:r·ʉ:tʰa

褐子口袋 alaq·ʉ:tʰa

白口袋用白色羊毛织成的袋子 tʃʰəqa:n·ʉ:tʰa

秤 htʉr

提头压条织褐机上用的 kʉzək·tʰijaq

褐刀 oltə/ʉltə

鼓 tʃʰaŋ korəŋ

手电 qar·tʃas

鞍花压钉、泡钉鞍座上的 melɔŋ

　　møløŋ

顶把、疙瘩锅茶壶盖上的 tʰɔq

鞍弓子 ty:kə

单肩小挎包装茶、盐的袋子 ta:ləŋ

　　ta:ləm

马鞍 emel

　　heme:l

箱子 ərqam

　　rqam

攀绳牛脖子的 hərkʰi:tək

柱子帐房外面的 qara·qaŋzə

褐子的分线条 halqa·tʰijaq/tʰijaq

第四章　分类词表

169

驼鞍屉 mɔχɔm

篱圈 qɔrqɔr

弓弦 qøptʃʰə

梢绳 qantʃəqa

梢绳驼子 qantʃəqa tarʊ:lma

分线绳褐子的 halqa·ti:sən

压板／吊板褐子上面放的，捕猎用的 tarəlqa

帐篷的固定绳 tarmaqʰ

支撑 paqana

柱子 qara

模子 elmek

锈铁 ~tat

帐篷上的梁帐篷木梁、顶梁 qoŋʂən

牛脖绳 kotʃy:ptʃʰə

链子 tʃʰentər

锅灶驮灶具驮子 jyk

　　qatʃʊ:

三叉绊 qʊrβalət

两叉绊 ørlølət

羔羊皮熟羔羊皮 qʊrsqa

烟锅，烟斗 qaŋsa

　　χaŋsa

光板鞍子鞍架 χaŋqəltʊ:r

绳子的接头 tʃalqa

铠甲 kʰy χajaq

褐架的支脚 kʰøl mʊ:tən

固定褐子的底橛 kʰøl qasən

提口捕猎用的一种扣子 kʰøl ti:sən

　　kʰølteme

胡琴 χʉ:r

口琴 aman·χʉ:r

二胡 qar χʉ:r

马头琴 mɔ:rə·χʉ:r

笛子 χʊlʊsɐn·χʉ:r

鼻烟壶 χkʰy:r/økʰy:r

玩具 tʃəkəi

　　na:tma tʃəkəi

薄毡 tʃe:tem

厚毡 jaŋʐʉ:n

毡帽 skʰi: tʃøŋke·malaqai

壶嘴 tʃɔrqɔ

烙 qata:lqam

阻止牛犊吃奶的木板戴在牛犊鼻子上，毡房下面围起来的布 qʰa:mpə

　　qʰa:mpʉ

光板羊皮刚剪完毛后死掉的羊的皮 saqtam

衣服的贴衩，帐篷的拐角（有四个）ʃəkʃək

帐篷的短的三角形拐角 tɔqɔlɔŋ ʃəkʃək

三角拐，三角布帐篷等 tɔqlɔŋ·ʃəkʃək

　　ʃəkʃək

毡袄 jalma

小三角拐用于帐房的缝接处 χara·kerə·ʃəkʃək

烟袋 pʉ:r

　　tʰaməkə·pʉ:r

粗褐子做帐篷用的 tʰa:r

鞍屉 tɔr·tɔqɔm

火撑子 tʃaqas

火药桶火药袋 ta:rə·qɔtʰə

　　ta:rə·χɔtʰə

火药石 ta:rə·tʃʰəlʉ:

火药用马尾团 maʂə sy:l

火药用石头 maʂə tʃʰəlʉ:

导火线 meltʰə

毛制帐篷 tʃʰarwi·ker
　　jap·ker
缸 qaŋ
碗类家具 keir·saβa
坐垫 专指和尚坐的 tʃaqtam
结绳法之一 kʉrme:t
接羔用的暖洞 kʉrkəʂ
碟子 带盖圆形木盒 paqqʊr
套绳 马、牛的 martʃʰaq
火盆 χopʰən
拴橛子 套绳法 qatəsən
　　qasən·paqlama

六　服饰饮食

衣领 eŋker
纽襻 elmek tʃaŋqʊra·tʰɔptʃʰə
　　ermekʰ
褡裢 马背上用的装物品的口袋 pɔqtʃʰɔ
褡裢中间的连绳 elmək
扣针，别针 tʰɔptʃʰəlʉ:r
　　kʰəʉtʃən
楔子 tʃəŋətʃək
纺线 tʃəqeʂ
拱边 服装边子 tʃiq
缝边子 tʃiq·parma
挂面儿 衣服 qatarla
挂里子 衣服 htɔrlɔ
镶牛皮靴 palqi:r qɔsən
靴 qɔtɔsən
　　qɔsən
呢子 qasaq
脚穿物 鞋、袜等 kʰøltəkə

袈裟 tʃiaʃa
头饰、首饰 总称 tʃy:lke:
头饰前部 kʰømpeʂ
头饰后部 arsəlqa
头饰接环的上面部分 kʰempeʂi:n
　　pelezeɣ
头饰顶端的环 kʰempeʂi:n qɔrqei
头饰下面圆的部分 kʰempeʂi:n pʰəŋzi̥
头饰底部的穗子 kʰempeʂi:n·satʃəq
卡子 拴狗链颈项处的 tʃʊ:maqei
结 laqər
穗子 装饰 zaβja
毡袜 pʰɔitʰɔq
　　pʰaitʰɔq
短皮袄 tʃarqa
衬衣 上衣 kʰy:lək
耳环 e:məkʰ
提头线 kɔzək
衣服花边的夹条 qaptʃʰa:r
鞍翅 靴边 qaptʰasən
大襟 qata:tə
小襟 htɔ:tə
服装 məskə
　　məskə qɔptʃʰɔsən
荷包 qapʰtʰərqʰa
护身符 χɔrɔŋqʰɔr
护身符绳，绳结 tʃaŋqa
布施 qartʰəq
毛绳 打牛羊的工具，摆抛子 pʰɔ:rβə
　　χɔ:rβə
抛摆抛子 pʰɔ:rβəta-

χɔːrβəta-

裆，衩 aqla

腰带 pel ʂitemek

烟袋荷包 χaːrɔːr

套袖 χantʃʉptʃʰə

绸缎等的纹 kʰør

被子 piɣə
　　piɚ

褐子 alaq

白褐子、白色长袍 orkome
　　tʃʰowa

布头，布条 pʰʉtʃʰəŋ

木勺子、勺子 tʃɔːməʃ
　　tʃʊːməʃ

铁勺子 ʂqʰɔqiː

奶食品 tʃʰqaːn·teːn·

奶干 tʃʰyra

酸奶干 pɔtsɔ

烧饼、烧壳子 kʰɔŋkʰɔr
　　pʰʊrsaq

炒面糊 kʰeβek

碎米，粗末 kʰəβək

面片，面条 pətaːn
　　pʊdaːn
　　pətaːn χʊla

包子 qʰʊʃʊː pʰʊːma

饺子 tʃiaozi
　　ɔlɔnə·qʰʊʃʊːn
　　qʰʊʃʊː kʰømørkəme

锅巴 qʰərsəm

熬油 qʰʊrtʃʰanqa

酵母 kʰøneːrke

熬奶酪的酸奶水 tʃʰʉrkə

荤食 łaiqətʃʰi

荤腥 łai

（饮食过量而）吃伤的 pʰɔlɔq

乳脂奶皮子 χəjaq/pʰijaq

酥油浇团、酥油团 harqəmaʂ
　　harqamaʂ

炒熟的青稞 χʊːrmaʂ

马兰米子 tʃaqʰərmaq

翻过的空肥肠 tʃɔmtʃɔːr tʃʰʊtʰqatʰ

油渣、肉渣煮肉时漂浮的渣 tʃʊlqʊm
　　tʃʊlqəm

赏赐，留给娃娃的食物 kʰəʂəkʰ

七　身体医疗

心脏 tʃyrken

后脑勺脖子后面的 tʃɔqtɔr
　　ketʃke

太阳穴 eŋkeske

食管 łaːn χʊːla

血块 satan

结肠、盘肠、怀孕的、两股 qʊːrmasən

乳房人和畜的统称 teleŋ

脸蛋 eŋkeske

面颊、腮帮 tʃaqtaqai
　　tʃʰaqtʰaqai

小腿后侧 pɔrβəi

脚后跟 zɔŋqiː

小舌 maː kʰelen

酒窝 hɔlər

后跟筋 əltʃeken·ʂəntasən

髋骨 syːtʃin·jasən

指纹 χərɯ:nə·hwar/hʊar
遗体死人的头 hløk
   hlek
   øløk
死尸 hkɯtel qartʃʰtʰane
臀 lɔqlɔq
髋骨 a:rtʃʰaq·jasən
锁骨 qøptʃʰ jasən
裸体 ɬa:n
大动脉 kore:n·hta:sən
四肢前腿后腿合成词 χa·kʰøl
前小腿牛羊的，前臂人的 χarə
黏膜，羊水幼畜出生时身上的 tʃalma
眼屎 saŋ
狐臭 χʊlaŋzi
屁股墩子 pa:tʰəraŋ
肘大臂 tɔqʰɔ:nɔq
食指 kʰeβək·tɔqʰəma
胰腺 nɯ:r
耳屎 qaŋlaq
坐骨 qɔ:ŋ·jasən
臀，屁股 qɔŋqər
臀牲畜的髋部 sa:rə
鼻腔 χaβar/χʊa:r/χwa:r·kʰontʰi:
下巴骨 ori:n/ʊrɯin
脚颈 kʰølə·ʂələ
胸脯，前身 kørtʃʰøt
碎软骨 kʰeməɣ
踝关节，脚腕子 maqaltʂʰaq
   maqaltʃʰaq
囟门 tʃyla
头盖骨，头顶 tʰɔtpʰa/tʰɔtpa

肚子、肠、内部 htʰɔr
头顶的小辫 hkʰol
辫子 kormel
   hkol
灯笼辫 tʃytʰətʰ kɯrmel
干角、犄角 χaq·eβer
孕妇流产 peisən·tensere
难产 olok tørøtʃa
流产 mal htərqi-
   kʰøl alta-
牲畜流产 tʃarəmtəqla
呛住 χəqʰa
打嗝 jiqəʂta
眼睛里的玉点 tʃaqʰər
沉睡，昏过去 qaŋqʊalta
斜眼 χələqər
   χələqəi
抹药 em·sɯkʰə
叉腿 altʃʰi:-
盘腿坐 ərtʃalqaja:n·ap
天花 χara·pʰərqʰan
胎衣 χaləqʰ
牛瘟牛出白（口吐白沫）aβaqa
口蹄疫 aqzəl
引起腹泻 kesən tʰʊ:lqa
   ketəsən·tʰʊ:lqa
罗噶肉心肝肺和肠子之间隔开的肉 ørø:tʃʰə
药丸 ərələ·em
牛黄 kərχaŋ
疼痛腰腿 kʰəltʰəle
抽筋 stasən qɔrəl
痉挛腿/胳膊 qɔlərtʃʰɔr

疤痕 tʃɔːr
腿麻 kʰøl ntaraqa-
手脚麻木 nara-
　　　　mara-
　　　　tʃəməktʰer
配药 tʃeple-
疥癣 χamʊː
炭疽病 qatʃartʰəkə
　　　kɯtʰkə
癣牛皮~qamtʃʊː
寄生在鼻子里的一种病菌 hərən/hərəm
梅毒 jaːra

八　婚丧信仰

信仰 tatpʰa
庙会，法会 tʃʰytʰɔq
化缘 qartʰɔq
　　 qartʰəq
神山神 əlχɔn
订婚 araqʰə·qʰataq·tʰal-
彩礼 χalaŋ/χaləŋ
嫁给 saqla-
戴头姑娘到17岁举行的戴头饰仪式 hsɯn tʃyː-
　　　kømpeʂ tʃyː-
　　　tʃyːlke tʃyː-
送亲仪式新娘家的婚宴 hkon naːtqama
摔跤 pørkʰe·parəltə-/pørkʰe·parəltʃə-
　　 aβaltə/aβaltəqa-
供品炒面制成的、寺庙里做法时用 htɔrma
　　　tɔrma
祭奠献供，供奉 taqʰə
奠基，算卦，用藏历算 hərsiː tʰal

萨满附体 həltʃʰə pʊːlqa-
巫师，萨满 həltʃʰə
　　　　çiltʃʰə
　　　　əltʃʰə
徒弟、小喇嘛 paːntə
活佛 keken
妖魔，魔鬼 maŋqəs
是非鬼煽动制造是非者 kʰɯn otoma
灵魂非正常死亡的 hʃet
亡人逝者 səntʃat
定亲的彩礼 χalaŋ
送彩礼 χalaŋ tʃøkʰe
报恩彩礼报答父母养育之恩，女儿或婆家给娘家父母的礼品
　　　　hatʃəq χalaŋ
卜卦 χɔrqɔr
玛尼石头 maːni tʃʰəlʉː
呼风唤雨 tʃatala-
呼风唤雨的人巫师 tʃatatʃʰə
跳神 tʃʰam tʃʰamla-
锣 tʃʰaŋ
运气 irwətʂi
　　 lɯŋkərta
吉祥 nɔrwə
家神护法神 tʃʰyrtʃʰiŋ
土地爷 niptaq·saptaq
哈达中等的 ʂutaq
哈达最大的 qʊitaq
佛像，唐卡 tʰaŋəskʰə
结拜朋友 tʰaŋqaraq
诵沙特 ʂaːtʰ·tʃøkʰeme
结亲 ʊrʊq·parəltʃʰa-
布施 okolke

看属相念珠算卦 parkʰa tʰʊ:la
看年相 tʃəl·tʰʊ:la
看月相 sara·tʰʊ:la
看日相 otor·tʰʊ:la
看时间相 tʃʰeq·tʰʊ:la
手合十 ʂaqəm sɔlɔ
宝瓶 həkte:r
幔 jɔlβə
  kʰøʃkʰø
手转经轮 la:qər skʰor
忌日 qaʂə
鄂博 敖包 ɔwɔ/ɔ:
命运，遭遇 li:lan
降临 ʂtʰɔqlɔ-
花名册 tʃajiq
香 kotʂə

九　人品称谓

安江 姓氏 antʃaŋ
朵 kʰətan
朗 əqlan
兰恰 lantʃʰaq
高 əker
  ərker
苏勒都思 简称苏 sʉltəs
郭 ŋqɔrət
孟 ŋquara
张 原义为獐子，谐音张姓 ʂipʰar
王 原义为碗，谐音王姓 ke:r
额仔乃 也叫鄂金乃，主人之意 etʃnei
  eznei
乃曼 部落名，八个之意 neiman

大头目 过去裕固族部落最高统治者 ʃikʰe njɔn/nijɔn
  ta·tʰɯ:mʉ
  ʃikʰe htɕʰɔ
九个大阪 乃曼、杨哥部落地区的九座大山
  çisən tawa:n
汉族，汉语 qʰʊtʰat
藏族 tʰaŋqət
土族 tɔltɔ
回族 saltʰʊ:r
蒙古族 mɔŋqɔl
汉族妇女 χətʰtei-tʃən
  χəktʰei-tʃən
侄女 hatʃəkon
侄儿 hatʃəkʰy:n
继母 a:r·hkʰe
继父 a:r·tʃʰikʰe
姐妹 əkətʃʰə ty: hkon
父亲 atʃa
  papa
叔叔 htei·atʃa
  htei·papa
小叔叔 zəkri·papa
  htei·papa
干儿子 χaq·kʰykʰen
干女儿，义女 χaq hkon
弟弟 ty:
  ty:ke
姐姐 tʃetʃe
后代 a:rə βəj
小舅子 kʰʉre ty:
小姑子 kʰʉre·tykʰyn
最亲的人，尊敬的母亲 ɬa:n hkʰe

伴娘、伴郎 teke:tʃʰə
　　teketʃʰə
接生员 tʊŋkeme
歌手 tʊ:tʃʰə
老太婆贬义 eŋkwen
　　eŋkʉen
家族，群 səkʰɔr
　　səkʰɔrtʰan
证人 keretʃʰə
当官的 qɔqɔtʰə
行乞，乞丐 qɔilqɔtʂʰə
渔夫 tʃaqasən parma
老头子老年夫妇互称 lʉ:tə
婚礼上帮忙的人们 χanəqarmela
野人 tʃe:tmən
野人猩猩 kʰʉn tʃəpte:n
　　tʃetpən
主人 etʃen qʊrqan
流浪者 tempekər
老太婆 lɔnne
老人们 kʰokʂən qʰaqʂən
中老年 kʰokʂitʃʰe:r
长辈 aqa·tʃaqa
君主 etʃen·χa:n
格斯尔、格萨尔中国三大英雄诗史之一 keser
皮匠 arasən·parma
酒囊，酒鬼 araqʰə·tʰʊlʊm
女人贬义 hkənər
　　kənər
　　kønør
师傅佛教的 qerqan
教师师傅 sʊrqaqtʃʰə

朋友青龙方言 χalən
　　χanə
　　taŋaraq
厨师 χʊla htʃʰəlqama
　　tʰɔqɔ:tʃʰə
泥水匠 ʂəβartʃʰən
仆从 taqaβər
吹牛者 tarqʰəraŋ
　　tartəlaŋ
守卫 mana
守夜人 sø:nə·manama
发育不良的婴儿 kʰʉ:nə pe:tʃin
邮递员哨兵，放哨的 χarʉ:ltʃʰə
仆人 ərzawa
　　əqzawa
　　tʃartʃʰa
小偷 əlwətʃʰə
盗贼 tʰaβaq
　　χara·tʰaβaq
强盗 te:rmetʃʰə
牧场 mal atlama·qatʃar
　　peltʃʰe:r
牧民 mal atlama·kʰʉ:n
　　maltʃʰə
老师 pʰətʃʰek（øtʃøk）tʃa:ma·kʰʉ:n
　　øtʃøktʃʰə
奇人 qailaŋ

十　农工商文

食粮食物 ʊ:lqa
农业 tʰara:ltʃən
走敖特尔流动放牧 htʰɔrlɔ

游牧 mal htɔrlɔ
本，根 ɔq
辈，代 jyen/jwen
　　ɔlɔq
做饭 pʊtaːn·ətʃʰəlqa
糠 amənə qatar
牲畜的耳记 hərtʰaq
多年的臭羊粪 homekʰiːtʃəl
羊粪蛋，羊粪 hørtʰøkʰ
　　hərtøk/htøk/tøkʰ/tøk
羊粪砖来源于古突厥语族语言 kʰerβəʃ
羊粪粉沫 tʃəl
木炭火，烧了半截的木炭 kʰʉseː
冻牛粪，干牛粪 tɔŋqɔrma
　　tɔŋqərma
干屎人的，驼粪 martʃʰə
马粪 hontʉːl/hɔntʊːl/fɔntʊːl
历史 lɔːrtʃi
剪马鬃给两岁马剪鬃剪尾 telte-
玉顶马牛额头上的白点 tʃʰɔlβɔŋ
砍柴人 tʰeleːn·χokme
铁匠 tʰemər·tʃantʃəma
　　tʰemər·parma
毡匠 tʰɔqɔm·tʰalma
省 qʰətʰɔŋ
村 qatʃʰa
专区 aiməq
用处 qəβtʃʰɔː
区别看待、挑选 əlqaβər
痕迹 nɔːtʰpa
程度 tʃirken
碎片 ʃaqartaq

印出来 χwarlaqtʰa/χʊarlaqtʰa
张掖旧称甘州 qaːməs
谜语 tʰaːsmaq
邻居，隔壁 ail
　　ailtʃʰin
邻里 ail aqʃʊːn
　　ailə qʊʃʊːn
物品，家具 paraː
　　et paraː
财产 et paraː
诱饵 etekəʃ
不正当的生意人 kʰʉn maqʰatʃʰə
人贩子 kʰʉn qʊtaltəma
报酬，工资 parəlqa
　　kʰʉnesən
　　kʰʉlesən
机会空隙 sikʰap
遗物遗言 kerəs
脾气 aːʂər·ʊːr
收入 erelken
　　erelke
出谋，办法 lɔː
体力 matʃal
计谋，主意 arqa
　　ərkʰʊa
　　tʰaɲʃa
诡计，狡猾 məqzə etisən
闲话 χɔp
说闲话 χɔp·tʃyː-
羞怯 χarəq
　　χaratʃʰyːr
死对头针锋相对 tain·taːpsən
报答~恩情 χaramtʃə

伤害 qɔmʊtal

裂缝 qarqʰiː

目光 qawaqʰ

穷光蛋 qʊairəmtʂʰə

圆木 qʊtʃəla

俗话，谚语；辈分 kʰep

说谚语的 kʰep larqəme

看法 区别看待 əlqawər

仇恨 kʰəkʰɯː

　　χəχɯː

锈 tʃeβe

　　tat

原因 htʃʰʊr：ima·htʃʰʊr

蜕皮 脸~ χʊːrasən

闹别扭 tʃɔrəm

话说得太客气，无法实现的事情 kʰapʂən

口舌战 kʰele qʰamtʂʰə

剩余 heleβər

　　holyːr

十一　动作行为

点~火、~灯 palta-

尊重 tatpaβala-

　　taβtʰa·para-

记号 ʃtʰaq

鉴别 ʃtʰaqla-

有负担、难受 taːβərtʰiː

爱，可惜 χaira/χairan

嗑 kʰəla

啃骨头 məltʃa

擦 碗、铁锈等 tatla-

夸耀，吹牛，骄傲 tarqara-

去 χanə-

　　hanə-

灭、扑灭 hamʊːl

　　χampʊ-

捎带，运，……掉（助动词）elke-/əlke-

人出生 ɔːl-

收集 lɔqlɔ-

瞌睡，打盹 salqʰəla-

保护 χɔːr

　　χɔr

转动 拧，如拧螺丝 horkyːl

自己分开 χwaːraqat/χʊaraqat

差 短 htʰa-

印出来 χwarlaqtʰa-/χʊarlaqtʰa-

偷 χʊlaq

胡说 巴亚特语 χʊːsən ʃɯlɯla

爬行，匍匐 məlkʰø-

调和 saitʃʰilaltʊːl

抽烟 tʰaməqʰə sɔrɔ-

慌张 alβərtʰaqa-

忙乱 halβərʃtʰa

亲嘴 ɯpa-

亲吻 小儿语 ɯpa·kə-

抚摸 əlβə-/əlpə-

耻笑 taβala-

黏 əltʃərkʰəi

管理 ətaq·pɔlχqʰʊai

吼，嚎 ɔlə

哄~小孩子 otə

拴 haː

　　çaː

喊~叫一下 ɣəɣə
　　kəkə
派遣 发运 əlke
掺和、合并 pərkə-
寻短见，斥责 pʊrʋiṣa
豁开 pʉːrla
承受，经得起 taːṣitʰaqʋai
重复，反复 taptʰa
　　lar·taptʰaqa
致富 富裕 pjatṣə-/pijatʃa-
捣乱 tɔqʰəlqa-
　　tɔqʰəlqaqa-
煮烂 zereketʰ
　　həltʰrʉːl
愣住 pʰarqʰiːqʰ
　　farqʰi
　　faltʰiː
拴住 χaːqaː
　　ɕaːqaː
呻吟 牲畜生病后 entʃəkta-
　　entʃəkla-
滚~蛋 tekere-
　　tekereket-
跌掉 tekere-
　　tekereket-
取暖，天气变暖 tʊlaːtʃʰa-
钉 telet
爱训斥人 qɔqqɔlɔqɔ
飞扬的卷土 黑风、沙尘暴 qʊlamtʰan aːrˑtʰal-
客气 χaramzalaqa-
说梦话 tʃøːkəle-
拜见、见面 tʃɔlqɔ-
　　zɔlqɔ-

遇、相遇 tʰʊqla-
　　tʊqla-
　　tʰɔːtʰəqla-ltə-
　　tʰʊqlaltə-
破费了 hərqalβi
急痛，狼吞虎咽 tʃʉte-
急痛 βetʃʰin tʃʉte-
剧烈，着急，挣扎难忍 tʃʉtere-
离别，分开 χaqatʃʰa-
绗 χaβa-
绗道 χaβaː
回春 χaβərṣə
用爪子抓 χarma-
纺 tʃeqərtʰa-
圆寂 tʃaŋtʃʰə tʰailβa
裆裤镶边 tʃaqəs par
糊住 tʃaŋtatʃ apʰ
消息，聊天 tʃaŋqə
打结 tʃaŋqət
生长，茂盛 hərtʃʰiːla
酷暑 酷热 qaŋta
昏迷 累晕 qaŋqʊalta
沉睡 昏迷 qaŋqʊaltatʃʰɔr
水上漂浮，鸟盘旋 qail-
　　qaila-
疯疯癫癫 慌慌张张 halβərʃtaqa
弄成团、成疙瘩 卷住、收拢 qətala-
仰 ketiː-
用灰消毒 锅碗瓢具等 hɬesle-
亲热 亲昵 helekeṣeke-
咯吱响 tʃaqəra-
拍掌，拍打 halqanˑtaṣə-

第四章　分类词表

179

熬奶子 hsʉn·kʰøːryːl-
鼓起 kʰyːre-
馊 høŋkəre-
闻到 嗅着 hʉnʉste-
涮涮 tʃeːl-
用棒子打 saβa saβata-
喘气 haməsqa-
畸胎 kʰyptere-
子弹、箭等待发 kʰyːt
无法自理 kʰʉnə qartʰə ɔrə-
抬起 kʰʉŋtʰeryːl
风呼呼吹，辘辘响，隆隆响 kʰʉrkʰəre-
炼铁 tʰemer·ɕintʰərqa-
　　tʰemer·kʰeske-
咿呀学语 aman tʃʰʊːl-
生根，活，重生 amtʰəra-
抚摸 arqata-
龇牙咧嘴 arzaqaltʃʰa
抓，握 parəmta
捧 捧了一捧，抓 抓了一把 ʊːʃta
催眠 轻拍哄孩子入睡 pelele-
比赛 marqaːtʰal-
偷懒 perkʰeʃe-
　　perkʰeltke-
打前失，绊倒 pʉtər-pətər-/pʉtəre
跌跌撞撞 tʰeltʰəkei
拢起 pʊlqata-
飞扬 pɔrqə-
熟透 zere-
困乏 牲畜蹄子磨破后走不动状 taptəra-
溜掉，转移，躲避 taitʃə-

溜掉，隐藏 qərtʃiqe
抡起，举起 taliː
承受，经得起 taːχʊai
吩咐，委托，捎 taːlqa
承担 taːqa
驾、乘 kʰølkele-
搭 tamla
挡住 taŋlaː
　　qaː
过，经过，路过 taːr-
结束 tarqʰa-
变 pərəl-
享受 etʃel-
谦让，回避、让步 taːrəlqa
翻越、超越，溢出 taβa-/tawa-
　　taβaːn/tawaːn taβa-
湿透，浸泡 teptʰe-
苦恼 伤心 tektereke-
心里发急 tektere-
准备 预备 tøkʰør-
　　kʉnpila-
昏昏沉沉 teme·temerkʰə-
使眼色 使暗号 temkə-
震动 teŋsere-
睡觉，就寝 terele-
　　keptʰe-
奔驰 tɔptʰəla-
　　tɔptʰələqa-
　　kʰølkele-
形成，构成 tɔqʰtʰɔ-
好得很 saitaβa
仰面 ketər·χantaqana

散开 təzə-
稳住性子 tɔqtʰɔrɔ-
量 ʃimʃetle-
挎、佩戴 aqsa-
拌，掺和，搅和 tɔχqə-
　　tɔːqʰqʰə-
滚动，卷 tɔqɔryːl-
搀扶，扶直，拄拐棍，靠，倚 tøŋke
扶正 topʃytkʰe
爆炸 tʊnqarat
肉变味 tʊntʃəra
踏牲畜、人~ htʰʊr·kʰəʃkə-
踩踏 htʊrtʃʰa·jaβqatʰ
揩，擦 ʃyɣkʰe-
　　ʃorko-
模仿 tʊːran
捶打烂 tʃantʃiqa
揉，烂 helte
　　hoŋke
磨掉 ele
　　eleke
扇 lepʰʉ-
　　lepʰə-
修饰、镶边 tʃaqasla-
　　tʃaqala-
　　tʃʰəm-/tʃʰəme-
点燃 不起火焰的 ɔŋʃə-qa-
点燃香火 saŋ ɔŋʃə-qa-
挪动 重物 əltʃer-
黏，黏糊 əltʃəraŋ
黏 əltʃəskei
擦伤 əlwər

装在箱子里 ərqamla-
嗡嗡响 ʃarpʰəra-
嗡嗡响 arpʰəra·fərpʰəra
卷起来 qaqqʊaqla-
仰着的 keteker
仰脸 仰身 keteks̱
竖起的 sərtəkər
锁~住 kələtle-
眺望 ketʃʰətle-
　　kətʃʰəte
指着对方眼睛骂 kerkeːte-
减退 退烧 haːra-
舒服，痛快 fʉtʰan
　　tʃʊqaraqa
肿大 肿得特别厉害 təŋkəle
肿 χaβʉta
忍耐 坚持 tərəs
裹脚 kotʃe
费力的，费力，难 kotʃor
　　kotʃorteβe
　　kʉtʃyr
消灭，歼灭 kətər
大批死亡 kətəra
斜视，瞪眼 kələŋta
脆 kətsəraŋ
煮烂 zelkere-
　　pʰʊtʰəra-
　　həltʰrʉːl-
煮烂 熬成粥了 s̱tʰaŋ·naqatʃʰ·βai
生长，茂盛，重生 hərtʃʰiːla
喷，沸、开 hɔrqə-

熬 hɔrquːl-
嘲笑，挖苦 hsaŋta-
　　saŋta-
涮，漱涮金子 tʃeːl：altʰan tʃeːl kʰike
鼓起 kʰøːre-
稍睡会儿，打盹 laqastʰa-
蠕动 lənpəle-
点头哈腰 ləŋɣəre-
　　ɣəwəreɣe
闪，飞快地 lepʰəle-
削，削尖 tʃyːr-
削尖 tʃyːrle-
小声说 kəlwəre-
枯萎 kʰoŋət-
砌添加 χatla-
瞧 χaiqʰa
盖住 χaːtʃ·apʰ
撇取 χalβə
烙～馍馍 qatʰa
面向 χantə
嘹亮，晴空万里 χaŋqəra-
鸟叫 tʃerke-
　　tʃirke-
水溢出来 qʰʊsʊn tawa-
溢，溢出 kʰəktʰeː qʰʊsʊn kʰəktʰe
放哨 manʊːl
弄脏 kʰerkʰe
眨眼 kʰərpʰəre-
损坏 hərei/here
　　ʉkʉikə-
出谋，出点子想办法 lɔː tʃaː-
　　lɔː tʃaːqa-

拨乱，整理 lɔqlɔː pʰʉkʰe lɔqlɔ-
整理 pʰəkʰek·lɔqlɔ-
混乱，骚乱 lɔqlɔqtʰɔ-
拉肚子 kesən/ketəsən·sʉkʰərke-
用刀切 qeqərte-
虚岁～十岁 keintʰʉnaːr·harβan·nastatʃ·βai
镶边贴边 qətʃəːrla-
明亮闪烁 qəltəle-
哼哼 ntʃəqlaqa-
　　χarmaltaːn ʃyrmelteːn
离别，分开 χaqatʃʰa-
转动，拧 horkyːl-
打耳光 tʃaqtʰaqaila-
嚣张 tʃaqʰqal-
　　tʃaqʰəla-
痒 tʃaqatʃʰaqa-
欺骗，诈骗 χʊːrmaqla-
护理 tʃiɲʉla-
　　tøŋkøke-
眯眼 zəmpəi-/tsəmpəi-
享用吃喝的敬语 tʃɔqla-
搬运 tʃyː-
串 χɔlβɔ-
　　tʃyː-
呻吟，嘴馋；窘困，急 tʃyte-
撵，追 tʃəra-
乱画 tʃʊːrta-
欺负 kʰaimaʂa-
拆散 kʰantʰɔrlɔ
　　kʰantʰɔrla
卧，躺，翻滚打滚儿 kʰərβe-
疼痛 qʰatqʰəl-

逼，催 kərkəntɯ:l-
燎 qʰʊʂqəla-
抬起 kʰɯntʰery:l-
努力 kʰɯtʃʰyt-
搜 nektʃə-
表扬 øji
裹~在襁褓里 øløkøte-
俯瞰 øŋky:-
叉腰 pʰi:re:n tʰoʃəleke-
镶 pʰolɯ tʰalqʊ:l-
背诵 tʃʰitʃəle-
缠绕，盘蜷 tʃʰɔqmɔqlɔqtʰɔ·hɔrɔ:-
捡 tʃʰølβe-/tʃʰolpe-
暴晒，焦糊，烤焦 tʃʰɔn-
绕羊毛团 səmekle-
垒起 çirsəqla-
　　hərsəkla-
　　ərsəqla-
呜咽无声抽泣 sɔqəla-
咬着嘴唇 ʂalβaqaltʃʰa-
破皮，擦伤 ʂəlβərtʃʰəke-
奔跑 tʰaqər-
拾柴 tʰele:n tʃʰølβe
蠕动 tʰertʃʰele-
运载用车载 tʰerkele-
捆子 tʰeβer
搂抱 tʰeβerle-
绷紧 tʰotlɔ
催促 tʰørkety:l
解开~包捆物等 tʰɯ:r
打开 tʰɯ:raqa
迟到，变慢 ʊta-

跪坐 ɯtəkletʃəke-
消失去世 ɯɣɔl-
点 hoky:l-
背手 ʊ:tʃʰa pele:n apʰ
吸 ʊ:tʃʰə-
喘气 ʊ:r tʃʰəkʰəltɯ:la-
捧两手~着 ʊ:ʂtʰa
厌恶 ɯsɯla-
收拾 y:qəla-
安置 qantʃilaqa-
借给 qa:rla-
　　qəja:rla-
搓绳 halqata-
诅咒 ʃetkətʃ pai
请，聘请 tʃala-/tʃa:la-
打哈欠 ʃe:lky:le-
寻短 ʃertʰə-
能说会道 ʃtamtʃʰiə
胡说 latla-
嚎叫 ɔrqɔqlɔ-
站 ørle-/erle-
毛、发纠结成团 ta:qʰəra-
搭 tamla-
谦让，回避，让步 ta:rəlqa-
哈哈大笑 n̠i:kə: qaqəʂta-
悲伤 qɔmʊtaqa-
蜷缩 qɔβʃi:
　　qɔrti:
缩短弄短 qɔrqʰɔ-
钩 qɔrqəila-
活，重生，生根 amtʰəra-

第四章　分类词表

183

对不起 mʊː nəŋwa pɔlβa
　　eβkʉi·nəŋwa·pɔlβa
遗弃，嫌弃 lə χalta-
　　qɔlə-
想吃肉，嘴馋 ɬaiṣaːqa-
变红，泛红 ɬaiqa-
心脉跳动 ɬəɣəle-
大声喧哗 tʊːn ʃikʰete larlalt-
劈肉 maqʰan tʃʰʉsə-
割肉 qʰɔtʰɔl-
爬，攀 matʃʰə-
爬山 taːqəl-
心疼、同情 maraːn wet-/wete-
漂亮的、心疼的 søːtøkʰo
赌注比赛 marqaː
逼催 qʰərqʰəntʉːl-
盛，装 kʰiː-
奉拉 lapleiqa-
无精打采 laptʰəiqa-
收缩 人和蛇等 jiqərle-
垒，堆 tʃɔqtʃʰɔqlɔ-
　　χatlaqa-
感谢，辛苦了 tʃɔːβa-
辛苦 tʃɔːlt
老朽，痴呆 tʃøntø-
邋遢 latla-
对准 tʃɔrə-
瞄准 skʰiː-
做无法实现的事情 kʰapṣənla
走得快 ʂʊːlatlani
奔跑 tʰaqaraqaː jaβ-
抢走 teːrmele-

管 qɔnlɔ-

十二　性质状态

软弱的，穷的 kʰeiman
青年，牲口的年岁小 paqa
黑，阴 mənaq
茂密 tʊlʊq
真 tʃəŋ
众多，繁多，堆 tʃɔqtʃʰɔq
幅窄 eŋəs
幅宽 eŋtʰə
土地干裂状 qarakʰəi
秃的 teptʰek
　　tʃʰəβkʉi
　　qaltʃaqqʊr
　　tɔqər
娇生惯养的 artaq(mɔːrə)
爱吹牛的 partalaŋ
　　tarqʰaraŋ
狡猾的 arqatʂʰə
丢人现眼 羞耻 χara tʃʰyːr
土黄色 马的一种毛色 χʊlan
空的，空心 kʰʉŋtʰyː
性子不急的，宽心 kʰɔŋχʊo
　　kʰʊantʃen/kʰontʃen
慢性子的 kʰʊantʃemtʃʰə/kʰontʃeptʃʰə
卷曲了的 qɔrqəilɔqtʰɔ-
三角形 qʊrβaltʃən
密、浓 tʰəqʰaqʰ
　　təɣəɣ
　　hətkʰen
酒忌讳 atʃəq·pai

脏的 讨厌的 qa:qa məne
脏的 手垢痂 qaltʰaq
勤快 qɔlɔqəi
平展的 开阔 telkerekʰei
胖人 胖子 tartaqaltʃʰaq
　　tartaqar
危险的 tantʃəŋ
难办 hərqʰamʉ:
成批的 足够的 çirsək
　　hərsək
熟的 pɔlβɔsən
嘴紧 aman·kʰʉntə
嘴松 aman·sʊla
偏斜的 坡状 kʰərβenɣə
急急忙忙 mekteɣə ta:qʰətʰi
乏的，特别瘦的 肉 ʃɔ:mpʊ
好客 kʰe:tʃʰərkʰəɣ
耳朵卷起状 χɔmpɔχ
耳朵耷拉 lampɔqʰ
愁眉苦脸状 zərβəi
重重叠叠 χat χat
像花卷一样的点心 χat pʊrsaq
手笨 matʰər
蓬松松软 hɔrpʰɔŋ
　　saqsə-
滚热 hɔrqɔmaq
敏捷 麻利 hərtʃʰep
容量大 htʰɔrlɔq
驼背 hokəkər
咸 χanʃy:
光滑 tʃelman：ny:r tʃelman
丰富、富裕，方便 elβek

大些的 ʃartəqʰ
　　tʉrkət
端正 eptʰə
力气大的 ti:taŋ
　　kʰʉtʃʰʉtʰə βai
好好的，乖乖的 tʃøp·tʃyker
烧煳的 kʰemərsəɣ
容易、便宜 oŋi:
　　ɔŋlɔq
黑亮亮 kəltəŋ·χara
黑漆黑的 kələŋ·χara
迟钝 kenen
多水的，水分多的 qʰʊʂərqʰaq
尖嘴状 qʰʊʂʊrqʰaq
　　qʰʊʃʊ:rqʰaq
晴朗 atʃʰə
耻笑 taβa
安稳 tɔqtʰɔ
　　nɔqɔmɔ
　　tʃyke:r
安静 ara:ltə
安静的 qaβsəl
灾祸 qalap(q)
凶恶的 ərlək·na:san
淡黄色的 橙色 χɔŋqɔr
相同 ɔrqɔlt-
　　ɔrqɔisən
同名的 ǝməti
模糊，昏暗 χaraχqʰʊi
没事 没关系 qa:ʃkʉi
正派 qɔl·tʉpʃyn
小气 qazaqʰ

无精打采的 qɔpʃi:ʒqɔrɔ

吊膘 为了参加比赛让马少吃少喝 qastʰə-

仰脸 仰身 keteksˌ

讨厌 qetʃʰitʰə̃

不行 qɔ:rkʊai

吃力 费力的 kotʃor·βai

黑花脸的，络腮胡子 贬义 qaltʰar

牲畜头白的，玉面的，光秃 qaltʃan

噘嘴的，浑圆的 tɔmsəqɔr

叉腿蹒跚状 不稳当的 altʃʰaq ʊltʃʰaq

黑不溜秋的 黑点多的 χara·tʃʰɔŋqɔr

不结实，懦弱 qʰaiqʰə

不善于 qʰaiqʰə

爱吵架的 qʰamtsˌʰətʰə

口才好的，聪明的 qʰastaq

球形的 tɔqɔrtʃʰɔq

缺少 htʰaq

晚生的 ɔrɔi·ierə·tʰørøksən

　　qtʰəl

可口 尤指奶干的味道 itek

　　etek

慢慢慢地、稳稳地 tɔqtʰɔ:n

鸟扑翅声 扑棱棱 sˌarə pʰəraŋ

　　sˌarəpʰ

　　sˌarə pʰəraq

噼里啪啦 kərəsˌ·qarəsˌ

摇摇摆摆的样子 kəltʃək·qaltʃəqʰ

一颠一颠的 跑动状态 ɬap ɬap

心脉跳动状 ɬəq ɬəq

　　ɬəqʰ ɬəqʰ

呼扇呼扇 lapʰtʰaqʰ lapʰtʰaqʰ

忽隐忽现 ləβər ləβər

没动静状 tʰaq tʃʰəq

到处是窟窿 aŋqar tʰeŋker

不大不小 pʊ:lʊ wa:ləqʊ:

突然 忽然 htɔ:rqʰə

幼儿拍手 qʰasˌi:mar qʰasˌi:mar

十三　数量

虎口 拇指和食指展开的距离 sø:m

拃 拇指和中指展开的距离 tʰy:

庹 alta

一尺 拇指和中指展开再加展开食指的距离 pe:r

　　pe:rə

半步 tʃarəm sɔlβəm

一步 arəm

　　sɔlβəm

一群 pʰøløk

　　ʉkʉr

对，双 ty:

　　sˌkʰər

　　qʰɔsˌ

小捧 ʊ:sˌ

亿 tʉnʃer

百万 tʃʉ:n tʰemen

千万 məŋqan·tʰemen

获得物 ɔltʃ·apʰ

　　ɔ:ltʃ·apʰ

把 股 parəm

件 tʃaqa

股 ma:sən

两股，怀孕的 qʊ:rma:sən

单股，单根线 qʰətʃma:sən

量 ʃimʃe-

十四　代副介连词

别人，他 尊称 erken

别人 tʰaliːn amtʰan

其他，另外，别的 kʉre/kørø
　　kʰøntøleŋ

改天，其他时间 kʉre tʃʰeq

我们自己 pʉtatʃes
　　pʉtatʃen

您、你们 tʰa

你们 tʰa tʃʰɔq

这样的 ʉmə·nəŋwa

那样的 tʉmə·nəŋwa

多么、非常 keːtima

多少 ketə·neke

全部、都 horti
　　orti
　　tewa

像 似 ɔrqə

有的、某一 nəŋwa

了不起，极，甚 məntʃ nəŋwa
　　məntʃwa

极小 hteiˑnəŋwa

怪 tʃʰiktʰəŋwa
　　køtʃʰəktʰəŋ·wai

特别 了不起 jamsan·nəŋwa
　　quai·nəŋwa
　　qailaqə

非常 特别 iːkʰəna/jiːkʰəna

哦咪 表示称赞、应诺 ɔːlai
　　oːlei

到处 neleːn

这样 iːn

那样 tʰiːn

这里 在~，不在那里 ente

下边那个 tʉː tʰere

若这样 iːn kəse

若那样 tʰiːn kəse

新，刚才 seːrkə

刚才 χalta/xaltʊ

最后 pʉtənˑaːrsa

暂时 taqʰteːn
　　ʃampa

更加 lap

稍微，一会儿 tʃʉːq nike(saːq)

特别 最 pʉtətʰə
　　pʉtʉtʰə

更加还是 tʃaːla

从来，根本，一向，但是 tʃaːnə

经常，始终、不断 tʃaːtʃək/tʃaːtʃəŋ/
　　tʃiːtʃʰtʃʰa/tʃiːʃtʃʰa
　　tʰetʃin

一会儿，等会儿 hteiˑnikəˑsʊː

可惜 sɔːlpa

好好的 正规的 tʃøp

相当 tʰɔm(tʰɔŋ)

十五　拟声词

唤牛犊用语 tʃyːk·tʃyːk
　　tʃyk·tʃyk

唤牛犊 tʃykle-

唤山羊用语 tʃetʃʰe tʃetʃʰe

唤牛 喔喔叫 okokole-

唱催羊奶曲 tʰɔːlɔ-/tʰɔila-

唤绵羊用语 tʊr laqa·laqa

唤山羊用语 tʃəkə·tʃəkə

唤绵羊羔用语 tʊrmeːq·tʊrmeːq

　　 tʊrmjaːq·tʊrmjaːq

唤马用语 tʊrʂ

　　 tʊr

唤犏牛和牛犊用语 哞哞 ompʉːʃ·ompʉːʃ

唤犏牛和牛犊 哞哞叫 ompʉːklə-

分公绵羊声 在羊群中把公绵羊分开时用 qɔr qɔr

　　 qʰɔr qʰɔr

分山羊声 在羊群里把山羊和山羊羔分开时用的 tʃetʃʰe·

　　 tʃetʃʰe·tʃetʃʰe

分绵羊声 在羊群里把绵羊分开时用的 qɔrəl qɔrəl

　　 lɔqɔ·lɔqɔ

牲畜分娩时所说的话 怕胎衣断掉 tʃərkə·

　　 tʃərkə

岩羊响鼻声 zit·zit

　　 ɣiːkit

　　 χʊartʰa

汪汪 狗叫声 aʊ aʊ

　　 qaŋ qaŋ

唤狗用语 tʃɔqtʃʰɔ

嘚嘚 马疾驰声 taqqər·tʊqqər

咳嗽声 qɔʂ·qaʂ

扑哧 失笑声 pʰʉʂ

肠鸣声 肚子咕咕叫 kʉr·qar

肠鸣声 肚子声响声 tʃɔr tʃar

轰隆 枪声、风声、火燃烧声等 kʉr kʉr

爆破声 轰隆 kor·kor·rr

水喷出声 tʃɔrt tʃɔrt

喷精液声 tʃɔrt tʃɔrt

放屁声 pʉr·par

　　 par·pʉr

　　 lar taptʰaqa

剁东西的声音 taq·tʊq

叮铃叮铃 taŋqər·taŋqar

　　 təŋqər·taŋqar

嘎吱 枝条折断的声音 tərəs tərəs

第五章 语法

第一节

词类

东部裕固语属黏着语，有丰富的形态变化。根据形态变化，可把东部裕固语的词分为可变词类（实词）和不变词类（虚词）两大类。其中可变词又可分为名词、时位词、形容词、数词、代词、动词六个小类，不变词可分为副词、情态词、模拟词、后置词、语气词、连接词、感叹词七个小类，共计十三个小类。

一 名词

名词是有性、数、格、领属、概称等语法范畴的词类。

（一）名词的词干形式

东部裕固语中名词的词干形式有末尾带有-n和不带-n两种形式。

1. 名词词干末尾带有-n的词干形式　例如：

ʃtən/ʃətenʃ 牙：ʃtenə χat 牙缝　　　　　mɔːtən/mʊːtən 木：mɔːtən parma 木匠

naran 太阳：narantə tʃɔːləŋ na:- 日食　　qʰʊsʊn 水：qʰʊsʊn-ə ʃkʰən 水源

东部裕固语中，这种形式的名词相对多一些，而现代蒙古语中几乎都变为不稳定形式。例如：

东部裕固语	古代蒙古语	现代蒙古语	汉义
naran	naran	nara	太阳
hotən/pʰɔtən	hoton	odo	星星
ʃtən/ʃətenʃ	šidün	šidü	牙
tʊːn	da'un/da'u/daɣun	daɣu	声音，歌

2. 名词词干末尾不带 -n 的词干形式

（1）名词词干末尾本来都不带 -n 的词干形式。例如：qar"手"、qal"火"、tʃʰa"茶"、japtal"事情"（青龙方言）、sara"月亮"等。

这是包括东部裕固语在内的蒙古语族语言的共同特点，这种形式的名词比较多。例如：hkor/üker（蒙古语）"牛"、mør/mör（蒙古语）"路"、χara"黑"等。

（2）在东部裕固语中有一些名词其词干末尾本来都不带 -n 的词干形式，但在蒙古语族其他一些语言中则发生了变化。例如，东部裕固语"月亮"不带，但现代蒙古语则变为可变词干，有条件带 -n。试比较：

东部裕固语	古代蒙古语	现代蒙古语	汉义
sara	sara	sara(-n)	月亮，月份
saratə	tʃɔ:lən na:/saran-du jŏbalang naɣaldu（蒙古语直译）		月食

（3）名词词干末尾本来应该带 -n，但东部裕固语则不带。试比较：

东部裕固语	古代蒙古语	现代蒙古语	汉义
tʃʰəlʉ:	čilaɣun	čilaɣu(n)	石头
ʊ:la	aɣulan	aɣula(n)	山
mɔ:rə	morin	mori(n)	马

tʃʰəlʉ: parma/ čilaɣun darqan（蒙古语）"石匠"
ʊ:l-i:n ʃkən/ʃəkən/ aɣulan-u eki/aɣula-yin eki（蒙古语）"山巅、山峰、山头"
mɔ:rə qʰʊʃa/morin qaʃiya（蒙古语）"马厩"、mɔ:rə tʰerken/morin terge（蒙古语）"马车"

（二）名词的性范畴

已发现的两种不对称的性范畴可以证明，早期东部裕固语与古蒙古语一样有性范畴，而且可能还包括人类和动物的阴阳之分。

1. 零形式和 -tʃən/-tʃin

东部裕固语有阴性、阳性的对立性范畴。在特定语言环境中零形式为阳性，而 -tʃən/-tʃin 为阴性。这主要用以区分动物的性别，但其适用范围现已极度萎缩。例如：

阳性	汉义	阴性	汉义
牲畜雄性		牲畜雌性	
零形式		-tʃən	
qʊnan	三岁犍牛	qʊna-tʃən	三岁母牛
三岁犍牛-MAS		三岁犍牛-FEM-SUF	

tønøn　　　　　　　四岁犍牛　　　　tønø-tʃən　　　　四岁母牛
四岁犍牛-MAS　　　　　　　　　　四岁犍牛-FEM-SUF

此外还有一个涉及人类性范畴的古老形式-tʃən/-tʃin。例如：
χətʰtei-tʃən/χəktʰei-tʃən（＜qʰʊtʰat汉族＋-tʃən）　汉族妇女　　jɔqɔr-tʃin　裕固族妇女
汉族-FEM-SUF　　　　　　　　　　　　　　　　　　　　　　　裕固族-FEM-SUF

2. -tiː/-ti(＜-tai/-tei)

东部裕固语只有用于人类男性的一种形式，即-tiː/-ti。该形式源于古蒙古语的-dai/-dei及其变体-tai/-tei，主要用于男性姓氏名和人名，其对立的女性为与上述-tʃən/-tʃin有关的-ǰin等。

按元音和谐律，-tiː/-ti在东部裕固语早期也应该是-tai/-təi，因为民间传说中出现的两个人名都是阴性词。这种情况目前存在于东部裕固语民间故事《嘎孜罕汗和嘎拉木克汗的故事》中。传说中的嘎拉木克汗有两个儿子和一个姑娘。两个儿子分别叫tʃirkəltəi/tʃirkəlti："吉日格勒狄"和mərkəltəi/mərkəlti："莫日格勒狄"。与该传说有关的故事在蒙古语民间有多个不同版本，分别叫作ǰirgeldei mergeldei或eldeü deldeü等。笔者认为ǰirgeldei mergeldei是与该故事最吻合的两个人物的姓名。蒙古语民间故事中含阴阳形式的姓氏名字还有很多，如borǰigidai mergen"孛儿吉歹篾儿干"（粟林均、确精扎布 2001：6—7）、tayyičiʼudai"泰亦赤兀歹"（粟林均、确精扎布 2001：120—121）、qaraldai"哈日勒岱"、širaldai"希拉尔岱"、boroldai"宝日勒岱"等。

（三）名词的数范畴

东部裕固语名词的复数主要用"名词词干＋复数附加成分"的形式表示。此外，还有不定数形式及词干重叠法等。除复数附加成分外，在一些代词里也有用语音屈折来表示复数意义的。

1. 附加成分表达复数

这样的附加成分有-s、-tʊːt/-tʉːt、-tʃʰʊːt/-tʃʰʉːt等。其中-s用得最多，其他形式则用得很少。这也是东部裕固语与其他蒙古语族语言之间的一个共性特点。

（1）-s

有些情况下，接加该附加成分时词干和附加成分之间会发生语音变化。在以元音结尾的词干后可直接接加-s；而以-n结尾的词干后接加-s时，则-n发生脱落；在以辅音结尾的词干后接加-s时，词干与-s之间增加一个连接元音-ə-。例如：

mɔːrə-s　许多马　　　ʃere-s　许多桌子　　mʊla-s　　tʃʰʊq-nə　　ere-tʃβai
马-PL　　　　　　　　桌子-PL　　　　　　孩子-PL　　一起-3rd　　来-PST
　　　　　　　　　　　　　　　　　　　　孩子们都来了

naq-(ə)-s 许多树　　　ʉle-s　许多事业　　　mʊːsei(n)-s 东西、杂物
树-PL　　　　　　　事业-PL　　　　　　　好　坏-PL

（2）-tʊːt/-tʉːt

该复数附加成分由-t＋ʊːt/-t＋-ʉːt叠加而成，使用范围很小，仅用于头目、活佛等上层人物的称呼中，并传达出一种尊重意味。这表明东部裕固语保留了用复数形式表示尊称这种语法意义的痕迹。该附加成分接加于以-n结尾的词干后时，-n脱落。例如：

njɔn＋-tʊːt＞njɔ-tʊːt　大官们　　　　　keken＋-tʉːt＞keke-tʉːt　活佛们
官　　　-PL　官-PL　　　　　　　　　活佛　-PL　活佛-PL

køkʃən＋-tʉːt＞køkʃə-tʉːt　老太太们
老妇　　-PL　老妇-PL

（3）-tʃʰʊːt/-tʃʰʉːt

该复数附加成分仅用于宗教上层人员的名词词干之后，有表示尊重的意味。例如：

altʰan şira tʰɔrqɔ je kəkən-tʃʰʉːt-iːn χaira pai.
金　黄　绸子　矣　活佛-PL-GA　爱　有

金黄色的绸缎，是活佛们的喜爱之物。

2. 其他表示复数的方式

（1）名词词干重叠方式

这种方式一般较多表示"每个""各个"这样的周遍义。例如：

kʰen kʰen ere-βeʔ
谁　谁　来-PST

来了哪些人？

注意：这里的复数指的是基于分指的总括性多数，与 kʰʉ-s "人们" 不同。

kʰʉn kʰʉn-tə χəβaː-qa ok!
人　人-LOC　分-PRQ　给

分给每个人！

（2）形容词的重叠方式

与名词的重叠有所不同，形容词的重叠更接近复数。例如：

oŋtor oŋtor ʊla 高高的山　　　　hʊrtʊ hʊrtʊ tiːsən 长长的绳子
高　高　山　　　　　　　　　　长　长　绳子

上述重叠的形容词虽然指"高高的"，但其复数意义在名词上。因此，oŋtor oŋtor ʊla 不是"高高的一座山"而是"很多高高的山"，hʊrtʊ hʊrtʊ tiːsən 不是"长长的一条绳子"而是"很多长长的绳子"。

（3）数词的重叠方式

一般由两个以上的数词做状语。例如：

qʊːr　qʊːr-aːr　　　　　　χəβaː-qa:　ok!

二　　二-INSTR　　　　　　分-PRQ　　给

两个两个地分！（分配到一个单元的复数）

（四）名词的概称范畴

概称与名词的数不完全相同，但在某种情况下可泛指复数的意义。概称既存在于名词也存在于其他词类，使用频率高，能够表示各种情态意义。"名词＋该名词词首辅音变化"是表达概称的主要构成形式。传统语法称这种由语音交替或变化构成的概称范畴为"谐音词"。

1. 同一个名词重叠后，后一个名词的词首辅音替换成 m，在名词后接加以 -m 取代该名词的起首辅音，并构成该名词的重叠形式，即 C- > m-。例如：

aːʂan　tʃa-mai-jaːn　　ʊ:-tʃa　çisən　tʃʰeq　aːr　ølme-t　la　ire-kʉ-sən

阿山　茶-概称-REPOS　喝-CRD　九　　点　　后　前-LOC　也　来-PFV-APFV

pe.

是-DEC

阿山大概喝完茶什么的9点左右会来吧。

aiqa maiqa　碗什么的　　　　pʊːrsaq mʊːrsaq　馒头什么的

碗-概称　　　　　　　　　馒头-概称

2. 在以辅音 m- 起首的名词后重叠具有元音屈折形式的该名词。例如：

mal-məl　牲畜什么的　　　malaqai-məlaqai-jaːn məs!　把帽子什么的戴上！

牲畜-概称　　　　　　　　帽子-概称-REPOS

3. 附加相关近似的语音形式或能够交替的音节。例如：

tʃanə　tʃʰa-sa　ʊ:　sʊ:-tʃa　　qar-qa-tʃa　　　jita-sən　　pa

经常　茶-概称　喝　住-AUX-CRD　出-CAUS-CRD　难-APFV　　是-DEC

kə-ni.（tʃʰ:s）

说道-NPST-ENFI

于是喝了茶水也没有能够把铃弄出来。

kʰokʂən　qʰaqʂən　老人们（kʰoːqʰa）

老年　　概称

4. 通过附加相关词语的方式来表达。

合成词前面的词是主词并表示主要意义，跟随在后面的词作为附加词表示概称意义。

例如：

mʊː sain 东西：malaqai mʊː sai-s-aːn　　　məs!
坏　好　　帽子　坏 好-PL-REPOS　穿
把帽子什么的戴上！

qʰara 黑：kʰʉn　qʰara
黑　　人　　黑
人等（人什么的）（包括人和与人有关的）

mal　qʰara
牲畜　黑
牲畜等（牲畜什么的）（包括牲畜及与其有关的）。

（五）名词的格范畴

东部裕固语的名词有主格、领宾格、与位格、界限格、凭借格、随同格、联合格、内存格和复合格9个格。其中复合格只是某些格的重叠而已。此外，还有一个尚未完全语法化的方向格。名词的格还可接加于形容词、代数词、形动词等其他词类之后。

1. 主格

名词的词干即主格形式，也即零形式。主格除用于主语、定语外还用于谓语、状语等，也可表示并列关系、复指或情态等意义。例如：

pɔrɔːn　　　ɔrɔ-βa.
雨 -NOM　入 -PST
下雨了。（主语）

setkel　　sein.
心 -NOM　好
心眼好。

keken　　　kʰʉn　　ɔrqɔisən.
活佛 -NOM　人 -NOM　像
像活佛一样的人。（定语）

东部裕固语里有些以 -n 结尾的名词做定语时，其词末辅音脱落。这与蒙古语 -n 不稳定的情况有所不同。试比较：

东部裕固语　　　蒙古语　　　　　汉义
mɔːt rkam　　　modon abdara　　木箱
木　箱　　　　　木　箱

2. 领宾格

属于领格和宾格的双重格范畴，也就是同一种格形式不同格的意义，表示领格意义时主要表示名词与名词之间的限定关系，表示宾格意义时主要表示直接宾语与及物动词之间的关系，即述宾关系。附加成分有 -iːn、-ə、-nə、-n、-i: 5种形式，其中 -i:/-iːn 用于宾格的较多。

（1）-iːn

一般情况下 -iːn 直接加在以辅音结尾的词干后面；若是以短元音或复合元音结尾的词干，应先将短元音或复合元音减掉后再加 -iːn。

① 表示领属意义的。例如：

aq-iːn　　ørtʃø(＜aqa＋-iːn ørtʃø)　哥哥的东西（领属）
兄 -GA　　东西

keːr-iːn　altʃʰʊːr(＜keːrə＋-iːn altʃʰʊːr)　擦碗布（用途）
碗 -GA　　巾

② 表示直接客体意义的。例如：

pɔt-iːn　　hʊna-qaː.　骑着鹿。
鹿 -GA　　骑 -PST

məl-iːn　　pəːpaila-qaː　sʊː-tʃ-tʰaːne.　哄着孩子呢。
孩子 -GA　照看 -PRQ　坐 -CRD-PROG

pʉ　　tʃʰəm-iːn　etʃe-seːr　　tʰanə-βa.　我一看你就认出来了。
我　你 -ACC　看 -LINK　认 -PST

（2）-ə 接加于以辅音 -r、-s、-n、-ŋ、-m、-k、-t 结尾的词干后。以长元音或复合元音结尾的词干后插入 -q/-k 成为 -qə/-kə。

① 表示领属意义的。例如：

aːʂan　　jerkʰən-ə　　aq-iːn　　βai.
阿山　　叶尔肯 -GA　哥哥 -3rd　是 -DEC

阿山是叶尔肯的哥哥。

paiʃəŋ-ə　ʃkən　房顶（房的顶）　　tʃapsar-ə　otor　年三十（除夕日）
房 -GA　顶　　　　　　　　　　　除夕 -GA　日

② 表示直接客体意义的。例如：

qəʂaː-qə　par.　盖羊圈吧。
圈子 -GA　做

tʃʰəlʉː-kə　tʰaʃtʰa-qaː.　打碎了石头。
石头 -GA　打碎 -PST

tʃʰa　kʰen-ə　tʊ:ta-tʃʰ　apʰ-pa？　你都请了谁？
你　谁-GA　请-CRD　取-AUX-PST-INT

tʃʰə　ker-ə　ʃɨr-tʃʰ　əlkə！　你把房子打扫好！
你　房-GA　扫-CRD　掉-AUX

（3）-nə

① 接加于以短元音结尾的词干后表示领属意义的。例如：

pʉta-nə　　mal　　　qʊla-nə　　ørtʃø
我们-GEN　牲畜　　　俩-GA　　东西
我们的牲畜　　　　两个人的财产

② 接加于以长元音或复合元音结尾的一些词干后表示直接客体意义的。例如：

a:ʂan　ere-qʊa　ere-kʂ-ʋa-nə　　tʰa-tʃʰʊq　mete-k　　ɨ:?
阿山　来-IMPF　来-NEG-IMPF-GA　你们-PL　知道-IMPF　吗-INT
阿山来不来你们知道吗？

（4）-n 接加于以复合元音和长元音结尾的词干后。这可能是-nə 形式的简化。

① 表示领属意义的。例如：

mɔqɔi-n　tʰɔlɔqɔi　　　χarʊ:-n　qatar
蛇-GA　头　　　　　书信-GA　外层
蛇头（蛇的头）　　　信封（信的面）

② 表示直接客体意义的。例如：

tʰɔlɔqɔi-n　χɔq.　　χarʊ:-n　pʰɨtʃʰə.
头-GA　打　　　书信-GA　写
打头。　　　　写信。

（5）-i: 接加于以辅音-n、-m、-l、-k、-t、-g、-r 结尾的词干后。以元音结尾的词干省略末尾元音后直接加。例如：

tʰa　nam-i:　martʰa-qʃ-pa.
您　我-GA　忘-NEG-PST
但愿您不要忘了我。

a:ʂan　kʰɨn-ə　χʊl-i:　ʊ-tʃ　ɔqɔr-tʃʰ-βe:.
阿山　人-GA　饭-GA　吃-CRD　扔-PST
阿山把他的饭吃了。（带宾语格的）

（6）用名词原形词干形式及零形式表示。这种情况可能属于原领宾格形式的简化。

① 表示领属意义的。例如：

ma:l　emtʃə　兽医
牲畜　医生

② 表示直接客体意义的。例如：

χʊla　ʊ:-ja.
饭　　吃 -OPT

吃饭吧。（不带宾语格的）

qʰʊsʊn-tʰɔr　tʰara:ltʃin　tʰara-qʊi.
水 -INE　　　庄稼　　　 种 -NPST

在水里插秧。

3. 与位格

与位格也叫位格、向位格或给格。主要表示行为动作的对象、发生处所、发展方向、目标及原因、时间等。东部裕固语的与位格由附加成分和词干两种形式表示。与位格附加成分主要有 -ta/-tə/-tʰa/-tʰə、-t/-tʰ(＜-ta/-tə/-tʰa/-tʰə)、-a 和 -tʰər/-tʰɔr/-tʰʊr/-tʰør 等形式。

（1）-ta/-tə/-tʰa/-tʰə、-t/-tʰ(＜-ta/-tə/-tʰa/-tʰə)，-t/-tʰ 为缩略形式，-ta/-tʰa 有被 -tə/-tʰə 取代的趋势。

-ta/-tə、-t 一般接加于以开音节结尾的词，以及以 -n、-l、-k、-tʃ 等辅音结尾的词后面。例如：

nan-ta　 qʊ:r　mʊla　βai.
我 -LOC　两　　孩子　 有 -AUX

我有两个孩子。

a:ʂan-t　　qʊrβan　aqa　ʃo.
阿山 -LOC　三　　　哥哥　是 -AFF

阿山有三个哥哥。

aβqa-ta　　øri　na:-qatʰ-βa　ʃo.
叔叔 -LOC　去世 -PFV-PST　是 -DEC

叔叔去世了。

-tʰa/-tʰə、-tʰ 一般接加在以辅音 r、s、q、p 结尾的词干上。例如：

ker-tʰə　 ʃikʰe　arʊn　βai.
屋 -LOC　大　　干净　有 -AUX

屋里干干净净。

ker-tʰ   ʊːlqa   βai.
家-LOC   粮食   有-AUX

家有粮食。

在受藏语深度影响的东部裕固语中，蒙古语用宾格、离格表示的固有形式在东部裕固语中则用与位格表示。这种情况也不同程度地存在于保安、康家等语言之中。试比较：

东部裕固语	蒙古语	藏语	汉义
tianjiŋ-tə χalta	kinu üje	glog barzhan-la bld-①	看电影
电影-LOC 看	电影 看	电影-业格 看-PST	
lɔmɔq-tʰə tʃʰəkʰən tʰal	domoɣ sonos-	-	听故事
故事-LOC 耳朵 放	传说 听		
keken-t sʊra-	gegen-eče asaɣʊ-	-	问活佛
活佛-LOC 问	活佛-ABL 问		

mənə   nere-tə   serəntɔnrɔβ   ke-tək.（东部裕固语）
我-GEN   名字-LOC   色仁东力布   说道-HAB

我的名字叫色仁东力布。

min-u   nere/-yi   serengdongrob   ge-teg.（蒙古语）
我-ACC   名字/-GEN   色仁东力布   说道-HAB

我的名字叫色仁东力布。

ngavi   ming-la   don grub tʂʰe ring   zer.②（藏语）
我-属格   名字-LOC   顿珠次仁   叫

我的名字叫顿珠次仁。

tyː naq-tʰə χaltə-ma.（裕固语）   degüü aɣula-yin qaraɣʊl.（蒙古语）
弟 松树-LOC 看-NOML   弟 山-GEN 岗哨

弟弟是护林员。   弟弟是护林员。

ʊːr-tʰə   kʰʉre-（裕固语）生气   aɣʊr kür-（蒙古语）生气（性情不好）
气-LOC   到   气 到

（2）-a

这是东部裕固语中保留的一个特殊附加成分，但出现频率低。例如：

tʰəŋkə-keː   jaːβ-saːr   jaːβ-saːr   jaːβ-saːr   neke   saiχqʰan   qatʃar-a
那样-PRQ   走-CONT   走-CONT   走-CONT   一   美丽   地-LOC

---

① 该藏语句子由卓玛草提供。
② 该藏语句子由池真提供。

naq artʃʰa-tʰi: qatʃar-a la kʰʉr-e: sʊ:-qsan pə kə-ni.
松　杜松-COM　地-LOC　也　到-PRQ　住-APFV　是-DEC　说道-NPST-ENFI

那样走着走着，她到了一个松柏茂密的非常美丽的地方居住下来。

jaβ-tʃ　jaβ-tʃ　jaβ-tʃ　neke　qatʃar-a　kʰʉr-sən-t.
走-CRD　走-CRD　走-CRD　一　地-LOC　到-APFV-LOC

走着走着到了一个地方的时候。

该形式来源于古蒙古语位格 -a/-e，与 -t/-tʰ 互补使用。试比较：

东部裕固语　汉义　古代蒙古语　汉义

qtʃar-a　在地方　qaǰar-a　地行（"在地"，粟林均、确精扎布 2001：8—9）
地-LOC　地-LOC

此外，还有与之相符的附加成分 -ɔ，只用于时位词 htʰɔr "里"之后。例如：

qatar-a　arʊn　htʰɔr-ɔ/tɔtʰɔr-ɔ　kʰɔr　外强中干
内-LOC　干净　内-LOC　污垢

（3）-tʰər/-tʰɔr/-tʰʊr/-tʰør

接加于以辅音 -l、-m、ŋ、-r、-tʃ 及元音结尾的词干后。例如：

møːr-tʰʊr　路上　　　　nʊqʊlaŋ-tʰʊr　草地里、草地上
路-LOC　　　　　　　　草地-LOC

məknəi-tʰər-iːnə　tʰal　额头上打　yːtə-tʰər　ereke:　来到大门
额-LOC-3rd　打　　　　　门-LOC　到-PST

需要说明，有些情况下，与位格附加成分会被省略。此外，带有 -tʰər/-tʰɔr/-tʰʊr/-tʰør 形式的与位格和内存格形式一样，但在具体语境中有所区别。

4. 界限格

也叫作离格、离比格、从格、从比格等，表示某一行为动作的起点，也可用于表示比较意义。表界限格的附加成分有 -sa/-se/-sɔ/-sø 和 -(q)aːs/-(k)əːs/-(q)ɔːs/-(k)øːs 两套，按元音和谐律加接。其中第一种出现频率最高。例如：

χana-sa　从哪儿　　tʃʰek-sə　时间　sɔjɔ-sɔ　从虎牙　ʃølən-sø　从汤里
ʊqʊləŋ-qaːsa　从小苗　ker-eːs　从家里　ker-tʰr-ɔːs　从家里　køl-oːs　从脚里

（1）表示行为动作的起始点。例如：

aːʂan ili-tə　χana-βa　ʃo,　jeʂan ili-sə　ere-βe　ʃo.
阿山　伊犁-LOC　去-PST　是-AFF　叶山　伊犁-ABL　来-PST　是-AFF

阿山去伊犁，叶山从伊犁回来。

（2）表示行为动作的实施者或实施的地点。例如：

hwaːr-s-iːnˑ   qar- 迎接
前 -ABL-3rd   出

tyːkeː-se   χarʊ   ere-βe.
弟弟 -ABL   信   来 -PST

弟弟来信了。（从弟弟那里来信）

（3）表示比较。在比较句中使用广泛。例如：

tʂʰi   nan-ta-sa   oŋtor   βai.
你   我 -LOC-ABL   高   是 -DEC

你比我高。

χwaːr-tʰ   qar-sən   tʃʰqen   aːr-sa   qar-sən   əβər.
前面 -LOC   出 -APFV   耳朵   后 -ABL   出 -APFV   角

先长的耳朵不如后长的角硬。（寓意：后生可畏）

（4）表示选择。例如：

tʃʰə   alma-sa   ede.
你   梨 -ABL   吃

你吃梨。

ɔlɔn-tʰr-ɔːs   sɔqə.
多 -INE-ABL   选

从多的里面选吧。

5. 凭借格

也叫造格、工具格等，用于表示完成相关行为动作所使用的工具、材料，或行为动作发生的时间、地点范围等。表达凭借格的附加成分为 -(q)aːr/-(k)əːr/-(q)ɔːr/-(k)øːr（在以开音结尾的词干后按元音和谐律分别插入 q、k）。例如：tʰaːrtʃʰaq-aːr "用冰雹"、pelezək-əːr "用戒指"、tɔrq-ɔːr "用丝绸"、møŋk-øːr "用银"。

（1）表示行为动作所使用的工具。例如：

pʉ   jyentʂʉpi-kəːr   pʰətʃʰə-βai.
我   圆珠笔 -INSTR   写 -PST

我用圆珠笔写的。

jɔqɔr-ɔːr   larqə.
裕固语 -INSTR   讲

用裕固语讲。

（2）表示行为动作的地点、处所。例如：

ʊːl-iːn　　mør-øːr　　jaβ-ja.
山-GA　　路-INSTR　　走-OPT
顺着山路走。

aːr-ʊːr　　　jaβ-qaːtʰ-tʰa(＜-tʃʰa).
后-INSTR　　走-PFV-PST
从后面走了。

ene-kəːr　　jaβ-qaːtʰ-tʰa(＜-tʃʰa).
这-INSTR　　走-PFV-PST(＜-tʃʰa)
从这边走了。

（3）表示方式、性质、状态等。例如：

amt-aːr　　par　活捉　　tɔqɔlɔŋ-ɔːr　　alqʰə　　跛行
活-INSTR　　抓　　　　　瘸腿-INSTR　　迈步

sein-aːr　　　χʊraː　好好保存
好-INSTR　　收拾

emtʃʰ-iːn　　mʊː-qaːr　　hkʰʉ-βe.
医生-GA　　坏-INSTR　　死-PST
由于医生的（医术）差就死了。

6. 随同格

也叫随格、连带格、共同格、和同格、合同格等。主要表示该行为动作发出者与另一行为动作发出者共同完成某一动作行为等，附加成分为-tʰiː/-tiː(-tʰi/-ti)。例如：

aːʂan　　alatai-tə　　kuŋzʉo-tʰiː　　βai.
阿山　　阿勒泰-LOC　　工作-COM　　有-AUX
阿山在阿勒泰工作。

pʉ　　kəːr　jas-tʰiː,　　tʃʰe(-t)　ta　　kəːr　jas-tʰiː　　βei.
我　　王　骨-COM　　你　　也　王　骨-COM　有-AUX
我姓王，你也姓王。

7. 联合格

也叫联同格。附加成分为-la/-le/-lɔ-/-lø-，按元音和谐律加接。例如：

pʉ　　ana-la　　larla-lt-βa.
我　　妈妈-CBT　　聊-REC-PST
我和妈妈聊天啦。

ty:-lø　　　ere-βa.
弟 -CBT　来 -PST
和弟弟一起来了。

8. 内存格

这是一个使用范围不广、尚处于语法化过程中的格。蒙古语族其他语言和方言土语中也不同程度地存在这种形式。内存格源于实词 htʰɔrɔ/htɔr/tɔrɔ "里面，内"的语法化，但词义尚未完全虚化。其附加成分为 -tʰər/-tʰɔr/-tʰʊr/-tʰør 等形式，接加时，词干的尾音 -n 有时会脱落。在语流中有时受前后语音的影响被简化为 -tʰɣ。例如：

tʰʊlʊm-tʰʊr　皮桶里　　　　nøkʰɔn/nøxkʰɔn-tʰər　洞里
皮桶 -INE　　　　　　　　　洞里 -INE

tʰalqʰan-tʰɔr　χɔŋɔ　tʰal-a:　tʃy:ra-qa-la:.
炒面 -INE　　铃　　放 -PRQ　和 -CAUS-NPST
在炒面里放个铃和在一起。

sain　mɔːr-i:　ɔlɔn-tʰər　hɔnə　sain　məsk-iːn　ɔlɔn-tʰər　məs.
好　　马 -GA　众 -INE　　骑　　好　　衣服 -GA　众 -INE　　穿
好马在众人面前骑，好衣服在众人当中穿。

需要说明，该格有时可以和与位格替换，有些情况下也和与格及实词 htɔr 相互替换。

9. 复合格

复合格是指有些不同功能的格附加成分的连用，也即重叠格。这种连用实际上是词语的省略，或有的格附加成分已失去格的意义而变成构词附加成分，其后再接加格附加成分。东部裕固语的复合格较少。例如：

界限格 + 与位格：a:r-sa-t-i:nə(＜a:r-sa + -tə + -i:nə)　从此以后
　　　　　　　　　后 -ABL-LOC-3rd

领宾格 + 与位格：aq-i:n-tə　在哥哥家
　　　　　　　　　兄 -GA-LOC

与位格 + 界限格：nan-ta-sa　从我这里
　　　　　　　　　我 -LOC-ABL

内存格 + 界限格：ker-tʰr-ɔ:s　从家里
　　　　　　　　　家 -INE-ABL

　　　　　　　　　ɔlɔn-tʰr-ɔ:s　　sɔqə.　从多的里面选吧。
　　　　　　　　　多 -INE-ABL　选

此外，东部裕固语还有一个尚未完全被语法化的方向格，它源于方位词，有 -βi:t/-pi:t/-i:t、

-i:t/-ʊ:t/-y:t、-ʊ:r/-y:r 三种形式。其中 -βi:t/-pi:t/-i:t 源于 pij/pej "身体" + -tə（保鲁朝、贾拉森 1992：175），指大致方向，包括向上等。例如：tʃʰə naran qarma-βi:t ja:β. "你向东走"。
-i:t/-ʊ:t/-y:t 源于古蒙古语时位词 ögede "向上"（蒙古语族其他语言也同），除表示一般方向外，还表示向上的方向。例如：qaŋ-ʊ:t matʃʰə. "往雪山爬"、tʊ:raq-i:t qar. "上树"。-ʊ:r/-y:r 与卫拉特方言和卡尔梅克语言的方向格 -ru/-rü 有关。除表示泛泛的方向格意义外，还可表示向下或向里等意义。例如：qal-y:r tʰele:n kə. "往火里加柴火"、qɔl-y:r ereni. "向着河而来"，等等。

（六）名词的领属范畴

表示名词所指称的人或事物与所属对象之间的关系。

1. 人称领属

人称领属可分第一、第二、第三人称。其中第一、第二人称还分单数和复数两种。其中第一人称领属几乎不用，可以认定为零形式。第二人称领属也很少使用，第三人称领属使用最多。

第一人称领属附加成分有 -mənə "我的"（单数）、-manə "我们的"（复数）（照那斯图 1981：21）。第二人称领属附加成分有 -tʃʰənə "你的"（单数）、-tʰanə "你们的"（复数）。例如：

ma！　　tʃʰən-ə　　kələt-tʃʰənə！
给！　　你-GA　　钥匙-2nd
给！给你的钥匙！

mula-s　　　tʰa-nə　　　χana　　χanə-βə？
孩子-PL　　你们-2nd　　哪儿　　走-PST
你们的孩子们去哪儿了？

第三人称领属附加成分为 -i:nə/-nə/-ə (-ne/-n)。-i:nə 接加于以短元音结尾的词干后。例如：

mɔ:r-i:nə(＜mɔ:rə + -i:nə)　　ere-tʃ-βai.
马-3rd　　　　　　　　　来-PST
他的马来了。

hkʰ-i:nə(＜hkʰe + -i:nə)　kʰele-sen-tə…
母亲-3rd　　　　　　　说-APFV-LOC
他母亲说的时候……

mʊla-s　　　tʃʰʊq-nə　　ere-tʃ-βai.
孩子-PL　　一起-3rd　　来-PST
孩子们都来了。

2. 反身领属

表示所指的任何事物都属于实施者本身。附加成分有 -aːn/-eːn/-ɔːn/-oːn、-jaːn/-jeːn 及 -βaːn 三种形式，其中 -βaːn 使用频率很低。-aːn/-eːn/-ɔːn/-oːn 和 -βaːn 一般接加于以辅音结尾的词干后；-jaːn/-jeːn 接加于以元音结尾的词干后和以 -ŋ 结尾的词干后。例如：

tʃʰə   øle-jeːn   sein   par！
你   活儿-REPOS   好   做

你把自己的活儿干好！

ene   kʰʉː-s   qar-tʰ-aːn   nikən-nə   nikə   metɔq   para-pai.
这   人-PL   手-LOC-REPOS   一-3rd   一   花   拿-PST

这伙人人手拿着一枝花儿。

ker-tʰ-eːn   jaːβ.
家-LOC-REPOS   走

回你的家！

需要指出，人称领属附加成分和反身领属附加成分不能同时接在名词词干后，但能够各自接在格和复数等附加成分后。其主要的结合有以下几种形式：

（1）宾格 + 反身领属

反身领属与宾格结合时一般都被缩略，与主格形式一致，但带宾格形式的强调意味更浓。例如：

ʃereː-j-eːn   把（自己的）桌子   mʉla-jaːn   把（自己的）孩子
桌子-REPOS   孩子-REPOS

（2）凭借格 + 反身领属   例如：

qar-aːr-aːn   亲手   køl-oːr-oːn   用自己的脚
手-INSTR-REPOS   脚-INSTR-REPOS

（3）界限格 + 反身领属   例如：

qar-aːs-aːn   从自己手里   ker-eːs-eːn   从自己家里
手-ABL-REPOS   家-ABL-REPOS

køl-oːs-oːn   从自己脚里
脚-ABL-REPOS

（4）随同格 + 反身领属   例如：

ʃereː-tʰiː-j-eːn   与桌子一起
桌子-COM-REPOS

（5）内存格 + 反身领属　例如：

ker-tʰɔr-jeːn　在家里

家 -INE-REPOS

二　时位词

东部裕固语时位词有的只表示空间，有的既表示空间也表示时间。其中有用古老的太阳升起和落下的方式来指方向的，也有用身体的前后来分的。如 naran qarma ʃɔk "东"（直译：太阳升起的方向）、naran tʃarqama ʃɔk "西"（直译：太阳落下的方向）。这种区分东西方向的方法在蒙古语族乃至阿尔泰语系当中也不同程度地保留着。

除了以太阳做参照物来构成方向的名称外，东部裕固语中还有指称四方的名称，即 ølmøtʰə "东"、χɔitʰicχə "西"、tʃʉːn "南"、parʊːn "北"。该名称属于蒙古语族语言的同源词，语音形式也基本一致，而且都指方向，但它们所指的方向截然不同。四方之间都有90度的差别，东部裕固语的方向名称所指更古老。具体情况见图5-1所示。

东部裕固语　　　　　　　　　　蒙古语

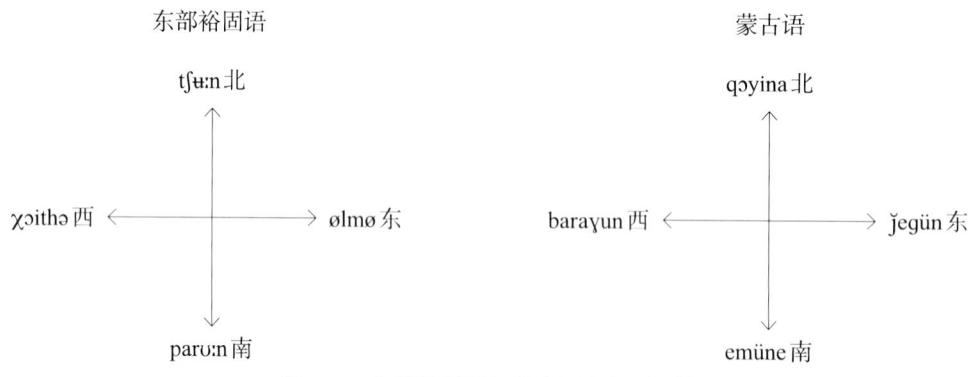

tʃʉːn 北　　　　　　　　　　qɔyina 北

χɔitʰicχ 西 ← → ølmø 东　　baraɣun 西 ← → ǰegün 东

parʊːn 南　　　　　　　　　　emüne 南

图 5-1　东部裕固语与蒙古语方向词比较

时位词的语法特点是其后可接加离格（界限格）和凭借格（造格）、领宾格、与位格等附加成分，但不能接加其他格附加成分；可以接加领属附加成分，但不能接复数附加成分。东部裕固裕还保留了古老语缀 -qʃ/-kʃ 形式（na-qʃ "往这边"），有些是用身体部位名称的转指来表达的。例如：χwaːr（< 鼻子）"前面"、χarqwaː（< 肋骨）"旁边"。

东部裕固语的时位词还可以接加具有某种格意义的专门的附加成分，这种附加成分通常具有构形和构词双重意义。常见的附加成分主要有 -tə/-tʰə、-qə/-qʰə/-kə/kʰə、-(q)ʊːr/-(k)ʉːr 和 -qʃ/-kʃ 等。时位词可分为形态变化和非形态变化两大类。下面简要介绍一下常用的时位词词根及其附加成分。

（一）名词性时位词

附加成分为 -n/-na/-nɔ、-r/-ra/-re/-rɔ、-ta。例如：

øl-mø	东、南、前	χɔi-nɔ	后、西	ataq	末、下、北
tiː-re	上面	tɔː-ra/tɔrɔ	下面	tʊn-ta	中
qada-na	外	htɔ-nɔ	里	htɔ-rɔ	里
qata-r	外	qata	在外边	kʰiː-re	外面
naː-na	这边	tʃʰaː-na	那边	aːr-tʰə	后、北
parʊːn	南、右	tʃʉn	北、左	sɔlɔ-qəp	左
ʊr-ta	前	hʊriː/fʊriː	往下	tʃaqa	上、南
χarqwa	旁边	χarqwa-ra	旁边	χwaːr	前面

再如，hərqʊaq/hərqwaq "附近"（名词）一词，其 χarqwa-ra 中的 -ra 与 tiː-re "上面"中的 -re、htɔ-rɔ "里"、tɔː-ra/tɔrɔː "下面的"中的 -rɔ/ɣɔː，同样都是时位词的附加成分。

（二）形容词性时位词

这类时位词可分为部位、属位两类，附加成分为 -tə/-tʰə、-qə/-qʰə/-kə/-kʰə。例如：

部位		属位	
附加成分	汉义	附加成分	汉义
-tə/-tʰə		-qə/-kʰə/-qʰə	
ølmø-tə	东、南、前	ølmø-kə	东、南、前边的
tʃaqa-tə	上边、南	tʃaqa-qʰə	上边的、南面的
χɔi-tʰə	西、后、北	χɔi-nɔ-qʰə	在后、北，西边的
tiː-tə	上面	tiː-re-kʰə	上边的
tɔː-tə/tuː-tə	下面	dɔː-rɔ-qʰə	沿着下边、靠下
tʊn-ta-tə	中	tʊn-ta-qə	中间的、中部的
qada-na-tə	外	qada-na-qʰə	在外边的
qata-r-tə	外	-	-
qadaː-tə	在外边	-	-
htɔ-nɔ-tə	里	htɔ-nɔ-qʰə	在里边的
htɔ-rɔ-tə	里	htɔ-rɔ-qʰə	在里边的
naː-tə	这边	naː-na-qʰə	在这边的
tʃʰaː-tə	那边	tʃʰaː-na-qʰə	在那边的
χwar-tʰ/-tə	前	χwar-qʰə/χwar-tʰə-qə	前边，前述的、刚才的
aːr-tə	在后、北	aːr-qʰə	后面的
ʊrta-tə	在前	ʊrta-qʰə/-qə	前的
tʊn-ta	中	tʊn-ta-qə	中间的、中部的
dɔː-rɔ	下	dɔː-rɔ-qʰə	下面的、靠下的

第五章　语法

207

（三）副词性时位词

可分为时位、处位两类，但具体语境中有时不分时间、地点。例如：

时位		处位	
附加成分 -(q)ʊːr/-(k)ʉːr	汉义	附加成分 -qʃə/-kʃə/-ʃə	汉义
ølmø-kʉːr	沿着东边、靠前	ølmø-kʃə	向东、向前
tʃaqa-qʊːr	沿着上面、南面	tʃaqa-qʃə	往上面
χɔi-tʰə-qʊːr	沿着西面、靠后	χɔi-qʃə/χɔ-cʃə	往西、往后
tʃʉː-n-kʉːr	沿着左边、北面、在左边	-	
paruːn-qʊːr	沿着右边、南面、在右边	-	
tiː-rə-kʉːr/tiː-kʉːr	沿着上面	tiː-kʃə	往上
tɔː-qʊːr/tu-qʊːr	沿着下面	dɔː-rə-qʃə/dɔː-qʃə	往下边、靠下
tʊn-ta-qʊːr	沿着中间		
qata-na-qʊːr/qat-ʊːr	沿着外面、在外边	qada-qʃə	往外
htɔ-nɔ-qʊːr	沿着里面	htɔ-qʃə	在里边
htɔ-rɔ-qʊːr	沿着里面	-	
naː-	-	naː-qʃə	往这边
tʃʰaː-	-	tʃʰaː-qʃə	往那边
χwaːr/χʊar-ʊːr	沿着前面	-	
ar-ʊːr	沿着后面、沿着北面	aːr-qʃə	往后面
ʊrt-ʊːr	沿着前面	-	

（四）非形态变化时位词

例如：

tekte	跟前	hərqwaq	附近	tʃirke	左右
χamtə	一起	pəi(βiː~βi)	边，部	hɔrʊi	往下
tʉː tʰere	下边那个	naː tʰere	这边、那个	tʃʰaː tʰere	那边、那个

（五）时位词的格形态变化

东部裕固语的时位词也能够支配一些格变化的词，主要是带主格、领宾格、与位格、离格、凭借格（与时位词的表示处位的ʊːr/-ʉːr同源）等形式变化的词。例如：

主格： tʰɔlqɔi tiː-re 头上   qʰʊsʊn htɔr 水里
       头　　上 　　　　　　　水　里

领宾格： aːr-iːn ʊːla 后面的山   ølmø-kə qɔl 前面的河
         后面-GA　山 　　　　　前面-时位属位　河

与位格：	aːr-tʰ-iːnə	在后面	ølmø-t-iːnə	χwar-tʰ-iːnə	在前面
	后面-LOC-3rd		前面-LOC-3rd	前面-LOC-3rd	
离格：	aːr-sa	从后面	ølmø-sø	χwar-sa	从前面
	后面-ABL		前面-ABL	前面-ABL	

此外，相对参照定向意义的时位词可分为拓扑性质和非拓扑性质空间方位词两类。

三　形容词

（一）形容词及其语法特征

东部裕固语的形容词可分为有级形容词（性质形容词）和无级形容词（关系形容词）两类。有级形容词一般可接加形容词比较级附加成分，而无级形容词不能接加。

1. 有级形容词

有级形容词一般可接加形容词比较级附加成分，在句子中直接做定语或补语。例如：

ʃikʰe/ʃkʰe	大	ʃikʰe aβa	大伯
htei/tei	小	tei alma	小苹果
pʰøtyːn	粗	pʰøtyːn tiːsən	粗绳子
narən	细	narən tiːsən	细绳子
hurtʰʊ	长	hurtʰʊ htasən	长线
qʰɔr	短	qʰɔr htasən	短线
əŋtʰə	宽	əŋtʰə mør	宽路
ʊːtʃam	宽	ʊːtʃam ker	宽敞房子
uitʰan	窄	mør uitʰatatʃ βai	路变窄
ontor	高	tʰemer ʃʉːn hɔnɔstʃʰ ontor βai	飞机飞得高
pɔqɔnə	低	ʃʉːn hɔnɔstʃʰ pɔqɔnə βai	鸟飞得低
tʰʉʃ	直	tʰʉʃ tʃɔqiː-	挺胸

2. 无级形容词

所谓无级形容词是指其他词类通过接加相关附加成分转换而来的词，不能接加形容词的级形式。例如：

nere"名字"（名词）+tʰə（从名词构成形容词的附加成分）＞neretʰə "有名的"

mɔːr-tʰiː　　kʰʉn　骑马的人
马-COM　人

（二）形容词的级范畴

可分为原级、比较级、最高级三个级。

1. 原级

以形容词的词干形式表示。例如：

tʰerə oŋtor qʰɔʰqʰɔ-tʰiː.   qʰɔʰqʰɔ oŋtor.
他   高   身材-SUF   身材   高
他身材高。   身材高。

2. 比较级

可分为比原级较低和比原级或比较对象较高两种。

（1）比原级较低的比较级

可以直接接加附加成分 -ptar、-βɹ、-ʃək，意义基本相同，可相互替换。例如：

tʂʰəqaː-ptar   tʂʰəqaː-βɹ   tʂʰəqaːn-ʃək   较白的、灰白的（程度稍弱于"白"的程度）
白-CMP   白-CMP   白-CMP

nɔqɔː-ptar   nɔqɔː-βɹ   nɔqɔːn-ʃək   浅绿的
绿-CMP   绿-CMP   绿-CMP

（2）比原级或比较对象较高的比较级

构成模式为"比较对象 ＋-sa/-se/-sɔ/-sø＋形容词"。例如：

tʂʰi nan-ta-sa   oŋtor βai.   ʊːla-sa   ontor.
你   我-LOC-ABL   高   是-DEC   山-ABL   高
你比我高。   比山高。

qʰʊsʊn-sa ʂən pai.
水-ABL   深   是-DEC
比水深。

3. 最高级

其构成比较复杂，主要有两种表示方法。

（1）形容词词首音节＋p＋形容词

这种构成方式可能源于形容词的重叠。构成方式是截取形容词词首CV，在其后接加辅音 -p，形成CV-p结构。例如：

χa-p   χara   漆黑   a-p   aruːn   干干净净
词首音节-p-SPL   黑   词首音节-p-SPL   干净

ɬa-p   ɬaːn   红彤彤的   nɔ-p/nɔ-m   nɔqɔmɔ 老老实实
词首音节-p-SPL   红   词首音节-p/-m-SPL   老实

（2）词汇的方式

一般为"pʉtʰən '最'/tʃaːlaː/tʰɔm（程度副词）＋形容词"形式。此外，还有"形容词＋-sa/-se＋形容词"等形式。

① pʉtʰən "最" + 形容词　例如：

pʉtʰən χara 最黑　　pʉtʰən ʃikʰe 最大　　pʉtʰən amtʰatʰə 最香
最　　黑　　　　　　最　　大　　　　　　最　　味道的

② tʃa:la "非常" + 形容词　例如：

ontor tʃa:la ʃikʰe χalʊ:n pai.
今天　非常　大　　热　　有-AUX

今天最热。

③ neŋka/nəŋ "更" + 形容词　例如：

ene mʊ: sain neŋka/nəŋ qatʰʊ: βai.
这　坏　好　太　　　　　硬　　有-AUX

这东西最贵。

④ tʰɔm/tʰɔŋ "很" + 形容词　例如：

tʰɔm mʊ: 最不好，极差　　　tʰɔŋ qɔ:r-ɣʉi 没指望的
极其　坏　　　　　　　　　极其　指望-无

⑤ 形容词 + -sa/-se + 形容词　例如：

ʃikʰe-se ʃikʰe 最大　　　　　mʊ:-sa mʊ: 最坏
大-ABL　大　　　　　　　　坏-ABL　坏

（三）形容词的数范畴

东部裕固语的形容词有数范畴，是形容词名词化的结果。一般有两种方法，即接加名词复数附加成分或重叠形容词。

1. 接加名词复数附加成分

其附加成分与名词的一样，加 -s、-tʉ:t。例如：

paqa-s 年轻人们　　　mʊ:sai-s 许多东西　　køkʃə-tʉ:t 老太太们
小-PL　　　　　　　坏好-PL　　　　　　老-PL

2. 形容词的重叠形式

形容词的重叠更接近于复数，这一点与名词的重叠有所不同。例如：

oŋtor oŋtor ʊ:la 高高的山　　hʊrtʰʉ hʊrtʰʉ qɔl møren 长长的江河
高　　高　　山　　　　　　　长　　　长　　河　江

（四）形容词的格范畴

东部裕固语形容词具有名词性的格范畴。例如：

ɬa:n-nə sein pai. 红的好（主格）　　χʊ:tʃʰə-ne lar 老话（领格意义）
红-3rd　好　有-AUX　　　　　　　旧-GA　话

ɔlɔn-tʰr-ɔːs　　sɔqə-/χai.
多-INE-ABL　挑选　找

从多中挑选。

（五）形容词充任修饰语的顺序

一般位于被修饰语之前。例如：

sein　kʰʉn　好人　　　qʊrtʊn　jaːβ　快走
好　　人　　　　　　快　　　走

也可位于被修饰语之后。例如：

tʰemer　ʃʉːn　hɔnɔs-tʃʰ　ontor　βai.
铁　　　鸟　　飞-CRD　　高　　有-AUX

飞机飞得高。

四　数量词

数量词分数词和量词两类。其中数词比较发达，量词比较少。数量词还可带格附加成分。例如：

tʃʉːn-ə　jeren　百分之九十
百-GA　　九十

tʰa-tʃʰʊq　quːr　quːr-aːr　　　ɔrɔ.
你们-PL　两个　两个-INSTR　进

你们两个两个地进。

nike　niken-t-eːn　　　χara　sana-tʃ　pɔlɔ-qʃ　wa.
一　　一-LOC-REPOS　黑　　想-CRD　成-NEG　是-AFF

不能相互猜疑。

（一）数词

1. 基数词

基数词又分单纯数词和合成数词两类。

（1）单纯数词

单纯数词常用的有以下23个：

neke 一　　qʊːr 二　　qʊrβan 三　　tørpen 四　　tʰaːβən 五　　tʃʊrqʉn 六
tɔlɔːn 七　　naiman 八　　çisən 九　　harβan 十　　χareχ 二十　　qʰʊtʃʰən 三十
tøtʃʰən 四十　tʰaβən 五十　tʃiran 六十　talan 七十　nəjan/njaːn 八十　jeren 九十
tʃʉːn 百　　məŋqan 千　　tʰemen 万　　ajqa 万　　tʉŋsʉːr 亿

除了数词 qʊːr "二"以外，其他单纯数词各有两种词干形式。当单纯数词修饰名词或接加领宾格附加成分时，一般要用原形词干形式。例如：

tʰaːβən   tʃyːltʰə   mal   五种牲畜   qʊrβan   tʃyːltʰə   mal   三种牲畜
五   种   牲畜   三   种   牲畜

表示日期时，一般用原形词干形式。例如：

neken   ʃənə   初一   χɔrən   tʰaːβən   二十五日
一   新   二十   五

有趣的是民歌中把二叫作"χɔjər"，与蒙古语发音相同。如 harβan χɔjər tʃəl "十二属相"。

（2）合成数词

由两个或两个以上的单纯数词构成。其构成有相加和相乘两种。此外，还有一个相应整数的单纯数词的构成形式，也称为语音变化法。

① 相加法   例如：

harβan   qʊrβan   十三   tʃʉːn   tʰaːβən   一百零五   tʃʉːn   tʰaβən   一百五十
十   三   百   五   百   五十

② 相乘法   例如：

harβan   tʰemen   十万   tʃʉːn   tʰemen   百万   məŋqan   tʰemen   千万
十   万   百   万   千   万

③ 语音变化法

这是一种比较特殊的方法，且只有个位数和与其相应的两位整数。例如：

个位数   相应整数   个位数   相应整数   个位数   相应整数
neke 一   harβan 十   qʊːr 二   qʰɔrən 二十   qʊrβan 三   qʰʊtʃən 三十
tørpen 四   tøtʃən 四十   tʰaːβən 五   tʰaβən 五十   tʃʊrqʊːn 六   tʃiran 六十
tɔlɔːn 七   talan 七十   naiman 八   nəjan/njan 八十 çisən 九   jerən 九十

以上数词中，除一和十的对称词根不同外，其他八对数词词根都一致。其中有些是用语音屈折或语音交替等变化形式表示；有些是在词根上接加其他附加成分构成；个别是由语音长短来区分，如"五"和"五十"是通过长短元音变化来区分。

2. 集合数词

其构成是在"二"及"二"以上的基数词后接加 -la/-le/-lɔ 附加成分，表示该数目的人和事物的集合。例如：

pʉ-te   qʊːr-la   我们俩   aqa   tyː   qʊrβan-la   兄弟仨
我-PL   两-COL   兄   弟   三-COL

tørβen-le   四个一起   tɔlɔːn-lɔ   七个一起

四 -COL 七 -COL

3. 概数词

东部裕固语用三种形式来表示概数意义。

（1）在基数词后接加 -a:t/-e:t/-ɔ:t/-ø:t 附加成分表示概数。一般用于十位以上的数词，词末有辅音 -n 脱落，同时在有些长元音结尾的数词之间插入 k、q 辅音。例如：

harβ(an)-a:t 十来个   tʃʊ:(n)-q-a:t 一百来个   tʰem(en)-e:t 一万来个
十 -APR   百 -APR   万 -APR

χɔr(ən)/-ɔ:t 二十来个   tøtʃʰ(ən)-ø:t 四十来个   məŋq(an)-a:t 一千来个
二十 -APR   四十 -APR   千 -APR

（2）用相连的两个数词表示概数。例如：

neke qʊ:r tʃʰeq 一两个小时   tʰa:β(ən) qʊrβan otor 三五天
一 二 时   五 三 日

（3）十位以上的数词后带 tʃerke "左右、大约、差不多"、holi: "多余"、ke:tən "几个"、ølmə a:r-tʰ "左右" 来表示概数。例如：

harβan tʃerke ʃkʰə mal-tʰi:.
十 将近 大 畜 -有

有十来头大牲畜。

χɔr(ən) ke:tən kʰʉ:-s 二十多个人   qʊ:r tʃʉn holi: χɔ:nɕ 二百多只羊
二十 几 人 -PL   二 百 余 绵羊

talan-ə ølmə a:r-tʰ 七十左右
七十 -GA 前 后 -LOC

4. 序数词

在基数词后连用 -tʃʰa:r/-tʃʰe:r/-tʃʰɔ:r~-rtʃʰa:r/-rtʃʰe:r/-rtʃʰɔ:r 表示序数。例如：

neke-rtʃʰe:r 第一   qʊ:r-tʃʰa:r 第二、老二   tørβen-tʃʰe:r/rtʃʰe:r 第四、老四
一 -SQN   二 -SQN   四 -SQN

tɔlɔ:n-tʃʰɔ:r/-rtʃʰɔ:r 第七   harβa-rtʃʰɔ:r/tʃʰa:r 第十   harβan tʰa:βən-tʃʰa:r 第十五
七 -SQN   十 -SQN   十 五 -SQN

此外，还用 χwa:rtʰ "首先、第一"、a:rtʰ/a:rsa "其次"、tʰʉnse a:rtʰ/a:rsa "再其次"、pʉtən a:rtʰ/a:rsa "最后" 来表达序数意义。

5. 分数词

（1）分母在前，分子居后。

分母用领宾格形式，格前的数词一般用原形词干。例如：

tʰa:βən-ə　neke　五分之一　　　tʃʉ:n-ə　jeren　çisən　百分之九十九
五 -GA　　一　　　　　　　　百 -GA　九十　　九

还可通过在中间插入 χwa/χəβa"分"的形式表示。例如：

qurβan　χwa-nə/χəβanə　nekə　三分之一
三　　　分 -GA　　　　　　一

tørβen　χwa-nə/χəβanə　nekə　四分之一
四　　　分 -GA　　　　　　一

（2）用 tʃarəm"半个"表示二分之一。实际上半个或百分之五十以上时，可用"分母 + 领宾格"来表示。如 søn tʃarəm-t"半夜"。

（3）用 ørlø/orle"半个，半边"表示二分之一。如 ørlø sara"半个月亮"。

（4）也可用 tʰieŋ"半"来表示个别时间段的二分之一。例如：

søn-i:n　tʰieŋ　半夜
夜 -GA　　中

6. 分配数词

用附加成分和数词的重叠两种形式表示。

（1）在数词后面接加附加成分 -tʃe:t。例如：

neke-tʃe:t　各一个　　　　　　neke-tʃe:t　neke-tʃe:t　一个一个地
一 -DIS　　　　　　　　　　　一 -DIS　　　一 -DIS

此外，还可用分配数词的附加成分 -tʃit(-tʃe:t) 来表示概数意义。例如：

harβan-tʃit　十来个
十 -DIS

（2）用重叠基数词的方法来表示。例如：

kʰʉn-tə　neke　neke　ok.
人 -LOC　一　　一　　给

每人给一个。

也可通过在其后接加凭借格附加成分构成。例如：

neke　nek-e:r　əlqa.
一　　一 -INSTR　分

一个一个分开。

kʰʉn　pɔlqɔn-t　neke　neke　og-ja.
人　　每个 -LOC　一　　一　　给 -OPT

每人给一个。

7. 年月日等数词的特殊顺序。例如：

tʰa:βan　sar-i:n　tʰa:βan　ʂine　五月初五（端午）　　neken　ʂine　初一
五　　　月-GA　　五　　　新　　　　　　　　　　　一　　　新

（二）量词

东部裕固语的量词不发达，借词较多。可分为物量词、时量词和动量词三类。

1. 物量词　例如：

长度：alta"庹"（约五尺）、søm"虎口"（拇指和食指展开的距离）、tʰy:"拃"（大拇指和中指展开的距离）、pe:r"大拇指和中指展开再加展开食指的距离（约一尺）"、sɔlβəm"半步"、arəm"步"、tʃaŋ"丈"、tʂi"尺"、sʉn"寸"、fən"分"、qatʃar/mør"里"。

重量：htʰʉ:r/tʃin"斤"、liaŋ"两"、tʃʰen"钱"。

容量：tan"石"、tʰar"石"、toʉ"斗"、ʂɔŋ"升"、tektʰer/tekter"皮袋""装满酥油的皮袋（指一皮袋酥油）"。

货币：jyen"元"、tʃʉe"角"、santʃəq"角"（＜鬃角）"、mɔ:"毛，角"、tʃʉekə"角"、fən"分"。

面积：pe:rə"方"（布匹）、mʉ"亩"等。

集合：ʋ:tʃʰə"捧"、ty:/ʂuaŋ"对、双"、ʉkʉr"群"、ʃkʰər"双"、masən/ma:sən"股"（绳）、ʋ:qqʰə"剂"（药）、tɔmpər"推"（一大堆）。

部分：ørlø"半个"、tʃerəm"一半"、χaŋ"行"。例如：

neke　　ʋ:tʃʰə　　　qʰʋsʋn　　　一捧水

neke　　ʋ:qqʰə　　　em　　　　一剂中药

neke　　χaŋ　　　　øtʃøk　　　一行字

ene　　lantʰaq-ə　　qʋ:r-masən　ti:sən-e:r　　ʃər-sen　　nəŋwa　βai.
这　　　长绳-GA　　两-股　　　绳-INSTR　　缝-APFV　　某　　　有-AUX

这根长绳是用两股绳子接起来的。

次数：tʉn"顿"、taqqʰʋr"顿"、tʂaŋ"阵"。例如：

neke　tʉn　xʋla　　一顿饭
一　　顿　　饭

neke　taqqʰʋr　χɔqə-lt-tʃʰβai.　打了一顿。
一　　顿　　　打-REC-PST

neke　tʂaŋ　tein　pɔrɔ:n　ɔrɔ-tʃβai.
一　　场　　小　　雨　　　入-PST

下了一场小雨。

2. 时量词

东部裕固语的时量词有 tʃʰeq "小时"、kʰe "刻"、otor "天"、χɔnɔq "宿"、tʃoʉ "周"、tʃəl "年"、fən "分"等。例如：tɔlɔːn tʃʰeq tʃerkent "七点左右"。

虽然有时量词 otor "天"、χɔnɔq "宿"等，但使用范围很窄。这是因为东部裕固语的数词可以直接修饰动词。例如：

aːʂan man-i: ker-tʰ   qurβan   χɔnɔq   sʊː-βa.
阿山   我们-GEN   家-LOC   三   宿   住-PST
阿山在我们家待了三天。

3. 动量词

东部裕固语的动量词只有 taqqʰʊr "次、回、趟"、sɔlβən "半步"等少数几个。例如：

neke   taqqʰʊr   χana-tʃ-βai.   去了一趟。
一   趟   去-PST

五 代词

1. 人称代词

（1）第一人称代词

单数形式为 pʉ "我"，偶尔变读为 pə/pəː；变格时，起首辅音 p- 在词根形式里可以交替为 m-、n-。代词的领宾格一般分开，其词干形式不同：领格 m，宾格 n（语音屈折）。一般以领格 -ə、宾格 -iː/-iːn 形式为主。有时领宾格的形式混用，与名词的领宾格基本一致。但语音屈折是主要变化，偶尔还有其他形式。单数及变格形式如下：

pʉ 我（主格）：   pʉ   kəːr   jas-tʰiː.   我姓王。
                    我   王   骨-COM

mun-ə 我的（领格）： mun-ə   atʃa: ənə   tʃəl   najan/njaːn.   我爸今年八十岁。
                    我-GEN   爸   今   年   八十

nan-ta 与我（与位格）： tʃʰə   nan-ta   neke   χarʊː   pʰətʃʰi.   你给我写一封信。
                      你   我-LOC   一   信   写

nam-iː/-iːn 把我（宾格）： nam-iː/-iːn   χɔq-tʃʰ-βa.   打我了。
                         我-ACC   打-PST

nant-aːr 让我（凭借格）： nant-aːr   kə-lkə-βa.   让我做了。
                       我-INST   做-CAUS-PST

nanta-sa 从我（界限格）： tʃʰə   nan-ta-sa   oŋtor   pai.   你比我高。
                       你   我-LOC-ABL   高   有-AUX

nanta-tʰi: 同我（随同格）：tʃʰə　nan-ta-tʰi:　　ja:β.　你跟我走。
　　　　　　　　　　　　　　你　我-LOC-COM　　走

nanta-la 和我（联合格）：tʃʰə　nanta-la　　　ja:β.　你跟我一起走。
　　　　　　　　　　　　　　你　我-LOC-CBT　走

需要说明，内存格不能用于该代词系统。

第一人称代词复数形式为 pʉ+-ta/pʉ-ta-s "我们、咱们"、pʉ+-ta+tʃʰɔq "我们、咱们"。复数还可分为包括式和排除式两类，即 pʉta "咱们"（包括式）、pʉtas、pʉta-tʃʰɔq "我们"（排除式），但其语法意义已淡化。其复数形式既有传统的复数附加成分，也有人称代词专用的附加成分。例如：

格	复数	复数	复数	
主格	pʉta/pʉtan	pʉta-s	pʉta tʃʰɔq	我们
领格	pʉtan-ə	pʉta-s-ə	pʉta tʃʰɔq-ə	我们的
宾格	pʉtan-i:n/-i:/-ə	pʉta-s-i:n/i:/-ə	pʉta tʃʰɔq-i:n/i:	把我们
与位格	pʉtan-tə	pʉta-s-tə	pʉta tʃʰɔq-tə	与我们
凭借格	pʉtan-(q)a:r	pʉta-s-a:r	pʉta tʃʰɔq-a:r	让我们
界限格	pʉtan-sa	pʉta-s-sa	pʉta tʃʰɔq-sa	从我们
随同格	pʉtan-tʰi:	pʉta-s-tʰi:	pʉta tʃʰɔq-tʰi:	同我们
联合格	pʉtan-la	pʉta-s-la	pʉta tʃʰɔq-la	和我们

（2）第二人称代词

第二人称的单数是 tʃʰə "你"，复数及尊称（少见）为 tʰa "你们、您"、tʰa-tʃʰɔq "你们"。复数形式的表达手段既有传统的复数附加成分，也有人称代词专用的附加成分。其中 tʰa/tʰan 形式更为特殊，属于人称代词以语音屈折来区分数范畴的残留。例如，只能说 tʰa qʊrβan χamtʰ ja:β "你们仨一起走"、tʰa kʰetən "你们几位"及 tʰa qʊ:rla "你们俩"，但不能说 *tʃʰə qʊ:rla "你们俩"；只能说 tʰa tʃʰɔq "你们"，但不能说 *tʃʰə tʃʰɔq。这说明它们是有区别的。第二人称变格形式如下：

格	单数	尊称、复数	复数
主格	tʃʰə 你	tʰa 你们	tʰa tʃʰɔq 你们
领格	tʃʰən-ə 你的	tʰan-ə 您的	tʰa tʃʰɔq-ə 你们的
宾格	tʃʰəm-i:n/i: 把你	tʰan-i:n/-i: 把您	tʰa tʃʰɔq-i:n/i: 把你们
与位格	tʃʰəma-tə 与你	tʰan-tə 与您	tʰa tʃʰɔq-tə 与你们
凭借格	tʃʰəma-qa:r 让你	tʰan-a:r 让您	tʰa tʃʰɔq-a:r 让你们
界限格	tʃʰəma-sa 从你	tʰan-sa 从您	tʰa tʃʰɔq-sa 从你们

随同格	tʃʰəma-tʰiː 同你	tʰan-tʰiː 同您	tʰa tʃʰɔq-tʰiː 同你们
联合格	tʃʰəma-la 和你	tʰan-la 和您	tʰa tʃʰɔq-la 和你们

例如，下面例句中的 aqʰa tʰa、etʃen tʰan 具有明显的尊称意义：

aqʰa	tʰa	ker-t-eːn	pi	jʉː?
喇嘛	您-HON	家-LOC-REPOS	有-AUX	吗-INT？

喇嘛您在家吗？

ene	tʊːn-aːn	tʊla-tʃ	etʃen	tʰan-t-aːn	zɔlqɔ-tʃe	tʊ.
这	歌曲-REPOS	唱-CRD	主人	您-HON-LOC-REPOS	拜见-PST	嘟

唱着这支祝赞歌去拜见尊贵的主人。

（3）第三人称代词

东部裕固语的第三人称代词有数、格的变化，还有近指和远指之分。此外，该语言还有一个比较特殊的第三人称代词 erken "他、她"，具有尊称意义。

① 尊称的第三人称代词 erken "他、她" 及其复数形式和变格形式如下：

格	单数（尊称）	复数（尊称）
主格	erken 他/她	erken tʃʰɔq 他们/她们
领格	erken-ə 他/她的	erken tʃʰɔq-ə 他们/她们的
宾格	erken-iːn/-i: 把他/她	erken tʃʰɔq-iːn/-i: 把他们/她们
与位格	erken-tə 与他/她	erken tʃʰɔq-tə 与他们/她们
凭借格	erken-aːr 让他/她	erken tʃʰɔq-aːr 让他们/她们
界限格	erken-sa 从他/她	erken tʃʰɔq-sa 从他们/她们
随同格	erken-tʰiː 同他/她	erken tʃʰɔq-tʰiː 同他们/她们
联合格	erken-la 和他/她	erken tʃʰɔq-la 和他们/她们

② 近指形式的第三人称代词 ene "这，它、他、她"

其复数形式与名词复数形式一样，在词干后接加 -s 和 -tʃʰɔq。其单、复数变化形式如下：

单数	复数
ene 这，它、他、她	ene-s/ene-tʃʰɔq 这些，它们、他们、她们

③ 远指形式的第三人称代词 tʰere "那，它、他、她"

其复数形式与近指人称代词一样，在词干后接加 -s 和 -tʃʰɔq。其单、复数变化形式如下：

单数	复数
tʰere 那，它、他、她	tʰere-s/tʰere tʃʰɔq 那些，它们、他们、她们

远近形式的第三人称代词、单复数及其格变化形式如下：

格	近指单数	近指复数	远指单数	远指复数
主格	ene	ene-s/ene-tʃʰɔq	tʰere	tʰere-s/tʰere-tʃʰɔq
领格	ʉn-ə	ene-s-ə/ene-tʃʰɔq-ə	tʰʉn-ə	tʰere-s-ə/tʰere-tʃʰɔq-ə
宾格	ʉn-ə	ene-s-ə/ene-tʃʰɔq-ə	tʰʉn-ə	tʰere-s-ə/tʰere-tʃʰɔq-ə
与位格	ʉn-tə	ene-s-tə/ene-tʃʰɔq-tə	tʰʉn-tə	tʰere-s-tə/tʰere-tʃʰɔq-tə
凭借格	ʉn-eːr	ene-s-eːr/ene-tʃʰɔq-ɔːr	tʰʉn-eːr	tʰere-s-eːr/tʰere-tʃʰɔq-ɔːr
界限格	ʉn-se	ene-s-se/ene-tʃʰɔq-sɔ	tʰʉn-se	tʰere-s-se/tʰere-tʃʰɔq-sɔ
随同格	ʉn-tʰiː	ene-s-tʰiː/ene-tʃʰɔq-tʰiː	tʰʉn-tʰiː	tʰere-s-tʰiː/tʰere-tʃʰɔq-tʰiː
联合格	ʉn-le	ene-s-le/ene-tʃʰɔq-lɔ	tʰʉn-le	tʰere-s-le/tʰere-tʃʰɔq-lɔ

部分第三人称代词用法举例如下：

ene-s ʃtʰemtʉn ɔlɔ-tʃɔ apʰ-tʃʰe-βa.
这-PL 箭 得到-CRD 拿-PFV-PST
他们（这些人）拿到了这些箭。

aːʂan tʰərə-tʃʰɔq kʰʉn ɔlɔn piː.
阿山 他-PL 人 多 有-AUX
阿山他们人多。

此外，巴岳特·塔乌方言土语中还有人称复数形式 -rʊn/-rʉn。如 pʉta-rʊn"我们"、tʰa-rʊn"你们"、ene-arʉn"这些（们）"、tere-arʉn"那些（们）"。

2. 反身代词

东部裕固语的反身代词有数和格变化。

（1）反身代词的数

有单数和复数两种形式。例如：

单数　　　　　　　复数

etʃen/tʃen 自己　　　etʃe-s/tʃe-s 我们自己

反身代词源于 etʃen"主人、君主"的语法化，是受藏语深度影响所致，属于所谓"模式借贷"范围。该形式与人称代词 pʉ、tʃʰə、tʰa 紧密结合成 pʉ-tʃen"我自己"、tʃʰə-tʃen"你自己"、tʰa-tʃen"您自己/你们自己"。由于该形式与人称代词紧密结合，其前还可再加上人称代词，如 pʉ pʉ-tʃen"我自己"、tʃʰə tʃʰə-tʃen"你自己"、tʰa tʰa-tʃen"您自己""你们自己"；可能还有 ene-tʃen"他自己（近）"、tʰere-tʃen"他自己（远）"等形式。

（2）反身代词的格变化

反身代词 etʃen 有比较独特的格变化形式，变化时词尾 -n 脱落。试比较：

格	单数	复数
主格	etʃen 自己	etʃe-s 我们自己（尊称）
领格	etʃen-ə 自己的	etʃe-s-ə 我们自己的
宾格	etʃen-i:n/-i:/-ə 把自己	etʃe-s-ə/i:n/-i: 把我们自己
与位格	etʃen-tə 与自己	etʃen-s-tə 与我们自己
凭借格	etʃen-a:r 让自己	etʃe-s-a:r 让我们自己
界限格	etʃen-sa 从自己	etʃe-s-sa 从我们自己
随同格	etʃen-tʰi: 同自己	etʃe-s-tʰi: 同我们自己
联合格	etʃen-la 和自己	etʃe-s-la 和我们自己

略举两个反身代词格形式用法的例子：

etʃen   ma   lə   tʊq-ʊl-βa.
自己   嘛-EMPH   不   领-CAUS-PST

自己也没有领着来。

tʰa-tʃe-s-tʰə   səra-tʃa   se   tʊq-ʊl-ja.
你-自己-PL-LOC   问-CRD   才   领-CAUS-OPT

先要问你们自己以后再想把她带回来。

（3）与人称代词结合的格变化形式

与第一人称结合的变化形式如下：

格	单数	复数
主格	pɨ-tʃen/etʃen 我自己	pɨta etʃe-s 我们自己
领格	pɨ-tʃen/etʃen-ə 我自己的	pɨta etʃe-s-ə 我们自己的
宾格	pɨ-tʃen/etʃen-i:n/i:/-ə 把我自己	pɨta etʃe-s-ə/i:n/i: 把我们自己
与位格	pɨ-tʃen/etʃen-tə 与我自己	pɨta etʃe-s-tə 与我们自己
凭借格	pɨ-tʃen/etʃen-e:r 让我自己	pɨta etʃe-s-e:r 让我们自己
界限格	pɨ-tʃen/etʃen-sa 从我自己	pɨta etʃe-s-sa 从我们自己
随同格	pɨ-tʃen/etʃen-tʰi: 同我自己	pɨta etʃe-s-tʰi: 同我们自己
联合格	pɨ-tʃen/etʃen-la 和我自己	pɨta etʃe-s-la 和我们自己

举一个与第一人称相结合的用法的例子：

etʃen-ə   ʃa:t   qa:-tʃ   ere-βar   pɨ-etʃen   tʃʰam-tə   ʊ:ʃen-ə   tʰalqan
自己-3rd   牛犊   赶-CRD   来-CND   我-自己   你-LOC   食-GA   面

ok-ja   kə-ke:.
给-OPT   说道-RPV-PST

你自己去赶牛犊来的话，嫂子给你青稞油茶面吃。

需要说明的是，pʉta etʃe-s"我们自己"在口语里通常用pʉta etʃen/pʉta-tʃen来表示。

第二人称结合的变化形式如下：

格	单数	复数	复数
主格	tʃʰə-tʃen 你自己	tʰa-tʃen	tʰa-tʃe-s 你们自己
领格	tʃʰə-tʃen-ə 你自己的	tʰa-tʃen-ə	tʰa-tʃe-s-ə 你们自己的
宾格	tʃʰə-tʃen-iːn/-iː/-ə 把你自己	tʰa-tʃen-ə/-iː	tʰa-tʃe-s-ə/-iː 把你们自己
与位格	tʃʰə-tʃen-tə 与你自己	tʰa-tʃen-tə	tʰa-tʃe-s-tə 与你们自己
凭借格	tʃʰə-tʃen-eːr 让你自己	tʰa-tʃen-aːr	tʰa-tʃe-s-aːr 让你们自己
界限格	tʃʰə-tʃen-sa 从你自己	tʰa-tʃen-sa	tʰa-tʃe-s-sa 从你们自己
随同格	tʃʰə-tʃen-tʰiː 同你自己	tʰa-tʃen-tʰi	tʰa-tʃe-s-tʰiː 同你们自己
联合格	tʃʰə-tʃen-la 和你自己	tʰa-tʃen-la	tʰa-tʃe-s-la 和你们自己

有趣的是，tʰa-tʃen/etʃen一般都表示"您自己"和"你们自己"的意思。

3. 指示代词

（1）替代名词的指示代词

这类代词也可称为替代动物、事物的代词，不过在东部裕固语中也能替代第三人称，主要有 ene "这"（近指、单数）、ene-s/ene-tʃʰɔq "这些"（近指、复数）和 tʰere "那"（远指、单数）、tʰere-s/tʰere-tʃʰɔq "那些"（远指、复数）等。实际上指示代词和第三人称代词是一个代词的两种用法。其变格形式如下：

近指单数	近指复数	远指单数	远指复数	格
ene	ene-s/ene-tʃʰɔq	tʰere	tʰere-s/tʰere-tʃʰɔq	主格
ʉn-ə	ene-s-ə/ene-tʃʰɔq-ə	tʉn-ə	tʰere-s-ə/tʰere-tʃʰɔq-ə	领格
ʉn-ə	ene-s-ə/ene-tʃʰɔq-ə	tʰʉn-ə	tʰere-s-ə/tʰere-tʃʰɔq-ə	宾格
ʉn-tə	ene-s-tə/ene-tʃʰɔq-tə	tʰʉn-tə	tʰere-s-tə/tʰere-tʃʰɔq-tə	与位格
ʉn-eːr	ene-s-eːr/ene-tʃʰɔq-ɔːr	tʰʉn-eːr	tʰere-s-eːr/tʰere-tʃʰɔq-ɔːr	凭借格
ʉn-se	ene-s-se/ene-tʃʰɔq-sɔ	tʰʉn-se	tʰere-s-se/tʰere-tʃʰɔq-sɔ	界限格
ʉn-tʰiː	ene-s-tʰiː/ene-tʃʰɔq-tʰiː	tʰʉn-tʰiː	tʰere-s-tʰiː/tʰere-tʃʰɔq-tʰiː	随同格
ʉn-le	ene-s-le/ene-tʃʰɔq-lɔ	tʰʉn-le	tʰere-s-le/tʰere-tʃʰɔq-lɔ	联合格

（2）替代时位词的指示代词

这类代词也可分为近指、远指两类。近指时位代词是 en-te "这里"，远指时位代词是 tʰen-te "那里"。替代时位词的代词与指示代词相同，同时与时位词变化形式也基本一致。此外还有 naː-qʃə "往这边"、tʃaː-qʃə "往那边"两个指示代词。其变化如下：

近指	远指	格
en-te	tʰen-te	主格
en-te	tʰen-te	与位格
en-te-se	tʰen-te-se	界限格

（3）替代形容词的代词（代形词）

这类代词也可分近指和远指两类，有数和格的变化。例如：

代形词近指形式：ɨmə/əmə"这样的"。

代形词远指形式：tʰɨmə/tʰəmə"那样的"。

代形词的近远指及变格形式：

近指	远指	格
ɨmə/əmə	tʰɨmə/tʰəmə	主格
ɨmə-n-ə/əmə-n-ə	tʰɨmə-n-ə/tʰəmə-n-ə	领格
ɨmə-n-ə/əmə-n-ə	tʰɨmə-n-ə/tʰəmə-n-ə	宾格
ɨmə/əmə-te	tʰɨmə/tʰəmə-te	与位格
ɨmə/əmə-se	tʰɨmə/tʰəmə-se	界限格
ɨmə/əmə-eːr	tʰɨmə/tʰəmə-eːr	凭借格
ɨmə/əmə-tʰi:	tʰɨmə/tʰəmə-tʰi	随同格
ɨmə/əmə-le	tʰɨmə/tʰəmə-le	联合格

（4）替代数词的代词（代数词）及其变格形式

这类代词分近指和远指两类，有变格形式。近指形式为 əmə"这么"，可能源于代形词的近指形式 ɨmə/əmə"这样的"，只是在估量数词时活用，如 əmiːnə ɔlɔn pai"这么多"等。代形词远指形式为 tʰəmə"那样"，可能源于代形词的远指形式 tʰɨmə/tʰəmə"那样的"。

代数词近指、远指及其变格形式如下：

近指	远指	格	近指	远指	格
əmə	tʰəmə	主格	əm-iːn-ə	tʰəm-iːn-ə	领格
əm-iːn-ə	tʰəm-iːn-ə	宾格	əmə-te	tʰəmə-te	与位格
əmə-se	tʰəmə-se	界限格	əmə-eːr	tʰəmə-eːr	凭借格
əmə-tʰi:	tʰəmə-tʰi:	随同格	əmə-le	tʰəmə-le	联合格

etʃen-e   qatʃar   kʰeːt   ima(<əmə)   seiqʰqʰan   paːm-na.
自己-GA   地   多少   如此   美丽   有-NPST

自己的家乡多么美好啊！

（5）替代动词的代词（代动词）

这类代词有动词的各种形态变化及其自身特点。可分近指、远指两类。代动词近指形式为əŋkə-"这样做"。例如：

əŋk-et(əŋkə-keː)　tyː　hkon　ʃat　tʰʊː-tʃa　ere-βe.
这样-PRQ　　　　妹　姑娘　犊　赶-CRD　来-PST

于是，妹妹把牛犊赶回来了。

əŋ-βa　　　kə-sə　　　qɔːr-kɨi.
这样-PST　说道-CND　行-NEG

这样做是不行的。

此外，近指的还有一个代词 iːn "这样"。一般跟 le ke-se 结合表示"若不是这样、要么这样、或者"的意义。例如：

iːn　　le　ke-se　　　　若不是这样、要不然、或者
这样　勿　说道-RPV-CND

代动词远指形式为 tʰəŋkə- "那样做"。例如：

tʰəŋke-se　ene　tʃʰaːtə　maral　htʰɔr　la　nike　pɔtɔ　hʊnʊ-qsan　nike
那么-CND　这　那边-LOC　母鹿　里　也　一　公鹿　骑-APFV　一

hkon　pai.
姑娘　有-AUX

于是，在这边，母鹿里面有个骑着公鹿的姑娘。

此外，远指的还有一个代词 tʰiːn "那样"。该词一般跟 le ke-se 结合表示"若不那样、要么那样、或者"的意义。例如：

tʰiːn　le　ke-se　　　　aːʂan　χana-qʊi　tʰiːn　le　ke-se
那样　勿　说道-RPV-CND　阿山　去-NPST　那样　勿　说道-RPV-CND

jeʂan　ere-kʰqʊi.
叶山　来-NPST

或者阿山去，或者叶山来。

4. 疑问代词

（1）人称疑问代词

人称疑问代词是 kʰen "谁"，其变格形式如下：

谁	格	谁	格	谁	格
kʰen	主格	kʰen-ə	领格	kʰen-ə/-iː	宾格
kʰen-tə	与位格	kʰen-eːr	凭借格	kʰen-se	界限格

kʰen-tʰi：　随同格　　kʰen-le　　联合格

（2）替代动物和事物的疑问代词 jima/ima "什么"，其变格形式如下：

什么	格	什么	格	什么	格
jima/ima	主格	jima-n/ima-n-ə	领格	jima-n/ima-n-ə/-i:	宾格
jima/ima-tə	与位格	jima/ima-a:r	凭借格	jima/ima-sa	界限格
jima/ima-tʰi:	随同格	jima/ima-la	联合格		

（3）替代方位的疑问代词 χana "哪里"，既有格变化形式，也有时位词的变化形式。其变化形式如下：

χana　　　　　哪里（主格）

χana-q-ʊ:r　　沿着那边（凭借格及其时位词的活用变化）

χa-qʃə　　　　往哪里（固有时位词变化形式）

χana-sa　　　从哪里（界限格）

χana-qə　　　哪里的（领格变化而来的时位词所属专用形式）

（4）替代时间的疑问代词 kʰetʃe: "什么时候"。其变格形式如下：

kʰetʃe:　　　什么时候（主格）

kʰetʃe:-nə　　什么时候的（领格）

kʰetʃe:-se　　从什么时候（界限格）

（5）选择疑问代词

选择疑问代词也叫区分代词，主要有 a:lə "哪个"、a:lə neke "哪一（个）"两个。例如：

a:lə　qatʃar　哪个地方　　　　a:lə　neke　ʃɔq　哪一方向
哪个　地方　　　　　　　　哪　　一　　方向

（6）替代性质特征的疑问代词 jimar/imar "什么样，怎么样"，变格形式如下：

jimar/imar（主格）　　　jimar/imar-ə（领格）　　　jimar/imar-ə/-i:（宾格）

jimar/imar-tə（与位格）　jimar/imar-a:r（凭借格）　jimar/imar-sa（界限格）

jimar/imar-tʰi:（随同格）　jimar/imar-la（联合格）

（7）替代数量的疑问代词及其变格形式

代数词的疑问代词是 kʰet/kʰetən "几个、多少"、kʰet neke "几个、多少"。有时还变读为长音 kʰe:t，如 kʰetike menek pa？"有多少钱？"。代数词的疑问代词变格形式如下：

疑问代词	格	疑问代词	格
kʰet/kʰet neke	主格	kʰet-nike/-kə	领格
kʰet-ki/-iki/-ikə/kʰet nek-iki/-ikə	宾格	kʰet/kʰet neke-tə	与位格
kʰet/kʰet neke-e:r	凭借格	kʰet/kʰet neke-se	界限格

kʰet/kʰet neke-tʰi: 随同格　　kʰet/kʰet neke-le　联合格

（8）替代行为动作的疑问代词（疑问动代词）有两种：

① jimakə-(＜jima kə-)、ja:kkʰə-(＜ja:-kʰə-)"怎么做、怎么着"，属于及物动词。例如：

pʉ　jimakə-s-ta　　jaβ-qʊː.(pʉ ja:βqʊː)

我　怎么做-CONC　去-NPST

我怎么也得去。

② jimɔl-/jimal-(＜jima pɔl-) "怎么样"、jimɔlɔ "为什么"。例如：

tʃʰəma-tə　jimɔl-βɔ?

你-LOC　怎样-PST

你怎么啦？

tʃʰə　jimɔlɔ　lə　jaβ-pa?

你　为什么　不　去-PST

你为什么不去？

5. 范围代词

范围代词也叫概括代词或确定代词。其中表示总体范围的有 ortʰi "全"、tʃʰɔq "都" 等，表示区别范围的有 kʉre/køːrø "其他"、nəŋwa "有的" 等。其中有的有格形式变化，甚至还可以带复数形式。例如：

tʃʰɔq-iːnə　所有（人）的　　nəŋwa-s-nə　有些个是

全部-3rd　　　　　　　　　有的-PL-3rd

kørøːsən　ortʰi　所有野兽　　kʉre/køːrø　kʰʉn　其他人

野兽　　都　　　　　　　　其他　　　人

六　动词

东部裕固语动词形态比较丰富，有时、形、式、态、体等多种语法范畴。

（一）动词的类型

东部裕固语的动词从功能上可分为一般动词、代动词、转述动词、助动词四类。

1. 一般动词

具有时、形、式、态、体等多种语法范畴，下位类型也较多。有表示动作行为的，如 parə- "拿"、χɔq- "打"、χalta-βa "看了"（过去时）、jaβ-a: "走了"（过去时）、jaβ-niː "走"（非过去时）、tɔptʰla-tla "奔跑"（正在进行时）、tʰal- "放下"（命令式）、mede-sən "知道"（形动形完成体）、mede-kə "知道"（形动形未完成体）、larla-ldə- "聊天"（互动态）、martʰa-tʃʰɔr-tʃʰai "忘掉了"（完成体-过去时）、jaβ-qaːt-pa "走掉了"（完成体-过去时）。有表示心理活动的，如ṇiː-"笑"、yːla-"哭"、pɔtɔ-"想"、ai-"害怕"等。有表示能愿的，如pɔl-qʰʊai"可以"、ʃta-"能"等。从结构上可分为原动词和派生动词。原动词如tʃɔqqʊi-"坐"、sʊr-"学"等，派生动词如mɔːrə"马"＞mɔr-tə-"上马"、tʰar"石"＞tʰar-la-"以石计量"等。

2. 代动词

代动词是东部裕固语乃至蒙古语族语言中具有重要特点的一种动词，具有代词和动词双重性质。例如：əŋkə-"这样做"、tʰəŋkə-"那样做"、imakə-/jimakə-"怎么做"、jaːkkʰə-"怎么做、怎么着"、jimal-"怎么办"。

3. 转述动词

典型的是kə-"叫作"，也称引语动词、联系动词或示证系词。最主要的语法功能是表示转述，即对行为动作发生的情况做判断转述。一般表示非第一手信息的示证范畴意义。源于实词kə-，以词干形式独立使用时为kəː-"叫作"。例如：

otʃʰoktor   aŋla-san-tə   tʰere   aːʂan   jerʂan-tə   əqy(qajy)   sʊr-ja
昨天   听说-APFV-LOC   那   阿山   叶山-LOC   俄语   学-OPT

kə-tʃʰi   larkə-tʃʰ βai.
说道-RPV-CRD   说-PST-ENFI

昨天听说那个阿山跟叶山说他要学俄语。

tʰiːn   le   ke-se   aːʂan   χana-qʊi   tʰiːn   le   ke-se
那样   勿   说道-RPV-CND   阿山   去-NPST   那样   勿   说道-RPV-CND

jeʂan   ere-kʰqʊi.
叶山   来-NPST

或者阿山去，或者叶山来。

4. 助动词

裕固语中使用较为广泛的助动词主要有以下几种。

（1）pai-/βei-、piː/pai，其减缩形式为ai/ei。例如：

tʰere   qasqan   χaːn-ə   sʉnz-iːn   βei.
他   嘎孜甘   汗-GA   孙子-3rd   有-AUX

他是嘎孜甘汗的孙子。

nanta neke mɔːr piː.   我有一匹马。（亲眼看见的第一手信息-示证）
tentə neke mɔːr pai.   他有一匹马。（非亲眼看见的第二手信息-示证）

其中包含第一人称为piː，一般与第一手信息有关，而pai为其他人称，与第二手信息有关。此外，pai-/βei-在副动形附加成分的动词后连用时，表示正在进行时的语法意义，如tʃʰasən ɔrɔ-tʃə-βai."正在下雨"。

（2）pɔl-/βɔl-，其减缩形式为ɔl-，实词意义为"可以，行，能"，而作为助动词则表示可能性等。pɔl-/βɔl-在出现于带有副动形附加成分的动词后和并列式附加成分的动词后时，表示允许、可能、希望等情态意义。例如：

tʃʰə　ɔdɔː　jaβ-tʃ　pɔl-ni.
你　现在　走-CRD　成-AUX-NPST
你现在可以走。（表示允许）

nʊŋʊ-ilɔ　aːʂan　jaːβ-sa　se　pʉ-ta　tʃʰɔq　ta　jaβ-qʊi.
某-成-AUX　阿山　去-CND　才　我-PL　都-PL　也　去-NPST
如果阿山去，那么我们也去。

（3）alta-"失掉，放过"。辅助带非过去时附加成分的动词，表示"几乎，险些"等情态意义。例如：

tʃʰøktor　tʃʰil-eː　hkʰʉ　alta-βa.
昨天　累-PRQ　死　失-PST
昨天（我）差点累死了。

htei　neke　ɔl-sɔ　təker-ket　alta-βa.
小　一　成-CND　倒-PFV　失-PST
差点儿摔倒了。

（4）ere-"来"，表示由远及近、由小到大渐变的意义。例如：

mən-ə　øle　para-tʃ　ere-tʃ　βei.
我-GEN　活　完-CRD　来-PST
我的活快干完了。

aːʂan　ɔrʊitʊ　ɔqɔr-sən-tə　øle　tʃʰɔq-ən　lə　pʉtʰə　er-eː　ʃo.
阿山　迟到　扔-APFV-LOC　事情　都-3rd　无　成　来-PST　是-DEC
因为阿山迟到，整个事情被耽误了。

（5）sʊː-/sʊ-"坐、住"，表示在较长时间内继续的意义。例如：

aŋla-san-tə　tʰəre　aːʂan　harβan　tʰaːβən　tʃəl-tə　mʉla-jaːn　tʃaː
听-APFV-LOC　那个　阿山　十　五　年-LOC　孩子-REPOS　教
sʊː-tʃ　neke　ʃke　nere-tʰə　məte-ktʃʰə　pɔl-qɔ-sən　pə　kə-ni.
坐-AUX-CRD　一　大　名-SUF　精通-SUF　成-CAUS-APFV　有-AUX　说道-NPST-ENFI
听说，那个阿山用15年时间把他的孩子培养成了一名国际知名学者。

（6）ɔqɔr-/qɔr-"扔、放弃"，也可简化为ɔːr-/ɔr-。例如：

aːʂan　kʰʉn-ə　χʊl-iː　ʊː-tʃ　ɔqɔr-tʃʰβe.
阿山　人-GA　饭-GA　吃-CRD　扔-PST

阿山吃了他的饭。

nan-ta　alma　ok-tʃʰə　ɔqɔr-βa.
我-LOC　梨　给-CRD　扔-PST

给了我一个梨。

ɔqɔr-/qɔr-还可与副动形结合构成动词完成体。例如：

lɔmɔq　tʃʰʊq-iː-nə　martʰa-tʃʰɔr-tʃʰai.
故事　全-GA-3rd　忘-PFV-PST

故事全部忘掉了。

（7）ɔrɔ-"入、进入"，有表示已经开始的意味。例如：

lark-eː　ɔrɔ-βa.
说-PRQ　入-PST

说起来了。

（8）ap-/aβ-/apʰ-"要、取、拿"，表示试着做或已经完成。例如：

samla-tʃ　apʰ.
梳-CRD　拿

梳头。

tʃʰə　kʰen-ə　tʊːta-tʃʰ　apʰ-pa？
你　谁-GA　叫-CRD　取-PST

你都请了谁？

（9）其他

此外，还有一些值得注意的助动词，常见的如下：

① qar-"出"。例如：

mən-ə　øle　par-aː　qar　ere-tʃ-βei.
我-GEN　活　完-PRQ　出-AUX　来-PST

我的活要干完了。

② ʃta-"会、能"。例如：

pʉ　ker　χaː-tʃ　ʃta-βa.
我　房　盖-CRD　会-PST

我会盖房了。

③ jita-/ita-"不能，难"。例如：

pʉ　ənə　øle　para　jita-tʃ-βai.
我　这　活　完　难-PST

我干不了这个活。

④ ok-"给"。例如：

mʊ: sain kʰʉrke: ok-tʃʰ-βai.
坏 好 送 给-PST

赠送了东西。

⑤ χanə-"去"，表示去向、动向。例如：

tʃʰə hərtʰe seit-a: χanə-sa:！
你 早 好转-PRQ 去-AUX-EXP

祝你早日好转！

⑥ əlkə-/əlke-"捎带，运，掉"，表示完成、处理掉。例如：

tʃʰə ker-ə ʃʉr-tʃʰ əlkə！
你 房-GA 扫-CRD 掉-AUX

你把房子打扫好！

⑦ etʃe-"看"，表示试试看或试着做。例如：

tʃʰə ene maχqan-ə ete-tʃ etʃe.
你 这 肉-GA 吃-CRD 看

你试试吃这肉。

⑧ par-"完、结束"。例如：

ete-tʃ par. 吃完。
吃-CRD 完

（二）动词的语法范畴

1. 动词的陈述形

陈述形有"时"的区别，以下分而述之。

（1）时范畴（时态）

包括过去时、未完成过去时、非过去时、正在进行时四种时态。

① 过去时

过去时的附加成分一般有三套。

A. -βa/-βe、-pa/pe，其简化形式为 -β/-p，偶尔还以 -βai/-βei 形式出现。一般多用于疑问句，具有一定的第一手信息示证范畴的意味。例如：

pʉ eri-βe.
我 来-PST-EFI

我来了。（第一人称，第一手信息）

pʉ   χɔq-pe.
我   打-PST-EFI

我打了。（第一人称）

ʰere   pʰʉsəkʉi   χɔq-pa.
那   女人   打-PST-ENFI

那个女人打了。（第三人称）

tʃʰi   tʃʰoktor   imɔlɔ-lə   lə   ere-βe?
你   昨天   怎么-PRP   不   来-PST

你昨天怎么没来呀？

a:ʂan   ili-tə   χana-βa   ʃo,   jeʂan   ili-sə   ere-βe   ʃo.
阿山   伊犁-LOC   去-DEC   是-AFF 叶山   伊犁-ABL   来-PST   是-DEC

阿山去伊犁，叶山从伊犁回来。

B. -tʃ(ə)/-tʃʰ(ə)、-tʃ/-tʃʰ(-ai/-ei、-βai/-βei、-βa:n)，其简化形式为 -tʃ/-tʃʰ。这类附加成分一般在表达非第一手信息示证范畴用得较多，其中还有人称关系。例如：

ʰere   eri-tʃβei.   "他来了"（非第一手信息、非第一人称）
那   来-PST-ENFI

tʃʰə   larqə-tʃβai.   "你讲了"（非第一人称）
你   说-PST

*pʉ   eri-tʃβei.   "我来了"（一般不这样说）（第一人称）。
我   来-PST-EFI

再如：

ʰere   pʰʉsəkʉi   tʃʰən-ə   məl-i: χɔq-tʃʰ-βai.
那   女人   你-GEN   孩子-GA   打-PST-ENFI

那个女人打你的孩子了。

hkʰe   kʰele-tʃə.
母亲   说-PST-ENFI

母亲说了。

χʊla   htʃʰala-tʃ-ʉ:?
饭   熟-PST-INT

饭熟了吗？

C. -qa:/-ke:/-qɔ:/-kø:~-a:/-e:/-ɔ:/-ø:。在开音节结尾的词干后接加以辅音开头的附加成分，在闭音节结尾的词干后接加以元音开头的附加成分（以开音结尾的词干后按阳阴性元音分别插入 q、k）。例如：

mʉn-ə　qʰɔqɔ　ondor　βɔl-sɔː　kə-tʃ　pɔtɔ-qɔː.
我-GEN　身体　　高　　成-EXP　说道-CRD　想-PST

我希望我的个子高点。

pʉ　martʰa-tʃʰɔr-ɔː.
我　忘-PFV-PST

我彻底忘了。

② 未完成过去时

又称最近将来时，附加成分为 -la/-le/-lɔː/-lø。一般后面带助词 βai 的多，表示比较复杂的不同时态意义。

A. 表示将要开始。例如：

naq　χatʰ-tʰə　pɔtɔ-t　tiːsən　tʰal-tʃ　ɔrɔː-laː.
松　间隙-LOC　鹿-LOC　绳子　放-CRD　扔-IMPR

在松林里给公鹿放好了套索。

naran　qar-tʃʰ　ere-leː　βai.
太阳　出-CRD　来-IMPR　有-AUX

太阳快出来了。（还未出来）

B. 表示刚刚结束。例如：

mʉn-ə　koːkoː　χʊːr　sʊr-tʃʰə　harβan　tʃɔl　pɔl-lɔː　βai.
我-GEN　哥　胡琴　学-CRD　十　　年　成-IMPR　有-AUX

我哥学胡琴快十年了。

③ 非过去时

有学者认为是现在时或现在将来时。其附加成分有三套：

A. -ni/-nəi/-nai/-ne/-na，有时简化为 -ni。该形式不能用于疑问句的谓语。例如：

pʉ　jaβ-niː.　我走。
我　走-NPST

kʰʉn-ə　tʰana-nai.　认识人。
人-GA　认识-NPST

qʊr　qʊr　kə-tʃ　tʊŋqar-ne.　（雁）嘎嘎地叫。
嘎　嘎　说道-CRD　鸣-NPST

B. -nam/-nem/-nɔm/-nøm、-nan/-nen/-nɔn/-nøn、-nam-na/-nem-ne/-nɔm-nɔ/-nøm-nø、-nan-na/-nen-ne/-nɔn-nɔ/-nøn-nø。该形式比较古老，现代蒙古语已经消失。表示尚未过去的动作或

状态，包括现在发生或尚未发生但将来会发生的以及经常发生的语法意义，与过去时对立。该形式能用于疑问句的谓语。变化过程：-nam＞nan＞na。例如：

tʃʰasən　nɛsə-nɔm-nɔ.　下着雪。
雪　　入-NPST

tʃʰə　ɔtɔː　χanaː-nam　ʉː?
你　现在　咳嗽-NPST　吗-INT

你现在咳嗽吗？（疑问式）

kʰeːn-ə　tʰɔlɔqɔi　hərkə-ktʰe-nen?
谁-GEN　头　　转-PASS-NPST

谁头晕？

C. -qʊ/-kʉ、-qʰʊ/-kʰʉ、-qʊi/-kʉi、-qʰʊi/-kʰʉi，与形动形附加成分同源，但能够单独用以结束句子，并表示主观情态意义。有时变读为-qʊai/-qʰʊai。例如：

aːʂan　ontor　ere-qʊi.
阿山　今天　来-NPST

阿山今天来。

aːʂan　ør-tɕʰa-qʰ　ere-k-ʉː/ere-kʉ-jʉː?
阿山　明天　　来-NPST-INT

阿山明天要来吗？（疑问式）

ør-tɕʰaqʰ　jaβ-qaːt-qʊ.
明天　　　走-PFV-NPST

明天要走。

④ 正在进行时

表示行为动作正在进行的附加成分有五类，一般与助动词βai/βa结合成完整的进行时。

A. -tla-/-tʰla-。除表示正在进行外，偶尔还表示行为动作延续的意味。例如：

mʉn-ə　mɔːrə　tɔptʰla-tla　βə.
我-GEN　马　奔跑-PROG　有-AUX-EFI

我的马在奔跑。（夹杂着延续的意味）

erken　ɔtɔː　χʊla　ʊː-tla　βai.
他　　现　饭　吃-PROG　有-AUX

他正在吃饭。

B. -tʃəla（＜-tʃə并列副动形＋la），可能是-tla-的语音交替形式，也有延续的意味。例如：

larla-ltə-tʃəla   βai.
谈-REC-PROG   有-AUX

谈着呢。

pʉ   pʰʉtʃʰək   χalta-tʃəla   βe.
我   书   看-PROG   有-EFI

我正在看书。

C. -tʃəβai（<-tʃə 并列副动形 +βai）。例如：

ɔtɔː   pɔrɔːn   ɔrɔ-tʃə-βai.
现   雨   入-PROG

现在下雨呢。

pʉ   pʰʉtʃʰək   ɔŋɔ-tʃə-βai.
我   书   念-PROG

我在念书。

D. -tʰaː-βai/-tʰeː-βei (ta-βai/-tə-βai)（<-tʃə 并列副动形 +βai）。例如：

nikən-nə   pətʃʰik   sʊr-tʰaː-βai.
一个-3rd   书   学习-PROG

一个在念书。

E. -tane/-tʰane(-taːne/-tʰaːne)。例如：

pʉ   ɔtɔː   χʊla   ʊː-tane.
我   现   饭   吃-PROG

我正在吃饭。

pʉ   ɔtɔː   jaβ-t-tane.   我正在走路。
我   现在   走-PROG

该形式有时不表示正在进行时而表达客观陈述的语气。例如：

tʰaŋke-keː   kʰʉn-t   sʊr-aːt-tʰaːni.
那样-PRQ   人-LOC   问-PFV-PROG

于是向其他人询问。

2. 动词的祈使形

动词的祈使形也称祈使式，分命令式、志愿式、恳求式等若干小类。一般情况下这三式分别与第二人称、第一人称、第三人称有关，但不是绝对的。

（1）命令式

可分直接命令和委婉命令两种形式。

① 直接命令式

附加成分是零形式，主要针对第二人称。例如：

tʃʰə　qʊrtʊn　ere！　你快来！
你　　快　　来

② 委婉的命令式

也带有要求和希望等语气，附加成分为 -βar。例如：

tʃʰə　neke　χalta-βar.　请你看一看。
你　一　　看 -IMPT

tʃʰə　nan-ta　larqə-βar.　请你给我说说。
你　我 -LOC　说 -IMPT

（2）恳求式

表示央求、恳求等意味，附加成分为 -seja:n。例如：

tʃʰə　nan-ta　neke　larqə-seja:n.
你　我 -LOC　一　　说 -RQS

求你告诉我吧。

（3）志愿式

志愿式也叫希望式或意愿式。附加成分有两种。

① -ja 这种附加成分没有变体，不分阳阴性。多用于第一人称。例如：

pʉ-tʃen　χalta-ja.　我自己看。
我 -REPOS　看 -OPT

a:ʂan　jaβ-sa　pʉ-ta　tʃʰɔq　seirke　jaβ-ja.
阿山　去 -CND　我 -PL　一起　才　　去 -OPT

只有阿山去，我们才去。

② -sa:/-se:/-sɔ:/-sø: 该附加成分表希望的语气更浓，与希望式附加成分同源。例如：

pʉ　neke　χalta-sa:！　让我看一看！
我　一　　看 -OPT

（4）祝愿式

主要在祝福时使用，尤其是在婚礼上，附加成分为 -tʰɔquai/-tʰuqui。例如：

eŋkʰe　saiχqan　tʃirqa-qa:　sʊ:-qʰ-i:n　pelek　pəl-tʰɔquai！
平安　美丽　　享福 -PRQ　居住 -IMPF-GA　兆头　成 -WIS

祝幸福安康！

aːṣan χwaːr-tʰ qara-tʰʊqʊi.
阿山　　前-LOC　　出-WIS

阿山必胜！

（5）希望式

具有表意愿、希望的意味，附加成分为 -sa/-seː/-sɔː/-sø，其中 -se 比较多见。例如：

tʰeŋkər pɔrɔːn ɔrɔ-sɔː!　希望天下雨！
天　　　雨　　　入-EXP

mʉn-ə qʰɔqɔ ondor βɔl-sɔː kə-tʃ pɔtɔ-qɔː.
我-GEN　身体　高　　成-EXP　说道-CRD　想-PST

我希望我的个子长高点。

（6）允许式

附加成分为 -qane/-keni，多用于第三人称。例如：

jaβ-sa jaβ-qani.　要走就走。
走-CND　走-PRMS

（7）谨慎式

谨慎式也叫警告式，表示让人们注意、小心，附加成分为 -βatʃeː/-βetʃeː。例如：

ajq-aːn alt-βatʃeː!
碗-REPOS　掉-PRD

小心把碗掉了！

tap-tʰə pɔrɔːn ɔrɔ-βatʃeː!
冬营地-LOC　雨　　入-PRD

当心冬营地下雨！

3. 动词的完成体

东部裕固语的完成体主要表示行为动作的彻底完成或彻底进入这个状态。强调的是彻底性，而形动形的完成体着重完成的时间。该完成体附加成分与形动形完成体不同的是后面还可以接各种时附加成分和形动形附加成分。有三种形式，以下分而述之。

（1）-(q)aːt/-(k)eːt/-(q)ɔːt/-(k)øːt，其中 -q-、-k- 是插入辅音，根据阳、阴性和开、闭音节的区别而接加。例如：

kokəi larqə-tʃ larqə-tʃ jaβ-qaːt-pa.
阿姨　　讲-CRD　　讲-CRD　　走-PFV-PST

阿姨讲着讲着回去了。

mʉn-ə   mɔːrə   qɔl   htʰ   ɹcʰ   ɔrɔ-qɔːt-tʃʰβai.
我-GEN   马   河   里   入-PFV-PST
我的马进了河里了。

（2）-tʃʰor-/-tʃʰor-，可能源于副动形并列式-tʃʰ+ɔqɔr-"扔"的简化。例如：

lɔmɔq   tʃʰʊq-iː-nə   martʰa-tʃʰor-tʃʰai.
故事   全-GA-3rd   忘-PFV-PST
故事全部忘掉了。

tʰere   pɔtɔ   tʃa   tiːsən-tə   tʰor-tʃʰor-sən   pə   kə-ni.
那   公鹿   就   绳子-LOC   卡住-PFV-APFV   是-DCR   说道-NPST-ENFI
那头公鹿便被绳索套住了。

kʰør-tʃʰor-sən   tʃʰasən. 冰冻的雪。
冻-PFV-APFV   雪

（3）-tʃike-，表示彻底完成。例如：

mɔːrə-jaːn   pʉtʰə   alta-tʃike.
马-REPOS   不   失-PFV
不要把马放跑了。

alaq   hkor   altʰan   paiʃəŋ-tʰəi   ʊqʊasən   yten-tʰəi   nta-tʃike-sən   lə
花   牛   金   房子-COM   羊毛   门-COM   睡-PFV-APFV   不

etʃe-ni,   ene   nʉtʉn-ə   tʰaːsmaq   pai.
看-NPST   这   眼睛-GA   谜语   有-AUX
花牛住金屋子，有毛毛做的门，睡过去就看不见。（谜语。谜底：眼睛）

4. 动词的语态范畴

东部裕固语动词有的语态相互交替使用，如使动态表被动态意义，有的连用，有的语态又具构形、构词双重功能。共有主动态、使动态、被动态、互动态和同动态五种语态。

（1）主动态

形态标记为零形式。表示行为主体自主实施，即主语是行为的执行者。例如：

naran   qar-βa.   太阳出来了。
太阳   出-ATV-PST

pʉ   larqə-ja.   我说吧。
我   说-ATV-OPT

（2）使动态

附加成分有三种，表示行为主体让他人实施行为动作，即主语是行为动作的间接执行者。

① -(q)ʊ:l/-(q)y:l，接加于以辅音和短元音结尾的词干后。例如：

a:ʂan   kʰɨn-ə:r   ti:sən   tʰail-q-ʊ:l-tʃʰ   aβ-tʃʰ βai
阿山   人-INSTR   绳子   解开-CAUS-CAUS-CRD   取-AUX-PST

阿山叫人解开了绳子。

tʰeren-ə   ker-tʰ   ɔr-ʊ:l !
他-ACC   屋-LOC   入-CAUS

让他进屋！

② -lqa/-lke/-lqɔ/-lkø，接加于以长元音和复合元音结尾的词干后。例如：

tʃɔqqʊi-lqa- 使坐   kʰy:-lke- 使膨胀
坐-CAUS   膨胀-CAUS

③ -qa/-ke/-qɔ/-kø，接加于以辅音结尾的词干后。偶尔还叠用，如 par-q-ʊ:l- "使完成"。例如：

kʰy:-ja:n   sein   sʊr-qa.
儿子-REPOS   好   学-CAUS

让儿子好好学。

kʰøkʃin   aŋqa   jyla-sa:r   jy:la-sa:r   qʊ:r   nɨtɨn-ə:n   sɔqʰɔr-qɔ-tʃʰ-βei.
老   太太   哭-CONT   哭-CONT   两   眼睛-REPOS   瞎-CAUS-PST

老太太哭啊哭啊哭瞎了双眼。

（3）被动态

附加成分为 -qtʰa/-ktʰe/-qtʰɔ/-ktʰø、-qta/-kte/-qtɔ/-ktø 和 -tʰa/-tʰe/-tʰɔ/-tʰø、-ta/-te/-tɔ/-tø，表示行为主体或主语是承受者，一般接加于及物动词词干后。例如：

χalʊ: etʃe-kʰtʰe-sen   kʰɨn   体贴的人   tʃʰɔqmɔqlɔ-qtʰ-ɔ: hɔrɔ: 盘蜷缠绕
热   看-PASS-APFV   人   盘蜷-PASS-PRQ   缠绕

naq   artʃʰa   etʃe-kte-ke:.
林   杜松   看-PASS-PST

看见了树林。

htʰa:-tə   htʰa-qta-qa:.
烟-LOC   熏-PASS-PST

被烟熏了。

neke   qatʃar-a   kʰɨr-sen-t   la   tʰɨŋwa   ker   para-qta-qa:.
一   地-LOC   到-APFV-LOC   也-EMPH   那样   房子   做-PASS-PST

到了一个盖有房子的地方。

值得注意的是，由于长期的语言接触，东部裕固语中固有被动态的使用越来越少，代之以改变位置来表示被动意义。例如：

pɥ tʃʰam-i: χɔq-βa.
我 你-ACC 打-ATV-PST

我打了你。（主动态）

tʃʰə nam-i: χɔq-βa.
你 我-ACC 打-ATV-PST

我被你打了。（"你打我了"，一般不说 pɥ tʃʰama-tə χɔq-tʰaβa。）

有的已经失去被动意义而具有构词意义。例如：

tʰɔlqpi herke-ktʰe-ke: 头晕了（同 herke-ke:） hɔrβɔ-qta-qa-tʃʰβai- 颠倒了
头 转-PASS-PST 翻-PASS-CAUS-PST

səmən-nə rgam tʃluː-də qʰatʰqə-kta-san pə kə-niː.（保朝鲁、贾拉森 1992：231）
箭-3rd 箱子 石头-LOC 扎-PASS-APFV 是 说道-ENFI

他射出的箭扎进了石头箱子。

（4）互动态

也叫交互态，主要表示主客体双方之间相互进行的行为动作，有时还表示同动或众动，其细微差别体现于具体语境中，附加成分为 -lt/-ltə。例如：

hkor mɥrkə-lt-tʃβai.
牛 顶-REC-PST

牛顶着呢。（一般是互动）

ɔrqɔ-ltu-san nike tɔmpər ɲiːtən qar-pa.
相同-REC-APFV 一 堆 笑话 出-PST

发生了一大堆如此般的趣事儿。

ɲiː-ltə-tʃβai.
笑-REC-PST

笑着呢。（互动或同动）

（5）同动态

也叫共同态或协同态。主要表示主体与客体一起协助共同完成的行为动作，附加成分为 -ltʃʰa-/-ltʃʰe-/-ltʃʰɔ-/-ltʃʰø-。例如：

nɔχqɔi-n øle-t χaːn lə ɔrɔ-ltʃʰɔ-tək pai,
狗-GA 事情-LOC 皇上 不 入-COLL-HAB 有-AUX

χa:n-ə   tʃʰɔː-tə   alpatʰə   lə   ɔrə-ltʃʰə-tək   pai.
汗-GA   朝-LOC   平民   不   入-COLL-HAB   有-AUX

狗的事情官僚不插手，官僚的事情平民不插手。

ni̯ː-ltʃʰə-tʃ-βai. （大家）笑了。（同动态）
笑-COLL-PST

øle   parə-ltʃʰa.   干活吧。（同动态）
活   做-COLL

有时还与互动态通用并表示互动意义，同时还有构词意义。例如：

ɔrɔq   para-ltʃʰa-   结亲（一般指结婚双方结亲）   aman   pʊla-ltʃʰ-   争论
亲戚   结-COLL   口   抢-COLL

kʰʉn   larla-lt-tʃ   mal   maila-lt-tʃ   人靠交流，畜靠叫唤
人   说-REC-CRD   牲畜   叫唤-REC-CRD

5. 动词的形动形

动词的形动形也叫形动词或兼役形等，接加形动形附加成分后，既保留动词的语法特点，又兼具名词和形容词的语法功能。东部裕固语动词的形动形比较发达，有完成体、未完成体、经常体、持续体、主体体五种形式。

（1）完成体

附加成分为 -qsan/-ksen/-qsɔn/-ksøn、-san/-sen/-sɔn/-søn，其中带 -q/-k 的是古蒙古语的形式，而现代蒙古语已脱落。其变化过程为 -qsan＞-san，现在趋于 -sən。单独结束句子的较少，后面一般附带助动词等。例如：

tʰəŋke-se   ene   tʃʰaː-tə   maral   htʰɔr   la   nike   pɔtɔ   hʊnʊ-qsan
那么-CND   这   那边-LOC   母鹿   里   也   一   公鹿   骑-APFV

nike   hkon   pai.
一   姑娘   有-AUX

于是，在这边，母鹿里面有个骑着公鹿的姑娘。

nara-tʰiː   ɔrɔ-qsan   tʰəŋker   taːβər-tʰiː   naːtən-aːr   larqə-sən   kʰʉn   taːβər-tʰiː.
太阳-COM   入-APFV   天   难受-COM   玩-INSTR   说-APFV   人   难受-COM

阳光下下雨天难受，开玩笑刺激人人难受。

（2）未完成体

附加成分为 -qə/-kə。一般不能够单独结束句子。例如：

neke   sara   sʊː-qə   ʃəŋkə   βai.
一   月   住-IMPF   像   有-AUX

大约要住一个月。

ere-kə   βɔl-sɔn   pe.
来-IMPF   成-APFV   有-AUX

大概要来。

（3）经常体

附加成分为-taq/-tek/-tɔq/-tøk。例如：

ʃikʰe kʰʉn-ə ølm-ø:r lə qar-taq pa.   lʊ:s-i:n a:r-ʊ:r lə qar-taq pai.
大   人-GA   前面   不 出-HAB 有-AUS 骡子-GA 后面   不 出-HAB 有-AUX

大人前面不能过，骡子后面不能过。（俗语）

（4）持续体

其附加成分为-(q)a:/-(k)e:/-(q)ɔ:/-(k)ø:。例如：

qatʃar qɔi-tʃ   aβa-la   jaβ-qa:.
地   求-CRD   拿-PRP   去-DUR

为寻求盖庙的地方走着。

tʃʰə χana sʊ:-qa: βə?   你住哪里？
你   哪里 住-DUR   吗-INT

（5）主体体

表示实行行为动作的主体，附加成分为-qtʃʰə/-ktʃʰə。例如：

tʰørø-ktʃʰ-i:n qɔ:l-t   tʰoloko   tʰal-βa.
生-SUB-GA   沟-LOC   两岁绵羊   放-PST

在出生的沟里，放上两岁绵羊。（谜语）

形动形否定形式和疑问形式的构成一般是在其前用否定语气词lə/le。例如：

lə   jaβ-san   pə   kə-ne.
无   去-APFV   是-DEC 说道-NPST-ENFI

没有去。

6. 动词的名动形

在东部裕固语里用得很广，也用于构词，其附加成分为-ma/-me/-mɔ/-mø。例如：

ene tʊŋ pʰi:le-m-i:n   tʰa:smaq pa.
这   螺   吹-NOML-GA   谜语   是-AFF

这是吹螺的谜语。

pʉ tʃa mete-me-ne   tʃa   əmə   tʃirken pe.
我就 懂-NOML-3rd   就   这样   程度   有-AUX

我知道的就这些。

7. 动词的副动形

也叫连接形或副动词等。有十种形式。

（1）并列式

表示两种动作或状态同时进行，附加成分是 -tʃ(ə)/-tʃʰ(ə)。例如：

jaβ-tʃ　　jaβ-tʃ　　neke　qatʃar-a　kʰʉr-sən　pə　kə-ni:.
走-CRD　走-CRD　一　　地-LOC　到-APFV-LOC　有-AUX　说道-NPST

走着走着到了一个地方。

tʃʰə　kʰen-ə　tʊ:ta-tʃʰ　apʰ-pa?
你　谁-ACC　请-CRD　取-AUX-PST-INT

你请了谁？

（2）先行式

也叫循序式或分离式，表示两种动作和状态一前一后进行。有三种形式。

① -(q)a:/-(k)e:/-(q)ɔ:/-(k)ø:，分别按阳阴和谐与元音和辅音结尾的情况接加。例如：

pʉ　ʃat-ja:n　　　qʰʊsla-qa:　ere-sen.
我　牛犊-REPOS　饮-PRQ　来-APFV

我饮完牛犊才来的。

pʉ-ta-s　　tʰala-tə　qar-a:　na:t-ja.
我-PL-PL　平原-LOC　出-PRQ　玩-OPT

我们去草地里玩吧。

② -(q)a:tʊ/-(k)e:tʉ/-(q)ɔ:tʊ/-(k)ø:tʉ（< -(q)a: + -tʊ），有时其中的 -tʊ/-tʉ 变为 -tə。例如：

tʃɔqqʊi-lqɔ-sɔ　　tʰa:βən　χɔnɔχ　tʃɔqqʊi-qɔ:tʊ　tekerke-qa-lta　joʉliape.
坐-CAUS-CND　　五　　宿　　坐-PRQ　　跌-CAUS-REC　有了罢

立起杆（标志物）来，五天就倒下来了。

③ -tʃβa-/-tʃʰβa-（< 并列副动形 -tʃ/-tʃʰ + 助动词 aβ + 先行副动形 -a:）。例如：

mɔ:rə　hɔnɔ-tʃβa　jaβ-βar　sein　pai.
马　　骑-PRQ　走-CND　好　　有-AUX

骑马走的话就好。

pʉ　tʃa　tʰa:r-ə　　nekʰe-tʃβa　ker　par-sen　pe.
我　就　粗褐子-GA　编织-PRQ　帐篷　盖-APFV　是-DEC

我是织着褐子打起帐房的。

（3）条件式

也叫假定式。有两种附加成分。

① -sa/-se/-sɔ/-sø。相对而言，该附加成分的使用多于 -βar。例如：

aːʂan le jaβ-sa pʉ ja-β-ja.
阿山　不　去-CND　我　去-OPT

如果阿山不去，那我去。

mɔːrə ʉɣʉi pɔl-sɔ jaβ-qaːr jaβə-ja.
马　无　成-CND　步行-INSTR　走-OPT

没有马就步行走吧。

② -βar，源于蒙古语的 -bal/-bel，即 -bal＞-βal＞-βar，有时音变为 -kar(＜-βar)等。例如：

mɔːrə hɔnɔ-tʃa jaβ-βar sain pai.
马　骑-PRQ　走-CND　好　有-AUX

骑马走的话就好。

nan-ta neke ok-kar(＜-βar) pɔl-qʰ-ʋa m-ʉː?
我-LOC　一　给-CND　成-IMPF-NEG　是-吗-INT

给我一个不行吗？

（4）反复式

也叫描写式。附加成分为 -n，主要以重叠形式出现。例如：

neke tʃʰəqaːn χʊrqan herke-n herke-n tʃʰat-nan.
一　白　羊羔　转着-RPT　转着-RPT　饱-NPST

一只白羊羔转着转着吃饱。（谜语。谜底：指捻线）

tʃʰə mʉn-ə zaɢalə-tə xalda-n xalda-n ʉle-jaːn barə.
你　我-GEN　画像-LOC　看-RPT　看-RPT　活-REPOS　做

你就多看看我的画像干你的活儿吧。（保鲁朝、贾拉森 1992：277）

（5）让步式

附加成分是 -sata/-seta/-sɔta/-søta(＞-sta)（＜副动形条件式 -sa/-se/-sɔ/-sø＋语气词 ta）。例如：

tʰere kʰʉn jima larqə-seta pʉ ai-ʧə βai.
那　人　什么　说-CONC　我　怕-否　有-AUX

那个人说什么我都不怕。

pʉ jima kə-sta jaβ-qʊː.
我　什么　说道-CONC　去-NPST

我得去。（我一定去，必须去）

（6）衔接式

又称立刻式或紧随式。附加成分有两套。

① -(q)saːr/-(k)seːr/-(q)sɔːr/-(k)søːr，源于延续式。例如：

pɨ　tʃʰəm-iːn　etʃe-seːr　tʰanə-βa.
我　你-ACC　看-LINK　认-PST

我一看你就认出来了。

② -maqtʃʰə/-mektʃʰə/-mɔqtʃʰə/-møktʃʰə，有时简化为 -matʃʰa，这种形式比较少见。例如：

pɨ　tʃʰəm-iːn　etʃe-mektʃʰə　tʰanə-βa.
我　你-ACC　看-LINK　认-PST

我一看你就认出来了。

kʰyːkʰen　ɔːl-matʃa　tʰaitʃi　βɔl-tʃ-tʰaːne.
儿子　生-NOML　太子　成-CRD-PROG

生了儿子就称为太子。

（7）相应式

也称跟随式或趁机式。表示在甲动作或状态发生的过程中，产生相应的乙动作或状态。附加成分是 -santə/-sentə/-sɔntə/-søntə（<-san/-sen/-sɔn/-søn"形动形完成体"＋-tə"与位格"）。例如：

aːʂan　jaβ-qaːt-santə　pɨ　ta　ker-t-eːn　χanə-βa.
阿山　走-PFV-FOLW　我　也-EMPH　家-LOC-REPOS　回-PST

阿山走了之后，我也就回了家。

χʊra　kʰɨr-tʃʰə　ere-sentə　ker-tʰə　ɔr-ɔː.
雨　到-CRD　来-FOLW　屋-LOC　入-PST

快要下雨了，我们就进屋了。

（8）界限式

也称限定式或极限式。表示以这个动作或状态的发生为界限，并结束另一个动作或状态。附加成分是 -tʰala/-tʰele/-tʰɔlɔ/-tʰølø。例如：

aːʂan　ere-tʰele　pɨta-s　ene　qatʃar　tɨŋwa　ørtʃø　ɨɣʊai.
阿山　来-LMT　我们-PL　这　地方　那样　东西　无

阿山来之前，我们这里没这种东西。

qʰʊsʊn　ʊː-tʰala　tʃʰa　ʊː-sa　sain　pai.
水　喝-LMT　茶　喝-CND　好　有-AUX

喝水不如喝茶好。（夹杂着比较意味）

（9）目的式

附加成分是 -la/-le/-lɔ/-lø，源于古代蒙古语的目的式 r-a＞la。例如：

tʰere　kʰʉn　χʊla　ʊtʃʰə-la　ere-sen　pə　kə-ni:.
那　　人　　饭　　喝-PRP　　来-APFV　是　说道-NPST
那个人要来吃饭了。

nan-tə　　tʃɔlqɔ-lɔ　ere-βe.
我-LOC　拜见-PRP　来-PST
拜访我来了。

（10）延续式

又称持久式。表示甲动作或状态延续至乙动作或状态的出现。有两套附加成分形式。

① -(q)sa:r/-(k)se:r/-(q)sɔ:r/-(k)sø:r（＜形动形 -san/-sən/-sɔn/-søn + 凭借格 -a:r/-e:r/-sɔ:r/-sø:r）。例如：

kʰøkʃin　aŋqa　jyla-sa:r　jy:la-sa:r　qu:r　nʉtʉn-ə:n　sɔqʰɔr-qɔ-tʃʰβei.
老　婆婆　　哭-CONT　哭-CONT　两　眼睛-REPOS　瞎-CAUS-PST
老婆婆哭啊哭啊哭瞎了双眼。

② -sʊ:tə-（＜sʊ:-"居住，坐" + -tə）。例如：

pʰətʃʰək　ɔŋʃ-sʊ:tə　tʃʰi:tʃəle-βa.
书　　　念-CONT　记住-PST
书念着念着就记住了。

tʊ:li:　la　n̪i:-sʊ:tə　χwa:r-a:n　setʰel-tʃ　aβ-san　pə　kə-ni:.
兔子　也　笑-CONT　鼻-REPOS　撕开-CRD　拿-APFV　有-AUX　说道-NPST
兔子笑着笑着就把鼻子给撕裂了。

副动形的否定式一般使用否定语气词 lə，置于副动形前，但并不是所有副动形均带否定式。例如：

mør-tʰe　lə　ere-tʃ　βai.
路-LOC　勿　来-CRD　有-AUX
不对路。（错了）

tʰere　kʰʉn　lə　ere-sa　pʉ　ta　lə　χanə.
那　　人　　不　来-CND　我　也　不　去
他不来的话我也不去。

七　情态词

东部裕固语的情态词主要有"推断""肯定""虚拟"三种类型。

（一）表示推断的

这类情态词主要有ʃəŋkə"大约、大概"、maqa:kʉi"不一定，可能"、ɔrqɔqa:"好像"等。例如：

neke　sara　sʊ:-qə　　ʃəŋkə　βai.
一　　月　　住-IMPF　大约　　有-AUX
大约要住一个月。

nəŋw-i:nə　ja:-qʊ　　maqa:-kʉi.
有的-3rd　　回-IMPF　可能-无
有的可能要回。

（二）表示肯定的

这类情态词主要有la"一定、肯定"、jima kəsa"一定、肯定"、tʃa:la"非常"、xanʃə"非常，还是"等。例如：

ontor　la　　　　tʰɔm(tʰɔŋ)　tʊla:n　pai.
今天　　也-EMPH　相当　　　　暖和　　有-AUX
今天一定非常暖和。

pʉ　jima　kə-sta　　　jaβ-qʊ:.
我　什么　说道-CONC　去-NPST
我得去。（我一定去，必须去）

pʉ　tʃa:la　ʉrtɕaqqʰə　jaβ-ja.
我　还是　　早晨　　　　走-OPT
我还是早上走吧。

（三）表示虚拟语气的

这类情态词主要有zʉkʉo"假如"、nʊŋʋilɔ/nəŋwa βɔlɔ"如果"等。例如：

nʊŋʋilɔ(nəŋwa βɔlɔ)　a:ʂan　jaβ-sa　　se　pʉ-ta　tʃʰɔq　ta　ja:-β-qʊi.
如果（那么做）　　　阿山　　去-CND　才　我-PL　都　　也　去-NPST
如果阿山去，那么我们也去。

zʉkʉo　tɔl:n　χɔn-ɔ:　　qar-tʃʰə　lə　　ere-se　　tʰa:βən　χɔnɔq　la　　pɔlɔʰ-qʰʋa.
如果　　七　　宿-PRQ　出-CRD　　无　　来-CND　五　　　宿　　　也　　成-NPST
如果（插箭立起来）七天不行的话，五天不倒也可以。

八 状词

也叫摹拟词，可分为两个小类。

（一）摹声状词

主要描摹音响声音等。例如：

χa: χa:哈哈（笑声）	qɔṣ·qaṣ 咳嗽声
ʃar ʃar 雨声	pʉrt 失笑声
wa:q wa:q 呱呱（狐狸叫声）	tɔqər-tɔqər 水沸声
qʊa qʊa/qa:q qa:q 呱呱（乌鸦叫声）	kʉrəŋ 重物落水声
kʉrəŋ kʉrəŋ 敲鼓声	tʃir tʃir 唧唧（鸟叫声）
pʰʉ 吹气声	sər sər 飒飒（风声）
taqər-taqər 马疾驰声	kʉr kʉr 燃火声、大风声等
tʃaq tʃaq 拍手声	taqərtʃʰək taqərtʃʰək 马蹄声
ʃiβer ʃiβer 耳语声	tʃəkər tʃaqər 咯吱咯吱声（雪地里走的声音）
tʃərkə·tʃərkə 牲畜分娩时用语	zit·zit/ɣi:kit/χʊartʰa 岩羊响鼻声
	aʊ aʊ/qaŋ qaŋ 汪汪（狗叫声）

以 qaŋ qaŋ 为例：

nɔʰqɔi qaŋ qaŋ qʰʊtʃʰa-βa.
狗 汪 汪 叫-PST
狗汪汪叫。

（二）摹态状词

主要摹拟姿态。例如：

tɔqlɔŋ tɔqlɔŋ、teksek teksek 一瘸一拐	pʰɔltʰ pʰɔltʰ 一颠一颠
ɬep ɬep 一闪一闪	ɬap ɬap 雪花纷飞状
ɬək ɬək 血脉或心脏怦怦跳状	laptʰaq laptʰaq 呼扇呼扇状
kəltʃək qaltʃaq 摇摆行走状	tʰaq tʃʰəq 没动静状态
altʃʰaq altʃʰaq、altʃʰaq ʊltʃʰaq 步履蹒跚状	
tʃʰɔl tʃʰal、tʃʰɔltʰ tʃʰaltʰ、tʃʰɔltʰɔq tʃʰaltʰaq 发音不清状	

以 tʃaras "牙齿一露一露状" 为例：

tʃas kə-se tʃaras tʃʰai-ni.
拟声词 说道-CND 状词 白-NPST
张开口就一排白。（指牙齿的状况）

九　副词

可分时态副词、程度副词、范围副词、状态副词、强调和转折副词五类。

（一）时态副词

东部裕固语的时态副词主要有：tʃeːke"经常"、tʃaːnə"经常，从来、根本"、tʃʰaːtʃək/tʃʰaːtʃəŋ/tʃiːtʃʰa"经常，始终、不断"、ʃampa"暂时"、jʉŋtʃiʉ"永久"、seːrke/saiq"刚刚"、tʃiaŋ"刚"、χaltʊ"刚才"、mɔːtɔ ɔtɔ"立刻、马上、快"、kenetʰ/tɔrqʰə"突然、忽然"、tɔqtʰɔːr"慢慢地"、pʰəsa"再、又"、nəŋwa tʃʰaqtʰ"偶尔、有时"、aːrsiːna"然后"、taili"从来、向来"、tutʰi: tʰʉŋwa"向来"、tʃʉk"只是"、tʃʉk nike"稍微"，等等。例如：

pʉ　seːrke/tʃiaŋ　ere-βa.　我刚来。
我　刚　　　　来-PST

pʉ　tʃanə　jaβ-tʃ　βai.　我经常去。
我　经常　去-CRD　有-AUX

tʰere　tʃaːnə　lə　mete-tək　pe.
他　根本　不　懂-HAB　是
他根本不懂。

ʃampa　pʉ　neke　tʃar-ja.　暂时我用一下。
暂时　我　一　用-OPT

mɔːtɔ　øːr　tʃʰai-la　βai.
快　黎明　亮-NPST　有-AUX
天快亮了。

（二）程度副词

东部裕固语的程度副词主要有pʉtən"最"、tɔŋ/tʰɔm"很"、neŋ"更、特别"、neŋta/neŋka"太"、iːkʰəna/jiːkʰəna"特别、可怕"、keːtima"多么"、qʊai nəŋwa"特别、相当"、ɔrɔ"极、很"、tʃaːla/tʃaːlaː"更、非常"、paqa neke"稍微"、tei neke"稍微"、χalta/χaltʊ"刚才"、tʂəŋ"刚、正"，等等。例如：

tʰɔm　saihqʰan　非常漂亮　　pʉtən　sein　最好
非常　漂亮　　　　　　　　最　　好

neŋka　tʃʰil-βa　太累了　　　ɔrɔ　htei　极小
太　　累-PST　　　　　　　极　小

qʊai　nəŋwa　tʰʉrken　特别快
非常　某　　快

teŋker　　i:kʰəna　　kʉtʰere-tʃβai.
天　　　　特别　　　冷 -PST
天气非常冷。

（三）范围副词

东部裕固语的范围副词主要有 nele:n "到处"、qaqʰtʃʰa:ra:n "独自"、qʰatʃʰa/qʰartʃʰa "单独、只"、tʃʰɔq "都"、tʃʰɔqnə "一共"、qʰamt "一起"、tʰʉʃ "单独、直接"、tʰʉʃ larqə- "直接说" 等。例如：

qaqʰtʃʰ-a:r-a:n　　　　jy:la-tʃə　　sʊ:-βa.
独自 -INSTR-REPOS　　哭 -CRD　　住 -PST
独自哭着。

pʉ-ta　　tʃʰɔq/qʰamt　　jaβ-ja.
我 -PL　都　一起　　　走 -OPT
我们一起走吧。

（四）状态副词

东部裕固语的状态副词主要有 jinta mənta "慌里慌张"、tʃortʃʰor "故意"、seme:r "悄悄地"、tʰatʃaq/tʰaq tʃʰəq "安静地"、teme: "起劲地"、tʃanə "可能" 等。

tʂʰi　　tʃortʃʰor　　nam-i　　χɔq-tʃβai.
你　　故意　　　　我 -GH　打 -PST。
你故意打了我。

erken　　seme:r　　larqə-tʃβai.
他　　　悄悄地　　说 -PST
他悄悄地说了。

（五）强调和转折副词

东部裕固语的强调和转折副词主要有 jima kʰəsta "一定、反正"、jimaβa "到底"、tɕa:nə/tʃanə "当然，于是"、ta:χqʰə "还、尚" 等。例如：

tʰere　　kʰʉn　jima　　kʰə-sta　　　ere-kʉ.
那　　　人　　什么　　说道 -CND　　来 -NPST
那个人一定会来的。

øle　　par-ma　　　kʰʉ:-s　　ta:χqʰə　　lə　　ere-tʃai.
活　　干 -NMOL　　人 -PL　　尚　　　　勿　　来 -PST
干活的人们还没有来。

十 后置词

一般位于名词、形容词、数词、代词及部分动词（形动词）等实词之后表示各种语法意义。东部裕固语有方位后置词、比较后置词、数量和范围后置词、原因和目的后置词四类。

（一）方位后置词

东部裕固语中的方位后置词主要有 tʃək "向着（方向）"、ʃɔk "向着（方向）"、βi:t/i:t "向着（上行）"、hʊʋi "向着（下行）"、taqaqa: "沿着" 等。例如：

tʃʰə　naran　qarma　ʃɔk/tʃək　ja:β.
你　太阳　出　向　走
你往东走。

naran　βi:t/i:t　χalta.　向着太阳看。
太阳　向　看

hkor　qɔl　hʊʋi　ja:β-tʃβai.
牛　河　向下　走-PST
牛朝着河走了。

mør　taqa-qa:　wəisən　sein　pai.
路　沿着-PRQ　草　好　有-AUX
沿路草长得好。

（二）比较后置词

东部裕固语中的比较后置词主要有 ʃəŋkə "犹如，像"、ɔrqɔltʊma "相同"、ɔrqɔisan "一样、同样"、tʃʰaq "像、一样，大约，差不多" 等。例如：

səmən　ʃəŋkə　tʰʉrken　像箭一样快	ker　tʃʰaq　ʃəkʰe　房子那么大
箭　像　快	房子　一样　大
saruːn-iːn　tʃʰaq　pəi-tʰəi　像山丹那样的身子	keken　kʰʉn　ɔrqɔisan　像活佛一样的人
山丹-GA　像　身子-SUF	活佛　人　像

（三）数量和范围后置词

东部裕固语中的数量和范围后置词主要有 holy: "多，余"、pɔlqɔn "每、各"、pʉri "每"、kʰʉrme "将近、约"、tʃerke "左右" 等。例如：

harβan　holy:　ma:l-tʰi:　有十多头牲畜	kʰʉn　pɔlqɔn　每个人
十　余　牲畜-COM	人　每
otor　pʉri　每天	tʃʉn-tʊ　kʰʉr-me　hkor-tʰi:　有约百头牛
天　每	百-LOC　到-NOML　牛-COM

tɔlɔːn   tʃʰeq   tʃerken-t   七点左右
七   点   左右-LOC

（四）原因和目的后置词

东部裕固语中的原因和目的后置词主要有tʰøløːn-tə"为"、wəilə"为了"、kəke:"因为，为了"等。例如：

pʉ   məla-s-iːn   tʰøløːn-tə   mal   atla-tla   βe.
我   孩子-PL-GA   为-LOC   牲畜   放-PROG   有-AUX
我为儿女放牧。

mal-ə   wesən   kəke: χɔqə-lt-βe.
牲畜-GA   草   为   打-REC-PST
为牲畜的牧草而打架了。

十一　语气词

一般位于句末或句中，可分为疑问语气词、强调语气词、肯定语气词、否定语气词、回忆语气词、揣测语气词、客观陈述语气词七类。

（一）疑问语气词

1. ʊː/ʉː、(j)ʊː/(j)ʉː

这两个疑问语气词主要用于一般疑问句的句末。其中ʊː/ʉː用于以辅音结尾的词后，jʊː/jʉː用于以长元音或复元音结尾的词后。例如：

aːʂan   ere-tʃ   ʉː?
阿山   来-PST   吗-INT
阿山来了吗？

tʃʰə   nanta-sa   ʃikʰe   jʉː   htei   jʉː?
你   我-LOC-ABL   大   吗-INT   小   吗-INT
你比我大还是小？

2. paː/pə、βa/βə、paːn/βaːn~paːm/βaːm、ʃa

这些疑问语气词主要用于带有特殊疑问代词的疑问句句末。例如：

tʃʰə   keːt   tʃʰaq-tʰ   pʰɔs-tɔq   pə?
你   几   点-LOC   起-HAB   吗-INT
你几点起床？

ene   ima/jima   βa/βə/βaːn?
这   什么   吗-INT

这是什么？

kʰen larqə-səm pa:?
谁   说-APFV   呀-INT

是谁说的？

tʃʰyrtʃa   tʰɔrɔ   tʃʰørəm   kʰi-ke   ʃa?
皮袋   里   奶干   装-PST   吗-INT

羊皮袋里是不是装着奶酪？

（二）强调语气词

东部裕固语的强调语气词主要有ta/tʰa、la、na:三个。

1. ta/tʰa　例如：

a:san jaβ-qa:t-santə   pʉ   ta   ker-t-e:n   χanə-βa.
阿山   走-PFV-FOLW   我   也-EMPH   家-LOC-REPOS   回-PST

阿山走了之后，我也就回了家。

tʃʰet   ta   kə:r   jas-tʰi: βei.
你   也-EMPH   王   骨头-COM   有-AUX

你也姓王。

2. la　例如：

a:san etʃen-tə   sain sʊr-tʃʰ   ta:qqʰə   kʰʉn-tə   ʃikʰe   la
阿山   自己-LOC   好   学-CRD   还   人-LOC   大   也-EMPH

χanəqar-tʃʰβei.
帮助-PST

阿山不仅自己学习好，还为他人提供了很多帮助。

pʉ   la   ʃikʰe   la   ta:ra-tʃβei.
我   也-EMPH   大   也-EMPH   冷-PROG

我也冷得很。

3. na:　一般与βam/βa:m或pam/pa:m结合位于句末或段落末，表示强调语气。例如：

χalta-sa   wetʃʰen   ʉɣʉi   βam-na: !
看-CND   病   无   有-NPST-EMPH

看了没有病啊！

na: ente   就这儿   na: tʰere   就那个
这儿   那个

（三）肯定语气词

东部裕固语有四个肯定语气词，即 ʃo "是"、ja "呀"、tʃa/setʃa/tʃa:nə "就，便"、mən/mon "是"。

1. ʃo "是"，表示肯定的同时还具有提醒的意味。例如：

a:ʂan   ili-tə   χana-βa   ʃo,   jeʂan   ili-sə   ere-βe   ʃo.
阿山   伊犁-LOC   去-PST   是-AFF 叶山   伊犁-ABL   来-PST   是-AFF

阿山去伊犁，叶山从伊犁回来。

tʃəl-ə   ʃikʰen-ə   tʃʰas   ɔr-βɔ   ʃo.
年-GA   初-GA   雪   入-PST   是-AFF

下了初雪。

2. ja "呀"，可能源于汉语西部方言的"呀"，可出现于主语后或句末位置。其中位于主语后具有强调主体的意味，同时还具有提示的意味。例如：

ene   tʃʰə-nə   tʰərken   ja.
这   你-GEN   车   呀-AFF

这是你的车子。

tʰere   ja   tʰere   tʃa   mɔ:tən   par-ma   βai.
那个   呀   那   就   木   做-SUF   有-AUX

那个呀，那就是木匠。

3. tʃa/setʃa/tʃa:nə "就，便"，例如：

ene   qasqan   tʃa   pʉ-ta-nə   χara   aβa   pa.
这   嘎孜甘   就-AFF   我-PL-GEN   黑   爷爷   是

这位嘎孜甘就是我们的曾祖父。

tʃʰa   tʃʰal-qa-tʃ   ere-sen-t   setʃa   səra-san   pə   kə-ni.
茶   熬-CAUS-CRD   来-APFV-LOC   就-AFF   问-APFV   是-DEC   说道-NPST-ENFI

少妇将熬好的茶端上来时，便问道。

4. mən/mon "是"，与pʉʃ "不是"相对。例如：

ɬa:n   ti:l-tʰə   pʉʃ   βai,   tʃʰəqa:n   ti:l-tʰ-i:nə   mən   pai.
红   袍子-AUF   不-NEG   有   白   袍子-AUF-3rd   对-AFF   有-AUX

穿红袍子的不对，穿白袍子的对。

（四）否定语气词

东部裕固语的否定语气词主要有 pʰʉtʰə/pʉtə "别、勿"、lə "无、勿、不要"、pʉʃ/pʉʂ "不是"、ʉkʉi/kʊi/kʉi "没有、不"等。其中pʰʉtʰə一般否定未发生的事情和行为动作，用于非过去时前；而 lə 否定各种行为动作，用于过去时前。例如：pʰʉtə larqə "不要说"、lə larqəβa "没说"。pʰʉʃ/pʉʂ "不是"，ʉkʉi "没有、不" 是存在的否定。但ʉkʉi 在东部裕固语中不能对形动形动词进行否定，而是对其他词类的事物进行否定，如 qɔːr ʉkʉi "不行"、kətʃaːr ʉkʉi "无止境"。

1. pʰʉtʰə/pʉtʰə "别、勿"。还具有禁止或劝阻的意味。例如：

tʃʰə pʰʉtʰə jaβ/χanə.
你   不要-NEG 走去。

你不要走。

tʃʰə pʰʉtʰə kʰətʃʰila.
你   不用-NEG 客气

你不用客气。

2. lə "无、勿、不要"，用于对过去、现在、将来行为动作的否定。例如：

aːsan ɔrʊitʊ ɔqɔr-sən-tə øle tʃʰɔq-ne lə pʉtʰ-ə: erːe: ʃo.
阿山   迟到   扔-APFV-LOC 事情 都-3rd   勿-NEG 成-PRQ 来-PST 是-AFF

因为阿山迟到，整个事情被耽误了。

ølmø ʃɔq χalta-sa pʉ kʰʉn-t lə kʰʉr-ne
前   方向 看-CND   我 人-LOC 不   到-NPST

aːr-tʰ χalta-sa kʰʉn nan-ta lə kʰʉr-ne.
后-LOC 看-CND   人   我-LOC 不   到-NPST

往前看我不如人，朝后看人不如我。（比上不足，比下有余）

3. pʰʉʃ/pʉʂ "不是"，表示对某一事物的直接否定，与mən "是" 相对。例如：

tʰere pʉʃ/pʉʂ βai, ene mən pai.
那   不是-NEG 有-AUX 这 对-AFF 有-AUX

那个不是，这个是。

4. ʉkʉi/kʊi/kʉi "没有、无"。例如：

aːʂan kʰele-tʃʰe ʉkʉi.
阿山   说-SUF   无

阿山不错。

5. "动词词干 + -qʃ/-kʃ" 结构

该结构中的 -qʃ/-kʃ(-qa/-kə + pʉʃ/pʉʂ) 是一种较独特的构形附加成分，主要是对非过去行为动作的否定。例如：

ʉrtɕʰaqqʰ-tʰə   pʉ   χana-qʃ   βai.
明天 -LOC   我   去 -NEG   有 -AUX
明天我不去。

tʰere   etʃ-kʃ   βei.   他不看。
他   看 -NEG   有 -AUX

(五) 回忆语气词

东部裕固语的回忆语气词主要是 pi:le/βi:le。例如：

ʊrta   pʉta   ene   qatʃar-a   sʊ:-san   pi:le-βi:le.
从前   我们   这   地 -LOC   住 -APFV   来着 - 回忆
从前我们居住在这地方。

(六) 揣测语气词

东部裕固语的揣测语气词有三组，即 βitʃe/βitʃ/pitʃ、pʉʃʉ:、ʃa/ʃa:。

1. βitʃe/βitʃ/pitʃ（＜pəi/pi 助动词 "有" ＋-tʃa）

一般位于句末表示揣摩、估计等语气。揣测语气还包含有肯定语气和诘问语气。例如：

tʰere   ja:-qʃə   βitʃe.   他不会走吧。
他   走 -NEG   是吧

2. pʉʃʉ:（＜pʉʃ/pʉʂ 否定语气词 "不是" ＋ʉ:疑问语气词）

一般用于句末，但很少使用。例如：

hkʉ-tʃʰɔr-sɔn   pʉʃ-ʉ:？   死了吧？
死 -PFV-APFV   不是 -INT

3. ʃa/ʃa: 可能源于汉语西部方言的 "是吧"，表达商量、揣摩等语气。例如：

tʃʰə   tʰəŋk-se   pɔl-qə   ʃa:.
你   那样 -CND   成 -NPST   是吧
你那样做可以吧。

(七) 客观陈述语气词

东部裕固语的客观陈述语气词主要有 pə(pe/pa~pai/pei) "是"、setʃa "就、那么" 等。例如：

pɔtɔ   tʃa   ti:sən-tə   tʰɔr-tʃʰɔr-sən   pə   kə-ni.
公鹿   就   绳子 -LOC   卡主 -PFV-APFV   是 -DEC   说道 -NPST-ENFI
那公鹿便被绳索套住了。

pʉ   setʃa   tʰa:r-ə   nekʰe-tʃβa   ker   par-sen   pe.
我   就 -DEC   粗褐子 -GA   编制 -PRQ   帐篷   盖 -APFV   是 -DEC
我是织着褐子打起帐房的。

十二　连接词

东部裕固语中有并列、选择、转折、递进、假定、原因、概括等多种连接词。

（一）并列连接词

东部裕固语中表示并列的手段通常使用"并列人和事物＋数词"格式。偶尔使用的连接词有 pa、pɔlɔ/βɔlɔː"和"等几种，但仅偶见于谜语等民间口头文学。例如：

pʉ　　qʊːr-la　我俩（我和你）　　　lʊːsa satʃaqʰai naran qʊrβan　骡子、喜鹊和太阳
我　　二-COL　　　　　　　　　　骡子　喜鹊　　太阳　三

tʰeŋker-iːn   məŋqan   tʃʰʊːqʰqar   qatʃar-iːn   nike   tʃʰʊːqʰqar   ene   tʰeŋker-iːn
天-GA　　千　　　斑点　　　地-GA　　一　　斑点　　这　天-GA

hɔtɔn   pa   qatʃar   teːre-kʰ   mʊqʊi   βai.
星星　和-并连　地　　上-所属　蛇　　有-AUX

天上的许多斑点，地上的一个斑点。（谜语。谜底：星星和蛇）

kʰølkele-tek   kølken   nai   tʊ   kʰorəŋ   pɔlɔ   kʰeːr   βə.
骑-HAB　　骏马　乃　嘟　红青　和-并连　枣骝　有-AUX

奔驰的骏马是红青和枣骝马呀。

waraq   saiχqan   tʃyːknə-nə   nai   tʊ   laqər   βɔlɔː   zaβja   βe.
抓的　　好看　　缰绳-3rd　乃　嘟　结　和-并连　穗子　有-AUX

握在手上的缰绳上，有漂亮的结和穗子。

（二）选择连接词

东部裕固语的选择连接词主要有 βəjʉ/pijʉː、lə kəse（lə 不＋kə-se 说道-CND）两种。表示或者、要么等意义。例如：

tʃʰə   aiqa   βəjʉ   ʂənaqa   nek-ə   aβ.
你　　碗　或-连选　勺子　一-GA　要

你要一个碗还是勺子。

lə   kəse   pʉ   χana-ja   lə-kəse   tʃʰə   ere.
要么-连选　我　去-OPT　要么-连选　你　来

要么我去，要么你来。

（三）转折连接词

东部裕固语的转折连接词主要有 tɕaːnə"但是"、tɕaːnə əŋkəse"但是"、tanʂi"但是"（汉语借词）、jaqqʰə-koː"虽说，不管"等。例如：

tʰere   seiqhan   qʊtəsən   pai   tɕaːn-ə   øne   qatʰʊ   βai.
那　　好看　　靴子　　有-AUX　但-连转　价格　硬　　有-AUX

那是个好看的靴子，但太贵。

（四）递进连接词

东部裕固语的递进连接词主要有 tʃa:la"更加"、jye/jʉə"越是"等。

1. tʃa:la"更加"。例如：

tʃa:la　　par-sa　　tʃa　　kʰʉtʃʰeⁿ　　ʃikʰet-ni:.
更-递连　做-CND　就　　劲　　　　变大-NPST
越干越有劲。

2. jye/jʉə"越是"。例如：

jye　larqə-sa　jye　sein　pai.
越　说-CND　　越　好　　有-AUX
越说越好。

（五）假定连接词

东部裕固语的假定连接词主要有三组：əŋke-se/tʰəŋke-se"于是"、tɕa:nə əŋkəse"假如"、tʃʉ:k"只是、只要"、ja"呀"。

1. əŋke-se/tʰəŋke-se"于是"、tɕa:nə əŋkəse"假如"。例如：

tʰəŋke-se　　keke　ene　tʃʰa:-tə　maral　htʰor　la　nike　hkon　pai.
那么-CND　　因为　这　　那边-LOC　母鹿　里　　也　一　　姑娘　有-AUX
于是，在这边，母鹿里面有位姑娘。

2. tʃʉ:k"只是、只要"。例如：

tʃʉ:k　tʰeŋker　lə　ɔrɔ-sɔ　　pʉ-ta　jaβ-ja.
只要　天　　　不　入-CND　我-PL　走-OPT
只要天不下雨，我们就走。

3. ja"呀"。例如：

tʃʰi　la　na:-t(nən-ta)　ʃat　tʰʊ:-tʃa　ere-βe　ja　　　pʉ　la　tʃʰəma-tə　ʊ:laqa　ok-ja.
你　　也　我-LOC　　犍　赶-CRD　来-PST　呀-假连　我　也　你-LOC　　食　　给-OPT
要是你去把牛犊赶回来的话，我给你好吃的。

（六）原因连接词

东部裕固语没有专门的原因连接词，而是用其他相关名词来表示，如 hətʃʉr-tʰə"事由，缘故"、tʃʰaq-tʰə"由于"（<时+-LOC）等，且这些词及其用法现已几乎消失。例如：

megde-me　　hətʃʉr-tə　　hana　jida-q(ə)　βai.
忙-NOML　　事由-LOC　　去　　难-IMPF　　有-AUX
因忙不能去。（保朝鲁、贾拉森 1992：292）

（七）概括连接词

东部裕固语的概括连接词主要有 əŋkəke:"这样"、tʰəŋkəke:"那样"、tʰʉn-se "从此"。

1. əŋkəke:"这样"。例如：

əŋkə-ke:　　ty:　hkon　ʃat　tʰʊ:-tʃa　ere-βe.
这样-PRQ　妹　姑娘　犊　赶-CRD　来-PST

于是，妹妹把牛犊赶回来了。

2. tʰəŋkəke:"那样"、tʰʉn-se "从此"。例如：

tʰəŋkə-ke:　ja:β-sa:r　ja:β-sa:r　ja:β-sa:r　neke　saiχqʰan　qatʃar-a
那样-PRQ　走-CONT　走-CONT　走-CONT　一　美丽　地-LOC

naq　artʃʰa-tʰi:　qatʃar-a　la　kʰʉr-e:　sʊ:-qsan　pə　kə-ni.
松　杜松-COM　地-LOC　也　到-PRQ　住-APFV　是　说道-NPST

那样走着走着，她到了一个松柏茂密的非常美丽的地方居住下来。

十三　感叹词

东部裕固语的感叹词分为感情叹词、感觉叹词、呼唤叹词、用于呼唤家畜的感叹词和赶走家畜的叹词五类。

（一）感情叹词

1. 表示满意的。这主要有 o:lei/ɔ:lai "好"、tʃʊ:"是"。例如：

o:lei!　mən　pai.
哦来　是　有-AUX

哦来！正是。（表示称心、同意、应诺）

o:lei/ɔ:lai!　sat　pai.
哦来！　合适　有-AUX

哦来！正合适。（正好）

mʉn　bei-m　tʃʊ:!
正确　有-NPST　嚯

是正确呀！

2. 表示不满意的。这主要有 eʃʃ "不满，后悔"。例如：

eʃʃ,　purui　βɔl-tʃβei.
咦　错　成-PST

咦，错了。

3. 表示后悔或惊讶的。这主要有 pʰi pʰi "后悔"、a:jʊ:"惊讶"、i:"后悔"、sɔ:lpa "可惜"

等。例如：

pʰi pʰi! ø:r-tʰ na:-qatʰ-tʃʰpai !
呸 呸 债-LOC 染-PFV-PST
呸！赔老了！

i:, sɔ:lpa! 咦，可惜呀！
咦 可惜

4. 表示提醒、醒悟或赞同的。这主要有两组：o:"提醒"、ja:"醒悟，赞同"，o: ja ja "醒悟"。例如：

o:! ene la tʃa pɨ-ta kaŋlə-n seiqʰan tʰal-i:n tʃʰasən pei.
哦 这 也 就 我-PL 康乐-GA 赛罕 塔拉-GA 雪 是-AFF
哦！这就是我们康乐赛罕塔拉（下的）的雪呀。

ja:! pə tʰəŋk-ja!
好 我 那样做-OPT
好，我那样做吧！

5. 表示惋惜的。主要有a:qqama"哎、可惜"。例如：

a:qqama! sai χqan ke:r-i:n tʰaʃtʰa-qa:.
可惜 好看 碗-GA 打碎-PST
可惜呀！把好看的碗给打碎了。

6. 表示惊奇、惊叹的。这主要有ajʊ:"哎呀"、ɔ:n/ɔ:、tʃa:βsa"是啊"（表示惊叹）等。例如：

ajʊ: ajʊ! ene quai βə-mna.
哎哟 哎哟 这 怪 有-NPST
哎呀！这奇怪。

7. 表示应答的。这主要有hait（呼唤，阻止，索要）、aʊ（应答）、ən/əŋ"嗯"（答应）、ma"给"（递给）等。例如：

hait, pɨtʰə n̥i: !
喂 勿-NEG 笑
喂，不要笑！

aʊ, pɨ ente sa:qə-ja.
哦 我 这里 等-OPT
哦，我在这里等吧。

əŋ, pɨ ok-ja.
嗯 我 给-OPT

嗯，我给吧。

ma, mǝna:-ja:n aβ.
给， 鞭子-REPOS 拿

给，拿你的鞭子吧。

（二）感觉叹词

1. 表示寒冷的。这主要有 ʉ hʉ hʉ。例如：

ʉ hʉ hʉ, ta:ra-tʃβai.
呜呼呼 冷-PROG

呜呼呼，冻着呢。

2. 表示冷、热或烫的。这主要有 heke:。例如：

heke:! kʰørl-y:l-tʃike ʃo.
嚯 冻-CAUS-PFV 是-AFF

嚯，冻坏了呀。

heke:! mǝn-ǝ qar-ǝ ʃǝtʰa-tʃǝqǝ-βe.
嚯 我-GA 手-GA 烫-PFV-PST

嚯，烫坏了我的手。

3. 表示疼痛或疲劳的。这主要有 atttt"疼痛"、ajʊ-ajʊ"呻吟声"、ajʊʃʃ"乏累"。

wetʃʰǝ-tʰǝ kʰʉ:n wet-e: ajʊ-ajʊ ke-ke: tʃyte-tani.
病-SUF 人 痛-PRQ 唉呦-唉呦- 说道-PRQ 呻吟-PROG

病人痛的唉呦、唉呦地呻吟。

（三）呼唤人类的感叹词

招呼人的主要有 hait、o:"喂"。除呼唤外，还具有阻止、提醒等意味。例如：

hait, na:-qʃ ere!
喂 这边 来

喂，过来！

hait, pʉtʰǝ ɲi:!
哎 不要-NEG 笑

哎，不要笑！

o:, tʃʰǝ χana pʉtʰi: ja:βǝ!
喂 你 哪里 别-NEG 去

喂，你哪里也不要去！

（四）呼唤家畜的感叹词

这主要有 mi-mi"唤猫"、kətək-kətək"唤狗"、oːk oːk-tʰɐrmijaːq"唤绵羊"、tʰɐrmiː"唤绵羊羔"、tʂyːk tʂyːk"唤牛犊"、tʃeː tʃetʃeː、htʃetʃe"唤山羊"、tʃəkə tʃəkə"唤山羊羔"、tʰoː tʰoː laqa laqa"陀陀拉嘎拉嘎"（催羊奶曲）等。

（五）赶走家畜的感叹词

这主要有 miʃ"赶猫"、χɔlət/jaβət"赶狗"、oko"赶牛"、tʂykʃ"赶牛犊"、ʃɔʃ"赶绵羊"、tʊrʃ"赶绵羊羔"、htʃetʃe"赶山羊"、tʃəkə tʃəkə"赶山羊羔"等。

第二节

短语

东部裕固语的短语按结构可以分为限定关系短语、主谓关系短语、联合关系短语、定中关系短语四类。

一　限定关系短语

这类短语的修饰语都在中心词前。

（一）名词性限定关系短语

1. 名词＋名词　例如：

tʃʰəlʉː nøtyːr 石臼　　　hkor pʰaːsən 牛粪　　　mɔːrə tʰerken 马车
石　臼　　　　　　　牛　粪　　　　　　　马　车

2. 名词＋后置词＋名词　例如：

pala ʃəŋkə tʰaːrtɕaq 大如鸡蛋的雹子
蛋　那么　大雹

3. 方位词＋名词　例如：

ølmø ʊːla 前山　　　aːr hkʰe 后妈　　　sɔlɔqɔi qar 左手
前　山　　　　　后　妈　　　　　　左　手

4. 形容词＋名词　例如：

sein kʰʉn 好人　　　tʰəqaːn tʃʰa 奶茶　　　nɔqɔmɔ mɔːrə 老实的马
好　人　　　　　白　茶　　　　　　老实　马

5. 数词＋名词　例如：

quːr qar 双手，两只手　　　harβan χʊrʊn 十指　　　tørβən tʃʉiltʰə mal 四畜
二　手　　　　　　　　　十　指　　　　　四　种　牲畜

tørβen pʉrtʃ naiman qətʃaːr 四面八方
四 处 八 边

6. 代词＋名词 例如：

ene kʰʉn 这个人　　　tʰere qatʃar 那个地方　　　tʃʰə-nə øle 你的事
这 人　　　　　　那 地　　　　　　　你-GEN 事

kʰeten otor 几天　　　jima kʰʉn 什么人
几 天　　　　　　什么 人

7. 代词＋代词＋名词 例如：

ene tʰere øle 七零八碎的活儿　　　jima nəŋwa kʰʉn 什么人
这 那 活儿　　　　　　　　　什么 某 人

əmə nəŋwa tʰəme nəŋwa øle 这样那样的事
这样 某 那样 某 事

8. 形动形动词＋名词 例如：

jaβ-san kʰʉn 走了的人　　　larla-tək lar 说的话
走-APFV 人　　　　　　　说-HAB 话

jaː-qə tʃʰeq 出发的时候　　　tʰørø-ktʃʰ-iːn qɔːl 出生的沟
走-IMPF 时　　　　　　　　生-SUB-GA 沟

9. 名动形动词＋名词 例如：

par-ma øle 可干的活儿　　　sʊː-ma qatʃar 驻地
干-NOML 活儿　　　　　　坐-NOML 地

10. 状词＋名词 例如：

ser ser salqʰan 飒飒吹的风　　　wətək-tʰə taːr-san qʰʊsʊn 膝盖那么深的水
飒 飒 风　　　　　　　　膝盖-LOC 超过-APFV 水

（二）形容词性限定关系短语

1. 名词＋形容词 例如：

qal ɬaːn 火红　　　tʊŋ tʃʰəqaːn 洁白，雪白　　　wəl-ə kʰyːtʰən 冬天的寒冷
火 红　　　　海螺 白　　　　　　　　冬-GA 冷

2. 名词＋后置词＋形容词 例如：

ʊːla ʃəŋkə oŋtor 山一般高　　　qʰʊsʊn ʃəŋkə kʉːn 水一样深
山 像 高　　　　　　　水 像 深

3. 形容词＋形容词 例如：

ʃikʰɪ saiqqʰan 很漂亮　　　χara hko 深蓝　　　ɬaːn tʃʰʊχar 红斑毛的
大 美丽　　　　　　黑 蓝　　　　红 斑点

4. 副词 + 形容词　例如：

tʰɔm　sein　非常好　　　　tʰɔm/neŋta　kʰeikʰə　太无能　　　　neŋ　qʊrtʊn　更快
非常　好　　　　　　　　　太　　　　　　无能　　　　　　　　更　快

5. 代词 + 形容词　例如：

əmə　saiχqʰan　如此好　　　kʰe:t　neke　ʃikʰe　多么大　　　kʰe:t　əmə　saiχqʰan　多么好
这样　好　　　　　　　　　几　一　大　　　　　　　　　　几　这么　美

（三）动词性限定关系短语

1. 形容词 + 动词　例如：

tʰʉrken　jaβ-　快走　　　　tɔqtʰɔ:r　parə-　慢慢做　　　　sein　sʊr-　好好学习
快　走　　　　　　　　　　慢　做　　　　　　　　　　　　好　学

2. 数词 + 动词　例如：

tɔlɔ　tapʰtʰa-　重复七次　　　qʊrβan　məŋqan　ok　给三千
七　重复　　　　　　　　　　三　千　给

3. 代词 + 动词　例如：

i:n　kə-se　倘若这样　　　　　　　　tʰi:n　kə-se　倘若那样
这样　说道-CND　　　　　　　　　　那样　说道-CND

jima　kə-se　必须、无论如何　　　　jima　kə-sta　par-qʰuai　一定做
什么　说道-CND　　　　　　　　　　什么　说道-CND　做-NPST

4. 状词/摹拟词 + 动词　例如：

sər　sər　salqʰəla-　（风）嗖嗖地刮　　　taŋqər　taŋqa　tʊŋqar-tʰane　叮铃铃响
嗖　嗖　刮　　　　　　　　　　　　　　叮铃　叮铃　响-PROG

5. 状词 + 转述动词 + 动词　例如：

tʰəres　tʰəres　kə-ʃ　tʊŋqar-ne　咯噔咯噔地响
嚓　嚓　说道-CRD　响-NPST

qʊr　qʊr　kə-ʃ　tʊŋqar-ne　（雁）嘎嘎地叫
嘎　嘎　说道-CRD　鸣-NPST

6. 语气词 + 动词　例如：

pʰʉtʰə　tʊŋqar　别出声　　　lə　larqə-βa　没说
别　出声　　　　　　　　　　无　说-PST

二　主谓关系短语

按谓语的性质，主谓关系短语可分为名词性主谓短语、形容词性主谓短语、数词性主

谓短语、动词性主谓短语等类别。

（一）名词性主谓短语

1. 名词 + 名词　例如：

pɯ　maltʃʰə　我是牧民　　　ko:ko　tʃʰerek　哥哥是当兵的
我　牧民　　　　　　　　哥　　兵

ty:　naq-tʰə　χaltə-ma　弟弟是护林员
弟　松树-LOC　看-NOML

2. 形容词 + 名词　例如：

pɯtən　htei-nə　kʰykʰen　最小的是儿子　　ʃikʰe-nə　tʃʰerek　大的当兵的
最　　小-3rd　儿子　　　　　　　　　大-3rd　兵

3. 数词 + 名词　例如：

qu:r-tʃʰa:r-nə　pətʃʰək-tʃʰə　老二是学生　　neke-nə　tʃʰerek　一个是当兵的
二-SQN-3rd　学生-SUF　　　　　　　　　一-3rd　兵

（二）形容词性主谓短语

1. 名词 + 形容词　例如：

øle　ɔlɔn　活儿多　　setʰkel　sein　心不好　　øŋk-i:nə　mu:ʰqʰan　颜色不好看
活儿　多　　　　　心　　好　　　　　颜色-3rd　丑

aman　kʰɯtə　嘴紧　　qar　ʃkʰe　大方
嘴　　重　　　　手　大

2. 名动词 + 形容词　例如：

etʃe-me　ʃikʰe　见识广　　　aŋla-ma　ɔlɔn　听得多
看-NOML　大　　　　　　听-NOML　多

3. 方位词 + 形容词　例如：

qatana　aru:n　htʰɔr-ɔ　kʰər　外强中干　　tʃaqa-t　χara　上边黑
外　　干净　　内-LOC　污垢　　　　　上-LOC　黑

（三）数词性主谓短语

1. 名词 + 数词　例如：

mɔ:rə　harβan　十匹马　　htʃʰike　talan　nastʰa-tʃ　爸爸七十岁
马　　十　　　　　　父亲　　七十　　岁-CRD

2. 形容词 + 数词　例如：

ʃikʰ-i:nə　harβan　大的十岁　　ɬa:-nə　qurβan　红的三个
大-3rd　十　　　　　　红-3rd　三

（四）动词性主谓短语

1. 名词 + 动词　例如：

kʰɯn　er-tʃβai/βa　人来了　　　　pɔrɔːn　ɔrɔ-tʃβai　下雨了　　　　aman　ede-　接吻
人　　来-PST　　　　　　　　　雨　　入-PST　　　　　　　　　嘴　　吃

2. 代词 + 动词　例如：

tʰere　ṇiː-tʃβai　他笑了　　　　　jima　kija-kʋi　干啥
他　　笑-PST　　　　　　　　　什么　干-NPST

pɯ　sɔqtʰɔ-tʃi　我醉了　　　　　pɯ　sɔqtʰɔ-qɔt-tʃβai　我醉了（更彻底醉了）
我　　醉-PST　　　　　　　　　我　　醉-PFV-PST

3. 数词 + 动词　例如：

neke-nə　hele　（其中）一个已经留下　　qʋrβa-nə　jaβ-tʃβei　（其中）三个已经走了
一-3rd　留　　　　　　　　　　　　　三-3rd　　走-PST

4. 形动形动词 + 动词　多数情况下带人称附加成分作为主语的标志。例如：

ere-kə-nə　　ere-kʋai（-βai）　该来的要来
来-IMPF-3rd　来-NPST

tʃiːʃtʃa　ere-miː-nə　　　ere-tʰeŋ（-tek）　wai（-βai）　经常来的已来了
经常　　来-NOML-3rd　　来-HAB　　　　　有-AUX

5. 名动形动词 + 动词　例如：

ere-m-iːnə　　jap-tʃpai　来的已经走了
来-NOML-3rd　走-PST

6. 形容词 + 动词　例如：

sei-nə　həle-tʃβai　好的留下了　　　　ɔlɔ-nə　mən　pai　多数对了
好-3rd　留-PST　　　　　　　　　　多-3rd　对　　有-AUX

三　联合关系短语

也叫并列关系，其中有的是同位关系，有的是总括关系。

1. 名词性联合短语

（1）名词 + 名词　例如：

tɯrkət　ʃaqartaq　大小牲畜（指牲畜）　　ʂoɯtɯ　peitʃʃ　首都北京
大畜　　小畜　　　　　　　　　　　　　首都　　北京

（2）方位词 + 方位词　例如：

tiːre　tʋːra　上下（反义）　　　　　aːr　ølmø　前后（反义）
上　　下　　　　　　　　　　　　后　　前

ente-se   tʰente-se 四面八方
这里-ABL   那里-ABL

2. 形容词性联合短语 例如：

pərqa tʰuʃ 横竖（反义）   ʃikʰe ɬa:n 大红   sein mʊː 好坏（反义）
横   竖   大   红   好   坏

3. 数词性联合短语

（1）数词＋数词 例如：

qurβan tørβən 三四个   məŋqan tʰemen 千千万万
三   四   千   万

（2）名词＋数词 例如：

mənʃiantʂʉŋ sitʃʰin qu:r 孟先忠和斯钦二人
孟先忠   斯钦   二

ma:n   χʊ:nə qu:r 山羊和绵羊两种
山羊   绵羊   二

（3）代词＋数词 例如：

pʉ-ta qʊ:r-la/qʊ:r 咱们俩（总括）   tʰere qurβan-la 他们仨（总括）
我-PL 二-COL   那   三-COL

4. 动词性联合短语

前面的动词一般都带副动形附加成分。例如：

ete-kə ʊ:-qʰə 吃喝（近义）   y:la-qa tʃʰɔʃilɔ-qɔ 哭闹   hkʉ amtʰəra- 死活（反义）
吃-APFV 喝-APFV   哭   闹   死   活

5. 代词性联合短语 例如：

ene tʰere 这个那个   jimar jimar 如何如何
这   那   什么样 什么样

əŋwa tʰəŋwa 这样那样   kʰen kʰen 谁谁
这样   那样   谁   谁

第五章 语法

267

第三节

句子

一 句子概说

东部裕固语句子根据其主要成分和次要成分以及完整与否可分若干类型。

（一）单部句和双部句

1. 单部句 可分无主句、主格句、独词句三种。

（1）无主句 没有主语的句子。例如：

neŋ　sain　pai.　太好了。
太　好　有-AUX

ja:β-ja.　走吧。
走-OPT

（2）主格句 主格句指的是只有主语部分的句子。例如：

wəl-ə　neke　kʰʉitʰen　ʉtər.
冬-GA　一　冷　日

冬天的一个冷天。

sø:nə.　夜
夜。

（3）独词句 只有一个单词构成的句子。如果是动词单词句，动词的词干往往是名词，词干包含主语的内容。语气词和感叹词等无变化词类也可构成独词句。例如：

tel-te-ja.　剪鬃吧。
鬃-OPT

χaβar-ʃ-tʃai. 入春了。
春-SUF-PST

ɲi:-ltə-tʃβai. 笑着呢。
笑-REC-PST

2. 双部句　双部句指至少有主语和谓语的句子。例如：

pʉ-[Ø]-[Ø]　　ʃyeʂəŋ-[Ø]　　βa.
我-SG-NOM　　学生-SG　　是-DEC
我是学生。

a:ʂan-[Ø]-[Ø]　　ørtɕʰaqʰ　ere-qʊi.
阿山-SG-NOM　　明日　　来-NPST
阿山明天来。

（二）完整句和省略句

东部裕固语的句子成分一般包括主语、谓语、宾语、定语、状语、补语六个部分。其中主语、谓语、宾语是主要成分，其余的为次要成分。一个句子若主、谓、宾成分都具备则属完整句。一个句子如缺少其中的主干成分（主、谓）的就属省略句。实际对话中省略句多一些。

1. 完整句　例如：

mal　atla-ma　nɔtɔq　qətʃʰa:r-i:nə　nike　ai-tʃi-kʉ　qɔl　pai.
牲畜　放牧　村　边-3rd　一　怕-CRD-IMPF　沟　有-AUX
牧村的旁边是一条深山沟。

2. 省略句　省略某一成分或几个成分的句子。例如：

a:ʂan-[Ø]-[Ø]　　lə　(j)a:β-tʃʰβai.
阿山-SG-NOM　　不　去-PST
阿山没有去。

（三）简单句和复杂句

1. 简单句　只含有一个小句的句子我们称为简单句。例如：

a:ʂan-[Ø]　　ʃikʰe　pətʃʰəkʰ-tʃʰə.
阿山-SG-NOM　大　书-SUF
阿山是大学生。

a:ʂan　jaβ-qa:tʰ-βa.　阿山去了。
阿山　去-PFV-PST

2. 复杂句　含有两个或两个以上小句的句子我们称为复杂句。例如：

aŋla-san-tə　　tʰere　aːʂan　harβan　tʰaːβən　tʃəl-tə　　mʉla-jaːn　　tʃaː
听-APFV-LOC　那个　阿山　十　　五　　年-LOC　孩子-REPOS　教

sʊːtʃ　　nike　ʃkʰe　nere-tʰə　məte-ktʃʰə　pəl-qə-sən　　pə　　　kə-ni.
坐-CRD　一　　大　　名-SUF　　精通-SUF　　成-CAUS-APFV　是-AFF　说道-NPST-ENFI

听说，那个阿山用15年时间把他的孩子培养成了一名国际知名学者。

le　mete-se　　kʰokʃen　kʰʉn-tə　sʊra　le　etʃ-se　　oŋtor　teːre　qar.
不　懂-CND　　老　　　人-LOC　问　　不　看-CND　高　　上　　出

如果不懂就问长者；如果看不见，就向高处走。

二　句子成分

东部裕固语句子的六种成分中主语、谓语、宾语为主要成分，定语、状语、补语为次要成分。基本语序是SOV结构，因受汉语影响也有个别变化。

（一）主语

名词、代词、数词、形容词、形动形动词（也叫形容动词）都可充当主语。除名词、代词外，其他词充当主语时后面必须带主语标志 -iːn、-nə。

1. 名词主语　例如：

mʊla-s-[Ø]　　tʃʰʊq-nə　　ere-tʃʰβai.
孩子-PL-NOM　一起-3rd　　来-PST

孩子们都来了。

aːʂan　jerkʰən-ə　　aq-iːnə　βai.
阿山　叶尔肯-GA　兄-3rd　是-DEC

阿山是叶尔肯的哥哥。

2. 代词主语　例如：

pʉ-[Ø]　　　χanə-ja.　我去吧。
我-SG-NOM　去-OPT

tʂʰi-[Ø]　　　nan-ta-saː　　　oŋtor　βa.
你-SG-NOM　　我-SG-LOC-ABL　高　　是-DEC

你比我高。

3. 形容词主语　例如：

ɬaːn-nə　sein　pai.　红的好。（主格）
红-3rd　好　　有-AUX

4. 数词主语 例如：

aːşan-tə quːr tyːke βai nike-nə ʃian-tə koŋzoːlə-tʰəː-βai nikən-nə
阿山-LOC 两 弟弟 有-AUX 一-3rd 县-LOC 工作-PROG 一个-3rd

pətʃʰik sʊr-tʰaː-βai.
书 学习-PROG

阿山有两个弟弟，一个在县城工作，一个在念书。

5. 动名词主语 例如：

ene kʰʉn-ə larla-ma mʉn pai.
这 人-GA 说-NOML 是 有-AUX

他说得对。

（二）谓语

谓语在句末，由动词、名词、代词、形容词、副词等充当。有的需要带助动词或语气词。

1. 动词谓语 例如：

pʉ-[Ø] χan-ja. 我去吧。
我-SG-NOM 去-OPT

aːşan-[Ø]-[Ø] ili-t jaβ-qaːt-tʃʰ-βai.
阿山-SG-NOM 伊犁-LOC 去-PFV-PST

阿山去了伊犁。

2. 副词谓语 例如：

ker-tʰə qaqʰtʃʰ-aːr-aːn piː.
屋-LOC 独自-INSTR-REPOS 有-AUX

独自在屋里。

3. 名词谓语 例如：

aːşan-[Ø] ʃikʰe pətʃʰəkʰ-tʃʰə.
阿山-SG-NOM 大 书-SUF

阿山是大学生。

pʉ-[Ø]-[Ø] ʃueşəŋ. 我是学生。
我-SG-NOM 学生

4. 形容词谓语 例如：

tʰere nan-ta sain pei.
他 我-LOC 好 有-AUX

他对我好。

5. 代词谓语　例如：

mʉn-ə　ker　tʃa　tʰere.
我-GA　家　就　那
我家就是那个。

（三）宾语

一般由名词、代词、数词、形容词、动词形动形（形动词）来充当。可分为直接宾语和间接宾语两种。

1. 直接宾语　表示行为的直接对象。一般由及物动词所涉及的领宾格的宾格或主格形式的名词、代词、数词、形容词、形动词、动名词来充当。例如：

aːʂan-[Ø]-[Ø]　χaʂən-ə　tʊːta-tʃʰβai.
阿山-SG-NOM　哈森-GA　请-PST
阿山请了哈森。

tʃʰi　kʰen-ə　tuːta-tʃʰ　apʰ-pa?
你　谁-ACC　请-CRD　取-AUX-PST-INT
你请了谁？

2. 间接宾语　指谓语动词所涉及参与者充任的宾语，主要是与事论元充任的宾语。例如：

pʉ-[Ø]-[Ø]　jyentʂʉpi-kəːr　pʰitʃʰə-βai.
我-SG-NOM　圆珠笔-INSTR　写-PST
我是用圆珠笔写的。

pʉ　tʃʰəma-tə　neke　mɔːrə　ok-ja.
我　你-LOC　一　马　给-OPT
我给你一匹马。

meme　nan-ta　neke　øle　larqə-tʃ　ɔqɔr-βa.
妈妈　我-LOC　一　事情　说-CRD　扔-PST
妈妈告诉我一件事情。

（四）定语

名词、代词、数词、形容词、形动词均可充当定语。可分为性质定语、数量定语、领属定语和指示定语等四种。

1. 性质定语　表示事物的性质、特点等。例如：

a:ʂan sain kʰʉ:n ʃo.
阿山 好-定语 人-SG-NOM 是-AFF

阿山是个好人。

2. 数量定语　例如：

a:ʂan-tə qʊːr tyːke βai nike-nə ʃian-tə koŋzoːlə-tʰə-βai
阿山-LOC 两 弟弟 有-AUX 一-3rd 县-LOC 工作-PROG

nikən-nə pʰətʃʰik sʊr-tʰaː-βai.
一-3rd 书 学习-PROG

阿山有两个弟弟，一个在县里工作，一个在学校上学。

3. 领属定语　主要以领属格形式表示事物的属性等。例如：

a:ʂan-ə aq-iːnə eri-tʃʰβai.
阿山-GA 哥哥-3rd 来-PST

阿山的哥哥来了。

a:ʂan tʰərə-tʃʰʊq kʰʉn ɔlɔn piː.
阿山 那-PL 人 多 有-AUX

阿山他们人多。

4. 指示定语　主要以指示代词、区分代词以及部分不定代词表示事物的属性。例如：

a:ʂan ene taβqʰʊr alatai-tə jaβ-qaːtʰ-tʃʰʉː lə jaβ-qaːtʰ-tʃʰʉː
阿山 这 次 阿勒泰-LOC 去-PFV-PST-INT 勿 去-PFV-PST-INT

tʰa-tʃʰʊq kʰen mete-kʊa?
你们-PL 谁 知道-AMPF

你们谁知道阿山这次去没去阿勒泰？

（五）状语

可分为性质和状态状语、数量状语、程度状语、地点状语、时间状语、原因状语、条件状语和目的状语等八种。

1. 性质和状态状语　例如：

mal atla-ma nɔtʰɔq qətʃaːr-iːn nike ai-tʃi-kʉ qɔl pai.
牲畜 放牧 村 边-3rd 一 怕-CRD-IMPF 沟 有-AUX

牧村的旁边是一条深山沟。

2. 数量状语　例如：

a:ʂan-t qʊrβan aqa ʃo.
阿山-LOC 三 哥哥 是-AFF

阿山有三个哥哥。

3. 程度状语　例如：

tʰere　kʰʉn　neŋta　tɔqʂən　pai.
那　　人　　太　　凶　　　有-AUX

那个人太凶。

4. 地点状语　主要表示行为动作发生的地点和发展趋势等。例如：

aːʂan　ili-t　　　jaβ-qaːtʰ-tʃʰβai.
阿山　伊犁-LOC　去-PFV-PST

阿山去了伊犁。

aːʂan　ili-sa　　　ere-sən　βai.
阿山　伊犁-ABL　来-APFV　有-AUX

阿山来自伊犁。

5. 时间状语　主要表示行为动作发生的时间。例如：

tʰala-tə-kʰʉ　　　kʰʉn　ɔtɔː　jaβ-tʃʰ　ɔqɔr-tʃʰβai.
平原-LOC-SUF　　人　　现在　走-CRD　扔-AUX-PST

游行的人现在走了。

aːʂan　ørtɕʰaqʰ　ere-qʊi.
阿山　明日　　　来-NPST

阿山明天来。

6. 原因状语　例如：

araqqʰə　ʊː-qaː　sɔqtʰ-βa.
酒　　　喝-PRQ　醉-PST

喝醉酒了。

7. 条件状语　主要由名词、形容词以及动词的形动形、动词的副动条件式等充当。例如：

nʊŋʊilɔ(nəŋwa βɔlɔ)　aːʂan　jaβ-sa　se　pʉ-ta　tʃʰɔq　ta　jaːβ-qʊi.
如果（那么-做）　阿山　去-CND　才　我-PL　都　也　去-NPST

如果阿山去，那么我们也去。

8. 目的状语　例如：

aːʂan　pʰətʃʰək　ɔŋʂi-la　jaːβ-qʊi.
阿山　书　　　读-PRP　去-NPST

阿山去读书。

（六）补语

受汉藏语言接触的影响，东部裕固语也出现了补语，但不那么普遍。例如：

erken　aman　χʊːr　pʰileː-tʃi　seiqqʰan　pai.
他　　口　　琴　　吹-CRD　　美丽　　　有-AUX
他吹口琴吹得好。

tʃʰə　jaːβ-tʃi　tʰʉrken　pei.
你　　走　　　快　　　　有-AUX
你走得快。

larki-sən-tə　pɔlɔq-qʰʊai　tʃʰə　kʰiːt　χaː-sa.
说-APFV-LOC　成-NPST　　你　　寺庙　盖-CND
你建寺庙的话可以，（他）说。

三　句类

东部裕固语的句子可以分为陈述句、疑问句、祈使句、感叹句四种。

（一）陈述句

陈述某一事情。例如：

pʉ　mete-βa.　我知道了。
我　懂-PST

aːʂan　ørtɕʰaqʰ　ere-qʊi.
阿山　 明日　　　来-NPST
阿山明天来。

pʉ　naiman　qɔlm-iːn　kʰʉn.
我　乃曼　　部落-GA　人
我是乃曼（也叫八个家）部落的人。

陈述句可从表达的角度分为判断句、叙述句和描写句三种。

1. 判断句　谓语一般由名词构成，亦称名词谓语句。例如：

aːʂan-t　　qʊrβan　aqa　ʃo.
阿山-LOC　三　　　兄　　是-AFF
阿山有三个哥哥。

aːʂan　jerkʰən-ə　　aq-iːn　βai.
阿山　叶尔肯-GA　兄-3rd　是
阿山是叶尔肯的哥哥。

2. 叙述句　谓语一般由动词构成，亦称作动词谓语句。例如：

aːʂan　pəitʃʰiŋ-t　pʰətʃʰik　sʊr-tʃʰ　　βai.
阿山　北京-LOC　书　　学习-CRD　有-AUX
阿山在北京上学。

aːʂan　nike　pətʃʰik　pʰətʃʰi-tʃβai.
阿山　一　　文章　　写-PST
阿山写了一篇文章。

3. 描写句　谓语一般由形容词构成。例如：

tʂʰi　nan-ta-sa　　oɲtor　βai.
你　我-LOC-ABL　高　　是-DEC
你比我高。

aːʂan　tʰərə-tʃʰɔq　kʰʉn　ɔlɵn　piː.
阿山　他-PL　　　人　　多　　有-AUX
阿山他们人多。

（二）疑问句

可分为特指疑问句、是非疑问句、选择疑问句、正反疑问句四种。

1. 特指疑问句　特指疑问句是疑问代词充任疑问焦点的句子。例如：

ɔtɔː　　kʰen　larqə?
现在　　谁　　说
现在谁讲？

tʰan-t　　kʰetən　mʊla　βə?
您-LOC　几个　　孩子　有-AUX
您有几个孩子？

ʉn-ə　　jima　kə-kə　　parə-qʰʊa?
这-ACC　怎样　做-PRQ　做-NPST
这个怎么做？

2. 是非疑问句　只能以"是"或"否"来回答的疑问句。例如：

ene　tʃʰqaːn　tiːltʰiː　βai，
这　 白　　 袍-COM　 有-AUX

ʃaː-βə　pʉʃi　　βai.
喇嘛　　不-NEG　有-AUX
这是穿白袍的，不是喇嘛。

ene tʃʰə-nə   mɔːrə   pɯd   ʉː?
这   你-GEN   马   不是   吗-INT

这不是你的马吗？

3. 选择疑问句　有两个或两个以上的可能选项供选择的疑问句。例如：

tʰere jaβ-a: χɔːnə jɯː maːn ʊː?
那   走-DUR   绵羊   吗   山羊   吗-INT

那边走着的是绵羊还是山羊？

4. 正反疑问句　上述疑问句以外的疑问句。例如：

tʰɯŋw-iːn   tʃʰə   aŋla-san   pɯː?
那个-ACC   你   听-APFV   吗-INT

那件事你听说没有？

（三）祈使句

表达命令、要求或祝愿、希望、忧虑、劝告等。例如：

qʊrtʊn   χanə!   快走！（命令）
快   走

pʰɯtʰə   kɯtel!   别动（不许动）！
别-NEG   动

（四）感叹句

感叹句是表达强烈的感情的句子。例如：

oːlei! seiχqʰən lar larqə-nem-ne!
哈   美丽   话   说-NPST

哈！说得多么好呀！

eʃʃ! ene maran   βet-tʃʰe   hkon   pai!
哟   这   皮肤   疼-SUB   姑娘   有-AUX

这个姑娘多么漂亮啊！

四　句型

与阿尔泰语系诸语言相同，东部裕固语的句子结构类型为SOV，即主-宾-谓型。例如：

aːʂan-[Ø]-[Ø]   tʰan-[Ø]-ə   saːqə-qa: βai.
阿山-SG-NOM   您-ACC   等待-DUR   有-AUX

阿山等你。

（一）主-谓型　例如：

pʉ　ere-βe.　我来了。
我　来-PST

pʉ　mal-tʂʰə,　tʰere　tʰaraltʃin　tʰarə-ma　kʰʉn　pei.
我　牲畜-SFF　那　庄稼　种-NOML　人　是

我是牧民，他是农民。

aːʂan-[Ø]　ʃikʰe　pətʃʰəkʰ-tʃʰə.
阿山-SG-NOM　大　书-SUF

阿山是大学生。

nijɔn-tə　par-sa　ene　qʰataq-ə　sein-nə　tʃʰəqaːn　pai.
官-LOC　给-CND　这　哈达-GA　好-3rd　白　是

献给官员的哈达中好的是白的。（献给官员的哈达最好的是白色的。）

（二）非主-谓型

因受汉藏语言的深层影响，东部裕固语也出现了与SOV不同的语序等。其中有的动宾结构与汉语的述补结构相似。主要有以下几种：

1. 谓-补式　例如：

aːʂan　larqi-tʃ-taːni　ʉrtʃʰaqʰə　ere-kʃ　βai.
阿山　说-CRD-PROG　明天　来-NEG　有-AUX

阿山说明天不来。

larqi-sən-tə　pɔlɔq-qʰʊai,　tʃʰə　kʰiːt　χaː-sa.
说-APFV-LOC　成-NPST　你　寺庙　盖-CND

你建寺庙的话可以，（他）说。

2. 中心词-形容词式

这种修饰动词的形容词位于动词之后的现象比较多。试比较：

tʃʰə　aman　χʊːr　pʰileː-tʃi　seiqqʰan　pai.
你　口　琴　吹-CRD　美丽　有-AUX

你吹口琴吹得好。

či　aman　qurur　saiqan　üliyeǰü　bayi-na.（蒙古语）
你　口　琴　美丽　吹-CRD　有-NPST

你吹口琴吹得好。

erken　pʰətʃʰək　ɔŋʃə-tʃʃ　sain　pai.
他　书　念-CRD　好　有-AUX

他书念得好。

五 复合句

东部裕固语中有由两个或两个以上小句构成的复合句，分主从复合句、并置复合句两类。

（一）主从复合句

1. 从句做主语　例如：

tʰere　kʰʉn　məs-tʃ-i:-nə　nekʰe:　ti:l　pei.
那　　人　　穿-CRD-DUR-3rd　大毛羊皮　袄　是-AFF

那人穿的是皮袄。

ene　kʰʉn　məs-e:　sʊ:-ma　jɔqɔr　məskə.
这　　人　　穿-PRQ　坐-NOML　裕固　服装

这个人穿的是裕固族服装。

2. 从句做表语　例如：

məl-i:n　hkʰ-i:nə　χətʃi:n-o:so　setkel-te-ke:n　pɔtɔqɔ:　məla　jaβq-a:tʊ
孩子-GE　母亲-3rd　经常-ABL　心-LOC-REPOS　想-PRQ　孩子　走-PRQ

kʰesəkʰ-tʰə　χarʊ:　lə　er-βei.
长时-LOC　信　勿　来-PST

孩子的母亲担心的是，儿子走后一直没有来信。

3. 从句做宾语　例如：

tʰere　tʃʊ:n　fən　aβtʃʰar-sən-ə　aŋla-qa:　pʉta-tʃʰɔq　ʃikʰe　la　pijarla-tʃ-βai.
他　　百　　分　　取-APFV-GA　听-PRQ　我们-PL　大　也-EMPH　高兴-PST

他得了一百分大家都非常高兴。

mal-t　χalta-sa　kʰʉtʃʰin-nə　sein-nə　χalta-qa:　tʃʰʊq-a:r　ʃikʰe　pijarla-tʃ-βai.
牲畜-LOC　看-CND　膘-3rd　好-3rd　看-PRQ　一起-INSTR　大　高兴-PST

看到牲畜膘情好，大家都很高兴。

4. 从句做定语　例如：

aβa　larqə-me　lar-ə　pʉ　tʃa　setʰkel-t-e:n　tʰal-a:　sʊ:-qa:　βe.
爷爷　说-NOML　话-GA　我　就　心-LOC-REPOS　放-PRQ　坐-PRQ　有-AUX

爷爷说的话我一直记在心中。

5. 从句做状语　例如：

pʉ-ta-la　ø:r　tʃʰai-tʰala　larla-ltə-βa.
我-PL-COL　黎　明白-LMT　说-REC-PST

我们俩聊天到黎明。

məl-i:nə χarʊ: χətʃʰilə ere-sen-t mem-i:nə pijarla-tʃpai.
孩子-3rd 信 经常 来-APFV-LOC 母亲-3rd 高兴-PST

儿子来了信，母亲高兴了。

nʉŋɵlʉ tʰəre-tʃpɕ ʉrtɕakʰə ente ere-kʰ-kʰʊa-mʊ pʉ-ta-tʃpɕ ɔtɕ χana ta
或 他-PL 明天 这里 来-NPST-INT 我-PL-PL 现 哪 也

ja:βə-qʃ βe.
去-NEG 有-AUX

如果他们明天到这里来，我们现在不用到哪里去。

（二）并置复合句

1. 简单并置复合句 只有两个互不包含的小句构成的复合句。例如：

pʉ kə:r jas-tʰi:, tʃʰe-t ta kə:r jas-tʰi: βei.
我 王 骨-COM 你 也 王 骨-COM 有-AUX

我姓王，你也姓王。

tʃʰi ta ja:β pʉ ta jaβ-ja.
你 也-EMPH 去 我 也-EMPH 去-OPT

你也去，我也去。

a:ʂan jaβ-qa:tʰ-tʃʰ u:, χasən jaβ-qa:t-tʰ u:?
阿山 去-PFV-PST 吗-INT 哈森 去-PFV-PST 吗-INT

是阿山去呢，还是哈森去呢？

kʰʉ:n χalta-sa a:ʂan qʰɔqqʰɔ ontor ʃikʰe jima ta lə mette-mʉ.
人 看-CND 阿山 身材 高 大 东西 还 不 懂-NPST

看来阿山虽说是人高马大，但是见识短。

2. 多重并置复合句 复合句子结构有层级，有的结构比较复杂，有的有5—6个层级。例如：

niken sønə-tə tʰeŋker kənetʰ kʉitʰəre-ke:, kʰi: tɔqʃəra-qa: tʃʰasən ʃəkʰet-e:
一 夜-LOC 天 突 冷-PRQ 风 猛-PRQ 雪 大-PRQ

tʰeŋker ji:kʰəna kʉtʰere-tʃβai.
天 很 冷-PST

一天夜里寒流突然袭来，风变猛，雪变大，天气变得非常冷。

上述句子中就有三个述语从句。再如：

eβer-eːn	ʊːtʃʰa-t	orko-tʃ	arasan	saːtaq	aqsa-tʃə	taːrə	qɔtʰ-iːn
角-REPOS	脊背-LOC	背-CRD	皮	弓箭袋	挎-CRD	火药	火药袋-GA

tʃyː-tʃ	kʰətʰə	tʃaqqʰʊr	meltʰə-tʰəi	naqʃi	tʃʰaqʃi	χalta-tʃə	nɯtɯn-t
戴-CRD	火镰	火石	导火线-SUF	这边	那边	看-CRD	眼睛-LOC

etʃe-kte-tʃ	tʃʰkʰən-t	aŋla-qta-tʃə	ɬaːn	qar-tʰəi	(qar-nə	ɬai-tʃ)
看-PASS-CRD	耳朵-LOC	听见-PASS-CRD	红	手-SUF	（手-3rd	红-CRD）

neke	tʃiazə	tʃʰat-tʃʰə	kʰɯːn-t	ok-so	øŋkø-tʰəi	qʊtalta-sa	menek-tʰəi.
一	家子	吃饱-CRD	人-LOC	送-CND	颜色-SUF	卖-CND	钱-SUF

qʊtalt-m-iːn	tʰaːsmaq	pai.
卖-NOML-GA	谜语	有-AUX

背起菱角，携带火药，拿着火镰火石导火线，东张西望，看看听听，手变成红色的，一家子都能吃饱，送人有脸面，卖出去有钱。（谜语。谜底：猎人打猎）

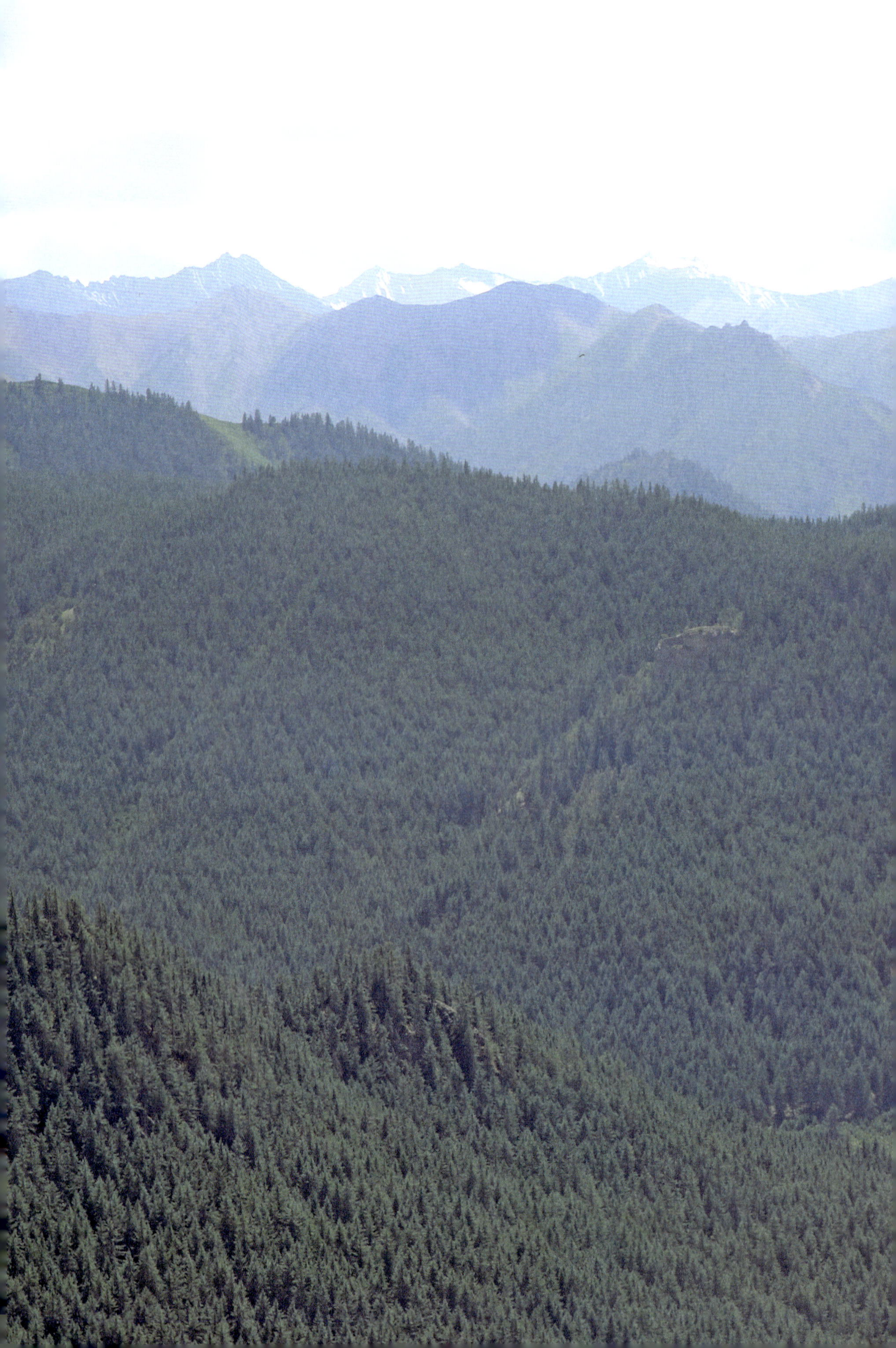

第六章 语料

第一节

语法例句

001 阿山是叶尔肯的哥哥。
  aːʂan-[Ø] jerkʰən-[Ø]-ə aq-[Ø]-iːnə βai.
  阿山-SG-NOM 叶尔肯-SG-GA 哥哥-SG-3rd 是-DEC

002 孩子们都来了。
  mʊla-s-[Ø] tʃʰʊq-nə ere-tʃβai.
  孩子-PL-NOM 一起-3rd 来-PST

003 阿山有三个哥哥。
  aːʂan-[Ø]-t qʊrβan aqa-[Ø] ʃo.
  阿山-SG-LOC 三个 哥哥 是-AFF

004 阿山是大学生。
  aːʂan-[Ø] ʃikʰe pətʃʰəkʰ-tʃʰə.
  阿山-SG-NOM 大 书-SUF

005 阿山的哥哥来了。
  aːʂan-[Ø]-ə aq-[Ø]-iːnə(koːkoː) eri-tʃβai.
  阿山-SG-GA 哥哥-SG-3rd   来-PST

006 阿山去了伊犁。
  aːʂan-[Ø]-[Ø] iliβ-t jaβ-qaːtʰ-tʃʰβai.
  阿山-SG-NOM 伊犁-LOC 去-PFV-PST

007 阿山请了哈森。
  aːʂan-[Ø]-[Ø] χasən-[Ø]-ə tʊːta-tʃβai.
  阿山-SG-NOM 哈森-SG-GA 邀请-PST

008 阿山来自伊犁。
　　aːʂan-[Ø]-[Ø]　　ili-[Ø]-se　　ere-sən　　βai.
　　阿山-SG-NOM　　伊犁-ABL　　来-APFV　　有-AUX

009 阿山在北京上学。
　　aːʂan-[Ø]-[Ø]　　pəitʃʰiŋ-t　　pʰətʃʰik　　sʊr-tʃʰβai.
　　阿山-SG-NOM　　北京-LOC　　书　　学习-PROG

010 我是用圆珠笔写的。
　　pʉ-[Ø]-[Ø]　　jyentʂʉpi-kəːr　　pʰətʃʰi-βai.
　　我-SG-NOM　　圆珠笔-INSTR　　写-PST

011 a. 您有几个孩子？
　　b. 我有两个孩子。
　　a. tʰan-t　　kʰetən　　mʊla　　βə?
　　　 您-LOC　　几个　　孩子　　有-INT
　　b. nan-ta　　qʊːr　　mʊla　　βai.
　　　 我-LOC　　两　　孩子　　有-AUX

012 阿山的孩子在北京读书。
　　aːʂan-ə　　mʊla-nə　　pəitʃʰiŋ-t　　pʰətʃʰik　　sʊr-tʃʰβai.
　　阿山-SG-GA　　孩子-3rd　　北京-LOC　　书　　学习-PROG

013 我是学生。
　　pʉ-[Ø]-[Ø]　　ʃueʂəŋ-[Ø]　　pei.
　　我-SG-NOM　　学生-SG　　是-DEC-EFI

014 你比我高。
　　tʂʰi-[Ø]-[Ø]　　nan-ta-sa　　oŋtor　　βai.
　　你-SG-NOM　　我-SG-LOC-ABL　　高　　是-DEC

015 阿山他们人多。
　　aːʂan-[Ø]　　tʰərə-tʂʰok　　kʰʉn　　ɔlon　　piː.
　　阿山-SG　　那-PL　　人　　多　　有-AUX

016 这个高。
　　ənə-[Ø]　　oŋtor　　βai.
　　这-SG　　高　　有-AUX

017 这个高一些。
　　ene-[Ø]　　tai　　nike　　oŋtor　　βai.
　　这个-SG　　稍　　一　　高　　有-AUX

018 屋里干干净净。
　　ker-tʰə　　ʃikʰe　　arʊn　　βai.
　　屋-LOC　　大　　干净　　有-AUX

019 阿山解开了绳子。
　　aːʂan-[Ø]-[Ø]　　tiːsən-iə　　tʰail-tʃ　　apʰ-tʃʰβai.
　　阿山-SG-NOM　　绳子-GA　　解开-ATV-CRD　　取-AUX-PST

020 绳子被解开了。
　　tiːsən-ə　　kʰʉn　　tʰail-tʃ　　ɔqɔr-tʃʰβai.
　　绳子-GA　　人　　解开-ATV-CRD　　扔-AUX-PST

021 阿山解开了衣服。
　　aːʂan　　məskiː-jaːn　　qar-qa-tʃ　　ɔqɔr-tʃʰβai.
　　阿山-SG-NOM　　衣服-REPOS　　解开-CAUS-CRD　　扔-AUX-PST

022 阿山帮他解开了绳子。
　　aːʂan　　χanəqar-aː　　tiːsən-iː　　tʰeil-tʃ　　ɔqɔr-tʃʰβai.
　　阿山　　帮助-PRQ　　绳子-GA　　解开-CRD　　扔-AUX-PST

023 阿山叫人解开了绳子。
　　aːʂan-[Ø]-[Ø]　　kʰʉn-əːr　　tiːsən-ə　　tʰeil-qʊl-tʃ　　aβ-tʃʰβai.
　　阿山-SG-NOM　　人-INSTR　　绳子-GA　　解开-CAUS-CRD　　取-AUX-PST

024 这本书阿山已经读完了。
　　əne-[Ø]-[Ø]　　pətʃʰək　　aːʂan-[Ø]　　ɔŋʂi-kaː　　parə-tʃ　　ɔqɔːr-tʃʰβai.
　　这个-SG-NOM　　书　　阿山-SG　　读-PRQ　　完成-CRD　　扔-AUX-PST

025 游行的人群开始走了。
　　tʰala-tə-kʰʉ　　kʰʉn　　ɔtɔː　　jaβ-tʃ　　ɔqɔr-tʃʰβai.
　　平原-LOC-SUF　　人　　现在　　走-CRD　　扔-AUX-PST

026 阿山在做什么？
　　aːʂan-[Ø]-[Ø]　　ima　　kə-tta-βai.
　　阿山-SG-NOM　　什么　　做-PROG

027 阿山做得了。
　　aːʂan-[Ø]-[Ø]　　ʃta-kʊː　　(ʃo).
　　阿山-SG-NOM　　会-NPST　　是-AFF

028 阿山把叶山的地址记下来了。
　　aːʂan-[Ø]-[Ø]　　jerʂan-[Ø]-ə　　sʊː-mə　　qatʃʰar-iː　　pətʃ-tʃ　　aβ-tʃʰai.
　　阿山-SG-NOM　　叶山-SG-GA　　住-NOML　　地址-GA　　记-CRD　　拿-PST

029　阿山来了。
　　　aːʂan-[Ø]-[Ø]　　eri-tʃβai.
　　　阿山-SG-NOM　　来-PST

030　阿山懂得很多种语言。
　　　aːʂan-[Ø]-[Ø]　　ɔlɔn　　la　　lar　　met-tək　　βai.
　　　阿山-SG-NOM　　多　　也-EMPH　语言　知道-HAB　有-ENFI

031　阿山在等您。
　　　aːʂan　　tʰan-ə　　saːqə-qaː　　βai.
　　　阿山　　您-ACC　　等待-DUR　　有-AUX

032　阿山明天要来。
　　　aːʂan-[Ø]　　ørtɕʰaqʰ　　ereqʰ-qʊi
　　　阿山-NOM　　明日　　　　来-NPST

033　阿山去了。
　　　aːʂan　jaβ-qaːtʰ-βa.
　　　阿山　去-PFV-PST

034　阿山没有去。
　　　aːʂan　le　(j)aːβ-tʃβai.
　　　阿山　无　去-PST

035　如果阿山不去，那我去。
　　　aːʂan　le　　jaβ-sa　　pʉ　jaːβ-ja.
　　　阿山　不-NEG　去-CND　我　去-OPT

036　但愿您不要忘了我。
　　　tʰa　nam-iː　martʰaː-qʃ-pa.
　　　您　我-ACC　忘-NEG-PST

037　你去了，我也去了。
　　　tʃʰi　ta　　jaːβ-san　　pʉ　ta　　jaβ-san.
　　　你　也-EMPH　去-APFV　我　也-EMPH　去-APFV

038　你也去，我也去。
　　　tʃʰi　ta　　jaːβ　　pʉ　ta　　jaβ-ja.
　　　你　也-EMPH　去　我　也-EMPH　去-OPT

039　阿山来了吗？
　　　aːʂan-[Ø]-[Ø]　　ere-tʃ　　ʉ?
　　　阿山-SG-NOM　　来-PST　吗-INT

040 你昨天怎么没来呀？

tʃʰi-[Ø]-[Ø]　　tʃʰoktor　imɔlɔ　le　ere-βe?
你-SG-NOM　　昨天　　怎么　不　来-PST-INT

041 是阿山去呢，还是哈森去呢？

aːʂan　jaβ-qaːtʰ-p　　uː?　　χaʂen　jaβ-qaːtʰ-p　　uː?
阿山　　去-PFV-PST　吗-INT　哈森　　去-PFV-PST　吗-INT

042 阿山是个好人哎。

aːʂan　sain　kʰʉːn　ʃo.
阿山　　好　　人　　是-AFF

043 阿山和叶山他们俩是同学。

aːʂan　jerʂan　qʊːr-la-nə　tʰʉŋʃʉe　ʃo.
阿山　　叶山　　两-COL-3rd　同学　　是-AFF

044 知识是无边际的，因此，学习也是无止境的。

mete-me-tə　qətʃaːr　ʉkʉi　ʃo,　pʰətʃʰək　sʊr-sa　para　jata-qʊi.
知-NOML-LOC　边际　　无　　是-AFF　书　　学习-CND　完　　难-NPST

045 好孩子。

sain　mʊla.
好-原级　孩子

046 太好了。

neŋ　sain.
太　　好-原级

047 刚来。

saiq　əri-tʃβai.
刚　　来-PROG

048 听说昨天那个阿山跟叶山说他要学俄语。

otʃʰoktor　aŋla-san-tə　tʰere　aːʂan　jerʂan-tə　əɣy(qajy)　sʊr-ja
昨天　　　听说-APFV-LOC　那　　阿山　　叶山-LOC　　俄语　　　学-OPT

kə-tʃi　　　　larqə-tʃβai.
说道-RPV-CRD　说-PST-ENFI

049 阿山刻苦学习了俄语。

aːʂan　tʃʰirata　əɣy(qajy)　sʊr-ta-βa.
阿山　　刻苦　　俄语　　　　学习-PST

050 他家有成麻袋成麻袋的粮食。
ᵗʰere-s-ə　　ker-tʰ　　ʊːtʰa　　ʊːtʰa-qaːr　　ʊːlqa　　βai.
他-PL-GEN　家-LOC　麻袋　麻袋-INSTR　粮食　有-AUX

051 阿山近来总是穿着一件满是道道儿的衣衫。
aːʂan　ene　keten　χɔnpɛ　mer　qar-san　məskə　msə-βai.
阿山　这　几　宿　道　出-APFV　衣　穿-PST-ENFI

052 阿山大概喝完茶什么的9点左右会来吧。
aːʂan　tʃʰa-mai-jaːn　ʊːtʃa　çisən　tʃʰeq　aːr　ølme-t　la
阿山　茶-概称-REPOS　喝-CRD　九　时　后　前-LOC　也-EMPH
ere-kʉ-sən　pe.
来-PFV-APFV　有-AUX

053 电话"丁零零"地响着。
tianχʊa　taŋqar　taŋqar　tuŋqar-tʰane.
电话　丁零零　丁零零　响-PROG

054 今天相当暖和哎。
ontor　la　tʰɔm(tʰɔŋ)　tʊlaːn　pai.
今天　也-EMPH　相当地　暖和　有-AUX

055 这伙人人手一枝花儿。
əne　kʰʉː-s　qar-tʰ-aːn　nekən-nə　nekə　metʊq　para-pai.
这　人-PL　手-LOC-REPOS　一-3rd　一　花儿　拿-PST-ENFI

056 你们两个两个地进。
tʰa-tʃʊq　qʊːr　qʊːr-aːr　ɔrɔ.
你们-PL　两个　两个-INSTR　进

057 发生了一大堆如此这般的趣事儿。
ɔrqə-ltu-san　neke　tɔmpər　ɲiːtən　qar-pa.
相同-REC-APFV　一　堆　笑话　发生-PST

058 你都请了谁？
tʃʰi　kʰen-ə　tʊːta-tʃ　apʰ-pa？
你　谁-ACC　请-CRD　取-AUX-PST-INT

059 老太婆哭啊哭啊哭瞎了双眼。
kʰøkʃən　aŋqa　jyla-saːr　jyla-saːr　qʊːr　nʉtʉn-əːn　sɔqʰɔr-qɔ-tʃβei.
老　太婆　哭-CONT　哭-CONT　两　眼睛-REPOS　瞎-CAUS-PST

060 你们知道阿山来不来吗？

a:ʂan ere-qʊa ere-qʂ-ʊa-nə tʰa-tʃʊq mete-k-ʉ:?

阿山 来-IMPF 来-NEG-IMPF-GA 你-PL 知道-IMPF-INT

061 你们谁知道阿山这次去没去阿勒泰？

a:ʂan ene taβqur alatʰai-tə jaβ-qa:t-tʃʰ ʉ: le jaβ-qa:t-tʃʰ

阿山 这 次 阿勒泰-LOC 去-PFV-PST 吗-INT 勿 去-PFV-PST

ʉ: tʰa-tʃʰʊq kʰen mete-kʊa?

吗-INT 你们-PL 谁 知道-IMPF

062 阿山必定获胜。

a:ʂan χʊar-tʰ qara-tʰʊqʊi.

阿山 前-LOC 出-WIS

063 阿山或许会来。

a:ʂan eri-ku-sʉn pe.

阿山 来-PFV-APFV 有-AUX

064 阿山来了。

a:ʂan eri-tʃβai.

阿山 来-PST

065 阿山来了哎。

a:ʂan kʰur-tʃʰ eri-tʃβai.

阿山 到-CRD 来-PST-ENFI

066 我去。

pʉ χanə-ja:.

我 去-OPT

067 我想去。

pʉ ja:-q-ə ere-ni.

我 去-IMPF-GA 期望-NPST（表示意愿）

068 我得去。

pʉ jima kə-sta jaβ-qʊi (pʉ ja:β-qʊ:).

我 怎么 做-CONC 去-NPST（我 去-NPST）

069 你去。

tʃʰi ja:β.

你 去-IMPT

070 阿山不错。
　　aːʂan　kʰele-tʃʰe　ʉkʉi.
　　阿山　说-SUF　无

071 阿山去伊犁，叶山从伊犁回来。
　　aːʂan　ili-tə　χana-βa　ʃo,　jeʂan　ili-sə　ere-βe　ʃo.
　　阿山　伊犁-LOC　去-PST　是-AFF　叶山　伊犁-ABL　来-PST　是-AFF

072 阿山不仅自己学习好，还为他人提供了很多的帮助。
　　aːʂan　etʃen-tə　sain　sʊr-tʃʰ　ta:qqʰ　kʰʉn-tə　ʃikʰe　la　χanəqar-tʃʰβei.
　　阿山　自己-LOC　好　学习-CRD　还　人-LOC　大　也　帮助-PST

073 阿山有两个弟弟，一个在县里工作，一个在学校上学。
　　aːʂan-tə　qʊːr　tyːke　βei　nike-nə　ʃian-tə　koŋzoːl-o:t-tʰə-βei
　　阿山-LOC　两　弟弟　有-AUX　一-3rd　县-LOC　工作-PFV-PROG
　　nikən-nə　pʰətʃʰik　sʊr-tʰaː-βai.
　　一-3rd　书　学习-PROG

074 或者阿山去，或者叶山来。
　　tʰiːn-le　ke-se　aːʂan　χana-qʊi,　tʰiːn-le　ke-se　jerʂan　ere-kʰʊi.
　　那样　说道-CND　阿山　去-NPST　那样　说道-CND　叶山　来-NPST

075 阿山来之前，我们这里没这种东西。
　　aːʂan　ere-tʰele　pʉta-s　ene　qatʃar-a　tʰʉŋwa　ørtʃo　ʉʊai.
　　阿山　来-LMT　我们-PL　这　地方-LOC　那样　东西　无

076 阿山来时，我不在。
　　aːʂan　ere-sən-tə　pʉ　ʉkʉi　sʊːβa.
　　阿山　来-APFV-LOC　我　没　住-AUX-PST

077 阿山走了之后，我也就回了家。
　　aːʂan　jaβ-qaːt-san-tə　pʉ　ta　ker-tʰeːn　χanə-βa.
　　阿山　走-PFV-APFV-LOC　我　也-EMPH　家-LOC-REPOS　回-PST

078 阿山和叶山来了。
　　aːʂan　jerʂan　qʊːr-la-nə　eri-tʃβei.
　　阿山　叶山　俩-COL-3rd　来-PST

079 阿山老师来了。
　　aːʂan　ləʂi　ere-tʃβai.
　　阿山　老师-NOM　来-PST

080 阿山找了叶山。

aːʂan jerʂan-nə χai-tʃβai.

阿山　叶山-GA　找-PST

081 阿山写了一篇文章。

aːʂan nike pətʃʰik pʰətʃʰi-tʃβai.

阿山　一　文章　写-PST

082 阿山是好人。

aːʂan sain kʰʉn ʃo.

阿山-SG-NOM　好　人　是-EMPH

083 牧村的旁边是一条深山沟。

mal atla-ma nɔtɕʉ qətʃʰaːr-iːnə nike ai-tʃi-kʉ qɔl pai.

牲畜　放牧-NOML　村　边-3rd　一　怕-CRD-IMPF　沟　有-AUX

084 阿山今天来。

aːʂan ontor ere-qʊi.

阿山　今天　来-NPST

085 阿山在阿勒泰工作。

aːʂan alatʰai-tə kuŋzʉo-tʰiː βai.

阿山　阿勒泰-LOC　工作-COM　有-AUX

086 阿山是坐飞机来的。

aːʂan tʰemer ʃʉːn-tə tʃʰʊqqʊi-qaː eri-tʃβai.

阿山　铁　鸟-LOC　坐-PRQ　来-PST

087 阿山在我们家待了三天。

aːʂan man-ə ker-tʰ qurβan χɔnɔ-βa.

阿山　我们-GEN　家-LOC　三　住宿-PST-EFI

088 阿山得了一百分高兴坏了。

aːʂan tʃʊːn fən aβtʃʰar-sən-tə ʃikʰe la pijarla-tʃβai.

阿山　百　分　取-APFV-LOC　大　也-EMPH　高兴-PST

089 阿山说他明天不来。

aːʂan larqə-ttani ʉrtɕʰaqʰ ere-kʂ βai.

阿山　说-PROG　明天　来-NEG　有-AUX

090 听说，那个阿山用15年时间把他的孩子培养成了一名国际知名学者。

aŋla-san-tə   tʰəre   a:ʂan   harβan   ta:βən   tʃəl-tə   mʊla-ja:n   tʃa:
听-APFV-LOC   那个   阿山   十   五   年-LOC   孩子-REPOS   教

sʊ:-tʃə   nike   nere-tʰə   məte-ktʃʰə   pɔl-qɔ-sən   pə
坐-AUX-CRD   一   名-SUF   懂-SUF   成为-CAUS-APFV   是-DEC

kə-ni.
说道-NPST-ENFI

091 阿山把他的饭吃了。

a:ʂan   kʰʉ:n-ə   χʊl-i: ʃ-ʊ: ɔqɔr-tʃʰəβe:.
阿山   人-GA   饭-GA   喝-CRD   扔-PST

092 很好。

neŋ   sain.
很-程度副词   好

093 夜。

sø:nə.
夜-名词-独词句

094 这样做是不行的。

əŋ-βa   kə-sə   qɔ:r-ɣʉi.
这样-PST   说道-CND   行-NEG

095 因为阿山迟到，整个事情被耽误了。

a:ʂan   ɔrʊitʊ   ɔqɔr-sən-tə   øle   tʃʰɔq-i:nə   lə   pʉtʰ-ə: er-e: ʃo.
阿山   迟到   扔-APFV-LOC   事情   都-3rd   勿-NEG   成-PRQ   来-PST   是-DEC

096 如果阿山去，那么我们也去。

nʊŋʊilə   (nəŋwa-βɔlə)   a:ʂan   jaβ-sa   se   pʉ-ta-tʃʰɔq   ta   ja:β-qʊi.
如果   （那么-做）   阿山   去-CND   才   我-PL-PL   也   去-NPST

097 只有阿山去，我们才去。

a:ʂan   jaβ-sa   pʉ-ta-tʃʰɔq   se:rke   jaβ-ja.
阿山   去-CND   我-PL-PL   才   去-OPT

098 无论阿山去不去，我们都去。

a:ʂan   jaβ-sa   ja:qʰ-kʉ-ko: pʉ-ta-tʃʰɔq-la   jaβ-ja/-qʊi.
阿山   去-CND   去-IMPF-NEG   我-PL-PL-COL   去-OPT/-NPST

099　看来阿山虽说是人高马大，但是见识短。

kʰʉ:n　χalta-sa　a:ʂan　qʰɔqqʰɔ　ontor　ʃikʰe　jima　ta　lə　mette-mʉ.
人　　看-CND　　阿山　　身材　　　高　　大　　东西　还　不　懂-NPST

100　阿山说："他们做得了，我们也做得了。"

a:ʂan　larqi-sã:　tʰa-tʃʰɔq　pa:r-tʃa　ʃəta-sa　pʉ-ta　pa:r　ʃta:qʊi.
阿山　　说-APFV　你们-PL　做-CRD　会-CND　我-PL　做　会-NPST

第二节

话语材料

一 谚语

sein kʰʉːn-ə taqa-sa sar-iːn kərəl tʃʰai-tʃə mʊː kʰʉːn-ə taqa-sa mʊqʊi-n
好　人-GA　跟-CND　月-GA　光　白-CRD　坏　人-GA　跟-CND　蛇-GA

χɔrɔ-t naːtʃai.
毒-LOC 染-PST

跟随好人像月亮一样亮，跟随坏人像毒蛇一样坏。（近朱者赤近墨者黑）

sein kʰʉːn-ə saqal ʃəkʰə mʊː kʰʉːn-ə malaqəi ʃəkʰə.
好　人-GA　胡子　大　坏　人-GA　帽子　大

好人凭真本事，坏人凭吹大牛。

χwaːr-tʰ qar-sən tʃʰqən aːr-sa qar-sən əβər.
前面-LOC 出-APFV 耳朵 后-ABL 出-APFV 角

先长的耳朵不如后长的角硬。（后生可畏）。

pijan kʰʉn kʰeiman kʰʉːn-ə tʃɔːləŋ lə met-tək pə, mɔːr-tʰə kʰʉn
富　人　穷　人-GA　苦　勿-NEG　懂-HAB　是-AUX　马-SUF　人

jawqan kʰʉːn-ə tʃɔːləŋ lə met-tək pə.
步行　人-GA　苦　勿-NEG　懂-HAB　是-AUX

富人不知穷人的苦，骑马的人不知步行者的苦。（饱汉不知饿汉饥）

nɔχqɔi-n øle-t χaːn lə ɔrɔ-ltʃʰɔ-tək pai χaːn-ə tʃʰɔː-tə
狗-GA 事情-LOC 皇上 不 入-COLL-HAB 有-AUX 汗-GA 朝-LOC

alpatʰ   lə   ɔrɔ-ltʃʰɔ-tək   pai.
平民   不   入-COLL-HAB   有-AUX

狗的事情官员不插手,官员的事情平民不插手。

ʃikʰe   kʰʉn-ə   ølm-ø:r   lə   qar-taq   pa,   lʊ:s-i:n   a:r-ʊ:r   lə   qar-taq
大   人-GA   前面-部位   不   出-HAB   是   骡子-GA   后面-部位   不   出-HAB
pai.
有-AUX

大人前面不能过,骡子后面不能过。(要尊重老人;要小心别被牲口踢了)

nijɔn   qar-a:r   kʰʉn   lə   χɔq-tək   pai   ørkwe:sən/ørkʉesən   tɔlɔqpi   lə
官僚   手-INSTR   人   不   打-HAB   有-AUX   刺   头   不
χatʰqa-taq   pai.
刺-HAB   有-AUX

当官的自己不下手,刺儿不扎头。(当头的不能亲自打手下人)

ewer-tʰ   tʊrʊ:-tʰ-i:n   ølmø   teme   pʉtʰə   larqə   χʊ:sʊn   qɔ:l-t   qʰaqʰtʃʰ-a:r-ã:
角-SUF   蹄-SUF-GA   前面   胡乱   不要   说   空   沟-LOC   独自-INSTR-REPOS
pʉtʰə   ɲi:.
不要   笑

在当官的面前不能胡说,无人沟里独自一人不能笑。(上级面前不能胡说八道)

amtən   kʰʉn   pʉtʰə   taβala   kʰʉ-ksen   kʰʉn-ə   pʉtʰə   nere-le   taβala-sa
活   人   不要   笑话   死-APFV   人-GA   不要   名字-SUF   耻笑-CND
taβ-a:n   taβa-jita-tək   pei.
耻笑-REPOS   超越   难-HAB   有-AUX

不要耻笑活人,不要叫死人的名字。(人不可貌相,海水不可斗量)

χara-tə   χarβə-sən   səmən   χarə-tə   qar-sən   hkon.
黑-LOC   射-APFV   箭(子弹)   异地-LOC   出-APFV   女儿

黑暗中射出去的子弹,远方出嫁的姑娘。(嫁出去的姑娘,泼出去的水)

kʰytʃy   nijɔn   ker-tʰ-e:n   qɔβtʃʰɔ:-t   ʉkʉi   kʰʊrtʃʰ   qʰʊtʰaqa   tʃyten-t-e:n
厉害   官僚   家-LOC-REPOS   用处-LOC   无   锋利   刀   柄-LOC-REPOS
(hʃi)   qɔβtʃʰɔ: ʉkʉi.
(柄)   用处   无

好官解决不了家里事(无用),刀把子看不出刀刃锋利。(清官难断家务事)

pʰʉsekʉi   kʰʉn   tʃa:-n   ʃkʰən-t   tʃɔqqʊi-tʃə   lar   lə   larqə-tək   pai
妇女   人   上席-GA   前-LOC   坐-CRD   话   不   说-HAB   有-AUX

hqanar kʰʉn kʰʉlesən-t qar lə kʰʉr-tək pei.
男　　人　　垢灰-LOC　手　不　碰-HAB　有-AUX
妇女不在饭席上指手画脚，男子汉不做家务活。

kʰʉːn-ə htei-sa arpʰiː ʋqʋləŋ-qaːsa.
人-GA　小-ABL　青稞　苗-ABL
好人从小就能看出来，好青稞从小苗就能知道。

kʰʉːn-ə htei tɔqtʰɔː βɔl-sɔ sain mɔːr-iːn htei tʰʉrken pɔl-sɔ sain.
人-GA　小　稳　成-CND　好　马-GA　小　快　成-CND　好
人虽小稳重就好，马虽小跑得快就好。

kʰytʃʰy hqanar ker htʰɔ-qiːn lə qɔnlɔ-tək pai kʰytʃʰy pʰʉsekʉi ker-se
厉害　男人　家　里-GA　不　管-HAB　有-AUX　厉害　女人　家-ABL
lə qar-taq pei.
不　出-HAB　有-AUX
大男子不管家务事，好女人不出门（浪）。

sain mɔːrə qʋːr emeːl le tʰɔqʰɔ-tʃ, sain pʰʉsəɣʉi qʋːr hqanar le eːr-tʃʰ.
好　马　两个　马鞍　不　按-CRD　好　女人　两个　男人　不　找-CRD
好马不备双鞍，好女人不嫁二男。

sain mɔːrə mer-tʰə mekte-tʃ, sain hqanar ker-tʰ mekte-tʃ.
好　马　路-LOC　急-CRD　好　男人　家-LOC　急-CRD
好马要赶路，好男人要回家。

kʰokʃen kʰʉn larqə-san qatʃar-tʰ ʃkʰe ʃʉːn hɔnɔs-sɔn qatʃar-tʰ.
老　　人　说-APFV　地-LOC　大　鸟　飞-APFV　地-LOC
老人说话算数，老鹰飞来有猎物。（比喻老人和老鹰都有能力，说话算数，事情能办得到）

kʰʉn larla-lt-tʃ mal maila-lt-tʃ.
人　说-REC-CRD　牲畜　叫唤-REC-CRD
人靠交流，畜靠叫唤。

le mete-se kʰokʃen kʰʉn-tə sʋra le etʃ-se oŋtor teːre qar.
不　懂-CND　老　　人-LOC　问　不　看-CND　高　上　出
如果不懂就问长者；如果看不见，就向高处走。

mʋː hkənər hqanar tain mʋː χʋtʰaqa qar tain.
坏　妇女　男人　敌人　坏　刀子　手　敌人

坏老婆祸害老公，坏刀子易割伤手。

nijɔn kʰʉn alpatʰə-t   aːr lə qar-sa   ker-tʰeːn   kʰʉr-se harqal tʃʰolpe.
官   人   平民-LOC   后面 不 出-CND   家-LOC-REPOS 到-CND   牛粪   捡

当官的不为民做官，回家捡牛粪。（当官不为民做主，不如回家卖红薯）

kʰʉːn htʰɔrɔ kʰytʃʰy kʰʉːn piː,   tʰeŋker-iːn qatana tʰeŋker piː.
人   里   厉害   人   有-AUX 天-GA   外   天   有-AUX

人外有人，天外有天。

sain hqanar saqal-tʰiː, sain ʊːla βesə-tʰiː.
好   男人   胡子-SUF   好   山   草-SUF

好汉有胡子，好山有沃草。

ølmø χalta-sa pʉ kʰʉːn-t lə kʰʉr-ne   aːr-tʰ   χalta-sa kʰʉn nan-ta
前   看-CND   我 人-LOC   不 到-NPST   后-LOC   看-CND   人   我-LOC

lə   kʰʉr-ne.
不   到-NPST

往前看我不如人，朝后看人不如我。（比上不足，比下有余）

tʰeŋker pɔrɔːtʰtʰ-qaː htei ʃʉn hɔnɔs-se pɔrɔːn piː, hkon ʃikʰet-se yten
天   雨-PRQ   小   鸟   飞-CND   雨   有-AUX 女儿 大-CND   门

qara-qʰə βe.
出-APFV 有-AUX

天阴鸟儿飞则有雨，姑娘大了要嫁人。（天要下雨，娘要嫁人）

mʊla kʰʉn tʃʊn ama larqə-tʃ kʰokʃɔn kʰʉːn-ə qʰaqtʃʰ aman-t kʰʉrə-kʃ βai.
小孩 人   百   嘴   说-CRD   老   人-GA   唯一   嘴-LOC 到-NEG   有-AUX

年轻人说一百句还不如老人说一句。

mʊla lə ɔl-sə   maran lə met-tek   pe   tʃɔqqicpqɔː larqə-sa pel
孩子 不 生-CND 皮   不 知道-HAB 有-AUX 坐-PRQ   说-CND   腰

lə   met-tek   pe.
不   知道-HAB 有-AUX

不养小孩身不疼，坐着说话腰不疼。（不养孩子不知累，站着说话不腰疼）

kʰʉːn qʊrβan herke-ktʰe-se   tʰaŋʃa ɔrɔ-tɔq   pɔ   tʃʰələːn qʊrβan
人   三个   转-PASS-CND   办法   入-HAB   有-AUX 石头   三个

herke-ktʰe-se   ɔltʃɔ   piː.
转-PASS-CND   获得物   有-AUX

人转三遍能出主意，石头翻转三下能找到合适的地方。
kʰʉ:n-ə   lə   ʃimʃe-tle-tək   pai   ʃra   altʰa   kor-tʰ   lə   korlə-tək   pai.
人-GA   勿   量-PFV-HAB   有-AUX 黄金   斗-LOC   勿   斗量-HAB   有-AUX
人不是可量的，黄金不是斗量的。（人不可貌相，黄金不可斗量）

aman-a:r   χʉ   larqə-se   setkel-ə   sain   par.
嘴-INSTR   胡   说-CND   心-GA   好   抓
嘴巴可以吹牛，说理要真心。

二 谜语

kʰʉrən   mɔ:r   jerən   çisən   tʰaŋqwa:-tʰi:,   ene   zʉz-i:n   lar   pei.
紫   马   九十   九   印章-COM   这   褥子-GA   话   是-AUX
栗色马有九十九个印章。（谜底：马褥子）

tʰeŋker-i:n   məŋqan   tʃʊ:qʰqʰar   qatʃar-i:n   neke   tʃʊ:qʰqʰar   ene   tʰeŋker-i:n   hɔtən
天-GA   千   斑点   地-GA   一   斑点   这   天-GA   星星

pa   qatʃar   ti:re-kʰə   mʊqʊi   βai.
和   地   上-属   蛇   有-AUX
天上的许多斑点，地上的一个斑点。这是关于星星和蛇的谜语。（谜底：星星和蛇）

(alaq   ʊ:l-i:n   saqarqʰə   ta:r-tʃe)   tʰemer   qɔl-t   tʰy:mer   palta-tʃtʃə,
花   山-GA   虱子   压-PST   铁   河-LOC 野火   点燃-PST

səlχɔn   patm-i:n   kʰølke   tørβe-tʃe   qaβsəl   ʊla-tə   qalap(q)   pɔl-tʃe.
神（山神）莲花-GA 骏马   惊-PST   安静的   山-LOC 灾祸   成-PST

ene   pʰʊ:tʃʰi   kørøsøn   χarpə-m-i:.
这   猎人   野兽   射-NOML-GA

羊身上的虱子压上花山（八角蛇。当地汉语），铁河里烧了野火，山神的骏马惊了，安静的深山成了灾难。这是指猎人打猎。（谜底：打猎）

ente   tʰaq   tʰente   tʰaq,   tʰarqan   pʰʊqʰqʰ-i:n   eβer   tʰaq,   sala: χan-tʃʰa
这里   哒嘧   那里   哒嘧   肥   公牛-GA   角   哒嘧   茬子   连接-CRD

mʊ:tən   tʰaq,   qal   tʰaq,   qʰʊsʊn   tʰaq.   ono   tʰaq   tʃiŋ   tʰaq   ene   tʃa
木   哒嘧   火   哒嘧   水   哒嘧   拟声词 哒嘧   正   哒嘧   这   就-DEC

janpʰiŋ-tə   tʰamaqqʰə   sɔrɔ-mɔ   lar   βai.
烟瓶-LOC   烟   吸-SUF   话   有-AUX

这儿哒嘧，那儿哒嘧，肥公牛的菱角哒嘧，茬子木头哒嘧，火哒嘧，水哒嘧。

这是指用烟袋吸烟的谜语。（谜底：用烟袋吸烟）

ʃiβar　paiʃəŋ-tʰəi　paqqur　tʰɔlɔqɔi-tʰəi　tørβen　qa:r-tʰəi　ʃra　məski:-tʰəi　yten
泥　　房子-SUF　　碟子　　头-SUF　　　四个　　手-SUF　黄色　衣服-SUF　门

te:re　qar-tʃʰə　hɔrqɔr-ɔ:　etʃe-tʃe.　ene　tʃa　tʰarβəqan　yten　te:r-e:n
上　　出-CRD　　卜卦-REPOS　看-PST　这　　就-DEC　旱獭　　　门　　上-REPOS

qar-tʃʰ　ere-ke:　tʃɔqqʊi-qɔ:　sʊ:-m-i:n　jisi　βai.
出-CRD　来-PRQ　坐-PRQ　　　坐-NOML-GA　意思　是

住泥房子，长碟子头，有四只手，穿黄色衣服，出来在门前算卦。这是指旱獭在洞门口坐着观察的意思。（谜底：旱獭在洞门口观望）

pøtʰy:　qɔl-y:r　qu:r　χɔlβɔ:s-tʰ　hkor　ere-ni.　ene　tʃa　pʉ-ta-s-ə
封闭　　河-INSTR　两个　连接-SUF　牛　　来-NPST　这　就-DEC　我-PL-PL-GA

χwa:r-tʰə-sa　jireŋ　ere-m-i:n　jisi　βai
鼻-LOC-ABL　　鼻涕　来-NOML-GA　意思　有-AUX

封闭的河沟里走过来两头牛。（谜底：流鼻涕）

par-sa　parə-m　lə　ty:r-ne,　tʰal-sa　tʰala　ty:r-ne.　ene　nʉtʉn-ʉ
抓-CND　抓-SUF　不　满-NPST　放-CND　荒野　满-NPST　这　眼睛-GA

tʰa:smaq　pai.
谜语　　　有-AUX

手里抓着没巴掌大，放出来要多大有多大。（谜底：眼睛）

tʃʰə　ʊ:-na　tʃʰə　ete-ne　tʃʰə-nə　sy:l　qatʰa-na.　ene　tʃʊ:məʃ-ə
你　　喝-NPST　你　吃-NPST　你-GEN　尾巴　干-NPST　这　勺子-GA

tʰa:smaq　pai.
谜语　　　有-AUX

你又吃你又喝，你的尾巴还干了。这是关于勺子的谜语。（谜底：勺子）

tʰørø-ktʃʰ-i:n　qɔ:l-t　tʰoloko　tʰal-βa,　na:mər-tʰ　kʰʉr-tʃe　tʰørø-tʃ　ʉ:
生-SUB-GA　　　沟-LOC　两岁绵羊　放-PST　秋季-LOC　到-PST　生-PST　吗-INT

kə-tʃə　tʰørø-tʃe,　ɔlɔ-tʰ-tʃ　ʉ:　kə-tʃə　ɔlɔ-tʰ-tʃʰe,　tʰarqəla-tʃ　ʉ:
说道-PST　生-PST　生-PST　吗-INT　说道-PST　生-PFV-PST　长胖-PST　吗-INT

kə-tʃə　tʰarqəla-tʃe,　sy:l-ən　saqsə-tʃ　ʉ:　kə-tʃə　saqsə-tʃe.　ene
说道-PST　长胖-PST　尾巴-3rd　蓬松-PST　吗-INT　说道-PST　蓬松-PST　这

tʰara:laŋ　tʰar-m-i:n　tʰa:smaq　pai.
庄田　　　种-NOML-GA　谜语　　　有-AUX

在众物出生的沟里，放养了两岁绵羊，到了秋天问生了没有？说生了。问长胖了没有，说是长胖了。问有没有尾巴变成蓬松的，说变蓬松了。（谜底：种地）

sasa: satʃəq-tʰi: hkol sy:l-tʰi: altʰan tʃʰkʰə-tʰi: ʃyrən ɔqjʊ møŋkø
流苏　穗子-SUF　辫子　尾巴-SUF　金　耳朵-SUF　珊瑚　松石　银

χɔŋqɔ-tʰi: nɔpɛ:n məski:-tʰi: ene tʃa pʉta-s χarə-t qar-san hkon-ə
铃铛-SUF　绿色　穿着-SUF　这　就-DEC　我们-PL　异地-LOC　出-APFV　姑娘-GA

məskʰʉ-nə larqə-tʃe.
衣服-GA　说-PST

戴流苏帽子，有辫子的尾巴，有金耳朵，戴着珊瑚、松石和银铃铛，穿着绿色的衣服。（谜底：出嫁姑娘的穿戴）

(ʃra pa:ntə) saruːn-i:n tʃʰaq pəi-tʰəi qɔl ty:reŋ tʊ:-tʰəi. ene tʊŋ
黄色　徒弟　山丹-GA　像　身子-SUF　沟　满　声音-SUF　这　螺

pʰi:le-m-i:n tʰa:smaq pa.
吹-NOML-GA　谜语　是

黄色的小喇嘛，只有山丹大的身子，却响彻整个山沟。这是吹螺的谜语。（谜底：吹螺）

alaq hkor altʰan paiʃəŋ-tʰəi ʊqwasən yten-tʰəi nta-tʃike-sə lə etʃe-ni.
花　牛　金　房子-SUF　羊毛　门-SUF　睡-PFV-CND　不　看-NPST

ene nʉtʉn-ə tʰa:smaq pai.
这　眼睛-GA　谜语　有-AUX

花牛住金屋子，有毛毛做的门，睡过去就看不见。这个谜语指眼睛。（谜底：眼睛）

tʃas kə-se tʃaras tʰai-niː nikə ʊ:-se ʊ: ke-se- ete kə-se
拟声词　说道-CND　状词　白-NPST　一　喝-CND　喝　说道-CND　吃　说道-CND

ete-ne. ene tʃa pʉ-ta aman-a:n ni:-se ʃitən tʃʰai-tʃ ete-ke
吃-NPST　这　就-DEC　我-PL　嘴-REPOS　开-CND　牙　白-CRD　吃-SUF

ʊ:-m-i:n jisi pei.
喝-NOML-GA　意思　有-AUX

张口一排白，叫它吃就吃，叫它喝就喝。这是指我们张开口则露出一排白色的牙齿吃喝的状况。（谜底：牙齿）

(arasən pʰʊ:) kʰi: səmən nʉtʉn-t-i:nə səkʰi:-sa χaβar-tʰ
皮　炮　风　子弹　眼睛-LOC-3rd　瞄-CND　鼻子-LOC

nʊ:-qa:tʰ-tʃʰe. ene hɔŋqɔsən-ə tʰa:smaq pai.
射中-PFV-PST　这　放屁-GA　谜语　有-AUX

用皮做的炮，用风做的子弹，一瞄准就射中了鼻子。这是指放屁的谜语。（谜底：放屁）

eβer-e:n ʊtʃʰa-t orko-tʃ arasan sa:taq aqsa-tʃə ta:rə qɔtʰ-i:n
角-REPOS 脊背-LOC 背-CRD 皮 弓箭袋 挎-CRD 火药 火药袋-GA

tʃy:-tʃ kʰətʰə tʃaqqʰʊr meltʰə-tʰəi naqʃi tʃʰiqʃi χalta-tʃə nɨtɨn-t
戴-CRD 火镰 火石 导火线-SUF 这边 那边 看-CRD 眼睛-LOC

etʃe-kte-tʃ tʃʰkʰən-t aŋla-qta-tʃə ɫa:n qar-tʰei (qar-nə ɫai-tʃ) neke
看-PASS-CRD 耳朵-LOC 听见-PASS-CRD 红 手-SUF （手-3rd 红-CRD） 一

tʃiazə tʃʰat-tʃʰə, kʰɨ:n-t ok-so øŋkø-tʰəi qʊtalta-sa menek-tʰəi tʰere pʊ:tʃʰə
家子 吃饱-CRD 人-LOC 送-CND 颜色-SUF 卖-CND 钱-SUF 那 猎人

kørø:sø ala-tʃ ere-ke: ete-kə: kʰɨ:n-t ok-o: qʊtalt-m-i:n tʰa:smaq pai.
猎物 杀-CRD 来-PRQ 吃-PRQ 人-LOC 给-PRQ 卖-NOML-GA 谜语 有-AUX

背起菱角，携带火药，拿着火镰火石导火线，东张西望，看看听听，手变成红色的，一家子都能吃饱，送人有脸面，卖出去挣钱。这是指猎人打猎归来，自己吃，给别人送，卖给他人的谜语。（谜底：猎人打猎）

三　歌谣

1. 金黄色的马

altʰan ʂirqa mɔ:rə je nɔjɔn a:β-i:n kʰelke pai.
金 黄色 马 矣 官老爷 爷爷-GA 骏马 有-AUX
金黄色的马，是王爷的骏马。

altʰan ʃira tʰɔrqɔ je kəkən-tʃʰɨ:t-i:n χaira pai.
金 黄色 绸子 矣 活佛-PL-GA 爱 有-AUX
金黄色的绸缎，是活佛们的喜爱之物。

kʰøkʰe bɔ:rɔ mɔ:rə je nɔjɔn a:β-i:n kʰelke pai.
蓝色 棕色 马 矣 官老爷 爷爷-GA 骏马 有-AUX
铁青色的马，是王爷的乘骑。

kʰøkʰe bɔ:rɔ tʰɔrqɔ je kəken-tʃʰɨ:t-i:n χaira pai.
蓝色 棕色 绸子 矣 活佛-PL-GA 爱 有-AUX
棕蓝色的绸缎，是活佛们的心爱之物。

aqtʰa bɔ:rɔ mɔ:rə je nɔjɔn a:β-i:n kʰelke pai.
骟马 棕色 马 矣 官老爷 爷爷-GA 骏马 有-AUX
俊丽的棕色马，是君王的骏马。

altʰan　bɔːrɔ　tʰɔrqɔ　je　kəken-tʃʰɯt-iːn　χaira　pai.
金　　棕　　绸子　矣　活佛-PL-GA　　　爱　　有-AUX
绚丽的锦缎，是喇嘛们喜爱的物品。

kəken-tʃʰɯt-iːn　χaira　pai.
活佛-PL-GA　　　爱　　有-AUX
是喇嘛们喜爱的物品。

2．蓝色的泽日格的百灵鸟

hko　zeːrk-iːn　　　　pɔqʃərqa　nai　tʊ　ʊjan-ʊ　ʊjan　tʃerke-ne.
蓝　泽日格地名-GA　百灵鸟　　乃　嘟　轻-GA　　轻　　叫-NPST
蓝色的泽日格的百灵鸟呀，轻轻地叫。

kʰølkele-tek　kølke-nə　nai　tʊ　kʰorəŋ　pɔlɔ　kʰeːre　βə.
乘-HAB　　　骏马-3rd　乃　嘟　红青　　和　　枣留　有-AUX
奔驰的骏马，红青和枣骝马呀。

zyː-kə　　saiχqan　nɔqtʰ-iːnə　nai　tʊ　ʊqʊasən　tʃʰəmk-eː　sɯltʃə-ma.
戴-DUR　好看　　笼头-3rd　乃　嘟　羊毛　　　修饰-PRQ　编织-NPST
戴的美丽的笼头啊，是用羊毛编织修饰的。

zyː-kə　　saiχqan　qatar-nə　nai　tʊ　altʰan　møŋk-øːr　sɯltʃə-ma.
戴-DUR　好看　　嚼子-3rd　乃　嘟　金　　银-INSTR　　编织-NPST
戴在头上的美丽的嚼子啊，是用金银编织的。

tʰɔqɔ-qəː　saiχqan　tʰɔmɔm-na　nai　tʊ　tʰɯŋ　qasaq　tʃʰəme-βe.
鞴-DUR　　好看　　鞍毡子-3rd　乃　嘟　纯　　呢子　修饰-PST
鞴在背上的鞍毡子啊，是用纯羊毛修饰的。

toreːl-sən　toroː-ne　laŋ　møŋøn　toroː　βe.
镫-APFV　马镫-3rd　两　银　　　马镫　有-AUX
蹬的马镫是用银子制作的。

tʰɔqɔ-qəː　saiχan　emel-nə　nai　tʊ　altʰan　møŋk-øːr　ʃəβa-ma.
鞴-DUR　　好看　　马鞍-3rd　乃　嘟　金　　银-INSTR　涂-NPST
鞴在背上的鞍子啊，是用金银镶嵌的。

tʃɔqʊi-qəː　saiχqan　zɯzi-nə　nai　tʊ　jeren　çisən　tʰaŋʊa-tʰiː.
坐-DUR　　好看　　褥子-3rd　乃　嘟　九十　九　　图章-SUF
坐在上面的褥子上，印上九十九枚章。

wara-qəː saiχqan tʃʰəlβʉːr-nə nai tʊ laqər βɔlɔ zaβja βe.
抓-DUR 好看 缰绳-3rd 乃 嘟 结 和 穗子 有-AUX

握在手中的缰绳，有漂亮的结和穗子。

wara-qəː saiχan manaː-nə nai tʊ paruːn tsantan ʃə-tʰiː βai.
抓-DUR 好看 鞭子-3rd 乃 嘟 右边 檀木 杆-SUF 有-AUX

美丽好看的鞭子，是用西域檀木做的杆。

(saiχqan manaː-nə nai tʊ tʃyː-kə) syltʃik saiχan qətərq-iː-nə nai tʊ
好看 鞭子-3rd 乃 嘟 戴-DUR 编织 好看 后鞴-GA-3rd 乃 嘟

pɔqɔ-jɔːn-ə pɔrp-iːn(-ɔːr) tʃʰeme-tʃə.
鹿-REPOS-GA 脚后跟-GA（-INSTR） 修饰-PST

漂亮的后鞴，是用鹿蹄皮子修饰的。

qatʃaːrla-sən tʃaqasən-ə nai tʊ ʃuru ʊqj-ʊːr tʃaqasla-ma ɔː!
马嚼子-APFV 镶边-3rd 乃 嘟 珊瑚 松石-INSTR 修饰-NPST 哦

马嚼子的接头，是用珊瑚松石修饰的。

tʃaqala-sən tʃaq-iː-nə nai tʊ altʰan møŋkøn nɔːrβʉ βe, ene tʊːn-aːn
镶边-APFV 边-3rd 乃 嘟 金 银 吉祥 有-AUX 这 歌曲-REPOS

tʊːla-tʃ etʃen tʰan-t-aːn zɔlqə-tʃe tʊ.
唱-CRD 主人 您-LOC-REPOS 拜见-PST 嘟

马嚼子的边是用吉祥的金银镶的，我们唱着这支祝赞歌去拜见尊敬的主人。

3. 洗毡歌

ɔtɔ tʃʉːn-e tʃʉːn-e neke tʃʉːn-e χɔjɔr tʃʉːn-e qurβan tʃʉːn-e tørβen
现在 百-GA 百-GA 一 百-GA 二 百-GA 三 百-GA 四，

tʃʉːn-e tʰaːβən tʃʉːn-e tʃirquːn tʃʉːn-e tɔlɔːn tʃʉːn-e nəiman tʃʉːn-e çisən harβan.
百-GA 五 百-GA 六 百-GA 七 百-GA 八 百-GA 九 十

现在开始数数，百分之一，百分之二，百分之三，百分之四，百分之五，百分之六，百分之七，百分之八，百分之九，百分之十。

tʃʰen-e harβan neke harβan χɔjɔr harβan qurβan harβan tørβen harβan tʰaːβən
时候 十 一 十 二 十 三 十 四 十 五

harβan tʃirquːn harβan tɔlɔːn harβan nəiman harβan çisən χɔrən.
十 六 十 七 十 八 十 九 二十

现在十一、十二、十三、十四、十五、十六、十七、十八、十九、二十。

tʃʰene, χɔrən neke χərɛʃ χɔjɔr χərɛʃ qurβan χərɛʃ tørβen χərɛʃ tʰa:βən
时候 二十 一 二十 二 二十 三 二十 四 二十 五
χɔrən tʃirquːn χɔrən tɔlɔːn χɔrən nəiman χɔrən çisən qʊtʃʰən.
二十 六 二十 七 二十 八 二十 九 三十

现在，二十一、二十二、二十三、二十四、二十五、二十六、二十七、二十八、二十九、三十。

tʃʰene, qʊtʃʰən neke qʊtʃʰən χɔjɔr qʊtʃʰən qurβan qʊtʃʰən tørβen qʊtʃʰən tʰa:βən
时候 三十 一 三十 二 三十 三 三十 四 三十 五
qʊtʃʰən tʃirquːn qʊtʃʰən tɔlɔːn qʊtʃʰən nəiman qʊtʃʰən çisən tøtʃʰən.
三十 六 三十 七 三十 八 三十 九 四十

现在，三十一、三十二、三十三、三十四、三十五、三十六、三十七、三十八、三十九、四十。

tʃʰene, tøtʃʰən neke tøtʃʰən χɔjɔr tøtʃʰən qurβan tøtʃʰən tørβen tøtʃʰən tʰa:βən
时候 四十 一 四十 二 四十 三 四十 四 四十 五
tøtʃʰən tʃirquːn tøtʃʰən tɔlɔːn tøtʃʰən nəiman tøtʃʰən çisən tʰaβən.
四十 六 四十 七 四十 八 四十 九 五十

现在，四十一、四十二、四十三、四十四、四十五、四十六、四十七、四十八、四十九、五十。

tʃʰene, tʰaβən neke tʰaβən χɔjɔr tʰaβən qurβan tʰaβən tørβen tʰaβən tʰa:βən
时候 五十 一 五十 二 五十 三 五十 四 五十 五
tʰaβən tʃirquːn tʰaβən tɔlɔːn tʰaβən nəiman tʰaβən çisən tʃiran.
五十 六 五十 七 五十 八 五十 九 六十

现在，五十一、五十二、五十三、五十四、五十五、五十六、五十七、五十八、五十九、六十。

tʃʰene, tʃiran neke tʃiran χɔjɔr tʃiran qurβan tʃiran tørβen tʃiran tʰa:βən
时候 六十 一 六十 二 六十 三 六十 四 六十 五
tʃiran tʃirquːn tʃiran tɔlɔːn tʃiran nəiman tʃiran çisən talan.
六十 六 六十 七 六十 八 六十 九 七十

现在，六十一、六十二、六十三、六十四、六十五、六十六、六十七、六十八、六十九、七十。

tʃʰene, talan neke talan χɔjɔr talan qurβan talan tørβen talan tʰa:βən
时候 七十 一 七十 二 七十 三 七十 四 七十 五

talan	tʃirquːn	talan	tɔlːn	talan	nəiman	talan	çisən	nijan.	
七十	六	七十	七	七十	八	七十	九	八十	

现在，七十一、七十二、七十三、七十四、七十五、七十六、七十七、七十八、七十九、八十。

tʃʰene,	nijan	neke	nijan	χɔjer	nijan	qurβan	nijan	tørβen	nijan	tʰaːβən
时候	八十	一	八十	二	八十	三	八十	四	八十	五
nijan	tʃirquːn	nijan	tɔlːn	nijan	nəiman	nijan	çisən	jeren.		
八十	六	八十	七	八十	八	八十	九	九十		

现在，八十一、八十二、八十三、八十四、八十五、八十六、八十七、八十八、八十九、九十。

tʃʰene,	jeren	neke	jeren	χɔjer	jeren	qurβan	jeren	tørβen	jeren	tʰaːβən
时候	九十	一	九十	二	九十	三	九十	四	九十	五
jeren	tʃirquːn	jeren	tɔlːn	jeren	nəiman	jeren	çisən	otoː	tʃʉn-e.	
九十	六	九十	七	九十	八	九十	九	现在	百-GA	

现在，九十一、九十二、九十三、九十四、九十五、九十六、九十七、九十八、九十九，现在（百分之）百。

4. 催羊奶曲

tʰoː	tʰoː	laqa	laqa	tʰoː	tʰoː	tʰoː	tʰoː	htei-t-aːn		sain	laqa	tʰoː	tʰoː
呔	呔	拉嘎	拉嘎	呔	呔	呔	呔	小-LOC-REPOS		好	拉嘎	呔	呔
tʰoː	tʰoː	tʰoː	tʰoː	tʰoː.							
呔	呔	呔	呔	呔							

呔呔！拉嘎拉嘎！好好对待你的小羔子吧！呔呔！

tʰoː	tʰoː	tʰoː	htei-t-aːn	maŋqan	za	tʰoː	tʰoː	tʰoː	tʰoː	htei-t-aːn
呔	呔	呔	小-LOC-REPOS	千	嚓	呔	呔	呔	呔	小-LOC-REPOS
sain	laqa	tʰoː	tʰo.						
好	拉嘎	呔	呔						

呔呔！拉嘎拉嘎！好好对待你的小羔子吧！呔呔！

5. 思念情

ja!	pʉ	neke	mʉn-ə	hkʰe	tʊːla-ma	neke	qatʃar-aːn	nʊtʰʊq-aːn	pɔtɕ-m-jaːn
呀	我	一	我-GEN	母亲	唱-SUF	一	地-REP	家乡-REP	想-SUF-REP

neke tʊ:la-ja.
一   唱-OPT

啊！我唱一首母亲唱的思念家乡的歌谣吧。

skʰe: taβa:n-t   qar-tʃʰə   taβa-tʃi   le   ere-ne
（衬词） 大阪-LOC   出-CRD   越-CRD   无   来-NPST

翻越大阪，越翻越远！

tʰəmə   seiqʰan   ʃʉke: ərəzaŋ   qɔl-i: etʃe-βa   ʉ:?
那么   美丽   -   尔藏   沟-GA   看-PST   吗-INT

何时才能看到辽阔美丽的家园。

skʰe: ontor-tʰ   qar-sa   hkʰe   tʃʰik-ə:n   pɔtɔ-nɔ,
（衬词） 高-LOC   出-CND   母   父-REPOS   想-NPST

站在高山之巅，思念双亲，

ima   tʃʰien-t   kʰʉr-se   hkʰe   tʃʰiki-ja:n   tekeʰte   kʰʉr-ne.
什么   时-LOC   到-CND   母   父-GA-REPOS   旁边   到-NPST

何时才能回到父母身边。

skʰe: ontor-tʰ   qar-sa   tʰørøl-ø:n   pɔtɔ-nɔ,
（衬词） 高-LOC   出-CND   娘家-REPOS   想-NPST

站在高山之巅，想念娘家，

ima   tʃʰien-t   kʰʉr-se   tʰørøl-t-e:n   kʰʉr-se.
什么   时-LOC   到-CND   娘家-LOC-REPOS 到-EXP

何时才能与娘相见。

skʰe: ketʃʰik-t   qar-sa   qatʃar-a:n   pɔtɔ-ne,
（衬词） 斜坡-LOC   出-CND   地方-REPOS   想-NPST

站在山坡，遥望家乡，

etʃen-e   qatʃar   kʰe:t   ima(<əmə)   seiqʰqʰan   pa:m-na.
自己-GA   地   多少   如此   美丽   有-NPST

养育我的故乡啊，处处动人，涌入眼帘！

6. 剪马鬃祝赞词

ja!   pʉ   neke   ta:qan-ə   tel   telte-me   horo:r   tʊ:ta-ja.
呀   我   一   两岁马-GA   马鬃   剪-NOML   祝词   叫-OPT

啊！现在我唱诵剪两岁马鬃的祝词吧。

oː! otor-iːn sein sar-iːn sein tʃʰeq sein, əsqalwa tʃa irwətṣi nɔrwə
哦 日-GA 好 月-GA 好 时间 好 时代 就 运气 吉祥

哦！在选择好的黄道吉日，吉祥运气降临的时辰，

etʃen-t, ʂtʰɔqlɔ-sən-t, artaq taːqən-iː tel-t-iːnə tʰemer qʰeitʃʰi
自己-LOC 降临-APFV-LOC 娇生惯养的 两岁马-GA 鬃-LOC-3rd 铁 剪子

用铁剪子剪掉娇生惯养的两岁马鬃，

tʰal-ma jaŋ jɔːs βaʔ
放-NOML 什么 礼 吗-INT

是什么礼俗啊？

ke-sen-t, tʰemer ʂəŋkə amə-tʰiː
说道-APFV-LOC, 铁 像 生命-COM

这是为了祝福它像铁一般坚强的生命，

lɯŋkərta qʰurtʃa sʊː-qʰqʰ-iːn horoːr pɔl-tʰəqai!
运气 快 住-IMPF-GA 祝词 成-WIS

匕首般锋利明快！

oː! χʊnlaq tʃʰəkʰən sərtəkər pɔl-ma jaŋ jɔːs pe ke-sen-t,
哦！老鼠 耳朵 竖起的 成-NOML 什么 礼 吗-INT 说道-APFV-LOC,

哦！耳朵像老鼠一样竖起来的是什么礼节？

məŋqan mør-tʰ aŋla sʊː-qʰqʰ-iːn horoːr pɔl-tʰəqai!
千 路-LOC 听 住-IMPF-GA 祝词 成-WIS

是祝福它的耳朵能够听到千里之外！

oː! mɔqɔi-n nɯtɯn ʂəŋkə qaraq-tʰiː pɔl-ma jaŋ jɔːs pa
哦 蛇-GA 眼睛 像 眼珠-COM 成-NOML 什么 礼 吗-INT

哦！像蛇的眼睛一样明亮的眼珠是什么礼节？

ke-sen-t, məŋqan mør etʃ-eː sʊː-qʰqʰ-iːn horoːr pɔl-tʰəqai!
说道-APFV-LOC 千 路 看-PRQ 住-IMPF-GA 祝词 成-WIS

是祝福它的眼睛能够看得到千里之外！

oː! sɯmər ʊːl-iːn wesən-i etə-tʃə,
哦 须弥 山-GA 草-GA 吃-CRD

哦！祝福它能够吃上须弥山的草，

| qaŋqa | mørən-ə | qʰʊsʊn-ə | ʊ:-tʃ | sʊ:-qʰqʰ-i:n | horo:r | pɔl-tʰəqai! |
| 恒河 | 江-GA | 水-GA | 喝-CRD | 住-IMPF-GA | 祝词 | 成-WIS |

喝上恒河的水！

| o:! | sy:l | ti:rə-ni | qʊrβan | taqʰqʰʊr | tʰal-ma | jaŋ | jɔ:s | βa |
| 哦 | 尾巴 | 上-3rd | 三 | 次 | 放-NOML | 什么 | 礼 | 吗-INT |

哦！尾巴上放三次是什么礼节？

| ke-sen-t, | keser-ə | kʰɵrəŋ | mɔ:rə | ʂəŋke | qʊrβan | taqʰqʰʊr | marqa: | aβ |
| 说-APFV-LOC | 格萨尔-GA | 紫 | 马 | 像 | 三 | 次 | 比赛 | 取 |

| sʊ:-qʰqʰ-i:n | horo:r | pɔl-tʰəqai! |
| 住-IMPF-GA | 祝词 | 成-WIS |

祝福它像格萨尔的紫红马一样三次夺冠！

| tørβøn | tʰɵrɵ:n-t | tørβøn | pɵrtʃ | neiman | qətʃa:r-tʰ | jaβ | sʊ:-qʰqʰ-i:n | horo:r | pɔl-tʰəqai! |
| 四 | 蹄子-LOC | 四 | 处 | 八 | 边-LOC | 走 | 住-IMPF-GA | 祝词 | 成-WIS |

祝福它的四蹄能够走遍四面八方！

| o:! | ɬa:n | mɔ:rə | χʊlan-t | pərkə-tʃ | qʊrβan | pastaŋ-t | paqtʰa-tʃ |
| 哦！ | 红 | 马 | 野马-LOC | 掺和-CRD | 三 | 八字东-LOC | 容-CRD |

哦！祝福它红马掺和着野马，让广袤的三个八字东（裕固族曾经生活的地名）

| lə | paqtʰa-tʃ | sʊ:-qʰqʰ-i:n | horo:r | pɔl-tʰəqai! |
| 无 | 容-CRD | 住-IMPF-GA | 祝词 | 成-WIS |

漫山遍野无法容纳吧！

7. 擀毡子之祝赞词

| ja! | pɵ | neke | hskʰi: | tʰal-m-i:n | neke | horo:r | tʊ-ta-ja. |
| 呀 | 我 | 一 | 毡子 | 放-NOML-GA | 一 | 祝词 | 叫-OPT |

呀！现在我唱诵擀毡子的祝词吧。

| o:! | otor-i:n | sein | sar-i:n | sein | tʃʰeq | sein | əsqalwa | tʃa | irwətʂi | nɔ:rwə |
| 哦！ | 日-GA | 好 | 月-GA | 好 | 时间 | 好 | 时代 | 就 | 运气 | 吉祥 |

哦！在选择好的黄道吉日，

| etʃen-t | ʂtʰaqla-san-t, | erk-i:n | ʊqʊasən | ərkə: | tʃʊtʃa:n | pa:-mna, |
| 自己-LOC | 降临-APFV-LOC | 羯绵羊-GA | 羊毛 | 土崖 | 厚 | 有-NPST |

吉祥福运降临的时候，羯绵羊毛像土崖那么厚，

ərki: tʃʊtʃaːn jaŋʂɯːn tʰal-tʃ aβsan-t, nijan/njaːn neiman nasən
土崖 厚 厚毡 放-CRD 取-APFV-LOC 八十 八 岁
用这土崖厚的绵羊毛擀成土崖厚的毡子，

nasta-tʃ neiman tʰem-iːn tʃirqal etʃel-tʃ sʊːqʰqʰ-iːn horoːr pɔl-tʰəqai!
长岁数-CRD 八 万-GA 幸福 享-CRD 住-GA 祝词 成-WIS
祝福其主人活到八十八岁，享受无限的幸福！

oː! saqlaq ʊqʊasən saːrə tʃʊtʃaːn paː-mna, saːrə tʃʊtʃaːn jaŋʂɯːn
哦 母羊 羊毛 臀 厚 有-NPST 臀 厚 厚毡
哦！母羊毛像牲畜的臀部那么厚，

tʰal-tʃ aβsan-t, møŋkʰ-iːn nasən nasta-tʃ møŋkʰ-iːn tʃirqal
放-CRD 取-APFV-LOC 永久-GA 岁 长岁数-CRD 永久-GA 幸福
用牲畜的臀部那么厚的羊毛擀成臀部那么厚的毡子，

etʃel-tʃ sʊːqʰqʰ-iːn horoːr pɔl-tʰəqai!
享-CRD 住-IMPF-GA 祝词 成-WIS
祝福其主人长生不老，永世幸福！

oː! χʊrqan ʊqʊasən χʊrʊːn tʃʊtʃaːn paː-mna, χʊrʊːn tʃʊtʃaːn tʃetəm
哦！绵羊羔 羊毛 手指 厚 有-NPST 手指厚 厚 薄毡
哦！绵羊羔毛像手指头那么厚嘛，

tʰal-tʃ aβ-san-t, nijan/njaːn neiman nasən nastatʃ neiman
放-CRD 取-APFV-LOC 八十 八 岁 长岁数-CRD 八
用手指头那么厚的羔羊毛擀成手指头那么厚的薄毡子。

tʰem-iːn tʃirqal etʃel-tʃ sʊː-qʰqʰ-iːn horoːr pɔl-tʰəqai!
万-GA 幸福 享-CRD 住-IMPF-GA 祝词 成-WIS
祝福其主人活到八十八岁，享受八万个（无限）的幸福！

四 故事

1．嘎孜罕汗和嘎拉木克汗的故事

ja pɥ neke qasχan χaːn qaramaq χaːn qʊːrla-nə lɔmcəl larqə-ja. ʊrta
呀 我 一 嘎孜罕 汗 嘎拉木克 汗 俩-GA 传说 说-OPT 前
ʊrta tʃʰak-tʰ neke tʃirkəltiː mərkeltiː aqa tyː qʊːr sʊː-san pə
前 时-LOC 一 吉日格勒狄 莫日格勒狄 兄 弟 二 住-APFV 有-AUX

ke-ni,	aqa	ty:	qu:r-tʰ	neke	ty:	hkon	sʊ:-san	pə
说道-NPST-ENFI	兄	弟	二-LOC	一	弟	姑娘	住-APFV	有-AUX

kə-ni.	aqa-t-i:nə	neke	pi:r	sʊ:-san	pə	kə-ni.	aqa	ty:
说道-NPST-ENFI	兄-LOC-3rd	一	媳妇	住-APFV	有-AUX	说道-NPST-ENFI	兄	弟

qʊr	pi:r-i:nə	la	ty:	hkon-ta	ʃike	mʊ:	nəŋwa	sʊ:-san	pə
俩	媳妇-3rd	也	弟	姑娘-LOC	大	坏	像-后置词	住-APFV	有-AUX

kə-ni.
说道-NPST-ENFI

呀，我现在讲个嘎孜罕汗和嘎拉木克汗的故事吧。很久很久以前，有叫作吉日格勒狄和莫日格勒狄的俩兄弟。兄弟俩有个妹妹。哥哥娶了个媳妇，嫂子对他俩的妹妹很不好。

sela	neke	ʉtər	la	tʃirkəlti:	mərkelti:	aqa	ty:	qu:r-la	ʊla-tə
尔后	一	日	也	吉日格勒狄	莫日格勒狄	兄	弟	俩-COL	山-LOC

køre:sele-le	jaβ-qa:-sən	kə-ni.	na:t	pi:rkei-nə	la	ty:
打猎-PRP	走-PFV-APFV	说道-NPST-ENFI	那	嫂子-3rd	也-EMPH	弟

hkon-tə-ja:n	kʰile-sən-t	tʃʰi	la	na:t	ʃa:t	tʰʊ:-tʃa	ere-βə	ja,	pʉ
姑娘-LOC-REPOS	说-APFV-LOC	你	也	我-LOC	犊	赶-CRT	来-PST	呀	我

la	tʃʰəma-tə	ʊ:laqa	ok-ja	kə-tʃ	larqə-sən	pe	kə-ni.
也	你-LOC	酥油团	给-OPT	说道-RPV-CRD	说-APFV	是-DEC	说道-NPST-ENFI

ty:	hkon-nə	la	jaβ-qa:	ʃa:t	tʰʊ:-la	kʉr-sa	sela	pi:rkei-nə	la	tʰalqʰan-tʰɔr
弟	姑娘-3rd	也	去-PRQ	犊	赶-PRP	到-CND	尔后	嫂子-3rd	也	炒面-INE

χɔŋqo	tʰal-a:	tʃy:ra-qa-la	tʰʊ:sən	tʰal-a:	tʃy:ra-qa:	tʰala-sən	pə
铃	放-PRQ	和-CAUS-PRP	油	放-PRQ	和-PRQ	放-APFV	是-DEC

kə-ni.
说道-NPST-ENFI

有一天，吉日格勒狄、莫日格勒狄哥俩上山打猎。于是，嫂子对妹妹说："你去把牛犊赶回来，我给你做好吃的。"妹妹去赶牛犊时，嫂子在炒面里放了个铃和在一起，并且跟油一起和好了。

sela	ʃa:t	qa:-tʃ	erə-sən	tʃʰaq-tʰ-i:nə	la,	parə-sən	kə-ke-la
尔后	牛犊	拦-CRD	来-APFV	时-LOC-3rd	也	完-APFV	说道-RPV-IMPF-CBT

ene	pi:rkei-nə	kʰele-sən	pe	kə-ni.	mən-ə	ty:	kʰon	saita-βa,
这	嫂子-3rd	说-APFV	是-DEC	说道-NPST-ENFI	我-GEN	妹	姑娘	好-PST

tʃʰə	ʃa:t-ə	qa:-tʃ	par-ke:.	pʉ	tʃʰəma-t	ʊ:ʂən-i:	tʰalqan	tʃy:ra-qa:	tʰalqan
你	牛犊-GA	拦-CRD	完-PST	我	你-LOC	青稞食品-GA	炒面	和-PRQ	炒面

ok-i:.	sela	ty:	hkon	er-ke:	ke:r	tʰɔrɔ-qɑ	ʊ:sən-ə	tʰalqan-i:	neke
给-OPT	尔后	妹	姑娘	来-PRQ	碗	里面-属	青稞食品-GA	炒面-GA	一

ete-sen-tə	kʰytʰk-ø:r	χɔŋcɔ	ta:-qa:	βɔl-sən	pə	kə-ni.
吃-APFV-LOC	喉咙-INSTR	铃	通-DUR	成-APFV	是-DEC	说道-NPST

χɔŋcɔ	la	kytʰki:-tʰɔr	tʰɔr-tʃɔr-ɔ:	tʃanə	tʃʰa-sa	ʊ:	sʊ:-tʃə
铃	也	喉咙-INE	卡-PFV-PRQ	于是	茶-概称	喝	住-AUX-CRD

qar-qa-tʃa	jita-sən	pə	kə-ni.	nʉdʉn-i:nə	nʊpsən	ta:-qa:
出-CAUS-CRD	难-APFV	是-DEC	说道-NPST-ENFI	眼睛-3rd	眼泪	流-PRQ

lar	larqə	jita-sən	pə	kə-ni.
话	说	不能-APFV	是-DEC	说道-RPV-NPST

妹妹把牛犊拦住赶回来后，嫂子说："我的妹妹很好，你把牛犊赶回来了，我给你和酥油炒面吃吧。"妹妹回来就吃了碗里面的那酥油炒面。于是那个铃卡在了妹妹的喉咙里，妹妹喝了很多茶水也没能把铃弄出来。她流着眼泪不能说话了。

sela	qʊ:r	aq-i:nə	tø:kʃø	ʊ:la-sa	ere-ke:	χalta-san-tə	la	ty:	hkon-nə	ma
尔后	二	哥-3rd	晚上	山-ABL	来-PRQ	看-APFV-LOC	也	妹	妹-3rd	嘛

tʃa	nʉdʉn-i:nə	nʊpsən	ta:-qa:	lar	larqə	jida-sən	pə	kə-ni.
就-DEC	眼-3rd	泪	流-PRQ	话	说	难-APFV	是-DEC	说道-NPST-ENFI

se	pʉ-ta-nə	ene	ty:	hkon	jimɔl-tʃiβa	kə-sa	perki:-nə	kʰele-sən-t
才	我-PL-GEN	这	妹	妹	怎么-PST	说道-CND	嫂子-3rd	说-APFV-LOC

pʉ	tʃa	ʃat	tʊ:-tʃa	ere-ke:	nekʰe	tʰalqan	tʃy:ra-qa:	ete-tʃa,	tʃa
我	就-DEC	牛犊	赶-CRD	来-PRQ	一	炒面	和-PRQ	吃-CRD	就

əne	nəŋwa	βɔl-tʃβai.	tʰan-ə	ene	ty:	hkon	ʃikʰe	βet-tʃʰə	ʃəŋkə	βai,
这	这样	成-PST	你们-GEN	这	妹	妹	大	痛-CRD	像	有-AUX

χɔlɔtɔ-qɔ:	χɔlt-ʊ:l-a:	jaβ-qʊai(-qani)	kə-tʃe.
远离-PRQ	远离-CAUS-PRQ	走-PRMS	说道-RPV-PST

晚上，两个哥哥从山上回来了，看见妹妹流着眼泪不能说话。于是，哥哥就问嫂子："我们的妹妹怎么了？"嫂子说："当我赶牛犊回来时，（她）吃炒面后就成这样了。你们的妹妹好像得了大病，还是让她远离这里吧！"

seβa	lar	larqə-tʃ	sʊ:-tʃə	jita-qa:	setʃa	qʊ:r	aq-i:nə
那-MOOD	话	说-CRD	坐-AUX-CRD	难-PRQ	那么-MOOD	两	哥-3rd

ʉrtɕaq-tʰ-i:nə	pɔtɔ-tʰ	ʊn-ʊ:l-a:	jaβ-ʊ:l-tʃike-sen	pə
明天-LOC-3rd	鹿-LOC	骑-CAUS-PRQ	走-CAUS-PFV-APFV	有-AUX

kə-ni.	setʃa	tʃʰə	lar	lə	larqə-se	tʃʰə	kʊaŋ	y:la-qa:	lar
说道-NPST-ENFI	那么-MOOD	你	话	不	说-CND	你	光	哭-PRQ	话

lə	larqə-se	χɔlɔtɔ-qɔ:	ja:β	kə-sen	pa.	ty:	hkon	la	tʰər	pɔt-i:n	hʊnʊ-qa:
不	说-CND	远离-PRQ	走	说道-APFV	是	妹妹	也	那	鹿-GA	骑-PRQ

la	ja	ᵾtᵾr	sø:nə	ᵾkᵾi	tʰəŋk-ə:	ja:β-sən	pə	kə-ni.
也	呀	日	夜	无	那样-PRQ	走-APFV	有-AUX	说道-NPST-ENFI

由于妹妹不能说话，第二天两个哥哥让她骑上鹿离开家。他俩说:"你光哭不说话的话，还是远走高飞吧。"于是妹妹骑上那只鹿日夜不停地走了。

tʰəŋk-ə:	ja:β-sa:r	ja:β-sa:r	ja:β-sa:r	neke	saiqʰqan	qatʃar-a	naq
那样-PRQ	走-CONT	走-CONT	走-CONT	一	美丽	地-LOC	松

artʃʰa-tʰi:	qatʃar-a	la	kʰᵾr-e:	sʊ:-qsan	pə	kə-ni.	sø:n-t
杜松-COM	地-LOC	也	到-PRQ	住-APFV	是-DEC	说道-NPST-ENFI	夜-LOC

kʰᵾr-sen-tə	la	pɔtɔ	kʰeptʰe-tʃike-sən-t	la	pɔt-i:n	hʊna-qa:,	ᵾrtɕʰaq	ø:r
到-APFV-LOC	也	鹿	卧-PFV-APFV-LOC	也	鹿-GA	骑-PST	明天	黎明

tʃʰai-san-t	pɔtɔ	wesel-sən-t	χa:nṣ	pɔt-i:n	hʊna-qa:	sʊ:-qsan
亮-APFV-LOC	鹿	喂草-APFV-LOC	还是	鹿-GA	骑-PRQ	住-AUX-APFV

pə	kə-ni.
是-DEC	说道-NPST-ENFI

走着走着，妹妹来到一个非常美丽的地方，她在松柏茂盛的密林住了下来。夜晚，她骑着卧地而憩的鹿。直到第二天黎明时，她仍然骑着吃草的鹿。

nike	qasqan	χa:n	la	nike	kʰy:kʰen	ʃikʰe	nəmən	səmən	χarpa-tək	pa.
一	嘎孜罕	汗	也	一	儿子	大	弓	箭	射-HAB	有-AUX

nəmən	səmən-i-ja:n	para-qa:	χarβə-qa:	neke	pɔt-i:n	tʃira-qa:	alqʰa-tta
弓	箭-REPOS	拿-PRQ	射-PRQ	一	鹿-GA	追赶-PRQ	步行-PFV

sʊ:-san	pə	kə-ni.	tʰəŋke-tʃ	tʰəŋke-tʃ	χalta-san-t
住-AUX-APFV	是-DEC	说道-NPST-ENFI	那样-CRD	那样-CRD	看-APFV-LOC

la	ɔlɔn	maral	htʰɔr	la	nike	pɔtɔ	hʊnʊ-san	nike	hkon	nʊqʊn	məski:-tʰə
也	多	母鹿	里	也	一	鹿	骑-APFV	一	姑娘	绿	衣服-SUF

hkon	sʊ:-qsan	pə	kə-ni.	nike	hkon	nʊqʊn	məski:-tʰə	hkon
姑娘	住-APFV	是-DEC	说道-NPST	一	姑娘	绿	衣服-SUF	姑娘

sʊ:-qsan	pə	kə-ni.
住-APFV	是-DEC	说道-NPST-ENFI

嘎孜罕汗有个善射猎的儿子。（这天）他携带弓箭出猎，徒步追赶着一头鹿。他远远地看见很多母鹿中间有一位姑娘，这姑娘穿着绿色绸袍骑着公鹿。没错儿，他确实看见一位姑娘穿着绿色绸袍骑着公鹿。

sela	χalta	χalta-tla	sela	jaβ-qa:	ker-tʰ-eːn	kʉr-e
再了-MOOD	看	看-PROG	再了-MOOD	走-PRQ	家-LOC-REPOS	到-PRQ

larqə-san	pə	kə-ni.	qasqan	χaːn-t	larqə-qiː,	hkʰe	hkʰe	ene
说-APFV	是-DEC	说道-NPST-ENFI	嘎孜罕	汗-LOC	说-PST,	母亲	母亲	这

tʰa-tə	maral	htʰɔr	la	nike	pɔtɔ	hʊnʊ-qsan	nike	hkon	nʊqʊn	məskiː-tʰə
那边-LOC	母鹿	里	也	一	公鹿	骑-APFV	一	姑娘	绿	衣服-SUF

hkon	pai.	se	tʃʰə	tʊq-ʊl-tʃ	jaβ-a:	lə	ere-tʃakʰ-ʉ
姑娘	有-AUX	那么-MOOD	你	领-CAUS-CRD	走-PRQ	不	来-PFV-INT

kə-tʃ-tʰaːne.	hkʰ-iːnə	kʰele-sen-tə	etʃen	ma	lə	tʊq-ʊl-βa
说道-CRD-PROG,	母亲-3rd	说-APFV-LOC	自己	嘛-EMPH	不	领-CAUS-PST

tʰa-tʃʊq-tʰə	sərа	tʃa	se	tʊq-ʊl-ja	sala	tʃʰə	tʊq-ʊl-tʃiβa	ere-kətʰ-tʰane.
你们-PL-LOC	问	就	才	领-CAUS-OPT	尔后	你	领-CAUS-PRQ	来-PFV-PROG

于是他边走边看，回到家里对嘎孜罕汗说："妈妈，妈妈，这附近的母鹿群里面有个姑娘，她穿着绿袍骑着公鹿。"母亲说："那你为什么没把她带回家来？"他说："我没领她一起来就是想先问问你们，等你们同意后再把她带回来。""那你就把她带回家吧，"母亲说。

sala	jaːβ-qa:	kʰʉr-e:	erken	pɔtɔ	maral-ə	tʃira-qa:	kʉitʃʰ-e:
尔后	去-PRQ	到-PRQ	他	公鹿	母鹿-GA	追赶-PRQ	赶-PRQ

jita-tʃ-tʰaːne.	naq	χatʰ-tʰə	pɔtɔ-t	tiːsən	tʰal-tʃ	ɔrɔː-laː.	pəsa	pɔtɔ
难-CRD-PROG	松	间隙-LOC	鹿-LOC	绳子	放-CRD	扔-IMPR	又	公鹿

maral-ə	tʃira-qa:	tʊŋqar-sa,	tʰəre	pɔtɔ	tʃa	tiːsən-tə	tʰɔr-tʃʰɔr-sən
母鹿-GA	追赶-PRQ	出声-CND	那	公鹿	就	绳子-LOC	卡主-PFV-APFV

pə	kə-ni.	tʰɔr-tʃʰɔr-sən-t	tʰere	hkon	hʊnʊ-qa:	sʊː-san	pə
有-AUX	说道-NPST-ENFI	卡主-PFV-LOC	那	姑娘	骑-PRQ	住-APFV	是-DEC

kə-ni.	sela	pɔtɔ	tiːre-se	pʊː-lqa-tʃiβa	mɔːr-jaːn	aːr-tʰ
说道-NPST-ENFI	再了-MOOD	鹿	上-ABL	下来-CAUS-PRQ	马-REPOS	后面-LOC

tʰal-tʃiβa	ker-tʰ-eːn	tʊq-ʊl-aː	ere-sən	pə	kə-ni.
放-PRQ	家-LOC-REPOS	跟随-CAUS-PRQ	来-APFV	是-DEC	说道-NPST-ENFI

之后，他又回到了那里，但没有追上那群公鹿和母鹿，于是便在山峰的间隙放了条套索。接着又边追赶公鹿和母鹿，边呼喊着吓唬它们。不多时，姑娘骑着的那头公鹿便被套

住了。于是，他从公鹿背上把姑娘接下来，让她一起骑着自己的马，带她回家。

tʊq-ʊl-a:	ere-ke:	la	lar	sər-a:	sʊ:-tʃe.	ene	hkon	ma	tʃa	y:la-qa:	lar
领-CAUS-PRQ	来-PRQ	也	话	问-PRQ	住-PST	这	姑娘	嘛	就	哭-PRQ	话

lə	larqə-kə:.	sela	tʃʰa	tʃʰil-qa-tʃa	pʰəsa	χa:n	pʰʉsəkʉi-nə	tʃʰə-nə
不	说-PST	再了-MOOD	茶	烧-CAUS-CRD	又	汗	妇人-GA	你-GEN

na:kə	ene	tʃa	lar	lə	larqə-tek	neŋwa	sʊ:-ma	jima	βə?	ʊ:tʃʰa
那个	这	就	话	不	说-HAB	这样	住-NOML	什么	吗-INT	骶骨

te:r	nike	tʰal-san-tə	χɔŋqɔ	aman-ja:r-nə	qar-a:	ere-sən	pə
上	一	放-APFV-LOC	铃	口-INSTR-3rd	出-PRQ	来-APFV	是-DEC

kə-ni.	χɔŋqɔ-t	tʃʰysən	na:-qa:-sən	pə	kə-ni.	se
说道-NPST-ENFI	铃-LOC	血	粘-PFV-APFV	有-AUX	说道-NPST-ENFI	那么-MOOD

enə	mʊla	aman-ə	χa:ʉkʉi	setʃa	enə	hkon-ə	kytʰki:-tʰor	χɔŋqɔ	tʰɔr-tʃʰɔrɔ:
这	小孩	口-GA	怪不得	就-MOOD	这	姑娘-GA	喉咙-INE	铃	卡-PFV-PRQ

lar	larqə-tʃə	jita-qa:-sən-ta	sei	larqə-sən	pə	kə-ni.
话	说-CRD	难-PFV-APFV-LOC	才	说-APFV	是-DEC	说道-NPST-ENFI

到家后，他便问起了姑娘，但姑娘只哭不说话。这时，汗王夫人边熬茶边问姑娘："你为什么不说话？"接着在她背上敲了一下，于是那个铃就从姑娘嘴里吐了出来，铃上还粘着血。这时，他们才知道，怪不得姑娘不能说话，是因为铃卡住了喉咙而无法说话。现在，姑娘终于能说话了。

setʃa	enə	aqa	qʊ:r	aqa-nə	perkei	etʃe-nə	ʃikʰe	mʊ:	kə-ke:	etʃen-ə
就-MOOD	这	兄	二	兄-GA	嫂子	自己-3rd	大	坏	做-PRQ	自己-GA

etʃen-ə	ʃa:t	qa:-tʃ	ere-βar	pʉ	etʃen	tʰam-tə	ʊ:ʃen-ə	tʰalqan	ok-ja
自己-GA	牛犊	挡住-CRD	来-CND	我	自己	你-LOC	食-GA	面	给-OPT

kə-ke:.	tʃe	enə	tʰalqhan-tʰor	χɔŋqɔ	tʰal-a:	tʃy:ra-qa-tʃə,	tʰalqhan
说道-RPV-PST	那么	这	面-INE	铃	放-PRQ	和-CAUS-CRD	面

ete-tʃɔr-ɔ:	χɔŋqɔ-nə	kytʰki:-tʰɔr	tʰɔr-tʃʰɔr-ɔ:	lar	larqə-tʃə	jita-qa:.	se
吃-PFV-PRQ	铃-3rd	喉咙-INE	卡-PFV-PRQ	话	说-CRD	难-PST	那么

ʉrtɕaq-tʰ-i:nə	etʃen-ə	neke	pɔtɔ-t	hʊn-ʊl-a:	tʃira:-tʃiki-tʃe.
明天-LOC-3rd	自己-ACC	一	鹿-LOC	骑-CAUS-PRQ	追赶-PFV-PST

"哥哥娶来的嫂子很坏，"姑娘说："嫂子说，你去赶牛犊回来的话我就给你吃青稞油茶面。因为嫂子故意把铃和进面里，吃了后那铃卡在我喉咙里，我就无法说话了。第二天两个哥哥就让我骑上鹿，把我赶走了。"

etʃen	tʃa	qasqan	χa:n-ə	tʃa	a:rə	βie	tʰəkə-tʃ	larqə-t-te.	setʃa	enə
自己	就	嘎孜罕	汗-GA	就	后	身	那样-CRD	说-PST	尔后-MOOD	这

a:r-sa-t-i:nə	la	enə	χa:n	tʃa	kʰy:kʰen-t-ə:n	ap-san	pi:r	kə-tʃi
后-ABL-LOC-3rd	也	这	汗	就	儿子-LOC-REPOS	娶-APFV	媳妇	说道-CRD

ap-san	pə	kə-ni.	tʰər	hkon-ə	pi:r	kə-tʃi	aβ-a:
娶-APFV	是-DEC	说道-NPST-ENFI	那	姑娘-GA	媳妇	说道-RPV-CRD	娶-PRQ

sʊ:-sa	la	neke	otor	pɔl-sɔn-t	kʰy:kʰen	ɔ:l-tʃ	ɔqɔr-sən	pə
住-CND	也	一	日	成-APFV-LOC	儿子	生-CRD	扔-APFV	是-DEC

kə-ni.	kʰy:kʰen	ɔ:l-matʃa	tʰaitʃi	βɔl-tʃ-tʰa:ne.	sela	χa:n-ə	pʰʉsəɣɥi	la
说道-NPST	儿子	生-LINK	太子	成-CRD-PROG	那-MOOD	汗-GA	妇女	也

tʰere	sʉnzika	tʰorβə-ka:	la	yten	te:r-ja:n	tʃi:tʃʰtʃʰa	tʰənkə-kə:	tʊ:l-a:	məl-i:n
那	孙子	抱-PRQ	也	门	上-REPOS	经常	那样-PRQ	唱-PRQ	孩子-GA

pə:paila-qa:	sʊ:-tʃ-tʰa:ne.
照看-PRQ	坐-CRD-PROG

于是，姑娘就说自己是嘎孜罕的后代。此后，这位汗为儿子娶这个姑娘为妻。姑娘当了媳妇后，生了一个男孩，被称为太子。汗王夫人经常抱着孙子在门口唱摇篮曲。

pei	pei	pei	pei	qasqan	χa:n-ə	tʰaitʃi-nə	βe	pei	pei	pei	pei	tʃirkəlti:
贝	贝	贝	贝	嘎孜罕	汗-GA	太子-3rd	有-AUX	贝	贝	贝	贝	吉日格勒狄

mərkəlti:-n	tʃi:-nə	βə,	pei	pei	pei	pei	qarmaq	χa:n-ə	sʉnzi:-nə
莫日格勒狄-GA	外甥-3rd	有-AUX	贝	贝	贝	贝	嘎拉木克	汗-GE	孙子-3rd

βe	kə-kə:	tʰəŋkə-ke:	pəilpeil-a:	sʊ:-sa	sela	ene	tʃirkəlti:
有-AUX	说道-PRQ	那样-PRQ	哄婴儿-PRQ	住-CND	再-MOOD	这	吉日格勒狄

mərkəlti:	aqa	ty:	qʊ:r-la	pʰɔsa	kørø:slə-lə	ja:β-tʃ-tʰa:ni.	ja:β-tʃ	jaβ-tʃ
莫日格勒狄	兄	弟	俩-COL	还	打兽-PRP	去-CRD-PROG	走-CRD	走-CRD

jaβ-tʃ	jaβ-tʃ	neke	qatʃar-a	kʰʉr-sən-t	ʃikʰe	ɔlɔn	pɔtɔ-tʰ	tʰəme	maltʰə
走-CRD	走-CRD	一	地-LOC	到-APFV-LOC	大	多	鹿-LOC	那么	牲畜

qatʃar-se	la	kʰʉ:-s	pɔlqɔn-t	sərə-tla	etʃen	jima	neke	jima	tʃəl-ta
地-ABL	也-AMPH	人-PL	每-LOC	问-PROG	自己	什么	一	什么	年-LOC

ta	etʃen	ene	ty:	hkon-jə:n	pɔtɔ-tʰ	hɔn-ʊ:l-a:	neke	jaβ-ʊ:l-tʃike-la:
也	自己	这	妹	姑娘-REPOS	鹿-LOC	骑-CAUS-PRQ	一	走-CAUS-PFV-IMPR

ɔtɔ:	amətʰ	ʉ:	kʉ-tʃ	ɔqɔr-β	ʉ:	mete-kʃ-tʰa:ni	pə
现在	活	吗-INT	死-CRD	扔-PST	吗-INT	知道-NEG-PROG	是-DEC

kə-ni.	tʰaŋke-ke:	kʰʉn-t	sʊr-a:t-tʰa:ni.
说道-NPST-ENFI	那样-PRQ	人-LOC	问-PFV-PROG

"贝贝，贝贝，嘎孜罕汗的太子啊，贝贝，贝贝，吉日格勒狄、莫日格勒狄的外甥啊，贝贝，贝贝，嘎拉木克汗的孙子啊。"（汗王夫人）唱着摇篮曲哄孩子。吉日格勒狄、莫日格勒狄兄弟俩还是像以前那样外出打猎。他们走着走着到了一个地方，那里有很多鹿和牲畜。他们打听这里的每一个人，说自己那年让妹妹骑上鹿，把她赶出家门。现在不知道她的死活。

neke	otor	la	pʰəsa	mal	atla-qa:	kørø:slø-kø:	jaβ-tʃ	jaβ-tʃ	jaβ-tʃ
一	日	也	还	牲畜	放-PRQ	打猎-PRQ	走-CRD	走-CRD	走-CRD

jaβ-tʃ	neke	qatʃar-a	kʰʉr-sen-t	la	tʰʉŋwa	ker	para-qta-qa:
走-CRD	一	地-LOC	到-APFV-LOC	也	那样	房子	做-PASS-PRQ

sʊ:-tʃ-tʰa:ne.	sela	yten	te:re	la	neke	aŋqa	sʉnziq-a:n	to:rβə-ke:
住-CRD-PROG	再了-MOOD	门	上	也	一	奶奶	孙子-REPOS	抱-PRQ

əŋke-ke:	peipeil-at	ta	sʊ:tʃ-tʰa:ni.
这样-PRQ	哄婴儿-PFV	也-EMPH	住-CRD-PROG

有一天，他俩边放牧边打猎。走着走着，到了一个盖有房子的地方，看见一位老奶奶在门口抱着孙子唱着摇篮曲。

əŋkə:	ta	pei	pei	qasqan	χa:n-ə	tʰaitʃi-nə	βe	pei	pei	tʃirkəlti
这样-PRQ	再	贝	贝	嘎孜罕	汗-GA	太子-3rd	有-AUX	贝	贝	吉日格勒狄

merkəlt-i:	tʃi:-nə	βei	pei	pei	qarmaq	χa:n-ə	sʉnz-i:nə	βe,
莫日格勒狄-GA	外甥-3rd	有-AUX	贝	贝	嘎拉木克	汗-GA	孙子-3rd	有-AUX

tʰəŋkə-ke:	jaŋk-ə:t	ta	sʊ:tʃ-tʰa:ni.	qasqan	χa:n	tʃa	mən-ə
那样-PRQ	为什么-PFV	还-EMPH	住-CRD-PROG	嘎孜罕	汗	就	我-GEN

aβa:	pɔl-qʰʊai	βa,	mən-ə	χara	aβa:	pa:-mna,	ene	aŋqa	mʊla-ja:n
爷爷	成-NPST	是	我-GEN	黑	爷爷	有-NPST	这	奶奶	孩子-REPOS

əŋke-tʃe	peipeila	jima	βə?	sela	tʃirkəlti:	mərkəlti:	ene
这样-CRD	哄婴儿	什么吗-INT	再了-MOOD	吉日格勒狄	莫日格勒狄	这

tʃaβsar-tʰ-i:nə	larla-lta-qsan	pə	kə-ni.
之间-LOC-3rd	说-REC-APFV	有-AUX	说道-NPST-ENFI

"贝贝，嘎孜罕汗的太子啊，贝贝，吉日格勒狄、莫日格勒狄的外甥啊，贝贝，嘎拉木克汗的孙子。"她为什么那样唱？嘎孜罕汗是我曾祖父嘛，这个奶奶为什么这样叫她的孙子呢？吉日格勒狄、莫日格勒狄兄弟俩这样交谈着。

sela quːr-la tɯː tʰere aŋq-iːn ker-tʰ neke kʰɯr-kʰə kʰerek pai jaβ-qa:
再了 俩-COL 那边 那个 奶奶-GA 家-LOC 一 到-IMPF 需要 有-AUX 走-PRQ

aŋq-iːn pʰəsa la yten teːr-eːn tʰeŋke-ke: mʊli-jaːn peipeila-tʃike tʃirkəlti:
奶奶-3rd 再 也 门 上-REPOS 那样-PRQ 孩子-REPOS 哄-PFV 吉日格勒狄

mərkəltiː-n tʃi-nə βei, qasqan χaːn-ə sɯnz-iːnə βə, tʰəŋkə-kə:
莫日格勒狄-GA 外甥-3rd 有-AUX 嘎孜罕 汗-GA 孙子-3rd 有-AUX 那样-PRQ

peipeil-aːt ta sʊː-sa setʃa ker-tʰ-iːnə ɔrɔ-sən-t neke tʰɯŋwa neke
哄婴儿-PFV 也 住-CND 那么 家-LOC-3rd 入-APFV-LOC 一 那样 一

pʰɯsɯkɯi tʃa tʃal-qa-tʃ ere-sen-t setʃa səra-san pə kə-ni.
妇女 茶 熬-CAUS-CRD 来-APFV-LOC 就 问-APFV 是-DEC 说道-NPST-ENFI

ene qasqan tʃa pɯ-ta-nə χara aβa paː-mna, jimɔl-sɔ tʃʰə tʊːla-βa?
这 嘎孜罕 就 我-PL-GEN 黑 爷爷 有-NPST 什么-CND 你 唱-PST

aŋqa kele-sen-t pɯ-ta-nə ene piːrə kə-me, pɔtɔ hɔnɔ-qa ere-sen
奶奶 说-APFV-LOC 我-PL-GEN 这 媳妇 说道-NOML 麂 骑-PRQ 来-APFV

jima βa ereː-ke: larqa jita-qa: ʊːtʃʰa tʰɔrɔ χɔq-i: kɔtʰkʰø tʰɔrɔ-sɔ χɔŋqɔ
什么 是 来-PRQ 说 难-PRQ 脊背 里 打-PRQ 喉咙 里-ABL 铃

qar-a: ereː-ke:. χɔŋqɔ kɔtʰkʰø tʰɔrɔ tʰɔr-tʃɔr-ɔ: lar larqə jita-qa:.
出-PRQ 来-PST 铃 喉咙 里 卡-PFV-PRQ 话 说 难-PST

于是，兄弟俩觉得应该到奶奶家看个究竟。到了那边，奶奶还是在门口唱催眠曲：贝贝，吉日格勒狄、莫日格勒狄的外甥啊，贝贝，嘎孜罕汗的孙子啊。于是他俩进了屋，看见一个少妇将熬好的茶端上来时，便问道："这位嘎孜罕就是我们的曾祖父嘛，为什么你唱他呀？"奶奶答道："我们这个媳妇不知为什么骑着鹿来，到家后不会说话，我在她后背上敲了一下，她从喉咙里吐出一个铃，是铃卡在喉咙里使她无法说话。"

kʰyken-t-eːn piːr kə-tʃ apʰ-pʰa ɔtɔ: neke sɯnziqa qar-tʃʰ
儿子-LOC-REPOS 媳妇 说道-CRD 娶-PST 现在 一个 孙子 出-CRD

ere-tʃβai, tʰəŋki-ke: larqa-ni. ene hkɔn kʰele-sen-t, etʃen tʃa qasqan
来-PST 那样-PRQ 说-NPST 这 姑娘 说-APFV-LOC 自己 就 嘎孜罕

χaːn-ə aːrə βəj pə kə-ni, tʰəŋkə-ke: larqə-ni.
汗-GA 后 身 是 说道-NPST-ENFI 那样-PRQ 说-NPST

后来，给我儿子娶她做媳妇。现在她（给我）生了个孙子。奶奶又说："这姑娘说，自己是嘎孜罕汗的后代。"

se	tʃa	neke	neken-jaːn	tʰørβə-lt-tʃiβa,	əkətʃʰə	tyː	hkon	kʰeten
那	就-DEC	一	一-REPOS	抱-REC-PST	姐姐	妹	姑娘	几

ylaː-lt-qaː	tʰørβə-ltʃə-qaː.	χɔinə-t-iːnə	qasqan	χaːn	tʰere	χaːn	qʊ-la	pʰəsa
哭-REC-PST	抱-COLL-PST	后-LOC-3rd	嘎孜罕	汗	那	汗	俩-COL	也

ʊrʊq	parə-ltʰa-san	pə	kə-ni.
亲戚	拿-REC-APFV	是-DEC	说道-NPST-ENFI

于是他们都互相拥抱着，姐姐妹妹们哭着抱着。之后嘎孜罕汗与嘎拉木克汗俩也成了亲家。

（达隆东智讲述，2015年）

2. 康隆寺的故事

ɔtɔː	pʉ	pʉ-ta-s-ne	kʰaŋlʉŋs(i)-iːn	liʃi	neke	larqə-ja.	ene	kʰaŋlʉŋsi
现在	我	我-PL-PL-GEN	康隆寺-GA	历史	一	说-OPT	这	康隆寺

ʊrta	ʊrta	tʃʰaq-tʰ	pʉ-ta-s	ente-se	neke	kʰokʃon	kʰʉn	nere-t-iːnə
前	前	时-LOC	我-PL-PL	这里-ABL	一	老	人	名字-LOC-3rd

neke	rtʃalpʉ	ke-tek	pei.	ene	tʃʰqaːn	tiːl-tʰiː	βai.	ʃaːβə	pʉʃi	βai
一	扎勒布	说道-HAB	是	这	白	袍-COM	是	喇嘛	不	有-AUX

tʃʰqaːn	tiːl-tʰiː	βai.	ene	kʰʉːn	tʃe	qaqtʃʰa	naː tʰere	kʰʉ-sa	kørøːn	kʰʉn
白	袍-COM	是	这	人	就	独	那（衬托词）	人-ABL	迥异	人

sʊː-tʃβai.	ene	tʃʰqaːn	tiːl-tʰiː	kʰʉ-sa	kørøːn	kʰʉn	sʊː-tʃβai.
住-PST	这	白	袍-COM	人-ABL	迥异	人	住-PST

我现在讲我们康隆寺的历史吧。很久很久以前，我们这个康隆寺有位老人叫作扎勒布。这个人是个穿白袍的俗人，不是喇嘛。他跟其他人不同，一个人住着。这个穿白袍的俗人与其他人不一样，一个人住着。

etʃen	la	ene	kʰaŋlʉŋsi	etʃen	la	ene	pʉ-ta-s	ene	çisən	qɔlm-iːn	qatʃar-tʰə
自己	也	这	康隆寺	主人	也	这	我-PL	这	九	大阪-GA	地-LOC

neke	kʰiːt	χaː-ja	ke-tʃe.	kʰiːt	qʰaː-qʰqə	keː-la	kʉnpila-təβə-la	jaːβ-qaː
一	寺庙	盖-OPT	说道-PST	寺庙	盖-IMPF	做-PRP	准备-IMPF-PRP	去-PRQ

tiːre	tʃʊː-tə	kʰʉre	la	neke	larqə-tʃei.	larqə-sən-tə	pɔləq-qʰuai,	tʃʰə	kʰiːt
上	昭-LOC	到	也	一	说-PST	说-APFV-LOC	成-NPST	你	寺庙

χaːq-sa	jɔqɔr-tʰ	kʰiːt	tarla-sa	sain	pai	əŋkə-tʃ-tʰaːne
盖-CND	裕固-LOC	寺庙	兴盛-CND	好	有-AUX	这样-CRD-PROG

他自己说："我们是康隆寺的主人，我们在这九个大阪的地方盖一座庙吧。"于是，他

为建寺庙做准备，并赴大昭寺（拉萨）请示，得到答复说：你们可以兴建寺庙，在裕固地区兴建寺庙是件好事啊。

etʃen-tə	ʃa:βə	ʉkʉi	βai,	kʰi:t	tarla-sa	pɔlɔq-qʰʋai.	tʃʰə	la	tʃa
自己-LOC	喇嘛	无	有-AUX	寺庙	兴盛-CND	成-NPST	你	也	就

ja:β-tʃ	tʋ:r-ja:n	kʰʉre	kə-tʃ	rtʃalβə-t	neke	ʃtʰemtʉŋ	ok-tʰani.
去-CRD	下-REPOS	到	说道-CRD	扎勒布-LOC	一	箭	给-PROG

ene-s	ʃtʰemtʉŋ	ɔlɔ-tʃ	apʰ-tʃʰeβa	tʋ:ra	kʰʉr-e:	la	qatʃar	pɔlqan-tə
这-PL	箭	得到-CRD	拿-PRQ	下	到-PRQ	也-EMPH	地	每-LOC

tʃɔqqʰʋi-lqɔ-βar	qʋrβan	χɔnɔ-ma	qatʃar	niken	χɔnɔ-qɔ	qatʃar	pi:.
坐-CAUS-CND	三	住宿-NOML	地	一	住宿-IMPF	地	有-AUX

qʋrβan	χɔnɔ-qɔ	qatʃar	pi:,	tʰa:βən	χɔnɔ-qɔ	qatʃar	pi:.	pʉtʰən
三	住宿-IMPF	地	有-AUX	五	住宿-IMPF	地	有-AUX	最

sain	tɔlɔ:n	χɔnɔ-tɔq	pi:.	tʃʰə	ene	ʃtʰemdʉŋ	tʃʰəma-tə	tʃa:la-ja.	tʃa:la-qa:
好	七	住宿-HAB	有-AUX	你	这	箭	你-LOC	请-OPT	请-PRQ

eri-t-tʰa:ne.
来-PFV-PROG

"我（们这儿）没有喇嘛，但我们应该兴建寺庙。""你还是回去吧。"说罢，给了扎勒布一支箭（选址用的标志物）。他继续说，拿上这箭，你们回去选一处盖寺庙的地址。（插箭选址）选址的箭就是这样请来的。他们拿上箭到处选址立箭。有一天不倒的地方，还有三天不倒的地方，也有五天不倒的地方。最好是选插箭七天还不倒的地方。

zʉkʉo	tɔlɔ:n	χɔn-ɔ:	qar-tʃʰə	lə	ere-se	tʰa:βən	χɔnɔq	la	pɔlɔq-qʰʋa.
如果	七	住宿-PRQ	出-CRD	无	来-CND	五	宿	也	成-NPST

lə	tekere-se	kørø:	tʃa	qʋrβə	χɔnɔq	tʰəŋkə-ke:	tʰal-taq	pe:
无	跌-CND	其他	就	三	宿	那样-PRQ	放-HAB	是-DEC

kə-tʃ-tʰa.	tʰəŋkə-ke:	rtʃalpʉ	la	nertʰ	ʃtʰemdʉŋ	aβ-tʃʰəβa.	tʃa
说道-CRD-PST	那样-PRQ	扎勒布	也	名的	箭	拿-PST	就-DEC

jaβ-qatʰ-βa	kʰaŋlʉŋsi	pʉ-ta-s	ene	neiman	qɔlm-i:n	kʰi:t	ɔrɔn-i:	ere-tʃi-tʰani.
去-PFV-PST	康隆寺	我-PL-PL	这	八	大阪-GA	寺庙	位置-GA	找-CRD-PROG

如果（插箭立起来）找不到七天不倒的地方，五天不倒也可以。如果立起来不倒的话，继续立着放三天。于是扎勒布拿上那支箭回来了。这样我们在八个大阪的地方寻找盖寺庙的地址了。

ene	kʰi:t	ɔrɔn	ti:re	ere-ke-la	ene	χana	βɔl-sɔ	tʃɔqqui-lqɔ-sɔ,	tʰa:βən
这	寺庙	位置	上	找-IMPF-PRP	这	哪里	成-CND	坐-CAUS-CND	五

χoncχ	tʃɔqqʊi-qotə	tekerke-qa-lta	joʊ	lia	pe.	tʰaːβen	χoncχ-ɔːr	tekere-leː
宿	坐-PRQ	跌-CAUS-REC	有	了	罢	五	宿-INSTR	跌-NPST

joʊ	lie	pe.	pʉtʰen	χɔincχ	apʰ-tʃʰ	ɔt-ɔː	ene	ɔtɔ-qʰə	ene	kʰaŋlʉŋs-iːn
有	了	罢	最后	拿-CRD	去-PRQ	这	现在-所属	这	康隆寺-GA

ɔrɔn-tə	er-e	la	tʃɔqʰqʊi-lqa-san-tə	la	tɔlːːn	χonɔq-tʰ	lə	tekere-tʃei
位置-LOC	来-PRQ	也	坐-CAUS-APFV-LOC	也	七	宿-LOC	无	跌-PST

这样，我们为寻找盖寺庙的位置到处立箭。开始立箭的地方五天就倒下来了。最终我们还是把箭拿到现在康隆寺的位置，立起来了，七天都没有倒下来。

sela	tʃa	apʰ-tʃʰ	ɔt-ɔː	saŋ	tʰal-a	tʊŋ	pʰiːleː-keː	ene	tʃalpara-qaː
再了	就	拿-CRD	去-PRQ	桑	放-PST	海螺	吹-PST	这	祈祷-SUF

kə-keː	saŋ	ɔnʃə-qaː	tʰənkə-keː	la	apʰ-tʃʰ	ɔt-ɔː	tʃʰqaːn	qʰataq	tiːre
做-PST	桑	点燃-PST	那样-PRQ	也	拿-CRD	去-PRQ	白	哈达	上

tʃʰqaːn	tʰɔrqan	kʰiː-keː	apʰ-tʃʰ	ɔtɔː	tʰen-t	er-e	qatʃar	qɔi-tʃei
白	丝绸	装-PRQ	拿-CRD	去-PRQ	那-LOC	来-PRQ	地	求-PST

tʰere	qatʃar	apʰ-tʃʰei	qatʃar	qɔi-tʃ	aβa-la	jaβ-qa	pʰəsa	ene	kʰʉn-la	pʰəsa
那	地	取-PST	地	求-CRD	拿-PRP	去-PRQ	还	这	人-CBT	也

jaβ-qa	kʰiːt	na	tʰere	sela	kʰiːtʰ-əːn	χaː-tʃeː
去-PST	寺庙	那（衬托词）	再-MOOD	寺庙-REPOS	盖-PST

于是，人们拿着（那支箭）去煨桑、吹螺、做祈祷，点煨桑。人们带着白色哈达和白丝绸去求寺庙地盘，终于争取到了那个地盘。为了寻求盖寺庙的地址，他们与这个人一起再次去了（大昭寺）。此后建起了这座寺庙。

sela	mʉtʃiaŋ	ɔːl-tʃ	ere-keː	ene	kʰiːt	χaː-qa-tʃ	sela	kʰiːt
再了	木匠	得到-CRD	来-PRQ	这	寺庙	盖-CAUS-CRD	再了	寺庙

χaː-qʰqʰ-iːn	la	jitʃiŋ	ʂi	ene	nijɔn	lama-t	xʉipɔːla-tʃe	nijɔn	lama-t
盖-IMPF-GA	也	已经	是	这	官	喇嘛-LOC	汇报-PST	官	喇嘛-LOC

xʉipɔːla-qaː	nijɔn	lama	la	tʰʉnjila-tʃ	kʰiːt	kə-m-i	χaː-taq	pa
汇报-PRQ	官	喇嘛	也	同意-CRD	寺庙	说道-NOML-GA	盖-HAB	有-AUX

于是，（我们）找木匠盖寺庙，并把这事汇报给官员喇嘛。只有他同意才能盖寺庙。

lar-tʰ	larqi-sa	χar-iːn	χaːn	ke-tek	pa	ʃir-iːn	etʃen	ke-tek
话-LOC	说-CND	黑-GA	汗	说道-HAB	是-DEC	黄-GA	主人	说道-HAB

pai	ɔtɔː	piːlʊ-kta	larqə-sa	χar-iːn	χaːn	tʃʰizʉ	χuaŋ	fan	tatʰʉmʉ	βa
是-DEC	现在	比-PASS	说-CND	黑-GA	汗	九族	黄	番	大头目	是-AFF

ʃir-i:n   etʃen-nə   ene   lama   βai.   tʰəmə   nəŋwa   βai.   tʰənt-e:s   la   pɔl-qʰʊai
黄-GA   主人-3rd   这   喇嘛   是   那样   一种   是   那里-ABL   也   成-NPST
kə-ke:,   erken-tʃʰɔq-tʰa   χalta-qa: qartʰɔq   kʰele-βe.   tʰeŋke-ke: kʰi:t   χa:-tʃe.
说道-PST   他-PL-LOC   看-PRQ   化缘   说-PST   那样-PRQ   寺庙   盖-PST

俗话说，世俗人的皇帝，佛教的叫主人。用现在的话比喻，世俗的皇帝就是九族黄番大头目（九族裕固大头目）。佛教的主人就是喇嘛。就那样请求那喇嘛。经过努力争取，那里的大喇嘛同意后，他们一起去选址并为盖庙化缘。就这样盖起了寺庙。

kʰi:t   χa:q-qʰʊa   kə-la:,   ɔtɔ: la   jaβ-qa: ti:re   kʰʉr-e: ɔtɔ: la   kʰi:t
寺庙   盖-NPST   说道-IMPR   现在   也   去-PRQ   上   到-PRQ   现在   也   寺庙
χa:-tʃ   apʰ-pʰa   la   tʰəŋk-e: la   kʰi:t   χa:-tʃe.   kʰi:t   χa:-tʃ   jaβ-pa   la   ene
盖-CRD   取-PST   也   那样-PRQ   也   寺庙   盖-PST   寺庙   盖-CRD   去-PST   也   这
kʰʉn,   jaβ-qa: ti:re   ene   rtʃalβʉ   la   jaβ-qa: tʃʉ:-tə   kʰʉr-tʃʰe.   tʃʉ:tʃ   kʰʉr-e:
人   去-PRQ   上   这   扎勒布   也   去-PRQ   昭-LOC   到-PST   昭-LOC   到-PRQ
la   erken-t   neke   tatpaβal-a: neke   ʃtakl-ʉ:l-tʃe.   tʰente   neke   ʃtakla-qsan-ta
也   他-LOC   一   尊重-PRQ   一   鉴别-CAUS-PST   那里   一   鉴别-APFV-LOC
la   erken   tʰente   ʃtakla-ma   kʰele-sen-tə   ene   kʰi:t   ɔrɔn-ə   seikə:r   maltʰa-tʃe.
也   他   那里   鉴别-NOML   说-APFV-LOC   这   寺庙   位置-GA   才   挖-PST

要盖寺庙了，现在就去上面（大昭寺）吧。去上面（大昭寺）得到同意后就开始盖寺庙了。盖寺庙的时候扎勒布这个人也亲自上大昭寺。到大昭寺后，让他做鉴别。他在那里鉴别后，才在这个寺庙的位置破土动工。

tʰeŋke-ke: kʰi:t   maltʰa-sən-t   tʊ:r-a:s-i:nə   mɔ:rən   tʰɔlʊqui   qar-tʃʰ
那样-PRQ   寺   挖-APFV-LOC   下-ABL-3rd   马   头   出-CRD
ere-sən-t   tʰere   ʂkʰe   lama   tʰaŋʊt-a:r   stʰaŋʉr   qɔmpa   jɔqɔr-ɔ:r
来-APFV-LOC   那   大   喇嘛   藏语-INSTR   寺达龙   贡布   裕固语-INSTR
mɔ:rən   tʰɔlʊqui   kʰi:t   kə-tʃ   nere   ɔk-sən   pə   kə-ni.
马   头   寺   说道-CRD   名字   给-APFV   是-DEC   说道-NPST-ENFI

开始挖地时从下面挖出来一个马头，于是大喇嘛把该寺庙用藏语命名为"寺达隆贡布"，裕固语意思为"马头寺"。

kʰi:t   ɔrɔn-ə   maltʰa-sən-t   la   neke   mɔ:rən   tʰɔlʊqui   qar-tʃʰe   eri-tʃʰe.
寺   位置-GA   挖-APFV-LOC   就   一   马   头   出-CRD   来-PST
ene   mɔ:rən   tʰɔlʊqui   jima   wa   ke-sa   ene   mɔ:rən   tʰɔlʊqui   ʊrta
这   马   头   什么   吗-INT   说道-CND   这   马   头   早

ʊrta	tʂhak-th	hkhʉ-ki:	ʊta-ka:	qatʃar	tu:ra	tʃhi:ma	kheten	neke	ontor	βa.
早	时-LOC	死-PRQ	久-PST	地	下	起码	几	一	高	是-AUX

pu-ta-s	jɔqor	khʉn	mɔ:r	hkhʉ-sə-sɔ	qar	lə	khʉr-tək	pe.
我-PL-PL	裕固	人	马	死-CND-CND	手	勿-NEG	触-HAB	是-AUX

mɔ:rə	hkhʉ-tʃ	ɔqɔ-rɔ:,	thəŋ-sə	la	a:r-sa	ene	ʂitʃen	ʉta:-ksan-t
马	死-CRD	扔-PRQ	那样-CND	也	后-ABL	这	时间	长-APFV-LOC

ti:r-i:nə	mal	jaβ-qa:	ʂərʉ	χi:th-te-ke:	khi:	ire-ke:	ʂərʉ	nəme-le:.
上-3rd	牲畜	走-PRQ	土	飞扬-PFV-PRQ	风	来-PRQ	土	加-PST

开挖时，从下面挖出来一个马头。这马头是很早以前马死了以后被埋在地下的。马死了，我们裕固人的习俗是不能碰它。马死之后，上面牲口踏，尘土飞扬，刮风，土层增厚了（马就被埋在了下面）。

thəŋke-ke:	la	pula-qtha-sa:r	mal	pha:-qa:	ʃi:-kə:	thəŋke-sən-t
那样-PRQ	就	埋-PASS-CONT	牲畜	拉屎-PRQ	撒尿-PRQ	那样-APFV-LOC

la	ʉta-ksan-t	la	ʉta-ka:-san	la	nike	mɔ:rə-nə	thɔluqui	qar-tʃhe	eri-tʃhe.
就	长久-APFV-LOC	就	长久-CAUS-APFV	就	一	马-GA	头	出-CRD	来-PST

enə	rtʃalpʉ	la	thente-se	qaila-tʃei.	qaila-βa	ke-se	mete-nem
这	扎勒布	也	那里-ABL	去大昭寺-PST	去大昭寺-PST	说道-CND	知道-NPST

ʉ:?	ai	qaila-qa:	ai	qaila-qa:	ke-se	tʃʉ-tə	neke
吗-INT?	唉	去大昭寺-DUR	唉	去大昭寺-DUR	说道-CND	大昭寺-LOC	一

larqə-qə	khərək	pai.
说-IMPF	需要	有-AUX

就那样牲畜拉屎撒尿被埋在地下，日久以后马头被挖出来。于是扎勒布从那里就去大昭寺。你知道这qaila-βa（去了大昭寺）吗？唉，qaila-qa:叫作需要去大昭寺汇报。

ʉnʉ:	tʃʉ-tə	neke	hrthaq-pa	ʃy:la-βa	ke-se,	ene	ɔtɔ
这样	大昭寺-LOC	一	拜会-PST	许愿-PST	说道-CND	这	现在

maltha-qsan-t	neke	mɔ:rən	thɔluqui	qartʃhe	ere-ke:.	mɔ:rən	thɔluqui
挖-APFV-LOC	一	马	头	出-CRD	来-PST	马	头

həkʂath-thi:	βə	ke-tek	pə,	ene	tʃiʉ	pʉʃiŋ	a:.	pasa	la	jaβ-qa:
鬼-COM	有-AUX	说道-HAB	有-AUX	这	就	不行	啊	还	又	走-PRQ

tʃʉ-tʉ	khʉr-e:.	na:	there	tʃʉ:-tʉ	ʃy:la-tʃe:.
大昭寺-LOC	到-PST	就（衬托词）	那	大昭寺-LOC	许愿-PST

第六章 语料

323

去大昭寺拜会并许愿了。现在挖出来一个马头。据说马头有鬼，这还怎么行！于是就又来大昭寺，并在大昭寺许了愿。

tʃʉːtʉ	ʃyːla-qsan-t	la	erken-ə	tʰere	kʰʉ-s	la	ɔtɔː	lama	keken
大昭寺-LOC	许愿-APFV-LOC	也	他-GA	那	人-PL	也	现在	喇嘛	活佛

ɔtɔː	tʃaːs	la	jima nəŋwa	talai	pantʃʰen	əmiː-ma	kʰʉn	la	χalta-tʃima
现在	指-CND	也	什么样的	达赖	班禅	这样-NOML	人	也	看-NOML

kʰøntøløŋ	kʰʉn	jita-taq	pai.	ene	ɔtɔ	la	pu	rtʃawa	pantʃʰen	ʃiŋkə	kʰʉn
其他	人	难-HAB	有-AUX	这	现在	也	我	尔扎瓦	班禅	像	人

tʃiantan	kʰəji	ʂuo	tʃʉ	rtʃawa	pantʃʰen	ke-tek	pe.	tʃawa	rtʃawa
简单	可以	说	就	尔扎瓦	班禅	说道-HAB	有-AUX	扎瓦	尔扎瓦

tʃiʉʂi	talai	lama	tə	miɲzi	a,	pantʃʰen	tʃiʉʂi	ʂumatə	miɲzi	a.	ene
就是	达赖	喇嘛	的	名字	啊	班禅	就是	什么的	名字	啊	这

rtʃawa	pantʃʰen-t	ʃyːla-tʃe.
尔扎瓦	班禅-LOC	许愿-PST

他们去大昭寺许愿要见的是现在的喇嘛活佛、达赖、班禅那样的人，而不需见其他人。也就是要拜见像尔扎瓦、班禅那样的人。尔扎瓦就是达赖喇嘛的名字，班禅的名字。他们向尔扎瓦班禅许了愿。

rtʃawa	pantʃʰen-t	ʃyːlaniː.	ʃyːla-qsan-t	ene	altʰa-tʰ	alaq	rsiː-tə
尔扎瓦	班禅-LOC	许愿-NPST	许愿-APFV-LOC	这	金-SUF	画	八卦-LOC

χalta-tʃe.	altʰatʰ	alaq	rsiː-tə	χalta-qa:	ai	tʰa-nə	ene	sein	ʂitʃʰiŋ	pai,
看-PST	金-SUF	画	八卦-LOC	看-PRQ	唉	你们-GA	这	好	事情	有-AUX

muː	ʂitʃʰiŋ	pʰuʃ	pai.	ene	mɔːrə	kə-me	sʉiran	kʰʉ-tʃʰɔːr	jaː-χkʰʉ
坏	事情	不是	有-AUX	这	马	说道-NOML	虽然	死-PFV	走-IMPF

iβrəntʃi	nɔːrəβ	kə-tek	pe.	mɔːr-iːn	tʰɔluqui-n	qar-tʃʰe	χwar-tʰ
了不起的	吉祥	说道-HAB	是-AUX	马-GA	头-3rd	出-CRD	前-LOC

qar-tʃʰ	eri-sent	ene	neke	sain	quan	qʰaqʰtʃʰa	mɔːr-iːn	tʰɔluqui	qar-tʃʰ	er-sent
出-CRD	来-FOLW	这	一	好	光	独一	马-GA	头	出-CRD	来-FOLW

ene	ʃikʰe	sain	pai.	tʃʉ	ene	faɲʃiŋ	χana-qa:	kʰiːt-eŋ	χaː	kə-t-tʰa.
这	大	好	有-AUX	就	这	放心	走-PRQ	寺-REP	盖	说道-PFV-PROG

向尔扎瓦班禅许愿之后，班禅看了金八卦。让金八卦算卦，他说你们的这个事情是好事，不是坏事。据说这匹马是个很了不起的吉祥物，出来一匹马头非常好，放心回去建寺庙吧。

tʃʰən-ə	mɔ:rə	tʃʰən-ə	kʰi:t	χa:-tʃ	jaβ-a:	nəre-t-i:nə	ʂtaŋqɔr	qɔnpa
你-GA	马	你-GA	寺	盖-CRD	走-IMPF	名-LOC-3rd	马头	寺院

kə-tʃə	nere	ok-ja	kə-tʃe.	mɔ:r-i:n	tʰɔluqui	matousi-a	ok-ja
说道-CRD	名	给-OPT	说道-PST	马-GA	头	马头寺-LOC	给-OPT

ke-tʃ-tʰa-ne.	səla	χa:-tʃ	jaβ-qa:	rtʃalwɨ	la	χa:-tʃ	jaβ-qa:
说道-PROG	之后	盖-CRD	走-PST	扎勒布	也	盖-CRD	走-PST

你要盖的寺院我给起个名字叫作马头寺吧。之后他们就去建寺庙了，尔扎布也去了。

ere-ke:	la	paiʃiŋ	χa:-tʃ	jaβ-tʃʰ-tʰane.	paiʃiŋ	χa:-tʃ	jaβ-a:	la	ɔtɔ	la
来-PRQ	也	房子	盖-CRD	走-PROG	房子	盖-CRD	走-PRQ	也	现在	也

hʰɔr	ene	kʰɨn	su:-lqa-qa:.	ɔtɔ	la	paiʃiŋ-t	ʃa:β	ɨkei	jim-na	pʰəsa
里	这	人	住-CAUS-PST	现	也	房-LOC	喇嘛	无	是-DEC	还

tʃɨ:-t	ene	rtʃalpa	pantʃʰen-t	ʃy:la-la	χanə-tʃe.	pʰəsa	la	jaβ-a:
大昭寺-LOC	这	尔扎瓦	班禅-LOC	许愿-PRP	走-PST	还	也	走-PRQ

ti:re	kʰɨr-e:	rtʃalpa	pantʃʰen-t	ʃy:la-qsant	la	ene	rtʃalpa	pantʃʰen
上	到-PRQ	尔扎瓦	班禅-LOC	许愿-FOLW	也	这	尔扎瓦	班禅

ajla-tta-qsan-t	pɔlə-χqʰuai,	tʃin-ə	kʰi:tə	χa:-tʃise	pʰəsa,	etʃen	tʃʰəma-t
下谕-PFV-APFV-LOC	行-NPST	你-GA	寺院	盖-CRD	还	自己	你-LOC

ʃa:β	naiman	pʰəila-ja	ke-tʃe.	naiman	ʃa:β	kʰøro:	ʃen	enə	lian	χuatɕia
喇嘛	八	配-OPT	说道-PST	八	喇嘛	到-PRQ	先	这	连	画家

naiman	ʃa:β	jaβ-ʊl-tʃʰe.	ja	ʃtʰɔr-i:n	enə	χuala-ma	tʰaŋsək	ja
八	喇嘛	去-CAUS-PST	呀	内-3rd	这	画-NOML	唐卡	也

χuala-ma	alqɨr	tʃa	χuatɕia-ta	paɔkʰʊo	zainei	naiman	ʃa:β-i:n
画-NOML	当地	就	画家-LOC	包括	在内	八	喇嘛-GA

tʊ-qʊl-tʃ	jaβa-la:	ere:ke-la	tʰere	sø:nə	naiman	ʃa:β-i:n	neke	paiʃiŋ-tʰɔr
领-CAUS-CRD	去-PRQ	回来-CND	那	夜	八	喇嘛-GA	一	房间-INE

qʰɔtʃʰɔr-tʃʰ	ɔqɔr-tʃʰe.
留-CRD	扔-PST

回来以后盖房子。盖好房子里面要住人，但还没有喇嘛，所以还得去大昭寺见尔扎瓦班禅。于是还要去拜见尔扎瓦班禅，尔扎瓦班禅答应并派喇嘛。先派八个喇嘛包括画唐卡在内的画家。带领着八个喇嘛回来以后，那天夜里他让他们都住在一个房间。

ørtɕaqʰ-tʰ	βɔsɔ-qsantə	ʃa:β	ʃa:β-ja:n	tar-a:,	tɔlɔ:-nə	qar-a:	neke
早晨-LOC	起床-FOLW	喇嘛	喇嘛-REP	压-PRQ	七-3rd	出-PRQ	一

第六章 语料

325

ʃa:β-i:n	tar-a:	la:	sʊ:-tʃβai.	səla	tʃa	pʰəsa	qaila-qa:.	aja:	pʉ	tʃa
喇嘛-GA	压-PRQ	也	住-PST	那么	就	又	去大昭寺-PST	哎呀	我	就

əmə	nəŋwa	βɔl-ma-ima,	mɔ:rən	peiʃiŋ	χa:-ja	k-əkə:	qatʃar	pʰiŋla-sa
这么	成-NOML-NPST	马	房子	盖-OPT	说道-PRQ	地	平整-CND

mɔ:rən	tʰɔlcpi	qar-tʃʰ	ir-tʃa.	ɕtɕ	χa:-tʃ	jaβ-sa	ʃa:β-i:n	neke-nə	hkʉ-tʃ
马	头	出-CRD	来-PST	现在	盖-CRD	去-CND	喇嘛-GA	一-3rd	死-CRD

ɔqɔr-tʃʰβei.	enə	la	tʃa	ʃikʰe	mʊ:	βai.	pʰəsa	la	tʃʉ-t	rtʃalpa
扔-PST	这	也	就	大	坏	是-AUX	还	也	大昭寺-LOC	尔扎瓦

pantʃʰen-t	sʊra-la	jaβ-tʃe.
班禅-LOC	问-PRP	走-PST

早晨起床的时候，喇嘛们相互挤压着，有七个喇嘛安全地出来了，但有一个喇嘛被压死了。于是就再赴大昭寺请示。哎呀，我怎么就这样倒霉呀，盖寺院出来了个马头。现在开始盖了，但一个喇嘛死掉了，这是个很不好的兆头。还是赴大昭寺请示尔扎瓦班禅吧。

tʃʉ:-t	rtʃalpa	pantʃʰen-t	sʊra-qsənt	la	rtʃalpa	pantʃʰen	la	kʰele-ksənt
大昭寺-LOC	尔扎瓦	班禅-LOC	问-FOLW	也	尔扎瓦	班禅	也	说-FOLW

ai,	altʰatʰə	alaq	hrsi:-tə	neke	χalt-ʊ:-la:	χalta-qa:	ənə	tʰa:n-ə	sein	ʂitʃʰiŋ
唉	金-SUF	画	八卦-LOC	一	看-CAUS-PRQ	看-PRQ	这	你们-GA	好	事情

pai.	etʃe-s	ente-se	naiman	kʰʉn	jaβ-u:l-βa.	neke-nə	kʰʉr-e:	hkʉ-tʃʰ
有-AUX	自己-PL	这-ABL	八	人	去-CAUS-PST	一-3rd	到-PRQ	死-CRD

ɔqɔr-pʉ	hkʉ-tʃʰ	ɔqɔr-ma	ima-βa	kə-se.	enə	lama
扔-PST-INT	死-CRD	扔-NOML	怎么-PST-INT	说道-CND	这	喇嘛

ʃa:β-ta	zʉiχʊʉtə,	nəŋ	kʉijoʊ	ji	si	a!	lama	ʃa:β-ta	zʉiχʊʉ	χanta
沙乌-LOC	最后的	人	归有	一	死	唉	喇嘛	沙乌-LOC	也最后	还

jɑʊ	si.	tʃɔ	tɕiʊɕi	piɔɕianle-li-mo?	enə	lama	ʃa:β-ta	zʉi	pʉtʉn	a:r-s-i:n
要	死	这	就是	表现了吗	这	喇嘛	沙乌-LOC	最	最后-ABL-3rd

øry: na:-taq	pei,	enə	neke	jɔ:s	βei.
去世-HAB	有-AUX	这	一	规律	有-AUX

（此句后视频未转写为文字。）

去大昭寺询问尔扎瓦班禅时，他看了金八卦后说道，这是个好事情。咱们从这里派八个喇嘛，其中一个喇嘛去世了，去世了又怎样呢？！这就是喇嘛的最后归宿，人总归要死的，唉！喇嘛最后还要死的，这就是个显灵。喇嘛也终究会去世的，这是个人间规律。

tʰʉn-sə	a:r-sa	kanʃi	χa:n	eltʃike	hɔnʊ-tʃ	ere-ke:	kʰaŋlʉnsi	kə-tʃə	nere
那-ABL	后-ABL	康熙	汗	驴	骑-CRD	来-PRQ	康隆寺	说道-CRD	名

ok-sən   pə   kə-ni.
给-APFV   是-DEC   说道-NPST

此后，康熙皇帝骑着驴来此地，把该庙命名为"康隆寺"。

（兰志厚讲述，2015年）

3. 哈拉木丹的故事

sei ontor-kʰə otor-tʰə pɯ ʊrta tʃʰaq-ə χara mʊːtən-ə ʊrta tʃʰaq-ə neke naːt
才 今日-所属 日-LOC 我 前   时间-GA 黑   木-GA   前   时间-GA 一   （陈词）

lɔmɔq pɔmuɪ larqə-ja. ʊrta ʊrta tʃʰaq-tʰə χara mʊːtən-tə neke naːt həltʃʰə sʊːsan pə
故事   说-OPT   前   前   时间-LOC   黑   木-LOC   一 （陈词） 萨满   住-APFV 有-AUX

kə-ne.   tɔːrtʃʰək-iːn   qɔl-tə   neke saŋəspa sʊːsan pə kə-ne.
说道-NPST-ENFI 多吉贝-GA   沟-LOC   一   头发长者 住-APFV 有-AUX 说道-NPST-ENFI

tɔːrtʃʰək-iːn saŋəspa-tə neke məŋqan ʂara χɔːnə sʊːsan pə kə-ne.   ʂara
多吉贝-GA   头发长者-LOC 一   千   黄   绵羊   住-APFV 是-DEC 说道-NPST 黄

χɔːnə sʊːsant tʃʰaq-tʰ neke pijan kʰɯːn sʊːsan pə kə-ne.
绵羊   住-APFV   时间-LOC 一   富   人   住-APFV 有-AUX 说道-NPST-ENFI

今天我讲个哈拉木丹（今肃南县寺大隆村地名，其意义为白桦树）的故事吧。很早以前在哈拉木丹住着一个萨满。多吉贝沟住着个长发人。住在多吉贝沟的长发人有一千只羊。他是一位拥有一千只羊的富人。

tʰɯːnsə aːrsa sʊːsan tʃʰaq-tʰ χara mʊːtən-ə həltʃʰə tɔːrtʃ-iːn saŋəspa
此-ABL 后-ABL 住-APFV 时间-LOC   黑   木-GA   萨满   多吉贝-GA 头发长者

qʊ-l-aːn   tʃaβsar-tʰ   htei   neke lə   waqtʰa-ltə-qaː sʊːsan   pə
二-COL-REPOS 彼此-LOC   小   一   无   容-REC-PRQ   住-APFV 是-DEC

kə-ne.   neke otor-tʰə kɯrsen tʃʰaq-tʰ χara mʊːtən-ə həltʃʰə jama
说道-NPST-ENFI   一   日-LOC   到-APFV 时间-LOC 黑   木-GA   萨满   什么

lɔmɔːn   kə-βe?   htʰɔrkʰə hkɔr   tʰɔr-sə nike pʰəqʰa kʰɯr-tʃ ere-sen   pə
经-REPOS 做-PST   突然   牛   里-ABL   一   公牛   到-CRD   来-APFV 是-DEC

kə-ne.   nike pʰəqʰa kʰɯr-tʃ   ere-keː pʰəqʰa la   qatʃar mɔrkɔ-kiː tʰənt
说道-NPST   一   公牛   到-CRD   来-PRQ   公牛   也   地   顶-PST   那里

kʰərβə-kiː tʰənt   qatʃar ʃykʰe-kiː tʰəŋkə-tʃ tʰəŋkə-tʃ la qɔl-yːr jaβ-qaːtʰ-sən
翻滚-PST   那里   地   蹭-PST   那样-CRD 那样-CRD 也 沟-INSTR 走-PFV-APFV

pə   kə-ne.
有-AUX 说道-NPST-ENFI

此后，哈拉木丹的萨满与多吉贝沟的长发人有点不合。有一天，哈拉木丹的萨满不知念了什么经，突然牛群里来了一头公牛，顶地、翻滚，蹭地一下朝着多吉贝沟跑掉了。

tʰəŋkə-kə la qol-yːr jaβ-qaːtʰ-sən tʃʰaq-tʰə-nə tʃʰaːna søːn tʃarəm-t
那样-IMPF 也 沟-INSTR 走-PFV-APFV 时间-LOC-3rd 那边 夜 半-LOC

kʰʉr-sən tʃʰaq-tʰ-iːnə ene toːrtʃakʰ-iːn saŋəspa χoːnə tørβo-keː tʰəŋkə-keː
到-APFV 时-LOC-3rd 这 多吉贝-GA 头发长者 绵羊 惊-PST 那样-PRQ

yten tiːre qar-tʃʰ ere-sen tʃʰaq-tʰ-iːnə ail htʰor nike χara artʃʰa ʂəŋwa
门 上 出-CRD 来-APFV 时间-LOC-3rd 邻 里 一 黑 杜松 像

tʰuŋwa nike ker-tʰor ʃyrme ʂəŋwa ail htʰor ʃyr sʉː-san pə kə-ne.
那样 一 房-INE 扫帚 像 邻 里 扫 住-APFV 是-DEC 说道-NPST-ENFI

那天半夜，跑掉的那头公牛惊动了多吉贝长发人的羊群。于是，从门口出来一看，（那头公牛）如同黑杜松般大的扫帚扫着邻里。

ʃyr sʉː-san tʃʰaq-tʰ-iːnə tʰəŋkə-keː la tʰere søːnə qar-aːtʰ χoːnə tørβo-keː
扫 住-APFV 时间-LOC-3rd 那样-PRQ 也 那 夜 出-PFV 绵羊 惊-PRQ

jaβ-qaːtʰ-sən pə kə-ne. tʰəŋkə-keː la tʰere aːr χəβar-tʰ kʰʉr-sen
走-PFV-APFV 是-DEC 说道-NPST-ENFI 那样-IMPF 也 那 后 鼻-LOC 到-APFV

tʃʰaq-tʰ toːrtʃakʰ-iːn saŋəsp-iːn məŋqan ʂəra χoːnə hkʉ para-qatʰ-sən
时间-LOC 多吉贝-GA 头发长者-GA 千 黄 绵羊 死 完-PASS-APFV

pə kə-ne. hkʉ para-qatʰ-sən tʃʰaq-tʰə-nə la tʰənte-sə la
是-DEC 说道-NPST-ENFI 死 完-PFV-APFV 时间-LOC-3rd 也 那里-ABL 也

naːtə otoː-t kʰʉr-sən tʃʰaq-tʰ-nə ene toːrtʃakʰ-iːn saŋəspa jitʂi
那个 现在-LOC 到-APFV 时间-LOC-3rd 这 多吉贝-GA 头发长者 一直

selkʰel-t-eːn potə-qoː kʰen etʃen-t ənke-tʃə χara sana-tʃ oqor-pi ja
心-LOC-REPOS 想-DUR 谁 自己-LOC 这样-CRD 黑 想-CRD 扔-PST 呀

ene mal-tə əŋke-keː para-qa jaβ-qaːt-tʃʰə.
这 牲畜-LOC 这样-PRQ 完-PRQ 走-PFV-PST

就在那天夜里，羊群由于受到惊吓都跑散了。之后，多吉贝长发人的一千只羊全死光了。从此以后，多吉贝长发人一直在想：谁对我使坏让我的羊群全死光了呢？

neke otor-tʰ kʰʉr-sen-t toːrtʃakʰ-iːn saŋəspa mete-kesʉn pə
一 日-LOC 到-APFV-LOC 多吉贝-GA 头发长者 懂-APFV 有-AUX

kə-ne. mete-kesʉn tʃʰaq-tʰ-iːnə la naːtə ene la χara muːtən
说道-NPST-ENFI 懂-APFV 时间-LOC-3rd 也 那边 这 也 黑 木

həltʃʰə	etʃen	mʊː	sana-tʃ	ʂəŋkəwa	tʰəŋkə	ke-sən	pə	kə-ne.
萨满	自己	坏	想-CRD	好像	那样	做-APFV	是-DEC	说道-NPST-ENFI

tʰəŋkə-ke:	neke	tʃəl-t	kʰɯr-sən	tʃʰaq-tʰ,	ene	χara	mʊːtən	həltʃʰə	la
那样-CRD	一	年-LOC	到-APFV	时间-LOC	这	黑	木	萨满	也

tɯra	sar-tʰ	qaːməs-tʰ	tʰənte	ʊːχ-qʰə	etiː-kə	aβ-sən	pə
下	乡村-LOC	张掖-LOC	那里	喝-IMPF	吃-IMPF	取-APFV	有-AUX

kə-ne.	tʰənte-sə	la	sar-sa	tiːʂə	χantə-qa	ere-sen	tʃʰaq-tʰ-iːnə
说道-NPST-ENFI	那里-ABL	也	乡村-ABL	往上	朝-CRD	来-APFV	时间-LOC-3rd

pɔrqɔlɔq	χaβar-t	kʰɯr-sən	tʃʰaq-tʰ-iːnə	χaβar-iːn	neke	ɬaːn	qal	qar-tʃʰa
黄昏	鼻-LOC	到-APFV	时间-LOC-3rd	鼻-3rd	一	红	火	出-CRD

ere-keː	la	mɔːr-iːn	taːlə	htʰɔr	neke	tʰal-san	tʃʰaq-tʰa	la	mɔːrə	tørβə-ketɯ
来-DUR	也	马-GA	肩胛骨	里	一	放-APFV	时间-LOC	也	马	惊-PRQ

la	χara	mʊːtən	həltʃʰi	tʰənte	aβ-aː	ɔqɔr-tʃʰ	kiː-sən	pə	kə-ne.
也	黑	木	萨满	那里	取-PRQ	扔-CRD	丢下-APFV	是-DEC	说道-NPST-ENFI

aβ-aː	ɔqɔr-tʃʰ	kiː-ma	qʰɔqʰɔ-t	ene	nɔːtʰa	pʰəsa	ɯqua-n	kə-ni.
取-PRQ	扔-CRD	丢下-NOML	身-LOC	这	痕迹	也	无-NPST	说道-NPST-ENFI

tʰɯn-se	tʰənte-se	jaːβ-qaː	naːt	ker-tʰ-eːn	ere-keː	la	χara	mʊːtən
那-ABL	那里-ABL	走-PRQ	那边	家-LOC-REPOS	来-DUR	也	黑	木

həltʃʰə	mete-kesɯn	pə	kə-ne.	mete-ketɯ	la	jaːβ-qaː.
萨满	懂-APFV	是-DEC	说道-NPST-ENFI	懂-PRQ	也	走-PST

有一天，多吉贝长发人终于知道那是哈拉木丹萨满使的坏。有一年，这位哈拉木丹萨满去张掖购买食物，回来时已经黄昏。突然，前面窜出一团火光正好落在马的肩胛骨上，马受惊了。这时，哈拉木丹萨满赶紧将火扔掉，马身上也没有留下一点痕迹。回家后，哈拉木丹萨满也知道是怎么回事了。

ene	tɔːrtʃakʰ-iːn	saŋəspa-t	tʰɔqla-qaː	la	qʊ-la	la	ɔtɔː	nike
这	多吉贝-GA	头发长者-LOC	遇-PST	也	二-COL	也	现在	一

niken-t-eːn	χara	sana-tʃ	pɔlɔ-ʧ	wa.	qʊ-la	la	ɔtɔː	seitʃʰila-lt-əkʰ
一-LOC-REPOS	黑	想-CRD	成-NEG	是	二-COL	也	现在	好起来-REC-IMPF

kʰere	paːn	ke-sən	pə	kə-ne.	tʰəŋkə-ke:	ta	se	ɔtɔː
需要	有-NPST	说道-APFV	是-DEC	说道-NPST-ENFI	那样-PRQ	也	才	现在

ima	kʰə-k-ɯ	ke-sən	tʃʰaq-tʰ	qʊ-la	la	neke	otor	pɔl-sɔ	ene
什么	做-IMPF-INT	说道-APFV	时间-LOC	二-COL	也	一	日	成-CND	这

ʂara	ʃɔːrtʃ	niːrtʃ	ɔː	kə-tʃ	nəŋwa	piː.	ɔtɔ	tʰere	ɔː	teːre	tuqla-lt-ja
黄	山崖-GA	鄂博	说道-CRD	一种	有-AUX	现在	那	鄂博	上	遇-REC-OPT

kə-tʃ	βaː-n	kə-ni.		sela	nike	otor-tʰ	ʂara	ʃɔːr-iːn	ɔː
说道-CRD	有-NPST	说道-NPST-ENFI	那就	一	日-LOC	黄	山崖-GA	鄂博

teːre	ere-sen	pə	kə-ne.	ɔː	teːre	ere-keː	qʊ-la-nə	tʰente
上	来-APFV	是-DEC	说道-NPST-ENFI	鄂博	上	来-PRQ	二-COL-3rd	那里

tʰəqla-ltə-qaː,	tʰente	larla-ltə-laː.	eni-se	aːr-sa	qʊ-la	nike	niken-t-eːn
相遇-REC-PST	那里	说-REC-IMPR	这-ABL	后-ABL	二-COL	一	一-LOC-REPOS

mʊː	pʉtʰə	sana-ja.	qʊ-la	ɔtɔː	tʃaβsar-tʰ-aːn	paqtʰaː-lta-qa	sʊː-qʰ	kʰerek
坏	不	想-OPT	二-COL	现在	之间-LOC-REPOS	容-REC-PRQ	住-IMPF	需要

paː-n	kə-keː	tʰəŋkə-keː	sʊː-san	pə	kə-ne.	tʰəŋkə-keː	la
有-NPST	说道-PRQ	那样-PRQ	住-IPFV	是-DEC	说道-NPST-ENFI	那样-PRQ	也

aːr-tʰ	kʰʉr-sən	tʃʰaq-tʰ-iːnə	ene	pʉta-s-ni	jɔqɔr	qatʃar-tʰ	ene	χara	mʊːtən
后-LOC	到-APFV	时间-LOC-3rd	这	我们-PL-GEN	裕固	地-LOC	这	黑	木

həltʃʰə	ɔtɔː	əŋwa	jɔqɔr-ːr	larqə-se	əŋwa	tʃa	ene	χara	sana	βa.
萨满	现在	这样	裕固-INSTR	说-CND	这样	就	这	黑	想法	是

qʰʊtʰat-aːr	larqə-se	tʃa	ʃiefa	ta	kə-tək	ʃo.	tʰəŋkə-keː	la	ene	jɔqɔr
汉语-ABL	说-CND	就	邪法	也	说道-HAB	是	那样-PRQ	也	这	裕固

qatʃar-tʰ	ʃikʰe	aŋla-qtʰa-sən	pə	kə-ne.	tʰere	lar	la	tʃa
地-LOC	大	听-PASS-APFV	是-DEC	说道-NPST-ENFI	那	话	也	就

tʉːra	qantʂoʉ	tʰitʉ	ɔtɔ-qʰ	ene	qantʂoʉ	tʰitʉ	en-ə	aŋla-qasʊn	pə
下	甘州	提督	现在-所属	这	甘州	提督	这-ACC	听-APFV	是-DEC

kə-ne.
说道-NPST-ENFI

　　过后，哈拉木丹萨满与多吉贝的长发人相见，说咱俩不能相互猜疑，需要和好。这样吧，咱俩商定选好一个日子，在黄山崖的鄂博见面。于是，有一天他俩来到黄山崖的鄂博见面。（他们说）从今以后，咱俩不能互相怀疑，要相互包容团结。后来，我们裕固地区的这位哈拉木丹萨满，就被裕固话叫作"有恶意的人"，用汉话说就叫作"有邪法的人"。于是，这话就在我们裕固地区传开，并传到甘州提督那里。

aŋla-qtʰa-san	tʃʰaq-tʰ-iːnə	la	kʰele-tʃi	nike	otor	χarʊ	tʰal-san
听-PASS-APFV	时间-LOC-3rd	也	说-PST	一	日	信	放-APFV

pə	kə-ne.	χara	mʊːtən	həltʃʰə	jaːβ-tʃ	qantʂoʉ	tʃʰəŋ-t	kʰʉr-sən
是-DEC	说道-NPST-ENFI	黑	木	萨满	走-CRD	甘州	城-LOC	到-APFV

tʃʰaq-tʰ-i:nə	qantʂoʉ	tʰitʉ	kʰele-sən	tʃʰaq-tʰ	tʃʰəm-i:	la	enə	jɔqɔr	tewa
时间-LOC-3rd	甘州	提督	说-APFV	时间-LOC	你-ACC	也	这	裕固	全部

qailaŋ	wa,	ʃikʰe	fa:-tʰ	ʃikʰe	ertem-tʰ	tʰəmi-ma	kʰʉn	pa:-n	kə-nem-ne.
奇人	是	大	法-SUF	大	经典-SUF	那样-NOML	人	有-NPST	说道-NPST

etʃen	nike	tʃəŋ	tʃəŋtə	tʃʰəma-t	ertem	pi:	ɔ-sɔ	tʃa	ertem	pa:-n,
自己	一	真	真正的	你-LOC	经典	有-AUX	成-CND	就	经典	有-NPST

tʃʰi	ertem	ʉqɔ-sɔ	etʃen	tʃa	pʉrʉʃa-qʰʊ	kə-sen	pə	kə-ne.
你	经典	无-CND	自己	就	斥责-IMPF	说道-APFV	有	说道-NPST-ENFI

se	tʰəŋkə-sen	tʃʰaq-tʰ-i:nə	χara	mʊtən	həltʃʰə	kʰele-sən	tʃʰaq-tʰ-i:nə
那么	那样-APFV	时间-LOC-3rd	黑	木	萨满	说-APFV	时间-LOC-3rd

tʃʰi	etʃen-t	nike	qʰʊsʊn	kʰə-tʃβa,	etʃen-t	nike	ʂʊaŋ	kʰʊizi	apʰ-tʃʰ	ere
你	自己-LOC	一	水	倒-PRQ	自己-LOC	一	双	筷子	拿-CRD	来

kə-sen	pə	kə-ne.	sela	qar-a:	qantʂoʉ	tʰitʉ	χara	mʊtən
说道-APFV	是-DEC	说道-NPST-ENFI	那么	出-PRQ	甘州	提督	黑	木

həltʃʰə	tʰere	lar-a:r	nike	qeir	nike	alaq	tʃʉnzi-ka:r	nike	qʰʊsʊn	kʰi-ke:
萨满	那	话-INSTR	一	碗	一	花	盅子-INSTR	一	水	倒-PRQ

nike	ʂʊaŋ	kʰʊizi	ok-son	pə	kə-ni.	tʰʉn-i	tʰal-a:,	kʉo
一	双	筷子	给-APFV	是-DEC	说道-NPST-ENFI	那-ACC	放-PRQ	桌

te:re	tʰal-tʃβa	la	χara	mʊtən	həltʃʰə	kʰʊizi-qa:r	qʰʊsʊn-i:	tɔ:qʰqʰə-san	pə
上	放-PRQ	也	黑	木	萨满	筷子-INSTR	水-GA	搅-APFV	是-DEC

kə-ne.	kʰʊizi-qa:r	tɔ:qʰqʰə-san	tʃʰaq-tʰ-i:nə	na:t	ɔtɔ-qʰ	qantʂoʉ
说道-NPST-ENFI	筷子-INSTR	搅-APFV	时间-LOC-3rd	那边	现在-所属	甘州

tʂʰəŋ	kə-me	tʃʰa:tʃiŋ	tʰərmen	ʂəŋwa	here-ktʰe-ke:	ja:β-tʃ	ɔqɔr-sɔn
城	说道-NOML	始终	磨	像	转-PASS-PRQ	走-CRD	扔-APFV

pə	kə-ne.
是-DEC	说道-NPST-ENFI

有一天，甘州提督来信要见他。于是，哈拉木丹萨满赶往甘州城面见提督。提督说："听说你是全裕固的奇人，是有大本事的人。如果你自己有真本事的话可以，如果没有真本事的话你就要受到谴责呀。"哈拉木丹萨满说："请您给我拿双筷子倒杯水吧。"于是，甘州提督按照哈拉木丹萨满的说法，拿花色杯子倒上水，并拿来一双筷子递给他。哈拉木丹萨满用筷子把水搅和搅和。这样，甘州城就像石磨一样转动开了。

həɹəktʰtʰ-yːl-e:	lə	tɔqtʰɔr-ʊːl-san	tʃʰaq-tʰ-iːnə	tʃʰə	ɔtɔː	qʰətʃʰa	tɔqtʰɔr-ʊːl-tʃ
转-CAUS-PRQ	无	停止-CAUS-APFV	时间-LOC-3rd	你	现在	唯一	稳住-CAUS-CRD

apʰ.	ɔtɔː	tʃʰə	etʃen	mete-na,	tʃʰə-ni	ene	pənʂi	ta	pəta-s	pɔsɔn-t
取	现在	你	自己	懂-NPST	你-GEN	这	本事	也	我们-PL	都-LOC

tʃʰəma-t	tʃəŋ	tʃəŋtə	ertem	sʊː-tʃβa.	tʰəŋkə-ke:	tʰəŋ-se	la	tʃʰəma-t
你-LOC	真	真的	技能	住-PST	那样-PRQ	那样-CND	也	你-LOC

etʃen-t	ontor-kʰə	otor-t	nere	tʃʰila-ja.	tʃʰəma-t	la	etʃen	χofo	taɔlʉn
自己-LOC	今日-所属	日-LOC	名字	起-OPT	你-LOC	也	君主	活佛	导轮

kə-tʃə	nere	tʃʰila-ja.	nere	ok-tʃʰ	ɔqɔr-ɔː	la	tʃa	jaβ-qa.	qatʃar-tʰa
说道-CRD	名字	起-OPT	名	给-CRD	扔-PRQ	也	就	走-PRQ	地-LOC

ere-ke:.	tʰəŋkə-se	aːr-sa-t	tʰəŋkə-ke:	sʊː-san	pə	kə-ne.
来-PST	那样-CND	后-ABL-LOC	那样-PRQ	住-APFV	是-DEC	说道-NPST-ENFI

tʰəŋkə-ke:	sʊː-san	tʃʰaq-tʰ-iːnə	ene	la	lɔmɔq	la	tʃa	ɔtɔː	kʰen	larqa-tʃi
那样-PRQ	住-APFV	时间-LOC-3RD	这	也	故事	也	就	现在	谁	说-CRD

βaːn	kə-se	ɔtɔː-qʰ	ene	χara	mʊːtən	ene	tʰere	man-ə	aβqa-ta
有-NPST	说道-CND	现在-所属	这	黑	木	这	那	我们-GEN	叔-LOC

øri naː-qatʰ-βa	ʃo.	nijan	tʰaːβən	nastʰa-qa:	øri naː-qatʰ-βa	ʃo.	ene	neriː-tə-nə
去世-PFV-PST	是	八十	五	活到-PRQ	去世-PFV-PST	是	这	名字-LOC-3rd

χara	mʊːtən	syːnpʰel	kə-tək	pə.	tørβen	tʃəl	χwaːr-tʰ	nan-ta
黑	木	散邜拉	说道-HAB	是-DEC	四	年	鼻-LOC	我-LOC

larqə-sən	nəŋwa	βe.	pʉ	tʃa	mete-me-ne	tʃa	əmə	tʃirken	pe.
说-APFV	这种	是	我	就	懂-NOML-3rd	就	这样	程度	有-AUX

　　甘州提督说："现在你要稳住。你自己也知道，你的这个本事是真本事，我们都感受到了。我今天赐你个号吧，叫作'君主活佛导轮'。"哈拉木丹获此称号后又回到了原来的地方。这个故事是谁讲的呢？就是现在的哈拉木丹，也就是我去世的叔叔讲的。他是八十五岁那年去世的。他的名字叫哈拉木丹散邜拉，是他四年前讲给我的。我知道的就这些。

（兰自雄讲述，2016年）

参考文献

阿拉腾苏布达 2011 东部裕固语格研究，《内蒙古大学学报》（蒙文版）第5期。

阿拉腾苏布达 2012 东部裕固语生态语言学研究，内蒙古大学博士学位论文。

安玉冰 2017《东部裕固语汉语词典》，兰州：甘肃民族出版社。

保朝鲁、贾拉森 1992《东部裕固语和蒙古语》，呼和浩特：内蒙古人民出版社。

保朝鲁、贾拉森 1998《东部裕固语话语材料》，呼和浩特：内蒙古人民出版社。

保朝鲁 1982 关于西拉裕固语元音和谐和唇化元音，《内蒙古大学学报》（蒙文版）第1期。

保朝鲁 1996 东部裕固语的领属语气词 inə/nə，《内蒙古大学学报》（蒙文版）第2期。

保朝鲁 2002《穆卡迪玛特蒙古语词典》，呼和浩特：内蒙古大学出版社。

保朝鲁 2015《新编东部裕固语词汇》，呼和浩特：内蒙古大学出版社。

保朝鲁等 1985《东部裕固语词汇》，呼和浩特：内蒙古人民出版社。

鲍培著、卢弼译 1979《蒙古语比较研究绪论》，呼和浩特：内蒙古大学蒙古语文研究室（油印本）。

布 和 1986《东乡语和蒙古语》，呼和浩特：内蒙古人民出版社。

布 和 1996《莫戈勒语研究》，呼和浩特：内蒙古大学出版社。

布 和等 1983《东乡语词汇》，呼和浩特：内蒙古人民出版社。

曹道巴特尔 2007《喀喇沁蒙古语研究》，北京：民族出版社。

陈乃雄 1987《保安语和蒙古语》，呼和浩特：内蒙古人民出版社。

陈乃雄 1995《陈乃雄论文集》，呼和浩特：内蒙古教育出版社。

陈乃雄等 1986《保安语词汇》，呼和浩特：内蒙古人民出版社。

陈宗振 2004《西部裕固语研究》，北京：中国民族摄影艺术出版社。

陈宗振等 1990《中国突厥语族语言词汇集》，北京：民族出版社。

道　布 1983《回鹘式蒙古文文献汇编》，北京：民族出版社。

道　布 1983《蒙古语简志》，北京：民族出版社。

恩和巴图 1988《达斡尔语和蒙古语》，呼和浩特：内蒙古人民出版社。

范俊军 2006《联合国教科文组织关于保护语言与文化多样性文件汇编》，北京：民族出版社。

高·照日格图 2000《蒙古语族语与突厥语族语词汇比较研究》，呼和浩特：内蒙古教育出版社。

高·照日格图、阿拉腾苏布达 2013 东部裕固语使用现状——以甘肃省肃南县城为例，《内蒙古大学学报》（蒙文版）第4期。

哈斯巴根 2001《蒙古语族语言语音比较研究》，呼和浩特：内蒙古人民出版社。

哈斯巴特尔等 1985《土族语词汇》，呼和浩特：内蒙古人民出版社。

哈斯呼 2014 基于语音声学参数库的东部裕固语语音研究，内蒙古大学博士学位论文。

呼格吉勒图、萨如拉 2003《八思巴字蒙古语文献汇编》，呼和浩特：内蒙古教育出版社。

呼　和、梅　花 2019 东部裕固语带擦元音，《满语研究》第1期。

胡增益 1994《新满汉大词典》，乌鲁木齐：新疆人民出版社。

贾拉森 1982 东部裕固语的格和代词的一些特点，《内蒙古大学学报》（蒙文版）第3期。

贾拉森、正　月 1999 蒙古语和藏语某些格形式比较，《内蒙古大学学报》（蒙文版）第1期。

贾拉森 2002 再论蒙古语和藏语某些格形式比较，《内蒙古大学学报》第5期。

李珍华、周长楫 1999《〈汉字古今音标〉修订本》，北京：中华书局。

孟达来 2001《北方民族的历史接触与阿尔泰诸语言共同性的形成》，北京：中国社会科学出版社。

清格尔泰 1991a《土族语和蒙古语》，呼和浩特：内蒙古人民出版社。

清格尔泰 1991b《蒙古语语法》，呼和浩特：内蒙古人民出版社。

萨仁高娃 2008 蒙古语和东部裕固语语音比较研究，北京大学博士学位论文。

斯钦朝克图 1999《康家语研究》，上海：上海远东出版社。

斯钦朝克图 2018 论东部裕固语在蒙古语族语言中的地位，《语言接触与语言变异》，北京：商务印书馆。

孙竹主编 1990《蒙古语族语言词典》，西宁：青海人民出版社。

陶·布力格 2005《蒙古语卫拉特方言研究》，乌鲁木齐：新疆人民出版社。

乌兰图雅 2012 东部裕固语与蒙古语词语的比较研究，内蒙古大学硕士学位论文。

徐丹 2018 甘青一带语言借贷的历史层次及模式，《民族研究》第6期。

杨富学 2015 裕固族东迁地西至哈至为沙州瓜州辨，《河西学院学报》第6期。

裕固族简史编写组 1983《裕固族简史》，兰州：甘肃人民出版社。

喻世长 1983《论蒙古语族的形成和发展》，北京：民族出版社。

照那斯图 1981a《东部裕固语简志》，北京：民族出版社。

照那斯图 1981b《土族语简志》，北京：民族出版社。

［波兰］克特维奇著、米济生译 甘州附近的黄维吾尔人所说的蒙古语，论文，手抄，呼和浩特：内蒙古大学蒙古语文研究所藏。

［芬兰］兰司铁著、周建奇译 2004《阿尔泰语言学导论》，呼和浩特：内蒙古教育出版社。

［苏联］В. М. Наделяев, Д. М. Насилов, Э. Р. Тенишев, А.М. Щербак 1968 *ДРЕВНЕТЮРКСКИЙ СЛОВАРЬ*. Ленинград: Издатьство НАУКА Ленинградское Отделние./В. М. 杰里雅耶夫、Д. М. 纳西洛夫、Э．Р．捷尼舍夫、А. М. 谢尔巴克 1968《古代突厥语词典》，列宁格勒：列宁格勒科学出版社。

［苏联］托达耶娃著、周建奇译 1980《西拉裕固语》(1966年俄文版)，呼和浩特：内蒙古大学蒙古语文研究所（油印本）/Э.Р. ТЕНИШЕВ Б.Х. ТОДАЕВА 1966 *ЯЗЫК ЖЕЛТЫХ УЙГУРОВ*, МОСКВА./原文载捷尼舍夫、托达耶娃合著 1966《裕固语》，莫斯科。

［日本］粟林均、确精扎布 2001《『元朝秘史』モンゴル語全単語・語尾索引》，東北アジア研究センタ―叢書第4号，東北大学東北アジア研究センター。/粟林均、确精扎布 2001《〈元朝秘史〉蒙古语词汇·词缀索引》东北亚研究中心—丛书第4号。

［日本］粟林均 2003《『华夷译语』甲種本モンゴル語全単語・語尾索引》，東北東北アジア研究センタ―叢書第10号，東北大学東北アジア研究センター。/粟林均、确精扎布 2003《〈华夷译语〉甲种本蒙古语词汇·词缀索引》东北亚研究中心—丛书第10号。

调查手记

2015年，我有幸承担了中国语言资源保护工程项目"濒危语言东部裕固语"的调查项目和语言志的编写任务。之前，我通过一些项目曾经调查过东部裕固语，如"蒙古语族语言词汇数据库及词汇比较研究"（国家社科基金项目2010—2013，主持）、"阿尔泰语系语言情态系统的功能-类型"（中央民族大学长江学者科研项目2009—2012，参与），以及"语言和基因是否匹配——以中国西北为例"（法国国家研究基金项目，参与）等课题。曾前后5次赴甘肃肃南裕固族自治县对东部裕固语进行田野调查。但是，因所承担项目的目的和要

斯钦朝克图和南丁与民语发音人孟先忠在摄录　肃南县文工团录音棚/2016.7.5/哈斯巴根 摄

求不同，与语保工程项目还是有较大区别。通过本次语保项目，我不仅掌握和提高了描写研究的新手段新方法，而且对被调查语言有了更深的了解和掌握。

2015年经第一次培训后，我于6月底前到肃南县，做前期准备工作。在肃南县县政府和县裕固族文化研究会的帮助下，从他们推荐的几名发音合作人中选了发音合作人孟先忠先生和口头文化发音合作人兰志厚先生等。

孟先忠先生和兰志厚先生都是康乐镇人，母语都比较好且都有文化，都当过村干部，性格开朗善于交流。孟先忠先生发音清晰，热心、责任心强，相对年轻一些，符合发音合作人的条件。为了不影响我们的摄录进度，他白天有事晚上来补录。时值盛夏，天热难忍，但他照样坚持摄录，使我们很感动。由于参与了本课题成为发音合作人，按规定我们给颁发了证书，他也先后成为县级和市级非遗传承人。与此同时，孟先忠先生也更努力地学习相关民间口头文学，掌握了裕固族沙特、祝赞词、民歌等。同时也撰写了《孟氏家谱》（图文并茂）等。现在，他已成为东部裕固语的重要发音合作人，先后接待多位硕士和博士研究生以及其他调查者。此外，他还建群为裕固族非遗传承和语言文化传承努力着。

兰志厚先生虽年迈体弱，但母语好词汇量丰富，又擅长民间口头文学，是当地较有名气的省级非遗传承人。为了更好地交流感情和顺利调查，我们曾同吃同住，成为了好朋友。

我分别于2015年、2016年和2017年连续3年进行了田野调查。2015年主要调查录制东部裕固语康乐土语，2016年主要录制东部裕固语青龙土语，2017年就东部裕固语语言志的撰写进行调查和补充调查。2018年8月3—19日又进行了补充调查，录制了一千多条词汇和一些故事、祝赞词等，其中包括文化词语等。康乐土语所调查的主要地点是康乐镇的大草滩村、杨哥村和寺大隆村等。2019年和2021年夏天在参与其他项目之余补充调查，增补了一些图片和其他话语材料、词汇等。在调查大河乡大滩村东部裕固人的语言过程中也了解到了一些新的情况。并增加了如康乐镇红石窝村的艾落贡布东智讲的故事和提供的相关照片等。

项目调查的第一年，由于没有很好的摄录经验和录音棚，我们找了当地广播电视台、学校以及一些宾馆，最后只好选择当地最好的西至哈至宾馆完成摄录。第二年和第三年，在当地专门的录音棚里摄录东部裕固语青龙土语和补录康乐土语的一些特殊词、文化词以及部分民歌、民间故事等。后面的录制比第一次好了很多。调查过程中我们还遇到了很多困难和挫折。2015年夏天肃南遭遇百年不遇的特大洪水，不仅工作困难，甚至连饮水都难以解决。满街都是紫红色的泥石流，洪水泛滥，非常恐怖。当时我们语保的老师和相关同

与口头文化发音人兰志厚讨论裕固语　　肃南县西至哈至宾馆 /2015.7.5/ 南丁　摄

事以及亲朋好友从中央电视台新闻联播中看到后纷纷来联系问候，使我非常感动。这一经历记忆犹新。在泥泞的环境里我们还是照常进行调查工作。

  第二年开始参加的培训班也多了，包括语言志写作培训班等。录音经验和录音条件也提高了，都是在当地民族歌舞团专业录音棚录制。我们的工作流程是在北京培训后到达调查点，首先通过当地有关部门挑选发音合作人和录音棚，预先采访和记录词汇、语法等内容，在此基础上进行录制，录制后还要核实补录等。在录制过程中还要送样品通过语保的认可。田野调查结束后要填写模板表，包括电子版和文字版。其间还要经过一次中期检查。如此培训和按要求定期检查督促才使调研得以保证质量，顺利完成。

后 记

经过多年调查并在多次修改的基础上本人承担的濒危语言志的写作终于接近尾声。该志的审核修改工作是空前的，使我终生难忘。从体例、格式到内容都有专人负责，层层把关。对此我要感谢信任并选择我承担该项目的孙宏开老师、黄行老师和丁石庆老师。其次，在调查期间，得到肃南县县委及宣传部长安秀梅、县政府及副县长巴玉霞以及肃南县文广局裕固族文化研究会的大力支持。在他们的帮助下，我们顺利地找到了比较好的录音场所、符合条件的发音合作人。在这里还特别感谢在选择发音合作人和实地调查等诸多方面为我们提供帮助的肃南县裕固族文化研究会的安玉冰（罗藏东智）主任和安玉军（达隆东智）等几位工作人员。

调查期间，国家语言资源保护工程的专家组及曹志耘、黄晓东、刘晓海、王莉宁等领导和老师以及朱德康、王赛等老师和博士研究生对我们进行多次培训指导，不厌其烦地回答和解决调查中出现的各种问题。此外，为保证调查内容的准确性和音视频的质量，我们做了很多工作。第一年我们在当地调查并录制音视频一个多月。第二年一个多月，第三年十几天。期间，团队成员肃南中学计算机老师兰海东帮助我们录制了音视频，安秀梅部长也帮助我们寻找录音场地。尤其是内蒙古大学蒙古学学院硕士研究生南丁同学，每年都利用暑假与我们一起工作十多天，为完成课题尽了一份力量。她还积极参加培训，尤其是摄录等技术性工作做得很好，这里一并表示感谢。

在濒危语言志的编写工作中，还要感谢我的同事徐世璇老师、赵明鸣老师和宝音博士。他们抽出宝贵的时间在体例和内容方面给了我无私帮助。这里还要特别感谢李大勤教授及其团队成员宋成、林鑫、谢颖莹等同学废寝忘食、一丝不苟的工作，他们从本书体例到内容诸方面都提出了宝贵的修改意见。李大勤教授先后六七次通读，甚至对每一标点符号都不放过，其博士生谢颖莹对书稿的体例规范也认真修改了五六次。最后还要感谢丁石庆教授关心并认真审稿、提出重要修改意见；感谢黄行教授、黄晓东教授，尤其是曹志耘教授在百忙中对书稿的认真审阅。正是因为有了他们的支持和帮助，我这部不太成熟的书稿才有了出版的机会。

斯钦朝克图

2022年4月15日